中国名山志文化工程
Culture Project of Local Records of China's Famous Mountains
中国名山志丛书

中国方志文库
The Selected Works of Chinese Local Chronicles

栖霞山新志

NEW RECORDS OF QIXIA MOUNTAIN

南京市栖霞区地方志编纂委员会办公室　编

方志出版社
Publishing House of Local Records

图书在版编目（CIP）数据

栖霞山新志 / 南京市栖霞区地方志编纂委员会办公室编. -- 北京 : 方志出版社, 2024. 12. -- ISBN 978-7-5144-6253-1

Ⅰ. K928.3

中国国家版本馆 CIP 数据核字第 20240LD172 号

责任编辑：徐宏
责任校对：张玉霞
责任印制：梅中英
出 版 者：方志出版社
地　　址：北京市朝阳区潘家园东里 9 号（国家方志馆 4 层）
邮　　编：100021
网　　址：http://www.zgfzcb.cn
发　　行：方志出版社图书营销中心（010-67110500）
印　　刷：北京中科印刷有限公司
开　　本：787 毫米×1092 毫米　1/16
印　　张：23.25
字　　数：485 千字
版　　次：2024 年 12 月第 1 版
印　　次：2024 年 12 月第 1 次印刷
定　　价：238.00 元

中国名山志丛书序言

我国是一个国土辽阔、地形复杂的多山国家，众多传承古老文明的历史名山，是我们伟大祖国壮丽河山的缩影和代表。在长期的历史发展中，形成了许多以具有美感的、典型的山岳自然景观为主体，渗透着人文景观美且环境优良的山地空间综合体。名山自然景观千姿百态、美不胜收，人文景观历史悠久、丰富多彩，具有独特的景观风貌和文化内涵。自古以来，人们就对山有着特殊的感情，并且有热爱山水、崇尚自然的传统，进而形成丰富的山水文化。

清代的李灿在《九华山志序》中说："山之有志，犹国之有史，郡邑之有志，不可不修也。"山岳在中国古代社会生活中扮演着重要角色，为名山修志也成为我国悠久的优秀文化传统。早在先秦时期，《尚书·禹贡》就已述及中国大地的山川脉络；《山海经·五藏山经》分南、西、北、东、中五个区域，叙述各山系的地形、水文、地貌、动植物、矿物、特产以及神话传说等。《隋书·经籍志》史部地理类收录六朝时期的山志，如宗居士《衡山记》、谢灵运《游名山志》《居名山志》、刘澄之《永初山川古今记》《司州山川古今记》等。隋唐五代时期的山岳志有卢鸿《嵩岳记》、张密《庐山杂记》、僧法琳《庐山记》、僧应物《九华山记》等十数种。两宋时期的山岳洞观志书有刘夔《五夷山记》、郭之美《罗浮山记》、陈倩《茅山记》等十数种。明清时期，山岳志编修达到高峰，见于《四库全书总目》的明代与清前中期山岳志有 83 种，国家图书馆所藏的五百余种山水志中，成书于道咸同光年间的有 294 种，比历代山水志的总和还要多。古代山岳志侧重于风景名胜特别是人文景观，唐宋以后的山志往往寓有浓厚的佛、道宗教色彩，这些志书内容包括风物、草木、山石、岩洞、沟壑、名胜、寺庙、道观、古迹、僧道、隐逸、名士等，蕴藏着丰富的政治、宗教和社会文化内涵，是研究古代山岳历史文化的第一手材料。绵延传续的山志纂修活动，体现出修志者对山岳的历史文化认同，保存了古人对于山岳的文化记忆。

20世纪80年代，我国开始首轮大规模修志。在山志方面，大都由熟悉山情、掌握专门知识，娴于写作技巧的人员组成修志班子，依靠社会力量，争取专家、学者参与或给予指导帮助，众手成志。这一时期成书的山志主要有安徽的《浮山志》《天柱山志》《黄山志》《齐云山志》《琅琊山志》《九华山志》《八公山志》，浙江的《西天目山志》《莫干山志》《普陀洛迦山志》，江苏的《茅山志》，山东的《山东省志·泰山志》，湖南的《南岳志》，四川的《峨眉山志》，山西旅游志丛书《灵空山志》《管涔山志》《五台山志》《绵山志》《北岳恒山志》《珏山志》等。中国地方志指导小组办公室编《中国新编地方志目录》和上海通志馆编《中国新方志10000种书目提要》收录的20世纪80年代至2014年以前的省市县三级志书中的山志约40部，国家方志馆另藏有不见于以上目录的40余部山志。据统计，第二轮修志期间全国共编修山水志、名胜志600余部（不含省市县三级规划内志书），其中也包含了相当多的山志。新编山岳志的编修实践构成了丰富的山志成果，也积累了编修山志的经验，形成了较为稳定的编纂模式，进一步充实了新方志编修的理论与实践。

在奋力实现中华民族伟大复兴的新历史时期，方志人勇于担负新的文化使命。为进一步挖掘名山历史文化资源，打造中国方志文化品牌，原中国地方志指导小组办公室于2018年启动中国名山志文化工程，计划编纂一套开放的中国名山志丛书，全面、客观、系统、准确地记录中国山岳的自然景观和人文底蕴，突出山岳的区域特点、时代特征和名山特色。丛书记述对象既包括自然属性的名山，如地质名山、地理名山、气候名山和生物名山等，也包括社会属性的名山，如历史名山、文化名山、宗教名山、政治名山、军事名山等。

这套丛书与以往山志的不同主要体现在三个方面：一是在指导思想上，深入贯彻落实习近平新时代中国特色社会主义思想，坚持把马克思主义基本原理同中华优秀传统文化相结合，深入阐发中华山岳文化，全面反映新时代精神风貌；二是在组织规划上，由中国地方志工作办公室统一组织、规划和指导，在名山申报、篇目设计、内容记述等方面既相对统一又各具特色；三是在修志理论上，以当代方志编修理论为指导，充分吸收山志编修的经验，在体例、篇目、行文、规范等方面都形成了较为成熟的编纂范式。

在地方志工作机构、山岳管理相关部门以及社会各界人士的共同努力下，一批展现地方文化魅力和当今时代风貌的新山志陆续问世。这批名山志的编纂与出版充分展现了中华文明的连续性、创新性、统一性、包容性、和平性，对于人们了解家乡风景名胜、熟悉地域文化，培养知家乡、爱家乡的情怀有积极意义；对于各地保护名山、复兴名山、建设名山，科学合理地开发山岳风景区旅游资源有重要参考价值；有助于向世界展示独具特色的中国山岳文化，提升民族自信心和自豪感，坚定全体人民振兴中华、实现中国梦的信心和决心；有助于推动中华优秀传统文化创造性转化、创新性发展，赓续历史文脉，谱写当代篇章，为建设中华民族现代文明贡献智慧和力量。

中国名山志丛书编纂委员会

2024年4月

《栖霞山新志》编纂委员会

总顾问 戴华杰

主　任 王承江

副主任 储　纲　卢　静

委　员 潘尚俊　庄　荣　方　坤　周丽华　唐茜茜　翟朝阳　刁志福　钟漫江
赵玉泉　崔雨笛　俞正东　陈安邦　曹小勇　李全军　张坤阳　杨　雪
刘先明　吕文伟　沈　芸　李　胜　陆建尚　倪天华　盛　艳　余　蓉
陈芳琴　陈士金　王兆仁　钱　琍　周传明　葛　兵　朱从政　吴霞峰
陈砚墨　赵晓琳　吕　俊　王应松　李　斌　徐小健　陶　硕　胡春香
孙晓华　车金楼　王开宏　朱　榕　赵家宝　张勋江　赵　谦　黄宏亮
古　琳　徐兴东　陈永欣　翁丽敏　黄　斌　王　玮　孙璐璐　宁　坤
刘　爽　程海博　佘凌云　顾　磊　顾　鹏　庞　博　陈珺珺　史学经
王葳薇　隆　相

《栖霞山新志》编纂机构

主　办 南京市栖霞区地方志编纂委员会办公室
南京市栖霞区档案馆

协　办 南京市栖霞山风景名胜区管理处
栖霞古寺

主　编 李　胜　任秋娴　吴炳根

副主编 冯宗雷　朱高明　陈重森　杨　阳　施　巍

执行主编 张智峰

执行副主编 王旭东　张永芳　唐　恺　张　军　张　伟

特约编审 吕佐兵　胡国富　管秋惠

指　　导 左健伟　姜巧玲　陈　华　桑　荟　郑国军

特约撰稿 贺云翱

审　　稿 时觉非　严晓明　黄　静　乔　鸣　吕晓红　吴　军　李林洁

评　　审 徐　宏　卢海鸣　郁　松　朱明娥　何晓宁

中国名山志丛书凡例

一、丛书以马克思列宁主义、毛泽东思想、邓小平理论、“三个代表”重要思想、科学发展观、习近平新时代中国特色社会主义思想为指导，坚持把马克思主义基本原理同中国具体实际相结合、同中华优秀传统文化相结合，坚持辩证唯物主义和历史唯物主义的立场、观点和方法，全面、客观、系统、准确地记录中国山岳的自然景观和人文底蕴，向世界展示独具特色的中国山岳文化，为各地科学合理开发山岳资源提供参考，为建设中华民族现代文明贡献智慧和力量。

二、各志上限追溯至事物发端，下限一般断至启动编纂年份，个别重大事项可延至搁笔。

三、统一采用纲目体，设类目、分目、条目三个层次。横排门类，纵述史实，述而不论。

四、综合运用述、记、志、传、图、表、录等体裁，以志体为主。

五、除引用原文和附录文献资料外，统一使用规范的现代语体文记述，行文力求朴实、严谨、简洁、流畅，可读性强。

六、人物部类遵循“生不立传”原则，选录对本山岳发展作出重要贡献或有重大影响的历史人物，与本山岳文化传播有重大关联的古今人物，严格选录标准。

七、随文配图照，图照下附注文字说明。图照和表格统一编排序号。

八、各项数据一般采用国家统计部门数据。数据缺乏的，采用主管部门或主办单位正式提供的数据。

九、数字用法、标点符号用法分别采用国家标准《出版物上数字用法》(GB/T 15835—2011)、《标点符号用法》(GB/T 15834—2011)，计量单位采用国家技术监督局1993年12月发布的《量和单位》系列国家标准。历史上使用的计量单位，如斗、石、里、尺、磅、华氏度等，在引文时可照录。考虑到社会使用习惯，全书中亩不统一换算。

十、中华民国成立前的纪年，使用朝代年号纪年，括注公元年份；中华民国成立之后的纪年，均使用公元纪年。志中所称“解放前（后）”，以当地解放日为界；“新中国成立前（后）”，以中华人民共和国成立日1949年10月1日为界；“改革开放前（后）”，以1978年12月中共十一届三中全会召开为界。本志“××年代”，凡未加世纪者，均指20世纪。

十一、对旧志、古籍中的繁体字、冷僻字一般用简化字或通用字替换，易引起误解的则保留。

十二、记述各个历史时期的党派、机构、职务、地名等，均以当时的名称为准。对频繁使用的名称，首次用全称并括注简称，其后用简称。

十三、本凡例关于中国名山志编纂中的未尽事宜，可在“编纂说明”和“编纂始末”中予以说明。

编纂说明

一、《栖霞山新志》，由南京市栖霞区地方志编纂委员会办公室编纂。《栖霞山新志》按照《中国名山志文化工程实施方案》及中国名山志丛书凡例，从栖霞山的实际出发，突出山志特点，采用志、记、述、传、图、表、录诸体，以志体为主。编纂纲目按照“横分门类，纵述史实”来架构，篇目根据“特色鲜明、分类科学、主线清晰、大事必录”的原则设置，志文按类目、分目、条目三个层次记述。图表置于卷首或正文相关内容之中，力求图文并茂。

二、《栖霞山新志》的时间断限，上限尽量追溯至栖霞山发端，下限断至2023年。

三、《栖霞山新志》的记述范围，以栖霞山风景名胜区为主，总面积10.19平方千米。兼及四麓，南侧以智谷大道北侧为界；东侧以七乡河西为界；北至长江栖霞山段南岸；西侧至兴威路东。

四、《栖霞山新志》的资料，均取自历代山志、有关古籍、档案、口述史料和考察记录等。

五、《栖霞山新志》所记栖霞山高度，采用《栖霞区志》记载海拔284.7米。

六、《栖霞山新志》按照《中国名山志文化工程实施方案》的“执简驭繁，文约事丰，易于阅读，利于传播”要求，以记述栖霞山现状为主，以名山环境、名山三宝、名山胜景、栖霞寺、文物古迹、保护利用等为重点篇，体现栖霞山“改变”和“见证”长江走向，区域文化厚重的特点。内容交叉者，用此详彼略或互见法处理。史事史迹有异说者，诸说并存。

七、《栖霞山新志·名山人物》篇，分帝王贵胄、高僧大德、寓客邑贤等3个部分。选录了对栖霞山发展做出重要贡献或有重大影响的历史人物，以及对栖霞山文化传播有重大关联的古今人物。

栖霞山区位图
长
江
栖霞山长江大桥
栖霞山风景区
栖霞高新区（江苏生命科创园）
南京液晶谷
红枫科技园
九乡河生态公园
小漓江生态湿地
南炼公园
绕城高速公路
G2503
G312
G346
沪宁城际铁路
京沪铁路
栖霞寺
游客中心
凤翔峰
始皇临江
碧云亭
舍利塔
千佛岩
陆羽茶庄
栖霞山文化休闲旅游度假区管理委员会
北象山
南象山
何家山
南雍山
左涤山天文台
鲤鱼山
谭家山
大头山
仙林湖
栖霞
西岗
仙林湖
经天路
图例
街道办驻地
社区居委会
学校
医院
山峰
高速公路
主要道路
水系
绿地
地铁站
比例尺 1:45000
审图号 宁S（2023）029号
编　制 南京市测绘勘察研究院股份有限公司

栖霞山面江而立

（栖霞山管理处　供图）

栖霞山春景

（徐 远 摄）

栖霞山夏景

（徐 远 摄）

栖霞山秋景

（叶祥云　摄）

栖霞山冬景

（张春燕　摄）

枫林湖　　　　（栖霞山管理处　供图）

目录

概述

南京周遭，群山环列，紫金山、幕府山、青龙山、宝华山……“封内者数十”。为什么只有栖霞山被史学界定评定谳为“一座栖霞山，半部金陵史”？清乾隆帝一生行走中华大地，阅山无数，为什么他第一次南巡邂逅栖霞山后就说“所欣初遇足空前”，并诗赞栖霞山是“第一金陵明秀山”？为什么新近坊间又有人对栖霞山情有独钟，言说“栖霞山是江苏境内沿江最高的山、宁镇山脉地质结构最复杂且以栖霞组命名中国地质构造的山、全国四大赏枫胜地唯一与长江结缘的山、改变长江走向（长江安徽芜湖段南北走向，到栖霞山又恢复东西走向）的山”……

那么，栖霞山究竟是一座怎样的山？

历史名山

栖霞山是一座绵延着人类足迹、见证着社会变迁的历史名山。

考古发现，早在7000多年前的新石器时期，栖霞山东麓不远处的“丁沙地”一带就有古人类活动踪迹，出现原始氏族部落，并创造了初始的农耕文明。据此推断，当史前文明的熹微曙光刚刚照进栖霞山麓的时候，勤劳勇敢的先民便在这滨江多水的林莽间“奔土、逐肉”，也曾像神农尝百草似的攀岩探涧、披荆斩棘，在这块温暖、润泽的土地上建立起最初的家园。

春秋战国时期，这里地处吴头楚尾。秦始皇统一中国以后，废分封，设郡县，开始在这里首置“江乘县”，这是南京建置史上最早的县级行政单位之一，其治所就在栖霞山南麓（今栖霞区西岗街道仙林湖社区）。秦始皇三十七年（前210），秦始皇第五次东巡,《史记》记载:“始皇三十七年，东巡会稽，还过吴，从江乘渡并海上至琅琊。”遥想当年，宽阔的新筑驰道上，八骏扬威，玉辇生风，雄峙江左的栖霞山迎来横绝六合、巡狩藩疆的“千古一帝”。

六朝时期是栖霞历史上经济、社会、宗教、文化发展较快的时期之一。北方战乱所造成的王族世家和平民百姓的南渡迁徙，使得金陵城东北的江乘县人口激增，同时，中原人士所带来的先进思想、文化、科学和生产技术，与江南本土文化进一步碰撞融合，极大地促进了江南经济社会发展和南都建康的兴盛。从东吴、东晋到宋、齐、梁、陈六个朝代，在秦淮金粉之地穷奢极侈的同时，也将他们的权势、欲望和身后“哀荣”伸延和扩展到石头城外，栖霞山的王侯将相墓葬和南朝陵墓石刻等珍贵文化遗存默默地诉说着彼时的喧嚣与繁华。

政治中心北移的隋唐时代,“六代繁华”的金陵古都已风光不再，但栖霞山寺的香火非但没有冷清，反因最高统治者的垂青而越发兴旺。隋文帝杨坚下令在栖霞寺建造舍利塔，唐高祖李渊大规模扩建栖霞寺，使其规模宏大，气派非凡，得以跻身全国“四大丛林”之列。鉴真大师第五次东渡日本失败后，曾在栖霞寺逗留休整，旋于翌年终获成功。栖霞寺“玉佛楼”就供奉着日本唐招提寺捐赠的鉴真大师坐像。

元至正十六年（1356），朱元璋攻下集庆（今南京市），改集庆路为应天府，采纳“高筑墙、广积粮、缓称王”的建议，开始建造明城墙和外廓，其中外廓十八门之一的仙鹤门距离栖霞山也不过三箭之遥。从 2016 年开始考古发掘的栖霞山东麓规模宏大的明代官窑遗址，可以想见当时烧制城砖的壮观场面。清乾隆帝六次南巡，在栖霞山建造规模宏大的乾隆行宫，五次驻跸。东晋刘裕击败叛军桓玄、南宋韩世忠抗击金兵、清咸丰年间拉锯战、国民革命军大败军阀孙传芳等战事都在栖霞山留有记载和遗迹。

民国初叶，孙中山先生曾捐银圆一万元修缮栖霞寺，以回报宗仰法师在日本时对成立同盟会的支持。1927 年，乡村师范教育先驱黄质夫执掌栖霞乡村师范学校，培养出的师范生扎根农村，立志改变农村的落后面貌，拯救贫穷落后的中国。1935 年，民族企业家陈范有等依托栖霞山创建江南水泥厂，为发展民族工业做出巨大贡献。1937 年，侵华日军在南京大屠杀期间，栖霞山片区建立起栖霞寺和江南水泥厂两个难民营，保护躲避屠杀的难民 53000 余人，其中就有国民党高级将领廖耀湘。国际友人卡尔·京特和辛德贝格用自己的善举谱写出人间大爱之歌。

1956 年，毛泽东视察栖霞山西畔的十月村农业生产合作社，提出“组织起来，走共同富裕的道路”。20 世纪 60 年代，栖霞山下还一度成为栖霞区政府所在地。

文化圣山

栖霞山文化兴盛于六朝时期。山东高士明僧绍，号栖霞，隐居栖霞山，筑庐“栖霞精舍”，后又“舍宅为寺”，于是奠基了今日之栖霞寺。曾经的“伞山”（因山形如伞盖）、“摄山”（因山上广有中草药，可以养生祛病）也就因之易名为“栖霞山”。此后，齐、梁两代的王公贵族竞相捐资凿石造像，遂有国宝“千佛崖”之胜。千佛崖，是江南地区仅存的六朝佛教石刻遗迹，其年代早于龙门石窟。据 2021 年江苏省文物局和南京博物院调查，千佛崖石窟造像中，千佛崖区域窟龛 52 个，造像 248 尊；纱帽峰窟龛 52 个，造像 71 尊；千佛岭窟龛 148 个，造像 232 尊。窟龛共 252 个，造像 551 尊。佛像造型生动，雕刻圆润细致，风格典雅秀丽，是中国古代佛教造像艺术珍品。

漫步于栖霞山麓的房舍、田野间，石柱、碑刻、辟邪、龟趺等石刻不时闪现于眼前，此即南朝陵墓神道石刻。尤其是辟邪堪称中国古代颇富特色的石刻艺术精华，是世界艺术宝库中的瑰宝。

六朝以降，官民士子中补造佛龛、重修佛像者甚多，留下诸多题刻。有南唐书法家徐铉、徐锴的题名，宋代游九言所书“栖霞山千佛岩”，这些书法珍品，经岁月剥蚀，漫漶难识，仍闪耀着中华文明的光华。2000 年 10 月，千佛崖 102 号佛窟内发现“双飞天壁画”，传媒披露后轰动一时，引起中外学术界的强烈关注和巨大反响。

隋文帝杨坚诏令全国建造 83 座舍利塔，蒋州（南京）为首建，遂有国家级重点文物保护单位舍利塔，其初为木塔，南唐时改建为石塔。这座宏伟佛教建筑上的众多浮雕体现了南唐石刻艺术的较高水准，在中国古代建筑、美术和雕刻艺术史上占有重要地位。

唐高宗李治采纳明僧绍五世孙明崇俨奏请，为明僧绍立碑，并亲自撰文，颂扬明征君高行洁操，并在碑阴御题“棲霞”二字，笔力雄浑峻拔。碑文由当朝著名书法家高正臣书写，朝散大夫王知敬篆额。该碑是南京地区保存至今最完整的唐代碑刻，装饰华美，制作精良。碑材上满布奇异的白色斑纹，人称“梅花石”，实为两亿八千万年前浅海动物海百合茎和腔肠动物中国孔珊瑚的化石，具有很高的科研价值。

唐朝享有“茶圣”盛誉的陆羽，在栖霞山采茶、种茶、试茶、品茶，沉迷其中，其后引来高僧隐士、文人墨客造笠亭、作摩崖石刻以纪念。千年之后，乾隆皇帝也兴致勃勃，和作《白乳泉用皇甫冉陆鸿渐栖霞寺采茶诗韵》以抒怀，为栖霞山茶文化增添异彩，也为今日之“摄山禅茶”作了文化注脚。

游览栖霞山，不可不探访“了凡问道”处。了凡（1533—1606），原名袁黄，35 岁时，到栖霞山参访云谷禅师，云谷禅师感其至诚，授予“立命”之说。了凡大彻大悟，后著《了凡四训》传世。

众多帝胄、高僧、高士在栖霞山留下数不清的诗词歌赋、散文楹联，成为点缀栖霞山文化长廊的粒粒珍珠而熠熠生辉。

2009 年，南京市区两级政府隆重举办首届栖霞山文化节，集中展示栖霞山的佛教文化、帝胄文化、地质文化、大江文化、养生文化、红枫文化、民族文化。文化圣山，栖霞山当之无愧。

壮丽栖霞

天成美山

明朝状元焦竑云：“金陵名蓝三，牛首以山名，弘济以水名，兼山水之胜者莫如栖霞。”信哉斯言。

栖霞山之美，首在秋天的红枫，故又有“秋栖霞”之说。栖霞山红叶品种极其丰富，有枫香、鸡爪槭、三角枫、五角枫、羽毛枫、榉树，多达数十种。品种不同，泛红的时间也有差异，有在初秋，有在中秋，有在晚秋；红的类别不同，有大红、朱红、嫣红、桃红、杏红、橘红、枣红等，于是一到秋天，层林尽染，色彩斑斓，愈近深秋，则红得愈深、愈广、愈轰轰烈烈。红叶主要分布于桃花湖、枫林湖、读枫阁、天开岩、太虚亭等景点及主干道沿线等处。每临深秋，丹枫似火似霞，当代诗人冯亦同这样描摹：“那情景也许能够用钱塘观潮来形容，那连天接地的滚滚赤潮，如奔马、如雷霆、如疾风暴雨、如球体电影院的全景镜

（黄 慧 摄）

头、如大型交响乐的华彩乐章，而这一切，并非东海之水，而是满山满谷、重重叠叠、撑起了天空和覆盖了大地的烂漫红叶。”

然而，栖霞山之美，不只在于红叶。四时不同，景亦不同，俨然万花筒般，“转侧看花花不定”。

阳春三月，万物萌发，草长莺飞。玉兰花、海棠花、桃花、翠雀花、山慈姑花，或缀于枝头，或匍匐于岩间，或铺满山坡，千姿百态，姹紫嫣红，在悦耳的鸟鸣声中，送来阵阵花香，沁人心脾。这时节，最为亮眼的当数桃花，明代盛时泰在《栖霞小志》中有云：“春暮夏初，则红英绿荫，错落左右，游人行其下，衣袂皆有香色。”不仅桃花，“春红枫”也是一道亮丽的风景。此时，枫树刚抽出的嫩叶便是红色的，红得温润而夺目，到了初夏，则由红转绿，待到秋风乍起，大地凝霜，却又由绿转红，不禁让人叹服造物主之神功。

炎炎夏日里，古木参天，浓阴匝地，青藤缠树，蝉鸣树巅。从水声潺潺的石板上走过，便有习习凉风扑面而来。若是夜晚，但见萤火点点，与佛龛烛火相映衬，宛若星河流淌。

凛冽冬日，叶落花凋，天地明澈，如逢雪后初霁，踏着山路而行，举目而望，那闪着银光、如同粉雕玉琢的便是凤翔峰、紫盆峰等诸多山峦。此情此景，岂是一个“美”字所能道尽？

栖霞山之美还在于山险、石奇、水秀、路幽。看那天开岩，两崖相对，状如刀削，上有天悬一线，猿猴难攀，下有羊肠小径，只能容一人侧身而行，岂不险要？那叠浪岩，明明是一堆堆巨石，嶙峋裂空，却又如江海般波翻浪涌，惊涛拍岸。还有那青峰剑石，宛如一把利剑生生插在山石之中，斩云破雾，岂不稀奇？那彩虹明镜，水平如镜，清澈透明，倒映着蓝天白云、山影花草；那桃花湖，水光潋滟，如同宝石般闪着光辉，岂不秀美？那山间小路，穿丛林，越崎石，幽暗深邃，常觉无路可走，恍然又见一块碑石、一截古垣、一座亭阁，岂不是曲径通幽？那虎山栈道，腾空而起，蜿蜒于山林间，时隐时现，大有神龙见首不见尾之状，岂不是又一种别样的幽趣？

至若登上凤翔峰、始皇临江处，鸟瞰扬子江，但见大江东去，烟波浩渺，巨舰笛鸣，百舸争流，仿佛是向栖霞山致礼，又像是相互之间答问。

新质宝山

满山枫叶翩翩舞，不尽长江滚滚来。中国式现代化建设如春潮涌动，随着“绿水青山就是金山银山”发展理念的深入人心，长江经济带建设、长三角区域一体化发展、宁镇扬同城化推进等战略加速实施，栖霞山迎来保护、建设和发展的最佳时期。

生态成为栖霞山最亮丽的名片。林相层次更为丰富，乔木、灌木和草木的比例更为合理，苔藓地衣的覆盖更为绵实，森林氧吧的作用更为明显。人们徜徉于山中林间，如同在天然氧吧“吸氧”，顿觉神清气爽。“森林营地”为身居闹市的人们送上大自然深处的野趣和幽静。景观树品种更为丰富，不只有红枫，还有其他各色树种、花草，观赏时间向四季延伸，不只有“秋栖霞”，还有“春栖霞”“夏栖霞”“冬栖霞”，季节不同，景色亦各显其美。

功能由观光型旅游向休闲度假旅游蝶变，“栖霞胜境”的意象不断刷新。众多重点项目环列，文旅内容迭代升级，民生配套工程赋能给力，这一切托举起一座新质栖霞山。

项目引领，古老之山展新姿。“南京经济技术开发区东区”“十月公社科技创业园”，厂房林立，机器运转，奏响中国式现代化阔步前进的高亢音符；“南京华侨城集旅游小镇”“文创社区”“欢乐海洋”合为一体，成为新型的生活空间；“华・荟里”商业中心涵盖星级酒店、美食餐饮、购物超市等，人间烟火气升腾弥漫。红枫片区住宅楼鳞次栉比，矗立于天宇之下，与巍峨的栖霞山“近相呼应”；华侨城中学、华侨城小学建成开办，使栖霞山有了昂扬向上的勃勃生机和“少年强则国强”的美好憧憬。

文化与旅游深度融合，前所未见的风景次第展现。源远流长又浸润着栖霞山特色的多种文化在挖掘、发展的过程中，载体不断丰富，形式不断出新。栖霞古镇再现吴头楚尾古老风貌，展现其兼具南方娟秀与北方雄浑的建筑风格，其临水而筑、枕河而居的水街韵味令人流连。古渡塔影、古戏台、江乘桥、徐铉旧居、徐十郎茶肆等仿古建筑诉说着旧年往事；南京设计廊、云几书房、人间咖啡、千千素爱、一念堂、河湟文化非遗手工艺品坊等商铺在飞檐斗拱、红柱曲廊、镂空雕花的“古装”中释放出现代气息；半馆中草药文化园百草琳琅，药香浮动，携你见识中草药文化的精深和神秘；江南水泥厂工业遗址诉说栖霞山麓、扬子江畔现代工业的崛起和实业家的强国梦想，16 幢民国风格的建筑烙印着逝去的时代风情。涵田栖云山房、智选假日酒店、东部山庄等休闲、住宿、餐饮服务，使游客心灵得以休憩并有了世外桃源般的感受。

水陆交通纵横，荒僻山道变通衢。栖霞山长江大桥横跨南北，可欣赏长江栖霞山段东西走向的旖旎风光。向东可达长江入海口，远渡重洋，把异域风光收入眼底。即将建成的地铁 6 号线直达南京南站，一次换乘可至南京禄口国际机场。公交车有 138 路、194 路、195 路、196 路、197 路、206 路、326 路、327 路、332 路、D21 路等，直达栖霞山或穿山而过。

栖霞山已然是国内知名的自然与文化相融合的城市型休闲旅游度假区，是融仿古街、风情街、商业街于一体的新街区，是景观河、生态河与绿色山、文化山山水映带的宜居、宜游的新宝地。中国台湾著名诗人余光中登临栖霞山，曾感慨

“江流石不转，印象栖霞山”。然而今日不同往时，栖霞山虽然还是栖霞山，但已焕然一新，正以更加深邃的文化内涵和更加靓丽的容颜面对世人、面向世界。

历史的眷顾，岁月的洗礼，江河的滋养，神明的庇佑，人文的增益，成就了栖霞山。何以栖霞山？何以“一座栖霞山，半部金陵史”？何以备受青睐、殊荣加身？至此，当已得到正解。

秋染栖霞　（光影剑客　摄）

名山环境

栖霞山位于北纬 32°02′50″—32°14′41″，东经 118°45′42″—119°14′50″，坐落于南京城东北 22.5 千米处的栖霞街道地域内。东南邻西岗街道，南与仙林街道相接，西邻尧化街道，北部濒临长江。

地质构造属宁镇褶皱带，由浅变质岩系组成，距今 10.31 亿—8.64 亿年。

栖霞山植物种类繁多，红枫最为著名。

栖霞山因得山水之利，资源丰富，故而人烟稠密。

自然环境

地质 栖霞山地质构造的基底固结于晚元古代末期的晋宁运动，由浅变质岩系组成，距今10.31亿～8.64亿年。盖层厚8000—9000米，由震旦系至第四系的物质组成。震旦系至三叠系以海相地层为主，侏罗系至第四系的地层为陆相地层。山北坡被侏罗系火山岩覆盖，南坡被下中侏罗统象山群覆盖，轴部有古生界岩层出露。该复背斜与幕府山复背斜相似，北翼已断失，仅保留南翼。

栖霞山出露的地层由老到新为志留系茅山组，泥盆系观山组，泥盆系—石炭系擂鼓台组，石炭系老虎洞组、黄龙组，石炭系—二叠系船山组，二叠系栖霞组、孤峰组、龙潭组、大隆组、三叠系青龙组，侏罗系象山群钟山组、北象山组，白垩系西横山组和龙王山组，第四系主要为冲积或冲洪积物。

栖霞组 栖霞组曾称栖霞石灰岩，是二叠系的一个岩石地层单位，为浅海相硅质碳酸盐岩沉积，厚度110—250米，广泛分布于中国南方地区。

清光绪八年（1882），德国地质学家李希霍芬（F.Richthofen）将南京栖霞山附近五通石英砂岩与龙潭煤系之间的一段海相地层命名为“栖霞灰岩”，最初定其时代为泥盆纪。1942年，日本地质学家早坂一郎（I.Hayasaka）将栖霞灰岩年代厘定为二叠纪早期。其后，经李四光、朱森、黄汲清、陈旭、李毓尧、李捷等人不断研究，将原栖霞石灰岩中的黄龙石灰岩、船山石灰岩及孤峰层分出，缩小了栖霞灰岩的含义，并将其自下而上划分为四部分：（1）臭灰岩：为黑色沥青质泥质灰岩，偶见燧石结核，含克劳德米斯蜓、苏伯特蜓、伏尔兹文采珊瑚、原米其林珊瑚、中华线纹长身贝、浙江直形贝等；（2）下硅质层：为黑色硅质页岩及硅泥质灰岩，含燧石结核；（3）栖霞灰岩（狭义）：为黑或深灰色厚层灰岩，含燧石结核，含圆球形南京蜓、栖霞希瓦格蜓、扬子多壁珊瑚、奇壁珊瑚、早坂珊瑚等；（4）上硅质层：为黑色硅质页岩及灰岩，含燧石结核，部分地区顶部未见白云岩或灰质白云岩，含多隔壁拟纺锤蜓、栖霞希瓦格蜓、多壁珊瑚等。建立了四个蜓类和三个珊瑚化石带，时代相当于早二叠世（距今2.9亿～2.5亿年）。1959年称栖霞组并沿用至今。

栖霞组的标准剖面在栖霞山东南大凹采石场，该剖面整体连续，保存完好，化石丰富，以该剖面为正层型剖面的“栖霞组”，其形成时代被重新厘定为中二

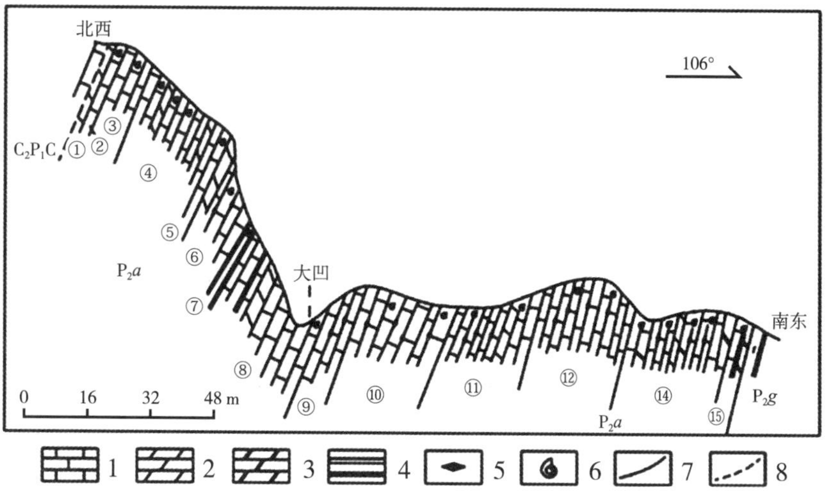

1. 灰岩；2. 泥灰岩；3. 白云岩；4. 硅质岩或燧石岩；5. 燧石结核；6. 无脊椎动物化石；7. 整合界线；8. 平行不整合界线

南京栖霞山栖霞组剖面图

叠世（距今 2.8 亿 ~ 2.7 亿年）。

山貌　栖霞山山体略呈方形，面积约 4 平方千米，山体主要由石灰岩、砂岩等组成，北麓有带状火山岩分布。

栖霞山大致东西走向，呈东高西低之势，东北高，西南低，高低相差 270 米。最高峰为凤翔峰，又称三茅峰，呈圆锥形，海拔 284.7 米。

栖霞山自北向南有三列山岭，北列状若伏虎，名曰虎山，20 世纪 80 年代以前，因山头裸露褶皱岩石，人称“瘌痢山头”，虎山由落星台、老虎头、平山头、大山头、黑石凼、大凹口、虎山凹、虎山爪等山岗谷地组成；南列形如卧龙，名为龙山，最高处称为白云峰，龙山的南面，有天鹅凼、景致岗；中列为千佛岭，又称中峰、枫岭。三岭之间夹两涧，分别为桃花涧和中峰涧。

凤翔峰的东南及东面，有大团山、泥鳅垅、棉花地、牛山头、牛尾山、扇子山、老虎山、美人山、宝塔山、响塘山、河塘山、扁担山、黄虉山、虾蟆山、乌龟山诸峰。栖霞山西南和西侧有两座小山，因山形似象，故名南象山、北象山，主要由象山群的长石砂岩、粉砂岩及页岩组成，山区有疏林分布。南、北象山似栖霞寺的守门双象，亦可视为门阙。

江河

长江栖霞山段　西起栖霞街道石埠桥，东迄原摄山镇，长约5千米。江面宽阔，因江水的冲蚀作用，江岸不断坍塌，形成凹岸。这里原有两座渡口，一座是石埠桥渡口，开行石埠桥至六合龙袍客渡；一座是摄山渡口，开行摄山至龙袍汽渡。中华人民共和国成立后，长江栖霞山段建有石油中转装卸码头。长江栖霞山段渔业资源丰富，以刀鲫最为著名，清代诗人洪亮吉《北江诗话》云：“河豚以江阴为第一，鲥鱼以采石为第一，刀鲫以江宁栖霞港为第一。”

九乡河　古称“江乘浦”，又称锁石溪、罗落河。九乡河发源于半边山、青龙山，经汤山龙泉、古泉和锁石、晨光、东流、袁家边村，向北流经南京仙林大学城，沿栖霞山西侧向北，经石埠桥流入长江，流域面积145平方千米，在栖霞山段长约3000米。因流经9个乡镇，故名九乡河。清光绪三十四年（1908），沪宁铁路通车，尧化门至孤树村的铁路桥横跨其上。1972年夏，九乡河洪水泛滥，栖霞镇被淹多处。距河口4000米处，设一座拦水坝，称“中坝”。2018年，入江口处建成九乡河枢纽工程。

便民河　清乾隆四十五年（1780），为避黄天荡之险而开凿。原称“强盗

秋色之路　　（熊　伟　摄）

河”“刀枪河”，传乾隆南巡时赐改今名。起于石埠桥，迄于句容市下蜀镇，流入长江。流域面积164.12平方千米，其中山丘面积86.43平方千米，圩区面积77.69平方千米，流经栖霞山北麓段约1000米。民国初年，曾建摄山闸。1922年，《河建闸方位平面图》显示，便民河曾与通五乡之水的东山河（龙潭镇）、通七乡之水的西山河（西沟渡镇）、通九乡之水的栖霞河（石埠桥镇）相通，汇入长江。便民河是重要的通江引水、排洪、排涝河道。

泉涧

中峰涧　位于东峰与中峰之间。明葛寅亮《金陵梵刹志》载其名。宁墨公有《中峰涧》诗：“扶筇款步过中峰，幽涧鸣泉响韵松。晴色乍分春来暮，浪花飞溅半山钟。”

桃花涧　位于西峰与中峰之间、栖霞寺北，亦称“北涧”。涧水与中峰涧水相汇于明镜湖，由暗沟过香火桥流经九乡河。雨后山泉流瀑，蔚为壮观。泉涧既是景观，也可供消防用水。

饮马涧　明葛寅亮《金陵梵刹志》载凌大德画、刘希贤绘“明栖霞寺”中，山顶北侧山脚下老虎头处，有泉曰“饮马涧”，今不存。

珍珠泉　位于桃花涧旁，又名“真珠泉”，泉水从侏罗纪砂岩的裂隙中流出，常常带有串珠状的气泡，酷似珍珠，故名。开凿于明代。史载，当年住在般若庵中的僧人苦于汲水不便，在“庵外凿地得泉，其吐如珍珠，号珍珠泉”。居住在山上的隐士高僧，或是远方到来的香客行人，路过此地，“人多汲之”。后僧人在珍珠泉之上建亭，供人驻足休憩。1979年，修筑盘山公路时，泉眼被埋没，泉水枯竭，枯叶汇集，无复旧观，仅存有镌刻在泉侧废墙基条石上的“珍珠泉”三个篆体字，尚能勾起游人对往日的回忆。

大庙厨房泉　清初张怡隐居栖霞山近50年，作《品外泉铭》道：“夫惟杰士，不受品题。匹夫有志，物论难齐。岂惟士然，泉亦有之。惟兹一泓，以石为池。其源甚长，所济甚众。截笕引流，佛厨僧瓮。夏水冬汤，朝餐夕瓮。品外之品，大哉时用！”于此可知，明清之际的品外泉以石砌就，泉水绕过舍利塔前，从暗槽中流入禅房，供僧众使用。1978年以后，泉水干枯，大庙厨房泉消失。

池湖

白莲池　位于栖霞寺山门前，又名月牙池，呈半月形，供游人或佛门信徒放生之用，俗称“放生池”。开凿于明代或明代之前。《金陵梵刹志》标注“白莲池”,《南巡盛典》标注“月牙池”。1919年，季毓麐《游栖霞山记》:“前有月牙池，年久淤塞，现正开工修浚。”1934年，张莲觉《名山游记》:“僧云池久湮没，近年兴筑各工程，始复发现者，而完整如初。”1948年,《栖霞指实》:“奈遭倭寇一度填塞，今虽挑挖，因工程浩大，经济支绌，迄仍未能复旧。”现池于1980年疏浚。后又建沿池的汉白玉栏杆。1999年7月，建造喷泉和苍龙吐水。

饮马池　朱洁轩《栖霞山志》云：池在白乳泉平坡之旁，为太平天国驻兵之处，今尚有残垒可辨。今景区将半馆通往陆羽茶庄路旁一水池定名饮马池，云：清乾隆帝南巡栖霞山时，跟随大批御林军，此池为御林军卫队饮马的地方。栖霞古寺藏1932年寂然法师绘《摄山栖霞寺全山平面图》有标注。

玲峰池　又称“龙池”，在中峰之脊、畅观亭上。乾隆题有玲峰池诗。1923年，闵金禾《栖霞山游记》:“更有卧碑二，苔痕剥蚀，不复能辨。”灯霞《到栖霞山去》:“玲峰池，即中峰脊北一小池，俗称龙池，中有蝾螈，为数不多。”原池水面积约24平方米，20世纪80年代初期尚有蝾螈。2000年后，池水渐枯。

桃花湖　位于桃花扇亭处，2004年新建。

铺翠池　位于红叶谷上方平山头处，2006年新建。

枫林湖　位于凤翔峰西侧半山腰处，2006年新建。

揽红池　位于铺翠池上方，2007年新建。

彩虹明镜　位于栖霞寺前虎山和龙山之间，原是桃花涧、中峰涧两涧水的汇聚地，为栖霞山风景区第一景。于清乾隆二十二年（1757），清乾隆帝第二次南巡驻跸期间兴建。湖心建有六角亭，九曲桥状若彩虹，曲曲弯弯直达亭中，有《阿房宫赋》中所谓“长桥卧波，不雩何虹”之境界。湖中有莲，每到仲夏，荷花盛开。湖水澄澈鉴人，恰似明镜。1921年，由栖霞寺住持若舜重建。宁墨公有《彩虹明镜》诗:“疑是西方七宝池，虹桥横曲更清奇。中峰倒影僧心静，正是钟声晓梦时。”明镜湖近似方形，湖床标高10米，深度2.5米，面积3000平方米。1981年6月4日，明镜湖彩虹亭与曲桥连接处突然坍一洞，呈坛状，直径1米。7月13日，彩虹亭向东北方向倒毁。1982年，由南京铅锌银矿投资32.6万元，开展工程水文地质勘察，经科学论证为岩溶区小规模缓慢型地层塌陷。1990年9月复建竣工。复建后的明镜湖形状、面积与原湖相同。1992年，于湖边竖有一碑，

彩虹明镜　（徐　远　摄）

高 2 米有余，正面刻有书法家尉天池所书“彩虹明镜”四字。背面有真慈法师所撰的《复建明镜湖碑记》。彩虹亭上“彩虹亭”三字为当代著名高僧茗山法师题写。两根楹柱题有楹联一副：“满天星斗落明镜，十地圣贤来摄山”，由贵州遵义人田光烈撰书。

凼塘

济生台水塘　位于济生台东南不远处，开凿时间不详。

乾隆行宫水塘　位于中峰南侧、乾隆行宫遗址内，太古题刻下。

万松山房水塘　位于万松山房遗址南侧，开凿于乾隆时期，为万松山房供水，现已干涸。

天鹅凼　位于龙山南侧中部，俗称天池。《摄山栖霞寺全山平面图》有标注。

原栖霞中学内水塘　位于龙山西南麓，由江苏省立栖霞乡村师范师生开凿，塘中有亭。20 世纪 90 年代，命名为质夫亭。

石磨宕口水塘　位于龙山南侧大拉沟北侧，初步考察至少有 3 个水塘，为开采石磨而形成的水塘。

天开岩水塘　位于天开岩侧，2005 年新建。

幽居庵水塘　水塘有二，2005 年新建。

了凡问道水塘　位于天开岩左前方，话山亭东侧，2005 年新建。

虎山水塘　位于虎山南侧半山腰平坡处，2006 年新建。

龙山南门水塘　位于栖霞山南门入口道路旁，距入口约百米，2006 年新建。

山水塘　位于天鹅凼下方，为路旁一水塘。

半馆水塘　位于半馆西侧下方数十米，塘边有石头垒砌痕迹。开凿时间不详。

太虚亭水塘　位于太虚亭西北侧、市民义务植树基地下方约百米处，常年积水。开凿时间不详。

天鹅凼上方水塘　位于天鹅凼上方约百米处，相邻水塘有两个，为开采石料时留下的宕口。

资源环境

植物

栖霞山地处北亚热带向暖温带的过渡地区，为北亚热带的北界，独特的气候、土壤和水文条件孕育了相对丰富的植物资源，形成以落叶阔叶林为主的植被类型，是南京地区重要的物种基因库和城市生物多样性保护基地。

山中有高等植物（含栽培种）789 种（含种下等级），隶属于 141 科 487 属。其中，被子植物 119 科 455 属 748 种；苔藓植物 3 科 3 属 3 种；蕨类植物 11 科 14 属 16 种；裸子植物 8 科 15 属 22 种。

栖霞山的主要植被可分为人工林和次生林。早期的人工林以针叶林为主，如杉木林、马尾松林。现在的人工林主要是以山体广泛种植的鸡爪槭及其变种为主的阔叶林。次生林以栖霞山天然更新的阔叶林群落为主，如枫香林古树群落、苦槠林古树群落，其次还有光叶糯米椴、水冬瓜等特有的古树群落。此外，常见的还有壳斗科的锐齿槲栎、漆树科的黄连木等阔叶树种。

栖霞山维管植物区系中的许多科、属在古地质历史时期都已出现。如蕨类植物有侏罗纪的海金沙属；种子植物有侏罗纪的松属、栎属、枫香属等；第三纪已

糯米椴　　（徐　远　摄）

存在的有枫杨属、榉属、黄连木属等。属于第三纪或更古老的植物还有石栎、苦木、化香等。

珍稀濒危植物　依据《国家重点保护野生植物名录》，栖霞山共有国家Ⅰ级重点保护野生植物 3 种，为水杉、苏铁、银杏；国家Ⅱ级重点保护野生植物 3 种，为樟、野大豆、秤锤树。依据《中国生物多样性红色名录——高等植物卷》，有极危（CR）种 2 种，为苏铁、银杏；濒危（EN）种 2 种，为水杉、秤锤树；易危（VU）种 8 种，为油杉、罗汉松、长筒石蒜、牛鼻栓、鸡爪槭、南京椴、杜仲、明党参；近危（NT）种 4 种，为玉兰、三枝九叶草、黄檀、山茱萸。上述植物中，野大豆、牛鼻栓、明党参、黄檀为野生植物，南京椴、秤锤树为南京特色珍稀植物，山茱萸、杜仲、三枝九叶草等为引种栽培。还有列入《中国主要栽培珍贵树种参考名录》的树种 26 种。

古树名木　栖霞山曾盛产银杏。陈作霖《金陵物产风土志》称：“摄山、天阙俱产银杏，所谓鸭脚子也，俗呼白果。”栖霞寺弥勒殿右侧有一棵银杏，实测树径及对照民国时期栖霞寺弥勒殿旧影，树龄不到百年。今千佛崖之待月亭上方，有一株大树，1924 年的旧照中，该树已经存在，据此推算，树龄在 90 年以上。卧云亭上方，沿山脊向南 60 米左右，有一棵树龄在百年左右的大树，需两人合抱。

栖霞山原有六朝松，相传为梁武帝手植。清康熙三十年（1691）七月二十三日午夜，被雷雨烈风摧折。明嘉靖初年，栖霞山尚有宋、元时期古树数百株，但被豪强砍伐。冯时可《再游摄山记略》载："老僧云，旧有宋、元时木数百株，奇古异状。嘉靖初，尚及见，后为豪者伐尽。赖里人孙富争之，仅存其一。孙复捐资，更树以遗僧。今蔽芾林林者，孙泽耳。"明《金陵梵刹志》载："银杏树有二，在大殿前，可四五抱。苍蔚奇古，是前朝物。其一结乳如石笋下垂，相传树千年始生。"从现存民国时期栖霞山旧影来看，有一株攀藤树位于"栖霞山""千佛岩"题刻旁。明万历十年（1582），秋日秀岩山人李言恭《栖霞寺二首》，提到该佛窟长藤。计算下来，树龄至少438年以上。清《摄山志》载："银杏树二株，在大殿前，可六七人抱，高十余丈，苍蔚奇古，六朝时物，其一结乳下垂，形如石笋，长数尺余，村民相传食其子多寿。"清乾隆时期，栖霞山尚存银杏两株。乾隆二十二年（1757）、乾隆二十七年（1762）和乾隆三十年（1765），清乾隆帝驻跸栖霞行宫时，分别有《九株松》《题九株松》和《九株松》御题诗。嘉庆十八年（1813）时，仅存其一，朱绶《摄山纪游》："九老松存其一矣。"《摄山志》载："山中桂树多数百年物，森列岩谷，每岁中秋十余日，香风郁烈，远闻数十里。"光绪十五年（1889），汪锡祺《栖霞山揽胜记》："又有古木一斩，尽枝叶，盖千余年物也，知为人迹罕到矣。"《摄山续志》载："殆遭兵燹后，夷为邱墟，屋无片瓦之存，树无百年之物。"遭太平天国战火后，栖霞山古木尽毁。该志又说："端方，字午桥，沈阳人。光绪间总督两江……乃命从者，寻觅柏树数百株，公手植数本，以志游览之盛。"其"杂记"曰："寺内柏树数百株，为前清两江督军端所植。"1932年1月出版的《科学的南京》，收录了林刚撰写的《南京木本植物名录》一文，文章指出当年调查时，栖霞山存有杉树，惜已无存。

栖霞山东麓江南水泥厂家属区内有一古银杏树，树高20余米，成伞状，树干需5人合抱，遮阴面积约400平方米，从树干6米以上开始分枝杈。据当地老人口传，这棵树为唐代所植，迄今已有千余年历史，明代曾遭雷劈。1993年，银杏果产量超千斤。2015年，南京绿化园林局把它列为南京市古树名木，并认为当年树龄为1215年，等级为一级。至今仍枝繁叶茂，连年结果。

自1978年起至2023年，南京市已公布6批南京市古树名木名单，栖霞山有百年以上古树名木41株。

江南水泥厂古银杏　（陆解纯　摄）

南京市栖霞山古树名木汇总表

表 1

挂牌号	树名	科属	位置	树龄（年）	胸围（厘米）	冠幅（米）	树高（米）	等级
172	枫香	金缕梅科 枫香树属	栖霞山桃花扇亭	115	200	24.5	18	二级
173	黄连木	漆树科 黄连木属	栖霞山苗圃地	115	195	16	16	二级
174	侧柏	柏科　侧柏属	栖霞山明镜湖边	115	126	5.5	19	二级
175	水冬瓜	茜草科 鸡仔木属	栖霞山乾隆行宫	115	180	13.5	20	二级
176	光叶糯米椴	椴树科　椴树属	栖霞山话山亭	115	151	8.5	18	二级
177	刺楸	五加科　刺楸属	栖霞山施食台	115	180	13	17	二级
178	栓皮栎	壳斗科　栎属	栖霞山石牌坊	115	200	12.5	21	二级
368	银杏	银杏科　银杏属	江南水泥厂家属区	1220	762	18	19	一级
369	银杏	银杏科　银杏属	江南水泥厂花房外	305	230	13	19	一级
370	君迁子	柿科　柿属	栖霞山天开岩桥边	115	119	12	22	二级
371	冬青	冬青科　冬青属	栖霞寺弥勒殿右侧	115	136	14.5	15	二级
372	冬青	冬青科　冬青属	栖霞寺弥勒殿右侧	115	161	9.3	16	二级
373	冬青	冬青科　冬青属	栖霞寺弥勒殿右侧	115	242	9.7	16	二级
374	榉树	榆科 榉属	栖霞山三圣殿前	115	195	17	23	二级
375	银杏	银杏科　银杏属	栖霞寺山门前北侧	165	286	15.4	16	二级
376	臭椿	苦木科　臭椿属	栖霞山天开岩中	115	141	5	23	二级
377	响叶杨	杨柳科　杨属	栖霞山了凡四训西南侧	115	173	10.5	21	二级
378	响叶杨	杨柳科　杨属	栖霞山了凡问道西南侧	115	163	9.5	23	二级
379	响叶杨	杨柳科　杨属	栖霞寺配电房西南侧	115	194	10.5	20	二级
380	三角枫	槭树科　槭属	栖霞山小营盘	115	163	14.5	19	二级
381	枫杨	胡桃科　枫杨属	栖霞山佛学院北门入口处	100	350	22.5	22	二级
382	枫杨	胡桃科　枫杨属	栖霞山栖霞寺北侧	100	270	27	23	二级
383	枫杨	胡桃科　枫杨属	栖霞山栖霞寺北侧	100	357	24	23	二级
384	枫杨	胡桃科　枫杨属	栖霞山桃花扇亭前	100	442	24	21	二级
385	枫杨	胡桃科　枫杨属	栖霞山月牙池南侧	100	269	21	27	二级

续表 1

挂牌号	树名	科属	位置	树龄（年）	胸围（厘米）	冠幅（米）	树高（米）	等级
386	枫杨	胡桃科　枫杨属	栖霞山月牙池南侧钟楼前	100	290	17	22	二级
387	枫杨	胡桃科　枫杨属	栖霞山月牙池北侧	100	226	23	25	二级
388	雪松	松科　雪松属	栖霞山三圣殿前	95	274	13.2	27	二级
389	柘树	桑科　柘属	栖霞山万松山旁	115	100	3.7	8.5	二级
390	皂荚树	豆科　皂荚属	栖霞山般若台	115	280	15.3	22	二级
391	苦槠	壳斗科　锥属	栖霞山中峰南侧	115	180	11	10	二级
392	银杏	银杏科　银杏属	栖霞寺内大殿北	115	206	15	15	二级
393-1	枫香	金缕梅科枫香树属	栖霞山天开岩路边	115	179	23.5	22	二级
393-2	枫香	金缕梅科 枫香树属	栖霞山天开岩小桥里侧	115	185	15	20	二级
393-3	枫香	金缕梅科枫香树属	栖霞山天开岩话山亭北侧	115	182	13	21	二级
571	榉树	榆科　榉属	栖霞山天开岩中	115	141	10	14	二级
572	水冬瓜	茜草科鸡仔木属	栖霞山天开岩中	115	150	14	20	二级
573	栓皮栎	壳斗科　栎属	栖霞山天开岩中	115	176	10	14	二级
717	三角枫	槭树科　槭属	栖霞山桃花扇亭	105	160	13.5	20	二级
718	黄连木	漆树科黄连木属	栖霞山霜红苑	105	158	12	15	二级
767	紫藤	豆科　紫藤属	栖霞山公园般若台南	115	105	5	15	二级
768	糯米椴	椴树科　椴树属	栖霞山公园白乳泉	115	186	16.5	25	二级
769	黄连木	漆树科黄连木属	栖霞山公园桃花山亭西南	115	160	12	22	二级
770	红果榆	榆科　榆属	栖霞山公园防火器材储备点门口	115	215	8.4	25	二级
771	侧柏	柏科　侧柏属	栖霞山公园明镜湖南	115	100	5.6	15	二级

动物

栖霞山动物种类繁多，天空地面、地上地下、树木草丛、石缝水沟都是其活动场所。这些动物互相依存，构成完整的食物链，与其他生物、非生物一起，构成和谐的大自然。随着人类活动范围不断扩大，动物生存空间不断被挤占，动物种类急剧减少。

山猿　《江乘地记》曰：摄山有山猿，赤足，或见涉冬积雪，辄有一行迹。栖霞山有山猿，自唐以降未见文献记载，故录之。

虎　周晖《金陵琐事》记载："孙弘彝府学秀才，家在太平门外蒋庙之旁，有田在栖霞寺前。嘉靖己未年，大水，孙田中水高三尺，遂与江通。秋深水退，有一大鼋落塘中不能去。农夫戽塘水，取鼋缚于树上，约次日分肉。夜有虎闻其腥味来，噬之，被鼋咬其爪。虎不能脱，鼋不肯放，彼此力尽。天明虎死，而鼋亦死焉。夫鼋，水族也，农夫缚之。虎，山兽也，鼋乃死之。其事亦甚异也。"这段文字记载发生在明嘉靖三十八年（1559）栖霞寺前，鼋与虎搏斗，两败俱亡。清代陈毅《摄山志》卷七龚翰《栖霞寺访楚云和尚》诗云："到山先见六朝松，寂寂晴岚四望封。黄叶正飘千佛岭，白云时绕一声钟。幽泉细咽来香积，猛虎闲吟过碧峰。话久不知霜露湿，贪看月色见芙蓉。"龚翰，字文思，江宁人。康熙二十一年（1682）举人，曾游摄山。从其诗中可以想象到当年栖霞山猛虎呼啸山林、悠然自得的情景。

狼　陈邦贤《栖霞新志》有载。据江南水泥厂居民杜大华口述，1965年他住在栖霞山东麓的李家巷，夏天的一个深夜，全村的狗狂吠起来，他跑出去一看，一只狼咬着猪耳朵，用尾巴抽打着猪，猪乖乖地跟着狼顺着家属区东边的公路向南跑，十几条狗尾随狂吠，可是没有一条狗敢冲上去。当时月亮很亮，所以看得真切。20世纪70年代后狼绝迹。

獐子　陈邦贤《栖霞新志》有载。乔延凤《栖霞忆旧》："上世纪的60年代，我还见过獐子的粪便，一粒一粒，散落在草丛之中。"之后未见相关记载。

野猪　于星海《南京自然史略》："野猪产于南京附近之山中，如宝华山、栖霞山等处。"陈邦贤《栖霞新志》及《自勉斋随笔》均有记载。"栖霞山最高峰的庙里，有一个断臂翁，年约五十多岁，他一个人睡在那山顶的庙里，山门也不关。有时在夜里，野猪跑来了，远远听见它的声音和铃响一样，他便爬起来驱赶，那野猪也就下山去了。"20世纪80年代至21世纪初，野猪绝迹。2018年前后，野猪又出现在山中。

獾　分狗獾和猪獾两种。现在，山林中和庄稼地里时有狗獾和猪獾出没。

黄鼬　俗称"黄鼠狼"。现在，山上山下时有出没。

刺猬　现在，山中较多。

野兔　现在，山中较多。

猫　清陈毅《摄山志》有载。现山中及寺院附近较多。

古寺橘猫 （黄 颖 摄）

蛇　分无毒蛇和有毒蛇两种。无毒蛇有乌梢蛇、菜花蛇、水蛇。乌梢蛇体形较大，成蛇可到2.5米以上，山麓、田间可见其踪影。2017年前后，有居民在山上养鸡，时有蛇偷食鸡和鸡蛋。菜花蛇、水蛇较常见。有毒蛇以矛头蝮蛇居多。矛头蝮蛇俗称“土公蛇”，2012年夏，有人在春雨桥下中锋洞里见过长约2米的矛头蝮蛇。还有一种体形较小的蝮蛇，身长50厘米左右，身粗，尾细短，会隐匿于路边，给行人造成伤害。赤练蛇，又名火赤练，微毒，家前屋后较常见。

蝾螈　20世纪80年代，山上有水处尚有蝾螈游动，后逐渐稀少，直至绝迹。

蜥蜴　俗称“四脚蛇”，分草蜥和壁虎两类。草蜥躯干长6厘米左右，尾长6 ~ 12厘米，在树木和草丛中活动。壁虎体形较小，活动于树木、电线杆和墙壁之上。现在，较常见。

山螃蟹　善攀爬，现在，近水的石缝间较常见。

昆虫　有蜻蜓、蝽、蝉、蝼蛄、蟋蟀、油葫芦、螽、蝗虫、纺织娘、螳螂、蜣螂、锹甲、隐翅虫、金龟、瓢虫、天牛、白蚁、蚂蚁、蝴蝶、蝇、蚊、蜉蝣、竹节虫、马蜂、蜜蜂、萤火虫、松瘤象等。现在，这些昆虫较常见。

红嘴蓝鹊　　（徐　远　摄）

鸟　分留鸟和候鸟两类。留鸟有猫头鹰、雀鹰、啄木鸟、画眉、麻雀、喜鹊、红嘴蓝鹊、灰喜鹊、白头翁、八哥、灰椋鸟、乌鸫（百舌）、斑鸠、伯劳、黑脸噪鹛、蜡嘴、金翅鸟、黄雀、绣眼、大山雀、鹡鸰、柳莺、棕头鸦雀、环颈雉（野鸡）、翠鸟、鹬、黑水鸡等。20 世纪 50 ~ 60 年代，乌鸦常见，现已绝迹。21 世纪初，云雀（叫天子）常见，现已绝迹。候鸟有家燕、白鹭、黄鹂、黑卷尾、苦恶、绶带等。绶带鸟比较稀少，其尾羽很长，形如绶带，故名。

矿藏

栖霞山蕴藏锰、铅、锌、银、金等矿。除此之外，还有镉、镓、铟、铜、硒、碲、铊等稀有金属矿。矿床中共生、伴生矿较多。

铅锌矿　是以铅、锌、银为主的大型金属矿床。原生铅、锌矿体，属盲矿体，主要分布在黑石凼到北象山间的地下深处。栖霞山铅锌银矿床的矿石工业类型有铅锌锰硫型、铅锌硫型、单硫型和单锰型。矿石矿物主要为闪锌矿、方铅矿、黄铁矿、菱锰矿、钙菱锰矿，次为黝铜矿、黄铜、白铁矿和少量磁铁矿、菱铁矿、铁菱锰矿、毒砂、磁黄铁矿等。

金矿　属栖霞山和甘家巷—尧化门铅锌矿的伴生矿。金在矿石中呈独立矿物（含银自然金）存在，其粒度一般小于 0.02 毫米，在构造交叉矿体膨大部位，矿石含金较高。

银矿　为栖霞山铅锌银矿的伴生矿。银主要呈独立矿物（如螺状硫银矿、辉银矿、深红银矿、碲铋铅银矿和含银自然金等）分布在方铅矿、闪锌矿、黄铁矿

铅锌矿　　（南京银茂　供图）

中，多呈小于 10 微米的微细包体，不均匀地分布在载体矿物晶粒内。部分银以类质同像方式进入黝铜矿晶格中置换铜，形成含银黝铜矿和含锌银黝铜矿等，其矿物结晶颗粒较粗，有时可单体分离。

特产

中草药　栖霞山的中草药自古以来非常有名，栖霞山古称摄山，取药草可以滋养摄生之意。明代弘治年间，药草茅苍术被列为上贡朝廷之品，年贡二百担，是南京药材史上记载最早的贡品。著名医药学家李时珍曾在其子李建元和徒弟庞宪陪伴下，到栖霞山采集太子参、党参和何首乌等名贵中草药材标本，以充实《本草纲目》内容。栖霞山的茅苍术质量上乘，其根茎入药，具有健脾、燥湿和明目之功效，主治寒湿吐泻、胃腹胀痛等症。《本草纲目》载："茅苍术煎法，取生术，去土，水浸再三，煎如饴糖，更善。"此外，茅苍术还有消毒和杀菌的作用。端午节之前，栖霞山一带的农户有烧茅苍术以辟邪气的风俗。栖霞山茅苍术断面呈黄白色，质地较硬且纤维少，易折，加工过程中散发出特异香气，是区别于其他地区茅苍术的突出特点。沙参，又名泡参，与人参、玄参、丹参和苦参并称"五参"，是非常宝贵的中草药品种。它根部入药，有清热养阴和润肺止咳的功效，主治气管炎、百日咳和肺热咳嗽等。栖霞山中有大片野沙参群落，在南京地区非常罕见。1936年，《国货年刊》中记载，栖霞山党参为著名药材，产于土中，颇不易取，采参者多身负布袋，每日所得，足够一家之温饱。栖霞山现有药用植物 420 余种，占栖霞山植物总数 54%。

栖霞山主要中草药分类见表2。

栖霞山主要中草药分类表

表2

序号	类别	名称
1	山草类	甘草、党参、沙参、荠苨、桔梗、黄精、玉竹、知母、苍术、狗脊、贯众、巴戟天、仙茅、地榆、丹参、紫草、白头翁、三七、黄连、黄芩、秦九、紫胡、前胡、防风、土当归、苦参、白藓、龙胆草、鬼督邮、白薇、白前、拳参、铁线草、金丝草
2	芳草类	蛇床、槁木、木香、杜若、姜黄、郁金、京三棱、香附子、茅草、藿香、兰草、泽兰、马兰、香薷、荆芥、薄荷、积雪草、水苏
3	湿草类	野菊、艾叶、茵陈、青蒿、黄花蒿、夏枯草、刘寄奴、曲节草、旋覆花、青葙子、续断、大青、小青、牛蒿、苍耳、木贼、龙须草、地黄、牛膝、紫菀、麦冬、冬葵、鹿蹄草、败酱、迎春花、地肤、王不留行、车前、狗舌草、马鞭草、女青、鼠尾草、狼杷草、蓝黛、青黛、红蓼、虎杖、莸草、萹蓄、谷精草、海金沙、地蜈蚣、鬼针草、独用将军、见肿消、水甘草
4	毒草类	泽漆、附子、乌头、天南星、半夏、蚤休、独脚莲、射干、鸢尾、荨麻、格注草
5	蔓草类	覆盆子、蛇莓、使君子、马兜铃、黑牵牛、旋花、紫葳、栝楼、王瓜、葛根、天冬、百部、何首乌、草薢、土茯苓、白蔹、伏鸡子、千金藤、九仙子、山豆根、黄药子、解毒子、威灵仙、茴草、剪草、防己、木通、钩藤、紫葛、忍冬、天仙藤、紫金藤、千里及
6	石草类	石斛、金星草、石芝、佛甲草、虎耳草、仙人草

录自陈邦贤《栖霞新志》

摄山茶 栖霞山有关茶的记载最早见于南唐。据《摄山志》记载，南唐吏部尚书徐铉侄儿开设的“徐十郎”茶肆，是栖霞街有记载的最早的店铺，也是中国历史上较早的茶肆之一。明代李日华《六研斋笔记》记载：“摄山栖霞寺有茶坪，茶生榛莽中，非经人剪植者。唐陆羽入山采之，皇甫冉作诗送之。”清乾隆《江南通志》记载：“茶出摄山，味甘香。”《摄山续志》记载：“今仅十数株，产中峰北崖石缝内，历年樵人视为柴薪，尽断之，高不过尺许，每谷雨萌芽，虽片叶，亦含香气沾巾袖，经日不散。”民国《江苏通志稿·货殖志》记载：“上元东乡摄山茶，味皆香甘。”《栖霞新志》记载：“山中产茶不多，名女儿红，味甚淡。”今中峰北侧万松山房遗址附近，有茶树数百株，春时有游人采茶。

比尔茶 据《南京小志》记载：“比尔茶，亦为摄山产，云主治血枯症，试饮之，收效极速，故居民每取备药笼之需。摄山故以产药著，本草所载药之出江宁者，半出其间，不备举。”现已不存。

白花前胡

白芨

白沙参（荠苨）

白檀

白英

扁担杆

草乌头

臭牡丹

刺果甘草

丹参

葛藤

构骨

栝楼

贯众

韩信草

胡颓子

鸡屎藤

虎耳草

花椒

华蔓茶藨子

化香

接骨草

老鸦柿

柳叶马鞭草

毛曼陀罗

木防己

沙参

丝穗金粟兰

太子参

乌蔹莓

石磨　栖霞山石久负盛名，其为志留泥盆纪的石英质砂岩，岩内时有圆角石英小砾，性质坚实。山南麓产青石，可用以制石磨及石磙。山西麓产淡黄石，中含紫色花纹，若制为花园石器，或用于铺地，则异常美丽。击碎的石片和小石块可铺马路和铁路路基。制作石磨为栖霞农民的特种副业。栖霞山产石磨始于何时，已不可考，但清代上元县曾在栖霞设关征收“石税”，光绪三十四年（1908），朝廷在栖霞山和摄山渡各设一局，负责栖霞山产石赋税事宜，每年征收石税大洋300余元，钱1600余文。民国初年，继续设石税局于栖霞山和摄山渡。《摄山续志》记载：“栖霞石磨远近争购之，土人开采已三十余年，幸在外山，禁无益也。”1919—1928年，摄山渡设有摄山渡石矿公司。1932年10月，江苏省立栖霞乡村师范学校编印的《栖霞导游》记载，栖霞的居民多为客籍，且以山东省的为最多，他们到此地谋生，除了务农外，因栖霞山为砂岩，适宜制作成碾、磨，因此就以开采、制作石磨为业。这就让栖霞山石磨，成为大宗商品，在大江南北销售。1935年，刘兆丰在《栖霞山附近农村的情况》中记述：“虎山脉出石磨子，江北各地，帆运定打者甚多。龙山脉产磨刀石……据专操此业者言，‘在从前稍有一点手艺的人，每人平均每年的收入，约在一百一十块钱左右，而现在呢，至多只能赚得二三十块钱左右’。”民国《首都志》记载：“摄山渡产砺石，栖霞山砺石碎片，曾被用于京沪铁路尧化门联络线（宁芜线）。”1947年，《一个战后农村社会之调查——江宁县栖霞乡》记载：“最近导淮委员会等机关，亦多专设机构开采此项山石。现从事石工者全乡凡107家。由富有资产者设采石公司，雇工采凿，每年产量甚丰，多运往苏常镇江等地。”栖霞山为国所有，开山之人纳税，系照物缴税。石磨、石磙经过石埠桥时，由稽查局验明所值，征收石税十分之一；大小碎石由买者自运，开山人不纳税。20世纪70年代至80年代初，为保护栖霞山自然环境，开山采石被禁止。

砂　栖霞山产砂，主要集中在虎山尾部，20世纪70年代开采最为兴盛。附近北村生产队以此为副业，收入尚可。因环境保护需要，1978年始禁采。

白泥　白泥学名高岭土矿，因呈白色而又细腻，又称白云土。主要用于造纸、陶瓷和耐火材料等。1961年，十月人民公社电瓷厂曾在小营盘南侧龙山脊背后开采白泥。栖霞、衡阳、新合三个大队，曾在御花园附近及摄山中营上方挖取白泥。因环境保护需要，1978年始禁采。

延伸记述：民国时期栖霞山地图

《摄山栖霞寺全山平面图》 1932年，栖霞寺僧寂然绘。全称“摄山栖霞寺全山平面图”，图示“上南、下北、左东、右西”。图左附言“本山四至载明《摄山志》，东至陈家巷，南至金石岗，西至本寺官街，北至摄山官路。此图红线界内全系寺产，中华民国二十一年寂然敬绘”。

《栖霞山地质图》 地形测绘：刘祖彝、喻德渊，地质调查：李四光、朱森。1932年国立中央研究院地质研究所制。《栖霞山地质图》，长71厘米，宽54厘米，等高线距离5米，比例尺为1∶5000。刘祖彝（1900—1985），湖南宁乡人，著名地质学家。喻德渊（1904—1971），江西萍乡人，区域地质学家、岩石学家、地质教育家。朱森（1902—1942），湖南郴县人，地质学家。李四光（1889—1971），湖北黄冈人，世界著名科学家、地质学家。

《栖霞山铁满俺矿床位置及运矿系路图》 1941年3月，由华中矿业股份有限公司技手古馆兼治调查；华中矿业股份有限公司雇冈本勤测量、绘制；由华中矿业股份有限公司矿务员陈秋风和华中矿业股份有限公司矿务员朱世忠制图。

延伸记述：石磨工人

据1928年第13期《江宁县教育行政月刊》记载，栖霞山石磨工人按工种分为石匠、炸石人、推车夫三种。工人皆为开山人伙友，工人呼开山人为开山的或老板。山麓四周的老板共有20余个，工人约有400名。工人每日之所得，以石匠为最多。对于石匠，老板供给食宿，每日制成物件，由老板记入账簿，按照卖价

20世纪30年代栖霞山附近开采石磨
（栖霞区档案馆　供图）

之数，给以十分之二，例如卖磨所得10元，老板缴石税1元，虽实得9元，仍按10元算价，提给石匠2元。如遇雨天不能做工，老板仍对石匠供饭。石磨按照大小作价，最小者仅一元数角，最大者可卖至十二三元；石磙之价，最小者四五元，最大者十八九元。石匠每月平均可得洋十四五元。炸石人得钱较少，其食宿亦由老板供给，每月工资仅四五元。每日工作时间，由日出至日将落，所作工事为持钻凿穴，轰炸整石及运集炸开之石。若本月炸石甚多，老板于月终另给酬劳三四元，这样炸石人平均每月可得洋七八元。推车人系运送石磨、石磙赴江边车站之车夫，其每日食宿亦由老板供给，每月工资为二三元，每日工作时间，亦由日出至日落。若买碎石者欲装火车，推车人可另得分装费，这样每月总计可得四五元。推车人以清江淮城人为最多，山东人约占三分之一，无本地农夫。各工种工人皆不带眷属。

四麓环境

老街

石埠桥老街　位于长江南岸边。宋代设石步巡检寨，元代称石步镇、石步港，明代称石埠桥、石埠镇、石步寨。清嘉庆《新修江宁府志》记载："石步镇，即古罗落桥，在上元东北长宁乡，今栖霞东村。"1915年，石埠镇有商民韩春和、高锦记、张恒昌、殷泰昌、戴义和等。1928年，石埠镇有义泰和商行、中华圣公会、河东森茂行等。后石埠镇设镇公所、税捐分处、江宁自治实验县政府土地陈报办事处、江宁县政府石埠镇仓库等。当时，石埠镇商业繁盛，开饭馆的有陈有金、郭礼金、田济才，另有谭文海的包子店、施仁才的大肉面馆。负有盛名的茶馆有吴帮盛茶馆、老虎灶、侯姓茶馆。开粮行的有仇国西、施炎洪、张义星等；张良贵香烛店、张仁才榨油坊、梅姓杂货店、金国泰小杂货店、纪荣河药铺、张福春鱼行、陈姓铁匠铺、朱广道柴行、秦姓碾米坊、赵洪锦菜行等，也负盛名。原有清代贞节牌坊一座，后被毁。同年，江宁县实行村制时，设江乘乡第四区，又名石埠桥区。东至便民河，西至四板桥，南至陡山根，北至江边，户口约900户。《江宁村制初编》记载，石埠桥镇"为该乡最繁华之区，茶馆林立，赌风甚炽，烟馆亦未尽行停闭"。1934年，石埠镇人口826人，甘家镇人口672人，

甘乘乡人口 168 人，天乘乡人口 1283 人，霞乘乡人口 862 人，二镇三乡总人口 3811 人。中华人民共和国成立后，石埠桥建置镇取消，老街逐渐凋敝。

栖霞老街　位于栖霞山西麓，因栖霞山而得名。南北走向，为“京、省要冲，水陆交通均称便”。宋代《景定建康志》记载：“栖霞市，在上元县长宁乡摄山栖霞寺之前，去城四十五里。”元代张铉的《金陵新志》也有类似的记载。市，为古时的集市。可见，栖霞街在宋代、元代就形成集市。明代，称为“栖霞街”。明姜宝《游摄山栖霞寺记》记载：“由栖霞街东行数百步，经石莲池达山门。”清代，栖霞街被称为“官街”，属长林乡。清光绪年间，栖霞街改称栖霞镇，当为栖霞镇之始。1928 年，江宁县实行村制，仍称栖霞镇。镇公所、警察所、宪兵分队、农会、卫生院等，均设于镇中。抗日战争胜利后，江宁县行政区重新划分，栖霞镇和石埠桥合二为一，称栖霞乡，统辖十保共 80 余大小村庄。1947 年，栖霞乡总人口 9448 人。中华人民共和国成立后，栖霞老街一度成为栖霞区政治、经济、文化中心，曾经是栖霞区委、区政府，十月人民公社党委、政府，栖霞镇（街道）党委、政府驻地。栖霞街西南，有御龙桥跨九乡河。据史料记载，御龙桥始建于清乾隆年间，同治年间重修，并立有捐资石碑。过御龙桥为丁字路，路上有栖霞医院（又名大楼医院）等机构。丁字路口东面为栖霞山余脉何家山。民国时期，国民政府监察委员、中将何遂曾在此山建有别墅，别墅名“乐耕庐”，

1931 年的栖霞街　　（彭德尔顿　摄）

故山名为何家山。铁路天桥南称栖霞南街，有栖霞山煤基厂。天桥向北，称栖霞街，沿街西侧有菜市场、杂货店（后改建有栖霞浴室）、栖霞山邮政局、栖霞工商银行、油条烧饼店、栖霞照相馆、栖霞钟表店、粮站（后为栖霞山米厂）、栖霞山饭店、白铁店、四季有商店等，至十字路口，即东巷口；东侧有栖霞供销社副食品三店、栖霞杂货店、栖霞百货商店（含新华书店）、栖霞山玻璃厂、酱菜店、肉店、水果店、栖霞电影院、栖霞副食品二店、油条烧饼店等。东巷口向东，有栖霞中学大门，即今苏果超市位置，再向东即大拉沟，为栖霞街至龙潭的主要道路。大拉沟北面，沿山脚有住户，名为北山村，多为中华人民共和国成立后迁入。此处原有开采石磨遗址。东巷口十字路西侧，曾设有公交栖霞街站。东巷口十字路向北，有照相馆、栖霞中心小学、十月公社（栖霞镇政府办公楼）、栖霞派出所、栖霞山文化馆。

延伸阅读：民国时期栖霞老街各类机构

栖霞公园　1928 年 7 月，由南京中学栖霞乡村师范科在校园内开辟。公园内有各种花草，供本村居民娱乐观赏。盖有 6 间房子，作为民众娱乐馆，馆内放置了乐器、台球、象棋及其他游戏器具。另有表演台、化装室等。1937 年，栖霞公园毁废。

栖霞摄影社　南京中学栖霞乡村师范科创办于 1928 年。其刊登于《栖霞新村》的广告语：本社利用天然美景，聊偿游客佳兴，特添置快镜，借以指导学生实习摄影技能，俾养成其对于艺术上，科学上之兴趣与习惯，惠顾诸君，尚希不吝赐教，幸毋以普通营业者视之，并将简则规定如左（略）。

栖霞豆汁公司　南京中学栖霞乡村师范科创办于 1928 年，1930 年停办。

村民图书馆　位于南京中学栖霞乡村师范科内，创办于 1928 年，1937 年停办。

栖霞商店　位于南京中学栖霞乡村师范科内，创办于 1928 年，1937 年停办。

栖霞饭店　原位于南京中学栖霞乡村师范科内，创办于 1928 年。《栖霞新村》刊有广告：栖霞据钟山尾闾，风景清幽，是以春秋佳日，游人弥集。惟距城遥远，食宿维艰。敝校新村同人有鉴于斯，特于校中，辟出空屋一部，招待游客，略取微价，借作开支，务使游人满意而去，春光明媚，尚希我同志联袂偕来，无任欢迎。价目：客饭每人2角，房间每人2角。1937年，双寅《栖霞山游记》：“晚膳于栖霞饭店。”1937年5月10日上午10时，汉民学院筹备处举行汉民学院奠基典礼后，由筹备处在栖霞饭店招待午餐。

栖霞医院　位于南京中学栖霞乡村师范科内，1927年10月17日开诊，至1928年1月10日寒假停诊，短短76天，就诊人数达1297人。庄叔何、陈邦贤先后任栖霞医院院长。《摄山栖霞寺全山平面图》标注。

平民产院　位于栖霞街，全称为栖霞山平民产院。由南京中学栖霞乡村师范科与江苏省立医院助产学校合办。1933年11月5日正式成立。由江宁县政府按月给予津贴30元，时有助产士两人，除外出接生外，还为乡村妇女作产前产后检查。至1934年2月，各乡办理产前检查工作共计74人。

栖霞卫生所　创建于1934年7月，即今栖霞区医院前身，由江宁县县政府、卫生试验处筹备创办，后又与江苏省立栖霞乡村师范学校合作。1934年9月1日成立，所址设于乡师内，1935年又于栖霞街建造新的所址。抗战时期停办。抗战胜利后，国立社会教育学院商请江宁卫生院仍于原处设卫生分院，1946年筹备开业。

栖霞乡师砖窑厂　距南京中学栖霞乡村师范科里许。1928年6月1日《栖霞新村》载：“本校深感校舍不敷应用，拟设法增建校舍数间。前因窑户定烧砖瓦数万，刻已烧就，该窑距校里许，每日课后，全校师生齐运砖搬往，欢欣鼓舞，争先恐后，工作之勤勉，殊足令人钦佩也。”《二十世纪三十年代国情调查报告》称：“该校近欲新建房舍，所须砖瓦至多，故已辟窑一座……近又拟辟窑两座，专烧外卖砖瓦。”

栖霞寺砖瓦窑工厂　位于何家山北麓，尧龙路南侧大拉沟一带。朱洁轩《栖霞山志》载：“栖霞寺砖窑西。”《摄山栖霞寺全山平面图》标注。

栖霞寺石灰窑　位于栖霞山虎山南侧，栖霞寺北侧桃花涧旁，大约在欧阳翥墓平台周围，现已不存。20世纪20年代设立，利用栖霞山石灰岩就地取材，专门烧制石灰。栖霞寺收购附近居民上山打的柴，以备烧窑引火之柴。20世纪30年代毁废。

栖霞乡师气象台　位于龙山西麓半山腰处，防空洞上方，南京中学栖霞乡村师范科创建。礼中《栖霞乡村师范的素描》：“龙山半腰，筑有本校气象台，并装有风向器。”1935 年 4 月，“江浦旅栖同乡欢送陈杜王吴李宗六君毕业纪念摄影”，其背景即为气象台。1937 年后毁废。

电灯厂　南京中学栖霞乡村师范科创办，除学校内装设完成外，还在栖霞街至火车站路、栖霞镇内，敷设街道电灯。

栖霞旅舍　位于南京中学栖霞乡村师范科内，由该校创办，专供远道之人来此研习之用。

第七区区公所　栖霞乡属于江宁县第七区，区公所为本区最高行政机关，设于栖霞街。掌管尧辰、栖霞、摄山、三扬、龙潭、靖安、天昌七乡镇的地方行政，原设龙潭镇，1945 年，抗战胜利后迁至栖霞街，设区长一人，指导员三人，事务员二人，区丁二人。

第七区区党部　原设龙潭镇，1945 年，抗战胜利后迁至栖霞街，与镇公所同屋办公，设书记一人。

江宁县栖霞警察分局　原设龙潭镇，1945 年，抗战胜利后随区公所迁至石埠桥，负责地方治安警卫工作。

宪兵第九团　1945 年，抗战胜利后，宪兵第九团派宪兵一排常驻栖霞街，主持地方警戒任务。

栖霞镇公所　1928 年，设于栖霞街。设正副镇长各一人，干事二人，事务员二人。

商户　1929 年，南京中学栖霞乡村师范科的一份调查显示，其时，栖霞街从事农业的有 31 户、石工 22 户、骡车户 2 户、茶馆 3 户、面店 2 户、杂货店 3 户、豆腐店 2 户、点心店 1 户、澡堂 1 户、理发店 2 户，另外还有卖菜的、打鱼的等商户。1934 年，《游栖霞山记》记载：“出乡村师范南行，为栖霞街，街长约半里，有商店数十家，内有饭店二，名新村茶社、霞峰茶社，颇净洁……街之北端复有民众茶园一，布置整洁，又有书报可供阅览，并有栖霞名胜照片及土产出售。”据调查，民国时期栖霞街有种菜卖菜的刘福海店、王金圣面店、纪耀山面店、李春香面店、汪炳溶包子店、陈王氏油豆腐店、孔昭忠杂货店、孔昭华饭店、陶世发栖霞红叶餐厅、纪耀恒等人合伙开办的同新祥号、孔广发等人合伙开办的紫和号、纪耀南的吴福号杂货店、孔广发的新村茶馆、纪荣洲和李兴淘的茶馆、王如兴肉店、郭义标肉店、纪荣炳天生号粮食行、吴家德立仓号粮食行、秦志铎粮食行、黄家财粮食行、万民富油条店、冯家生油条店。从事錾石的有纪荣兴、徐正先、孔广财、杨老五、杨老十、王开新等人。老街附近还设有栖霞农林场、叙圃农场、彬帆农场、金陵农场、中央育苗场、栖霞砖瓦厂、民生砖瓦厂、栖霞石灰公司等。栖霞街最南端，被称为“前门”。门前立有一块记事碑，上面刻着“苏庆铃”等栖霞乡绅董事的名字。《栖霞新志》记载：“栖霞街西的圈门，有两块石碑，记载很详。”

邮局　1923年，《中华民国交通部邮政总局通邮处所集》记载，摄山渡、石埠桥，设邮寄代办所。1926年，《中华民国交通部邮政总局通邮处所集》记载，摄山渡、石埠桥、栖霞街，设邮寄代办所。《栖霞新志》出版时，栖霞仍为邮寄代办所。1938年12月5日出版的《内地》记载：“江苏邮区现时照常营业之各局，含栖霞山。”中华人民共和国成立后，设栖霞山邮政局。

银行　民国时期，栖霞街无银行。中华人民共和国成立后，最早设中国工商银行，后设信用社，更名为中国农业银行，再设紫金农商银行和邮政储蓄银行。几度迁移后，工商银行栖霞支行位于东巷口的东北角，农业银行栖霞支行位于东巷口的西南角，栖霞邮局位于东巷口的西北角，紫金农商银行位于东巷口的东南角。

公共汽车　《栖霞新志》记载：“栖霞久有通汽车道之说，迄今仍未实现。”1937年之前，麒栖公路、龙栖公路、石京公路相继建成，抗日战争胜利之后，栖霞街始通公共汽车。1947年，陈大白《一个战后农村之社会调查》记载：“现中央运输公司之公共汽车通行，自京（南京）至栖凡两小时可达，商旅货运均取道于此。”1948年出版的《栖霞指实》录有《南京来栖霞及栖霞往南京汽车对开时刻》，可以看出汽车对开时间为9时、12时、15时。停车地点为南京珠江路中段中央汽车公司和栖霞街。1949年后，栖霞街的公交车站，原设于御龙桥南十月制扇厂门口。栖霞发车时间首班车为6点，末班车为19点。每天计17趟车，途经戴家库、甘家巷、太平村、前新塘、高庙、尧化门、岔路口、王家湾、蒋王庙、警干班、板仓村、电影厂、太平门、小营、浮桥、珠江路、新街口，终点站淮海路，共19个站点。1958年5月1日，增加班次一趟，并调整运行时间，首班车为5点40分，末班车为19点10分。公路名宁栖公路，后公交线路延至龙潭镇，名南龙线。栖霞山站设在东巷口西侧约50米处，后设栖霞总站于芦杆圩桥西侧。南京始发站数次变更，分别为鼓楼、岗子村、南京火车站。

延伸阅读：栖霞老街附近地名

据《摄山栖霞寺全山平面图》《栖霞新村》《栖霞区志》等记载，栖霞老街附近有地名20个。

北山村　位于栖霞街北面，栖霞山南麓。清代，此处曾为开采石磨的地方。

栖霞新村　1928年3月，南京中学栖霞乡村师范科联合附近13村在栖霞山下创办栖霞新村，并开设民众娱乐馆、医院、民众教育馆、民众茶园、村政局、膳食代办所、商店、豆汁公司、科学馆、消防队、农民教育馆、农业指导所等。《栖霞山地质图》《摄山栖霞寺全山平面图》有标注。

大拉沟　位于栖霞山龙山南麓与何家山北侧。为尧龙路的一段，即尧化门至龙潭的道路。1934年，江宁县政府拓宽南京至龙潭公路，形成较陡的长坡，故名大拉沟。因疏港大道开辟，已废弃。

东巷口　1956年，因公路改道，在栖霞街东侧形成巷口，故名。

南巷口　1958年，因位于东巷口之南，故名。

栖霞南街　京沪铁路将栖霞街一分为二，因在铁路天桥南侧，故名栖霞南街。

龙舟堰　又称御码头、九乡河码头，原栖霞中心小学位置。传说为乾隆南巡驻跸栖霞行宫停泊龙船而开掘。《摄山栖霞寺全山平面图》标注为“御码头”。

马草场　位于原栖霞中心小学位置。《摄山栖霞寺全山平面图》有标注。

赵家凹　虎山与虎山尾之间的山凹。据调查，抗战时期此地曾为侵华日军仓库所在地。抗战胜利后，曾辟为日俘集中地。

葛家塘　位于虎山西麓赵家凹西侧，因葛姓人家住此而得名。

白云沟　位于虎山西麓，即今华东地质勘探局八一〇队队部所在地，又名白水塘，《摄山栖霞寺全山平面图》有标注。

北村（油坊）　位于栖霞山西麓，为栖霞街到石埠桥的必经之路。因有油坊设于此，故名。《栖霞新志》：“昔时曾有人拟开油坊，所以叫做油坊。”

后圩　栖霞山北站南侧，栖霞山西麓。因距长江较远，故名后圩。

何家山　栖霞山南，因何遂筑“乐耕庐”于此而得名。

马面头　位于栖霞山大桥栖霞收费站匝道西南侧，海拔数十米的石头山，面积足球场大小，酷似马面，故名。民国时期，有马面头村，《江宁村制初编》和《国立中央大学农学院旬刊》有记载。栖霞山大桥通车后，为扩建大型停车场，马面头被毁。

摄山老街　摄山老街又称摄山渡镇、摄山街。位于栖霞山东北侧，紧靠长江，清代就设有渡口，便民河穿镇而过。清光绪末年，摄山渡设有小学堂。1922年，《河建闸方位平面图》称其为摄山渡镇，可见时已设镇。1926年，《中华民国交通部邮政总局通邮处所集》记载，摄山渡设邮寄代办所。1930年3月，摄山渡设立附属小学。民国时期，有采办石料的公司设于此。栖霞山北侧，有从栖霞街至摄山镇的道路，被称为摄山官路。《摄山栖霞寺全山平面图》有标注。《栖霞区志》记载：“街上有商行几十家。汪伪时期，由摄山镇商会的佘世桢牵头，开办‘同仁杂货店’，专收解放区发行的‘淮南券’，以备去苏北解放区采购土产杂货之用。”2017年，摄山老街拆迁。

延伸阅读：摄山老街附近地名

据《摄山栖霞寺全山平面图》《摄山续志》《栖霞新村》《栖霞山地质图》《栖霞区志》等记载，摄山老街附近有地名16个。

摄山营　原分摄山上营、摄山中营、摄山下营，后合称摄山营。《摄山续志》记载：“盖其地为宋时金人曾筑营垒于此。”《南京地名大全》记载：“传南宋抗金时，‘岳家军’曾在此驻扎，因近摄山，名摄山营。”说法不同，但因军队营房而得名则是肯定的。《摄山栖霞寺全山平面图》《栖霞山地质图》有标注。

长航684基地　位于栖霞山西北麓，因长江航运公司而得名。

五（武）家庄房　位于栖霞山老虎头下，为栖霞寺产。民国时期，佃户租用寺田，耕种及居住。石埠桥石埠寨有寺产邓庄房，戴家圩亦有寺产庄房。《江宁村制初编》有记载。

高家村　位于栖霞山北麓，以高姓居住而得名。民国时期的村址已塌入长江中。1976年长航港务供应站征用建宿舍，沿用旧名。

红旗新村　1966年建村，为江南水泥厂职工宿舍区，以“红旗”命名，含胜利之意。

李家巷　位于栖霞山东麓，胜利新村东侧，因李姓居住而得名。《摄山栖霞寺全山平面图》有标注。

陈家巷　位于栖霞山东麓，李家巷北侧。《摄山栖霞寺全山平面图》有标注。

大洼新村　1969年建村，因地处栖霞山东南麓山凹中，故名。民国时期有东大凹、西大凹之分。

九龙庙　位于栖霞山南麓东、西大凹南侧，牛山头西。

黄泥山　栖霞山东南麓一山岗，上有民国时期江南水泥厂用石头砌的四方形碉堡一座。

上梅墓村　亦称“上眉目”。清同治十三年（1874）刊《上江两县志》和光绪七年（1881）冬刊《续纂江宁府志》称为“上梅水”。1929年，文公直《最近三十年中国军事史》第3编第28章“战史”记载：“时第二师第二团由杨家桥经上中下眉目，绕出栖霞山东铁道，截孙军退路，炮兵第一营亦占领上眉目南方高地。”“师长陶钧率第二师共□团由栖霞山经眉目山、西沟古镇，向龙潭攻击前进。”《摄山栖霞寺全山平面图》《栖霞山志》注为“上梅墓”。

中梅墓村　亦称“中眉目”，位于上梅墓村东侧。清同治十三年（1874）刊《上江两县志》和光绪七年（1881）冬刊《续纂江宁府志》称为“中梅水”。1930年《栖霞新村》记载，栖霞乡师曾创办“中眉目小学”。《摄山栖霞寺全山平面图》《栖霞山志》注为“中梅墓”。

下梅墓村　亦称“下眉目”，位于中梅墓村东侧。清同治十三年（1874）刊《上江两县志》和光绪七年（1881）冬刊《续纂江宁府志》称为“下梅水”。《摄山栖霞寺全山平面图》《栖霞山志》注为“下梅墓”。

前悟真村　位于大拉沟上方，尧龙路旁，上梅墓村西。《摄山栖霞寺全山平面图》有标注。

后悟真村　位于前悟真村北，龙山南侧山凹中。《摄山栖霞寺全山平面图》有标注。

东林村　位于龙王山、扁担山侧。《摄山栖霞寺全山平面图》有标注。

郑家庵　位于河塘山侧。《摄山栖霞寺全山平面图》有标注。

1937 年 6 月 10 日江南水泥厂建筑工程全影　　（江南水泥厂　供图）

厂矿

江南水泥厂　东临西岗街道工农村，南与栖霞街道红梅村接壤，西至栖霞山东麓，北至长江边，由民族资本家陈范有等创建于 1935 年 5 月。抗日战争期间，该厂的领导者冒着抗日的罪名、杀头的危险，与侵华日军斗智斗勇，把生产设备拆卸，或转移，或掩埋，没给日本生产过 1 吨水泥，表现出极为可贵的民族气节。抗日战争结束，工厂重建。中华人民共和国成立后，该厂恢复生产，并获得长足的进步和发展。规模扩大，设备更新，工艺改进。20 世纪 60—70 年代，该厂进入最佳发展时期。1978 年，获全国科学大会奖。1950—1995 年，该厂研制、生产 36 个水泥品种，填补了我国多项空白，生产水泥累计 1762.31 万吨。其生产的“五羊牌”水泥获国家金质奖章，畅销海内外，在港澳地区被称为“泥霸”。20 世纪 90 年代起，随着全国公有制企业体制改革的兴起，该厂实行重组、合资等体制改革。

2012 年 3 月，南京市人民政府将江南水泥厂旧址列为南京市文物保护单位，2012 年 4 月，南京市人民政府将江南水泥厂内 16 栋民国建筑列为南京重要近现代建筑风貌区。2018 年，江南水泥厂厂址被列入首批中国工业遗产保护名录。

延伸阅读：江南水泥厂难民营

1937 年 12 月 10 日，江南水泥厂难民营在该厂家属区内形成，时称“工厂保护区”，由德国人卡尔·京特（时老百姓称之为昆特）和丹麦人伯恩哈尔·阿尔普·辛德贝格主持。当时德国是第二次世界大战的挑起国，德国和日本结成军事同盟，丹麦是中立国，所以由这两个国家的人主持难民营比较有效。江南水泥厂难民营难民最多时有3万余人，来自汤山、花园、龙潭、北圩（现已坍入江中）、漳桥、桦墅和句容等地，一些溃散的中国官兵，以及在侵华日军南京大屠杀中的幸存者也辗转来到这里。为避免侵华日军飞机轰炸，京特令人在工厂北门木桥附近的地面上，用石灰画上德国纳粹旗符号，又请摄山街一位姓王的裁缝赶制德国纳粹旗和丹麦国旗，在难民区偏北方向的栖霞山火车站、南边的梅墓村、东边的西渡沟都插上“工厂保护区”的牌子和德国、丹麦两国国旗。辛德贝格还叫人在工厂房顶上用油漆漆一面1350平方米的丹麦国旗。侵华日军的飞机老远看见德国和丹麦国旗，不得不飞走。难民营由25个中国难民（各村负责人和长者）管理。难民们在地上挖锅灶，烧水煮饭，粮食自带，住的是自己搭的芦席棚和稻草棚，后到的妇女连搭棚子的地方都没有，只好抱着孩子坐在铺盖卷上。蛮横的日本兵不时到江南水泥厂骚扰、捣乱，有时一天几次，有时一天几十次。遇到侵华日军闯入难民区，意图强奸妇女，京特就挺身而出，用他德国侨民的身份出面阻止。有时日本兵来了，难民就喊叫起来，找厂里的保卫人员，保卫人员去请辛德贝格。辛德贝格挥舞着旗子，用外国话喊一阵，日本兵不得不掉头离开。京特和辛德贝格被难民们视为“保护神”。1937年冬天，日本兵在摄山街放火。日本兵架起机枪，老百姓不敢救火。有街上人跑到江南水泥厂报告，京特就扛着旗子，带

1937年江南水泥厂难民营　（栖霞区档案馆　供图）

着厂里的几个员工去了。京特说，这里是工厂的附属区，负责工厂的食品供应，不能侵扰。日本兵无奈，只得离开。

由于江南水泥厂保护难民有效，躲藏在栖霞寺的一些难民后来也转移到这里。京特和辛德贝格在江南水泥厂难民营里设一个小医院和急诊室。辛德贝格与南京鼓楼医院联系，请他们派医生和护士；与国际红十字会联系，请他们提供药品和医疗用品。小医院尽力为避难的老百姓医治疾病，医治刀枪伤，对前来避难的中国伤兵，想方设法加以保护，先为他们换上老百姓服装，然后医治伤病，再设法转移。1938 年 4 月，京特为难民领取了“良民证”，难民逐渐散去，难民营不复存在。

录自程克潜、程克澄著《风雨如磐忆江南》，2016 年 12 月，苏州大学出版社出版。

南京银茂铅锌矿业有限公司（简称矿业公司） 位于栖霞老街，于 1957 年建立。矿业公司所在矿区原属马鞍山铁厂，1956 年，南京采石厂接管马鞍山铁厂，成立第二分厂。1957 年 11 月，南京采石厂二分厂改为南京铅锌锰矿，为南京地方国有企业。此为南京银茂铅锌矿业有限公司前身。产品主要为锰矿石，其次是氧化铅矿石、硫化铅矿石、黄铁矿、瓷土、粗铅、耐火砖、生铁等。1984 年，锰矿资源枯竭，转为铅锌银矿开采。此后，采矿工艺不断改进，生产规模不断扩大。2007 年 12 月改为现名。至 2021 年，年采选矿生产能力为 35 万吨，主要产品有铅精矿、锌精矿、硫精矿和锰精矿，铅锌产品主要销往株冶集团、铜陵有色等国内大型冶炼企业。矿业公司长期坚持绿色开发，在开展矿产资源综合利用的同时，对周边环境进行有效保护，实现无尾矿库、无废石堆场、无废水排放，是国内最早的“无废开采”的花园式矿山。被国家自然资源部授予“全国绿色矿山”称号，被国家工业和信息化部评为第一批《铅锌行业规范条件》企业。

金陵石化公司 位于栖霞山西麓、长江南岸，于 1982 年 1 月成立。拥有炼油、热电、烷基苯等先进生产装置 70 余套及合资企业 5 家，生产石油产品 50 余种，年原油综合加工能力 1800 万吨，是亚洲最大洗涤剂原料生产基地、中国石化第三大原油加工基地。获评 2019 年全国最具影响力绿色发展企业品牌、全国绿化模范单位、“十二五”和“十三五”全国石油和化工节能环保先进单位、中国石化首批绿色企业、江苏省节水型企业、南京市园林式企业等。

金陵石化炼油厂有限责任公司　位于栖霞山西麓、长江南岸，由中国石化金陵石化公司炼油厂改制而用现名，注册资金 3.02 亿元，是具有多元股权的现代企业。公司下设化工分公司、特油分公司、气体分公司等 5 个专业化分公司和南京金凌石化工程设计有限公司、南京南炼液化气有限公司、南京南炼物流贸易有限公司等 7 个全资子公司，以及南京栖霞化工有限公司、南京林德南炼工业气体有限公司等 3 个控股子公司。公司主要生产、销售偏三甲苯、均三甲苯、连三甲苯，NL 系列 C9、C10 芳烃，NL 系列精制白油料，F 系列戊烷发泡剂、聚丙烯、高纯度丙烷、异丁烷、R600a 制冷剂、NLG 混合碳氢制冷剂、液体二氧化碳（食品级和工业级）、液化石油气、改性沥青等产品。

栖霞山地区主要名企一览表

表 3

厂名	位置	建厂时间	产品（业务）	现　状
江南水泥厂	栖霞山东麓	1935 年 5 月	水泥	停产
栖霞山碾米厂	栖霞街 51 号	1955 年 6 月	稻谷加工	撤并
南京银茂铅锌矿业公司	栖霞老街	1957 年	矿石开采	运行
南京水泥厂	栖霞山南麓	1958 年	水泥	转租
南京栖霞山玻璃厂	栖霞山南麓	1958 年	玻璃	停产
南京进相机厂	栖霞山南麓	1958 年	进相机	拆迁
南炼公司	新合村	1958 年	汽油等	运行
八一〇队	栖霞老街	1958 年 10 月	地质勘查	运行
南京霞天集团	栖霞山南麓	1965 年	耐火材料火花塞等	停产
南京摄炉公司	栖霞山东南麓	1977 年	工业用炉	迁外地
金星石化公司	栖霞山西麓	1977 年	三聚氰胺等	停产
栖霞山化肥厂	新合村	1978 年 10 月	化肥等	转行
栖霞山彩印厂	栖霞山西麓	1980 年	包装印刷	停产
金陵石化公司	新合村	1982 年 1 月	石油化工	运行
南炼公司热电厂	新合村	1986 年	自备电厂	运行

学校

栖霞国民学校　《栖霞区志》记载，该校创建于 1915 年 12 月，位于栖霞山西麓。1928 年，教员有姚虚谷、朱道五、叶效夷、解家泉、李琢如、叶法廉等；一年级学生有25名、二年级学生有12名、三年级学生有11名、四年级学生有7名、五年级学生有10名、六年级学生有13名、哑生2名，共80名。1929年，教员有顾浩然、庄叔和等。1930年3月，一年级学生有13名、二年级学生有13名、三年级学生有13名、四年级学生有14名、五年级学生有21名、六年级学生有18名，共92名。1934年，校长为徐石樵。1935年，学校名为江苏省立栖霞乡村师范附属小学，教员有张开立、叶法廉、夏长龄、任佩华、夏雨生等。1936年，教员有封瑶之、徐石樵、张云鹏、丁天逸、孙恒泰、夏雨生、叶效夷、朱向柏、王惕非等。1948年，学校名为栖霞乡村师范附属小学，有班级7个。中华人民共和国成立后，学校数次更名，如今定名为栖霞中心小学。

栖霞乡村师范学校　原名江苏省立第四师范分校农村学校，创建于1923年，位于栖霞山龙山西麓，《摄山栖霞寺全山平面图》标注为“古名马场”。1924年9月，添建平房5间，为开办第一附属小学之用。1925年，毕业1个班，计38人；同年10月，添建学生寝室及农舍各6间，购置棉场场地26亩；1926年3月，又添建学生寝室6间；1926年10月，一、二、三年级共有学生95人。1927年，更名为南京中学栖霞乡村师范科，同年，黄质夫主持学校工作。1930年8月，有教职员工15人、学生130人，学校更名为南京中学栖霞乡村师范，简称南中乡师。1932年，更名为江苏省立栖霞乡村师范学校。教师队伍强大，国文导师任中敏、何棣先、鲍勤士、汪静之，数理化导师高直侯，音乐导师敖克成，教育导师胡宏模、姚虚谷等，都是当时教育界的佼佼者。学校设有实习基地，有农场、林场、

1937年栖霞乡师大礼堂　（栖霞区档案馆　供图）

各种工厂。学生们参加农事、园艺、饲养、建筑、缝纫等生产劳动，手脑并用，增长知识和才干。学校还举办各种社会事业，为乡民提供多方面服务。如举办民众学校，组织农民读书识字；举办民众茶社，“提倡正当娱乐，指导休闲生活”；成立农友社，研讨、改进农事，提倡植树栽桑，介绍农业技术，推广优良品种等；办起医院、妇产医院，免费为乡民看病。栖霞乡村师范的校歌唱道：“栖霞山，在旁边；扬子江，在前面。首都首善，我们的责任先。耐得千锤百炼，才能任重致远。做不完，学不厌，教不倦。救百万村庄的穷，化万万农民的愚，争整个民族的脸。好青年，着先鞭。新中华，就实现。”栖霞乡村师范最显眼的位置悬挂一副对联：“耕读一堂，择天下英才而教；弦歌四野，树乡村文化之基”。校歌和对联集中体现学校的办学理念、办学目标和办学特色。

栖霞乡村师范办得很出色，许多知名人士如徐悲鸿、李四光等，相继到学校考察、演讲，全国各地不少学校和教育机构派人到学校参观。1933 年 12 月，《慈航画报》记载，栖霞山区“各乡村共十九区，每区有地图，现归该校四年级实地练习义务学校教授。已有十七校，学生千余名，义务教育经费，一切归母校负担，所以人民甚为欢迎”。1937 年 11 月中旬，日本帝国主义侵略战火已逼近南京，学校仍坚持上课，下旬才停课疏散学生，是苏南最后解散的学校。中华人民共和国成立后，重建苏南栖霞师范学校，后改名为镇江区立栖霞师范学校。1952 年划归江宁县主管，改名为江宁县立师范学校。1953 年下半年划归南京市，改名为南

栖霞乡师二五级同学毕业合影　　（栖霞区档案馆　供图）

京市栖霞初级师范，1956 年下半年改为南京市栖霞中学。

石埠桥小学　位于栖霞街道石埠桥村，曾用名向阳小学。其前身为上元县北区第四所栖霞初等小学堂，最初校址位于栖霞寺内，因学童稀少，遂迁于上元县长林乡石埠桥。官立，由上元县知县戴光创办。清宣统元年（1909）正月开学，有堂舍四间，体操场一方，基地面积 1500 平方尺，校员经理 1 人，教员 1 人，学生 19 人。其经费岁入：一石捐二百元，一田租二十元，总共银洋二百二十元。岁支：一经常二百十五地，一临时五元，总共银洋二百二十元。校产：一图书应用器具佳，银十五。（《宣统江苏通志卷》“学校志・学堂”）

1927 年，栖霞乡村师范科联合石埠桥小学，合作开展村民识字运动。1932 年，学校更名为江宁县第一学区江乘乡石埠桥初级小学，有学生 79 人，校长钟秋荣。其后，周敦任石埠桥小学校长。1937 年，学校再更名为江宁县七区中心小学，校长李承恕，学生 105 人。1984 年，学校由栖霞镇文教办管理。2000 年，教育布局调整，由栖霞中心小学管理。2004 年 8 月五福家园划入石埠桥小学学区。2015 年 8 月，徐志华主持石埠桥小学工作。

2023 年，学校占地面积 4.59 万多平方米，建筑面积约为 2.05 万平方米。在校学生 551 人，教师 61 人，教师平均年龄 41 岁。其中江苏省特级教师 1 人、市德育优秀青年教师 1 人、区学科带头人 4 人、区优秀青年教师 3 人、区教坛新秀 5 人。学校目前是“江苏省科普教育示范基地”和“南京市科技教育星光基地”。

栖霞中心小学　前身为创建于 1915 年 12 月的江宁县国民初级小学，位置在栖霞山西麓的栖霞老街上，与栖霞中学一街之隔。江宁县国民初级小学创建后，因区划、区名和所属变更，校名也多次变更。至 1979 年 2 月，所用的校名有江苏省栖霞乡村师范附属小学、江宁县栖霞国民初级小学、国立教育学院附属小学、江宁第八区小学、南京市十月人民公社第一中心小学等，1979 年 3 月，定为现名。中华人民共和国成立后，学校认真贯彻执行国家教育方针，坚持学生德智体美劳全面发展，在各项工作中争先创优，其办学所取得的成绩，可以从获得的一系列荣誉中得到证明。1963 年、1964 年，都有毕业生考进南京外国语学校，在南京市、栖霞区小学生乒乓球比赛中连续两年获得大郊区第一名、南京市第二名，文娱演出在市、区比赛中也名列前茅。1992 年 2 月，学校被确认为南京市青少年篮球训练重点单位；1997 年 5 月，学校被评为南京市德育先进学校，12 月，被评为南

京市示范学校；1998 年 12 月，被评为南京市科技教育先进集体；1999 年，被授予“南京市科技教育特色学校”称号；2002 年 10 月，通过南京市实验小学验收；2003 年，学校少先大队被南京市少工委评为南京市标兵红旗大队；2008 年，被认定为南京市科普教育示范基地，创建成为南京市平安校园、南京市第八批“绿色学校”；2013 年，校本教材《栖霞丹枫》获南京市教育局一等奖、江苏省教育厅二等奖；2015 年 1 月，获得“南京市依法治校示范校”称号；2019 年，创建为全国新教育实验优秀学校、江苏省智慧校园、南京市智慧校园示范校、江苏省健康促进学校（银牌）、南京市中小学示范心理健康教育中心、南京市语言文字规范示范学校、南京市体育特色传统学校等。2019 年 8 月，栖霞中心小学被整体拆迁，与石埠桥小学合并，并移址至石埠桥村。

栖霞中学　前身是栖霞乡村师范，1956 年改为栖霞中学，定名为南京市栖霞中学。1956—1966 年，学校保持在 18 个班左右。学校重视劳动教育，有可耕地 30 余亩，供学生参加体力劳动锻炼和科学种田实验。1966—1976 年“文化大革命”期间，学校易名为“南京市十月中学”。为方便周边农民子女入学，在甘家巷和木芦两处设有分校，学校规模一度发展到 40 个班级。1976 年“文化大革命”结束，学校恢复“南京市栖霞中学”名称。20 世纪 80 年代初，学校有班级 30 个左右，学生 1500 余人，教职工 140 余人，教育教学质量稳步提升。2002 年

栖霞中学新校区　（栖霞中学　供图）

4月，学校被评为南京市重点中学；2004年4月，通过“南京市二星级高中”验收。2007年7月，南京烷基苯厂中学并入，形成一校两校区，即原栖霞中学校区和原烷基苯厂中学校区。合并后的栖霞中学有初中班27个、高中班29个，学生近2100名，在职教师240余名。2008年始，学校学习、借鉴老校长黄质夫的教育思想，建设以黄质夫精神为内涵的校园文化，以“诚、勤、公、毅”为校训，以“智如日增，勤奋为本”为校风，以“德能感人，才能胜任”为教风，以“明责明礼，自觉自治”为学风，并提出“初中创品牌，高中办特色”的办学目标。针对两个校区初中生源数量与质量不同的状况，采取相应措施，初中教学质量快速提升。2012年、2013年中考成绩分列全区第五名和第三名。针对高中生源数量与质量有所下降的现实，提出“合格＋特长”的培养目标，动员、指导大部分学生选择体育、艺术特长，为学生未来发展另辟蹊径，因而学校体艺类高考达线率逐年提高。为解决江苏省体育局训练中心运动员文化教育的困难，2012年8月，学校与江苏省体育局训练中心合作办学，探索教体融合新模式。合作中，学校承担学生的文化课和思想教育工作，取得优秀成绩。2014年8月，学校搬迁至尧化门金尧路15号。

栖霞山地区教育资源情况表

表4

名称	创办时间	位置	校（馆）长	备注
中眉目（中梅墓）小学	1930年3月	梅墓		1937年停办
摄山渡附属小学	1930年3月	摄山镇	李震东 张宝仁	1937年停办
江宁县立民众教育馆	1931年7月	石埠桥	马寿麟	1937年停办
江乘乡石埠桥初级小学	1932年	石埠桥	钟秋荣 李承恕	即今石埠桥小学前身
江苏省栖霞山义务教育实验区	1933年	栖霞山附近乡村		共计16所义务小学，1937年停办
中华乡村教育社	1934年1月	栖霞乡村师范内	何玉书	1937年停办
汉民中学	1937年	栖霞大圩	任中敏	即今桂林一中前身
栖霞镇中心国民学校	1937年前	石埠桥		1949年停办
国立社会教育学院	1941年	原址重庆，抗战胜利后迁栖霞山	陈礼江	1950年2月，迁无锡
武训义学	1943年前	栖霞街	雷有声	中华人民共和国成立后停办

续表 4

名称	创办时间	位置	校（馆）长	备注
栖霞乡第九保国民学校	1945 年	甘家巷		1949 年停办
社会教育实验区	1946 年 11 月	栖霞街	陈大白	1949 年停办
国立社会教育学院附属小学	1946 年	栖霞街	杨百元	1949 年停办
私立建设中学	1948 年 3 月 5 日	栖霞街	杨克昌	1949 年停办
私立宗仰中学	1948 年	栖霞寺	杨礼治	1949 年停办
国立政治大学分院	不详	栖霞街		1949 年《南京概况调查》
江南厂小学	1952 年	厂区内	王玉洪	2001 年归并栖霞小学更名江南小学
江南厂中学	1958 年	厂区内		2001 年归并摄山中学
南外仙林分校华侨城小学	2020 年 8 月	侨欣路 9 号	王海燕	新建
南外仙林分校华侨城中学	2021 年 7 月	侨欣路 9 号	周大华	新建

站桥

栖霞山北站 原名孤树村站。清光绪三十三年（1907），因京沪铁路建成得名。《摄山续志》：“孤树村：古无此名，沪宁路建筑时，工程勘当设，站不知地名，因指一村有孤树，曰：孤树村。”“孤树村站”介于当年的尧化门车站和龙潭车站之间，距离尧化门车站约 9 千米，距龙潭车站约 10 千米。据 1912 年 12 月 1 日，《沪宁铁路行车时刻表第十一号》记载，当年 1 号快车（上海到南京），14 点 35 分经过该站；2 号快车（南京到上海），8 点正经过该站；3 号客车（上海到南京），10 点 17 分到站，10 点 18 分开；5 号三、四等车（上海到南京），17 点 39 分到站，17 点 40 分开；8 号三、四等车（南京到上海），9 点 6 分到，9 点 7 分开；9 号特别快车（上海到南京），18 点 36 分经过该站；10 号特别快车（南京到上海），13 点 46 分经过该站；14 号客车（南京到上海），16 点 51 分到，16 点 52 分开；15 号夜车（上海到南京），6 点 27 分经过该站；16 号夜车（南京到上海），23 点 38 分经过该站；19 号货车（上海到南京），21 点 45 分经过该站；20 号货车（南京到上海），9 点 42 分经过该站；21 号货车（上海到南京），5 点 55 分经过该站；22 号货车（南京到上海），18 点 10 分经过该站。

1918 年，孤树村站南移至摄山营处，改称栖霞山站；群光《栖霞游记》：“京沪的铁道，蜿蜒曲折，铺在山后。”1927 年，龙潭战役爆发，这里成为军阀孙传芳部和国民革命军争夺的焦点。1934 年《京沪沪杭甬铁路旅行指南》：“栖霞山站：站长郭咏，民国七年九月入职，江苏武进人；站长薛惟恭，民国十年十一月入职，江苏吴县人；电务兼司票司事张文熙，民国十八年十一月入职，江苏南汇人。”当年 7 月 21 日，该站遭全副武装盗匪抢劫，郭咏、薛惟恭、许克昌、张文熙等均遭殴伤。1937 年南京沦陷以后，侵华日军曾控制栖霞山站，并在沿线高家村、庞家圩和北象山附近，修建了三座炮楼。

1958 年，宁沪铁路改线。栖霞山的南面，建起了栖霞山南站，栖霞山站也就改称为“栖霞山北站”。多部电影电视剧在栖霞山北站拍摄过外景。栖霞山北站规模虽小，但民国期间，柳诒徵、黄侃、胡小石、王伯沆、朱偰、胡翔冬等著名文人都曾经在这留下过“背影”。

栖霞山南站　1958 年后，宁沪铁路栖霞山站改道，在栖霞山南设站，得名栖霞山南站。而原栖霞山站则称为栖霞山北站。1968 年，南京长江大桥建成通车，宁沪铁路始称京（北京）沪（上海）线。京沪铁路建设时，在栖霞街建有铁路桥，百姓称其为“天桥”，是栖霞街与栖霞南街的分界标志。桥身有“战无不胜的毛泽东思想万岁”字样，清晰可辨。2004 年，铁路第 6 次大提速，京沪铁路栖霞山段改线，原铁路天桥废弃。

御龙桥　横跨九乡河上，位于铁路桥南侧，因清高宗南巡至栖霞行宫而得名“御龙桥”。同治三年（1864）汪梅村作《重修石埠桥记》：“曰：‘玉龙桥’，亦自金陵道龙潭之要津也。”同治七年（1868），民捐修御龙桥，有碑记立桥侧。《栖霞新志》：“御龙桥：这是九乡河中最大的石桥，到甘乘乡必经之路。”民国时期也称裕农桥；现桥为中华人民共和国成立后重建的钢筋水泥桥，已禁止车辆通行。2013 年 8 月 20 日，公布为南京市栖霞区文物保护单位。

南京栖霞山长江大桥　简称栖霞山大桥，原称南京长江第四大桥，是中国首座三跨吊悬索桥，在同类桥型中居当时世界第三“中国的金门大桥”。南京栖霞山长江大桥于 2008 年 12 月 28 日正式开工建设，2012 年 1 月 31 日钢箱梁桥面实现合龙，2012 年 11 月 13 日交工验收，2012 年 12 月 24 日正式通车，命名为南京长江第四大桥，2019 年 12 月 20 日更名为南京栖霞山长江大桥。南京栖霞山长

栖霞山长江大桥（南京长江第四大桥）（傅绍同　摄）

江大桥全长 28.99 千米（包括主桥、引桥和高架），桥面设置为双向六车道高速公路，设计最高速度为 120 千米 / 小时，工程项目总投资额为 68 亿元。

南京栖霞山长江大桥位于南京八卦洲长江大桥下游约 10 千米处，位于润扬长江公路大桥上游约 30 千米处，北起于六合区横梁街道以东与宁通高速公路相交处，经过龙袍街道跨越长江，与对岸石埠桥相连，南止于沪宁高速公路相交处的麒麟枢纽，是中国“五纵七横”国道主干线中上海—成都高速公路（G42）的枢纽工程和南京绕越高速公路（G2501）的过江通道。其中，北接线设立横梁互通、浦仪互通（预留）和龙袍互通；南接线设立栖霞互通、仙林互通和麒麟互通。其中横梁互通位于六合区横梁街道境内，与宁通高速公路相交；龙袍互通位于六合区龙袍街道境内，与沿江一级公路相交；栖霞互通位于栖霞区栖霞街道境内，与宁镇公路（312 国道）相交；仙林互通位于仙林大学城南京中医药大学附近，与仙林大道相交；麒麟互通位于江宁区麒麟街道高井东侧，与沪宁高速相交。

南京栖霞山长江大桥为双塔三跨悬索桥，外观类似著名的美国旧金山的金门大桥。桥梁悬吊系统采用销铰式吊索和索夹的结构方案，吊索与索夹、钢箱梁（过渡墩）为销铰式连接。大桥主缆采用高强度镀锌平行钢丝索股（PPWS）组成。每根主缆中，从北锚碇到南锚碇的通长索股有 135 股，北边跨另设 6 根索股，在北主索鞍上锚固；南边跨设 8 根背索，在南主索鞍上锚固。每根索股由 127 根的高强度镀锌钢丝组成。南京栖霞山长江大桥的原桥名“南京长江第四大桥”由时任中共中央总书记、国家主席、中央军委主席江泽民题写。南京栖霞山长江大桥通车意味着南京 166 千米的“大外环”完全闭合，由“C”形变成“O”形。此后，过境车辆不用再进南京城导致拥堵，南京围合区域面积也从原先绕城公路以内的 243 平方千米，扩大为 1459 平方千米，城市空间拓展了 5 倍。

公园

十月村毛泽东塑像公园　1955 年，太平村村民联合邻近各村组织起区内第一个高级农业生产合作社，定名为“十月高级农业生产合作社”。1956 年 1 月 11 日，毛泽东前来视察，肯定十月高级农业生产合作社的做法，提出“组织起来，走共

十月村毛泽东塑像公园　（马和平　摄）

同富裕的道路”的号召。1967年，十月公社的村民们自发出资，南京工艺雕刻厂高级工艺美术师朱至耀等三位设计师傅制作，在毛泽东当年站立的山岗上竖起这座塑像。

2003年5月，随着城市化进程的加快和建设需要，十月村行政区划撤销，大部分村民安置至栖霞区尧化街道青田雅居社区，但这尊毛泽东塑像依然完好地矗立在这里。2006年3月，这尊只有40年历史的塑像，破格入选南京市第三批文物保护单位，这也是“文化大革命”期间遗址中第一个被列为南京市文物保护单位的文物。

十月村毛泽东塑像公园占地700平方米，园内一片苍松翠柏，庄严肃穆，塑像背后是30多米长、2米多高的照壁，中间是毛泽东手书的“组织起来，走共同富裕的道路”的浅浮雕，两侧是毛泽东手书的《水调歌头·游泳》的诗句：“一桥飞架南北，天堑变通途。”公园再现了毛泽东当年视察十月村的场景，已成为社会各界群众举行爱国主义教育的基地和纪念场所，更是人们瞻仰领袖和寄托思念之情的圣地。

南炼公园　位于炼油厂生活区内，是厂属公园，始建于1983年，1986年建成。公园依山傍水，起初占地面积3.7公顷，其中水面积0.65公顷，园内的园林建筑全部采用雕梁木石结构。1992年以来，又扩大公园范围，充实公园设施。现在的公园面积达到4.5公顷，功能亦逐步完善，成为周边职工家属和社区居民娱乐、休闲的重要场所。

南炼公园内花团锦簇、树木成荫，种植有观赏价值较高的垂丝海棠、樱花、杨柳、金桂等花草树木近30种、1万余株。暖春园中百花争艳，盛夏水中荷花连片，金秋岗丘桂香扑鼻，寒冬蜡梅傲立风雪。公园山水相依，鱼跃鸟鸣，古朴建筑与自然景观交相辉映，融为一体，相得益彰。

公园门内有长5米、高4.5米的假山石屏风，绕假山屏风有3座小桥分别通往不同的去路，面门背水的便是双晖阁。双晖阁高二层，大气端庄，古朴肃静，西、南部临水，阁顶覆黄色琉璃瓦，在阳光照耀下熠熠生辉。阁北面与百米环廊相连，自东向西临水而建，曲折蜿蜒。环廊中有水榭2座、角楼1座、石桌9张、石凳36张，其中，西榭一半濒水，一半依岸。四周设有美人靠，供游人坐憩凭依。

南炼公园　　（傅绍同　摄）

双晖阁以西的湖面上，由东向西铺设着九曲桥，桥中部建有一座六角亭，亭下水声潺潺，时疾时徐。依亭南望，石舫相对，栩栩如生，每有清风掠过，波光粼粼，舫若徐行。驻足九曲桥上，俯瞰湖面，碧水清波，莲花半池，鲤鱼争相竞食，激起浪花朵朵。湖四周曲径通幽，山石嶙峋、树木成荫、互为对景、相映生辉。

梅花山位于公园西南角，山体玲珑峭拔，其东有百余米长的蔓藤长廊，紫藤满架、藤萝成荫，是夏季消暑纳凉的好去处。拾级而上，山南植梅树百余株，每逢花期，暗香浮动，沁人心脾。瀑布崖崖顶悬瀑泻潭，渗水滴落，湿生植物杂布山岫间，凉风习习。山顶有一座五龙亭，与莲花喷泉池相邻，乃全园制高点，登临环顾，山前工厂全貌、扬子江景色历历在目。

名山三宝

千佛崖、舍利塔、明征君碑被誉为“栖霞山三宝”。

千佛崖，一说千佛岩、千佛岭，因石窟内号称有千尊石佛像而得名。佛像大小不一，神态各异，雕刻圆润。千佛崖是南京乃至江南唯一的六朝佛教石刻遗迹，是我国古代佛教艺术珍品。

舍利，系梵语音译，意译即遗骨，采用音译的方法，是为了将佛陀的遗骨与凡人的遗骨相区别。舍利塔是安放舍利的佛教建筑，其规模宏大，结构精巧，工艺精美，体现了南唐石刻艺术的最高水准，具有极高的建筑艺术价值、美术价值和雕刻艺术价值。

明征君碑是唐高宗李治为纪念明征君而竖立的石碑。由唐高宗李治亲自撰文，著名书法家高正臣书写，碑阴“棲霞”二字为唐高宗亲笔。其为南京地区保存最完美的唐代碑刻，在全国现存唐碑中，是极罕见的珍品。碑面上的豆粒状白色斑纹为 2.8 亿年前浅海动物海百合茎化石和腔肠动物中国孔珊瑚化石，具有极其珍贵的地质价值。

千佛崖

石窟群 石窟群位于栖霞寺东北纱帽峰的山崖上。

法度禅师主持开凿石窟，是在明僧绍圆寂之后，即南朝齐永明二年（484）之后。法度禅师圆寂之期，《江总碑》记为齐建武四年（497），《高僧传》记为齐永元二年（500），因此，镌造的第一期八窟均为南齐窟，其年代上限当为公元484年，下限当为公元497—500年，至迟不会晚于公元500年。齐文惠太子萧长懋、豫章文献王萧嶷、竟陵文宣王萧子良、始安王遥光及宋太宰江夏王宝宏、齐雍州刺史王奂等王公贵族，相继于栖霞山凿窟造像，遂形成石窟群。南朝梁天监十年（511）八月，梁临川靖惠王萧宏复加莹饰，绘以丹青。

石窟群自无量殿东去，山岩上及岩北边，岭上岭下，依岩石高低，就石壁凿窟造像，上下共五级，佛龛满布，远望如蜂房鸽舍。石窟佛龛平面多马蹄形，单室无前壁，穹隆顶，三壁环坛或正壁起坛，敞口无门。部分石窟佛龛保存有明代的砖石门壁。龛中佛像有立有坐，大小各异，或五六尊一龛，或七八尊一窟，有十来尊一室者，亦有二十余尊一殿堂者。龛内布局，或一佛二菩萨，或一佛一弟子。窟门两侧有天王力士雕像，佛座下蹲有双狮，称“狮子听道”。佛像大者高

千佛崖石窟 （徐 远 摄）

千佛崖石窟　（黄　颖　摄）

数丈，小者仅盈尺。石窟群因年代久远，风化剥蚀严重。历代对千佛崖均很重视，屡有增刻和修葺。北宋宝元至南宋淳熙年间（1038—1189），曾修葺增补多次。明嘉靖年间（1522—1566），曾重新装修无量寿佛及两菩萨；隆庆（1567—1572）以后，又兴起在此补凿洞龛佛像，所需费用多由当时的太监提供帮助，今见于碑刻题记中所载的就有司礼监太监刘海（万历二十八年，1600年）、北京司礼监文书房太监潘朝用（万历二十七年，1599年）、钦差直隶仪征等处地方抽税御马监右太监暨禄（万历二十八年，1600年）、南京内官监太监御马监掌印刘宇（万历二十九年，1601年）、南京内官监左监丞相官李臣（万历三十年，1602年）、南京内官监太监张进（万历三十一年，1603年）等。

《栖霞指实》载："清洪杨军兴（太平天国起义军），损坏甚夥。"

1924年，住持若舜法师决心对石窟群加以整修，用当时最先进的材料即水泥修补佛身，耗费将近两年时间，虽然使石刻之风采神韵尽失，但就后来所毁石窟佛龛而言，不失为对石窟佛龛的又一保护。同年12月，著名考古学家向达调查统计，石窟群共有石窟佛龛294个，造像515尊。

"文化大革命"期间，千佛崖再次受到破坏，窟内大小佛像损毁严重。

三圣殿　　（张　军　摄）

无量殿　南朝齐永明二年（484），明僧绍之子临沂令明仲璋出资鸠工，于西峰石壁上开凿佛龛，镌刻佛像。一佛龛中有三尊菩萨，主佛为无量寿佛，故名“无量殿”，另两尊为观音菩萨与大势至菩萨。三尊佛菩萨，合称“西方三圣”，因此无量殿又称“三圣殿”，俗称“大佛阁”。无量殿前左右有两尊接引佛，是隋代的遗物，原位于舍利塔前，后移供于此。

无量殿上有石匾，上书“三圣殿”三字。2014 年 11 月，张智峰对“三圣殿”三字进行考证，发现石匾为明代状元朱之蕃题写，从而解开“三圣殿”题写者之谜。

石匠殿　石窟内有一石像，手执降魔杵，脚踩两只小鬼，此为密迹金刚像。后人重修此窟时，不知其为密迹金刚像，误以为是石匠像，故称“石匠殿”。

栖霞飞天　位于千佛崖李言恭诗碑下方一佛龛中。壁画长 80 厘米，宽约 40 厘米，在石壁上涂丹后，用彩绘手法画出飞天飘逸的形态，左右各一。在这一佛龛的近口左壁上还有一小飞天。栖霞飞天壁画属模印彩绘画方式，这种画利用岩体本色显露画面，在全国石窟中罕见。由于壁画地处山坳，又在佛龛顶部，阻隔了千百年风霜雨雪的侵蚀，故得以幸存。栖霞飞天人物形象饱满，线条飘洒，带如临风。在紧靠该佛龛一个较大的佛龛顶上有丹砂涂画的痕迹，也应是飞天壁画。一说栖霞飞天绘于隋唐，一说绘于南唐。

栖霞飞天　　（刘 东 摄）

舍利塔

舍利塔位于栖霞寺左后方，傍依千佛崖石窟。塔高 18.73 米，为 5 级 8 面密檐式建筑。

兴建　据隋代著作郎王劭《舍利感应记》所述："皇帝（杨坚）昔在潜龙，有婆罗门沙门诣宅，出舍利一裹，曰：'檀越好心，故留与供养。'……神尼智仙言曰：'佛法将灭，一切神明今已西去。儿当为普天慈父重兴佛法，一切神明还来。'其后，周氏果灭佛法，隋室受命乃兴复之。皇帝每以神尼为言云：'我兴由佛。'"遂于仁寿元年（601）诏令天下三十州各起造一座舍利塔，分别供养这一包来自婆罗门沙门的神异舍利，并令各州于当年的十月十五日午时同时将盛放舍利的石函放置在塔底的地宫内，以恭迎佛舍利的光临。同时，为纪念神尼智仙，在诸塔内还绘制了智仙的画像。位于蒋州（今南京市）栖霞寺的舍利塔，即是这年所建的 30 座舍利塔之一。这座塔系木质结构，后因岁月剥蚀而毁于唐代会昌年间（841—846）。现存石质舍利塔是南唐时（937—975）仿隋代木质舍利塔而建。

舍利塔全景　　（刘　东　摄）

延伸阅读：隋文帝《立舍利塔诏》

门下：仰惟正觉，大慈大悲，救护群生，津梁庶品。朕皈依三宝，重兴圣教，思与四海之内，一切人民，俱发菩提，共修福业。使当今现在，爰及来世，永作善因，同登妙果。宜请沙门三十人，诸解法相兼堪宣导者，各将侍者一人，并散官各一人，薰陆香一百二十斤，马五匹，分道送舍利，先往蒋州栖霞寺，洎三十州、次五十三州等寺起塔。其未注寺者，就有山水寺所，起塔依前。旧无山者，于当州内清净寺处，建立其塔。所司依样，送往当州。僧多者三百六十人，其次二百四十人，其次一百二十人。若僧少者，尽皆僧。为朕、皇后、太子广、诸王子孙等，及内外宫人，一切民庶，幽显生灵，各七日行道并忏悔。起行道日，打刹，莫问同州异州，任人布施。钱限止十文已下，不得过十文。所施之钱，以供营塔。若少不充役正丁及用库物，率土诸州，普为舍利设斋。限十月十五日午时，同入石函，总管刺史以下，县尉以上，自非军机，停常务七日，专检行道及打刹等事，务尽诚敬，副朕意焉。主者施行。仁寿元年六月十三日，内史令、豫章王臣暕宣。

录自（清）陈毅《摄山志》

结构

塔基　塔基由石座与须弥座两部分构成。石座分上、下两层，第一层雕刻缠枝莲纹图案，第二层镌刻飞凤、莲花等图案。石座之上为须弥座，其八面雕刻有释迦牟尼八相成道图。须弥座上雕有一宽大厚重的重瓣莲台，莲瓣之上雕满宝相花。塔基的八面雕刻海水纹，还有龙、凤等神兽珍禽，或腾云驾雾，或出没山林，或沉浮波涛。

塔身　塔基之上为塔身，其由5层密檐式塔室构成。第一层塔室，八面刻有雕像。第一、三、五、七面为四大天王像，武士装束，披甲执戈，形象威严，并刻有雕刻者王文载、丁延规、徐知谦等姓名，第二面为普贤骑象，其面带微笑，宁静端庄。第四、八面为版门，门扉上有铺首衔环及门钉，做紧闭状，第六面已毁坏，据考证，应为文殊像。其檐下的横梁处，每面刻有两飞天浮雕，共16幅。第二层到第五层塔室，四层八面，每面均雕两石龛，每龛中坐一佛，共64尊小佛像，象征千佛世界。

塔刹　原塔刹不存，现塔刹系民国时期修复塔体时所建，总体呈莲瓣形状，坐落于第五层塔檐顶部的八边形石座上，共六重，表面自下而上分别雕饰宝装覆莲、宝相花、束缨纹、如意云纹、单瓣仰莲等。

保护　1912年以来，舍利塔数次修缮。据《记栖霞山之石窟佛像》载："民国十九年（1930）秋，曾加修葺，涂以防止风雨剥蚀之药料，每层围以铁箍，其下护以石栏，四围又护以铁栅，由叶恭绰先生泐碑作记，以志其事。"1930年10月，在文物保护专家叶恭绰主持下，对舍利塔进行维修，由古建筑专家、教授刘敦桢设计，古建筑专家卢树森负责施工管理。对塔身位移的石块进行复位，榫卯间注入"化学药液"，使石塔保持原状。塔顶久失，仿北魏云中寺塔顶式样，用大理岩刻制。在清理塔基积土时，发现被山上洪水冲刷下来的土石堆积厚度达1.33米，此时方知道此塔本有石坛，基本完好，再深掘又得遗存石栏一堵，至1931年10月竣工并立《重修摄山隋舍利石塔记》碑。碑高2.29米，叶恭绰撰写碑文并书丹，全碑948字，分列22行，满行43字，现碑嵌砌于舍利塔西南侧的墙体上。

延伸阅读：《重修摄山隋舍利石塔记》　番禺叶恭绰撰并书

自隋仁寿建造，历今已一千三百三十年之摄山石塔，以天时人事之侵损，石质剥蚀，时虞倾圮，观者病焉。香港晓生何居士暨德配张莲觉夫人，既兴复栖霞寺大殿，则益发愿以万金修斯塔，而属余董其事。余始未敢承，盖深知斯塔石工之巧，殆冠全国，非后人所能为役也，抑近代保全古物，不主妄加增削以失真，若是乎庄严法相，与保全古物，殆不易兼顾。余乃谋之卢君树森及刘君敦桢二君之言曰：塔之结构如人之骨干，其雕饰则皮肉也，皮肉决不可增削以失真，骨干则宜求充实以持久，今察塔石表已渐腐，且榫卯多松脱，施工次第，宜用巨绠固束四周，上下徐涤除其附缘之沙石草木，次则以人力推复各石之原状，使缝如故，再环以精铁，并间设撑柱，令无枝梧，然后注以化学药液为西方惯用以延古物之寿者，使石理浸渍变化而加坚密，且锢其隙使无滋植物，如是则再千百年可不坏也。至外表雕刻及榱桷檐楯之属，凡非为保固所必需者，概不加饰，以药液之力，石色固将加莹，胜于施采绘也。余曰：善。因述之何君伉俪暨教育部长蒋君与各专门学者，佥是其说。遂于民国十九年十月始工，以卢君综司工务，凡十阅月告竣，悉依原议从事，惟顶上相轮久失，雨水易入塔心，因加石顶三层，其式则仿北魏云中寺遗制。复有一事深足纪者。当粪除积土约四尺许，始悉塔本有石坛，周如塔形而广约加半，大致完好，再深掘，复得石阑一堵，皆隋代遗物，且不见于志乘，埋没殆数百载，盖山洪素烈，泥沙壅积使之然也。而阶陛南向，与梁文惠太子等所造佛像正同，阶前有拜台石，石左有阶上千佛岩，皆昔所

1944 年的舍利塔　　（赫达·莫里逊　摄）

未知，即乾隆建行宫时亦未发现。而已失之焦弱侯所撰碑，后经重刻者，其原石亦掘得于土壤中。此殊非偶然，因扩清积翳，夷为广场，修治坛址，补建石阑，一如隋式，外加铁栅以期严净，塔右及后方多为石磡以泄水，且卫殿基，一切经营，盖无遗憾，非卢君之力不及此！余惟摄山名胜，焜耀千余载，梁陈隋之际，宸游问道，开士幽居，三论蔚为祖庭，千佛侈其灵迹；逮唐宋以降，盛况浸衰，然古德传衣，绵延未绝，骚人题咏，馨逸简编；迄于清代乾隆行宫，景物尤极一时之盛，虽屡经兵燹，陈迹荒芜，然灵秀所钟，郁而必发，斯或其期会乎！今兹以何氏伉俪之力，古塔重光，然山中胜地，多委荆榛，方外清修，未闻殊绝，所冀海内缁白，共申宏愿，使名区奥境，恢复旧观，精舍讲坛，流风不沫，东方灵鹫，或在于斯，固非止藻镜渊林，足供游赏已也。

中华民国二十年十月立石

录自《遐庵汇稿》

中华人民共和国成立后，舍利塔得到修缮和保护。1956 年，舍利塔被列为江苏省文物保护单位。1957 年，为舍利塔安装避雷针，四周重修铁栏杆。1963 年，对舍利塔进行测绘。1967 年，避雷针和铁栏杆拆去。1971 年，修复避雷针。1977 年，重新安装铁栏杆，并对受损石栏杆进行修复。1993 年 11 月，由中国文物研究所副研究员蔡润主持维修，此次维修是历次维修中规模最大、技术水准最高的一次。将掉落在周围的 8 块石构件粘接到原断口处，对塔身及塔檐的裂缝，用环氧树脂及其他化学黏结剂勾缝补平，从而保持南唐原有建筑风格。2023 年 10 月，舍利塔避雷针重新修缮。

明征君碑

明征君碑位于栖霞寺前右侧御碑亭内，唐高宗上元三年（676）四月二十五日立，是为纪念明征君而竖立的石碑。明征君，名明僧绍。“征君”是古人对朝廷征辟而不就的士人的尊称。南齐高帝曾征召隐居的明僧绍为正员郎，明僧绍称疾不就，后人尊其为“明征君”。明征君舍宅为寺，其五代孙明崇俨因擅长“方外之术”得到唐高宗李治和皇后武则天的宠信，特意向李治提出要为五世祖明僧

绍树碑立传，高宗慨然应允，于是就有明征君碑。（明征君事迹详见名山人物之寓客邑贤）

延伸阅读：唐高宗《御制摄山栖霞寺明征君碑铭》

摄山栖霞寺明征君之碑

御制

朝议郎左金吾卫长史侍相王书臣高正臣奉敕书

朝散大夫守太子洗马王知敬篆书

朕闻钟山玉阙，羽驾之所巡游；昆岳金台，蜺衣之所翔集。虽复真宗窅渺，神理希微，犹居三界之中，未出九天之外。唯有乘如广运，妙觉圆明。因无生以济有生，就无象而成大象。道隔去来之际，筌系靡得其端。理忘动寂之机，随迎罕窥其奥。得其门者，如髻宝之希逢；臻其极者，似昙花之难遇。南齐征君明僧绍者，平原人也，仲雍诞其绵允，井伯播其灵苗，芳源肇于孟明，因即以明为姓。曾祖忱，晋著作郎。祖玩，晋建威将军。风经流誉，雅韵隆于八儒；豹略申威，香名高于七校。父略，宋平原太守、中书侍郎。朱明出抚，扬惠化而傍沾；紫诰攸司，罄忠规而奉上。征君早植净因，宿苞种智，悟真空于绮岁，体法性于青襟。照与神通，心将道合。遗荣轩冕，少无尘杂之情；托志林岩，自叶幽贞之趣。亭亭秀气，掩壁月而架丹霄；皎皎清衿，漱琼湍而凌碧濑。即相非相，指万象为虚空；无我无人，等四流于寂灭。加以学穷儒肆，该综典坟，论极元津，精通《老》《易》。至若鹿野龙宫之秘，猿江鹤树之文，莫不递贯清衷，总持丹府。班荆坐樾，独神王于亭皋；朗啸长吟，乃情超于宇宙。蒲轮每至，攀桂之节逾高；玉帛屡陈，枕石之诚弥固。遂乃缅怀飞遁，抗迹崂山，托岫疏阶，凭林结栋。纫兰制芰，方轻藻火之衣；爽籁风松，自代管弦之响。横经者四集，请益者千余。高凤愧以韬光，张超谢其成市。于时南风不竞，东土构屯。人厌豺狼之毒，家充蛇豕之饵。盗仍有道，望境归仁。共结盟誓之言，不犯征君之界。岂非至诚攸感，木石开心者乎？及元历告终，青光启祚，齐高祖希风伫德，侧席旁求，屡下征书，确乎不拔。其后，又移居郁洲弇榆山栖云精舍，情亲鱼鸟，志狎烟霞。蜕影樊笼，萧然独往。齐建元元年，又下诏征为散骑侍郎，又不就。既而济岱沦胥，公私荡覆。稽天之浸，将湮蹈海之居，燎原之火，将烬藏山之璞。乃鸿骞凤

唐明征君碑拓片　　（栖霞区档案馆藏）

举，腾万仞以高翔；择木选居，相九土而遥集。凌江迴憩，遂届南京，负杖泉丘，游睨林壑。历观胜境，行次摄山，神谷仙岩，特符心赏。于是披榛薙草，定迹深栖，树槿疏池，有终焉之志。此山其状如伞，故亦号曰伞山。丹穴红泉，共星河而竞写；珠林镜巘，与月桂而交晖。鸟哢崖虚，猿吟涧静。松门杳蔼，去来千里之云；花援丰茸，含吐十枝之日。实息心之胜地，乃宴坐之名区。爰集法流，于焉讲肆。音容秀澈，宇量端凝。放论会奇，兴言入妙。若鸿钟之虚受，有击必扬；似明镜之忘疲，无来不应。于时元儒兼阐，道俗同归。俱号净名，以旌至德。先是，山多猛噬，人罕登临。升岩有仙谷之危，越涧等凭河之险。征君心不忤物，总万类以敷仁；故使物乃革心，屏三毒而归惠。兴风敛暴，遽承探鲠之恩；游雾含辛，自埒报珠之感。于时齐道方穆，寤寐求贤。永明元年，又征为国子博士。征君隐居求志，义越于由光；不降凝心，迹高于园绮。凿坏贞遁，漱石忘归。鹤版载临，豹姿逾远。俄有法师僧辩，承风景慕。翼徒振锡，翻然戾止。法师业隆三藏，道迈四依。戒行坚明，律轨严净。欣然一遇，契叶千龄。子琴为莫逆之交，温雪岂容声之友。因即邻岩构宇，列起梵居。耸峤飞柯，含风吐雾，栖霞之寺，由此创名。福地裁基，肇发初心之誓；法门落构，遽钟后说之辰。安居顷之，辩师迁化。六年顶拜，虽开青石之坛；千日威光，未建紫金之岳。征君积缘登妙，至感入微。尝梦法身，冠于层巘，后因乘眺，屧步林亭，乃有浮磬吟空，写圆音于帷树；飞香散迴，腾宝气于炉峰。又睹真颜于岩之首，神光骇瞩，若登灵鹫之山；妙力难思，如游瞥龙之邑。岂止无垢佛国，独荫珠云；净德王家，方承珂雪。是知不行而至，冥通应感之符。为法而来，实昭光启之福。非夫慧因宿植，其孰与于此哉？于是拜受嘉征，愿言经始，将于岩壁，造大尊仪，乃眷为山，未遑初篑，遽而西州智士，与晓岳而俱倾；东国高人，随夜星而共没。琼瑶落彩，峰岫沉晖，永明二年，奄迁丹壑。第二子临沂公仲璋，顾慕层峦，既崩心于岵望；徘徊曩构，更泣血于楹书。遂琢彼翠屏，爰开叶座。舍兹碧题，式建花宫。上宪优填之区，仰镂能仁之象。校美何充之宅，遽兴崇德之闱。逖彼萧宗，大宏释典。文惠太子及竟陵王，或澄少海之源派，朝宗于法海；或茂本枝之颖发，明柢于禅枝。咸舍净财，光隆慧业。时有沙门法度，为智殿之栋梁，即此旧基，更兴新制，又造尊像十有余龛。及梁运载兴，锐心回向，大林精舍，并事庄严。临川王载剖竹符，宣化维扬之境；言寻奈苑，兴想拔茅之义。以天监一十五载，造无量寿像一区，带地连光，合高五丈，满月之瑞，湛珠镜以出云崖；聚日之辉，升璧轮而皎烟路。参差四注，周以鸟翅之房；迢递千寻，饰以鱼鳞之瓦。击鸣乾于爽籁，则步影齐归；丽亭午于高曦，则息心攸萃。逾锦城而特建，掩银界而孤标。良由积慧所符，大士著甚深之业。用能遥诚克果，永代增希有之缘。以旷劫之隆因，开含生之至福。伟哉壮观，无得而称！朕肃纂祯图，丕承宝历。澄九溟而有截，晏八表而无为。紫塞丹岑，接封畿于上苑；白门青野，款琛赀于仙闱。将使率土苍生，镇升仁寿之域；普天黔首，永蹈淳古之源。崇庆越于两仪，景运逾于万劫。属以冕旒多暇，物色傍求，瞻江海而载怀，咏林泉而兴想，钦风味道，恨不同时。古往今来，抚运化而虽寂；德崇业著，眷冲漠而犹存。寤寐遗尘，有兼前烈。瞻言胜轨，叹伫唯深。今故于彼度人，常满七七，各兼衣钵钱二百贯、绢二百匹、苏三拾斛，绣像、织成像、新旧翻译一切经一藏，并幡、华等物。凭幽寻之曩迹，光显德门；托嘉遁之名区，追崇仁里。就福宇而延福，即祥基以缔祥。冀缘金圃之庭，近叶珠囊之耀。所愿通因法岸，契果禅林。九鼎与元极同安，七庙与紫微齐固。总三千之净土，并沐薰歌；罄百亿之恒沙，长为寿算。铁围之所包括，玉烛之所照临。常餐六气之和，俱藻一音之听。夫象以尽意，意非象而不申；言以会情，情非言而不畅。是以发挥二谛，宏演四依。迥托莲花之峰，遥刻芝英之字。庶海桑频变，孤超弇岳之碑；城芥屡空，独跨稽岑之篆。式陈茂实，乃作铭云：悠悠法界，总总含生。轮回欲海，起灭身城。俱安大夜，共习无明。爱尘岳聚，毒树云平。[其一] 邈矣遍知，超然独悟。遽乘五演，高披六度。大空善说，中天巧谕。引彼迷途。归之觉路。[其二] 猗欤净行，育彩昆田。远将珪组，代著忠贤。戒支宿习，种智斯圆。栋梁三宝，薰修四禅。[其三] 爰始筮宾，薜萝攸整。蹈海沉迹，栖岩灭影。天地构屯，干戈互警。北林罔庇，南辕载骋。[其四] 翻飞泽国，历考山图。言瞻碧磴，自韫玄珠。回峰架室，枕壑通衢。罈庭广跨，马帐宏敷。[其五] 同气相求，善邻遥托。道符久敬，心均常乐。对辟金园，并疏银阁。谷停帝马，峦归梵鹤。[其六] 空分瑞塔，地积香台。珂月霄映，珠云旦来。千光雾起，七净霞开。谷边飞锡，涧下乘杯。[其七] 桂巘参差，松亭隐霭。石坛照锦，瑶泉泻籁。岫接香炉，峰承宝盖。翔凫演法，毒龙销害。[其八] 梵宫既启，福海长深。噬虺忘穴，飞鸮革音。群生普戴，奕祀同钦。不有高节，宁符夙心？[其九] 负扆多闲，闻风遐想。茂轨遐劭，清晖遽往。伫契业于圆明，翼崇缘于方广，镂飞篆于层岳，齐胜基于穹壤。[其十] 唐上元三年岁在景子四月戊戌朔廿五日壬戌建

录自栖霞寺藏拓片并依《全唐文》补全

碑体　碑高 2.74 米，宽 1.31 米，厚 0.36 米。全碑制作精丽。碑额雕刻有云龙拱额图案，碑侧有狮首绶带，西番莲纹饰。碑文为唐高宗李治所撰，高正臣书写，王知敬篆额。碑文 33 行，满行 74 字，全文共 2376 字，仅缺十余字，字迹清晰可辨。碑阴有“棲霞”两个饰金大字，为高宗亲笔，书体为行书。通篇是四六韵文，后用十首铭词结束。

此碑是南京地区保存得最完好的唐代碑刻，在全国现存唐碑中，是极罕见的珍品。石碑碑面上有许多豆粒状白色斑纹，恰如朵朵含苞欲放的梅花，故有“梅花石”之称。据地质工作者研究考证，这种斑纹是 2.8 亿年前浅海中的动物海百合茎化石和腔肠动物中国孔珊瑚化石，碑体上约有海百合花茎化石 22000 多个。

明征君碑碑阴“棲霞”　　（徐　远　摄）

龟趺背部有密集的球状构造（葛万藻），头部又有球斯瓦格蜓化石，证明它是用2.8亿年前的上石炭统船山组灰岩雕刻而成。

碑亭　明征君碑建有碑亭，用于保护此碑。明代朱之蕃《金陵图咏》及清代陈毅《摄山志》附图中，都存在此碑亭。碑亭屡毁屡建。《莫友芝年谱长编》载：“入山即见明征君碑矗于草中，唐高宗御制文，高正臣奉敕行书者，唯末行‘上元三年四月’数字已剥，余皆完好。”时碑亭已毁。1914年2月24日，黄炎培游历栖霞山，撰《栖霞山游纪》载：“山北条之麓，有明征君碑亭，碑完好。”1918年，健行《游摄山记》载：“柯叶交隙，一亭岿然，乃所荫明征君碑也。”1919年张毓金《摄山续志》载：“碑亭，碑即明征君之碑，亭为桂观察香亭造。”桂观察香亭，即桂嵩庆，字芗亭，一作香亭，江西临川人，光绪年间曾任江宁布政使。碑亭当建于清光绪年间。1921年，齐景元《游栖霞山记》载：“寺前树古碑一，罩以小亭，背勒栖霞二字。”1923年夏，张莲觉游栖霞寺后，撰有《名山游记》，于1934年出版，文中载“寺侧有御碑亭”。1926年11月21日，蒋维乔再游栖霞山，其在《栖霞山纪游》中载：“殿之右有新造碑亭，明征君碑已兀立其中。”1933年2月，夏焕章《最新南京指南》出版，载：“因鉴赏摩拓者之日伙，寺僧已深知其可宝贵，乃建亭以覆护之，障蔽风雨，且壮观瞻，亦成为山中之胜迹矣。”1948年《栖霞指实》载：“先覆以亭，防受风雨之侵蚀，可见其存古之心切矣。”民国宁墨公有《明征君碑》诗云：“名僧端合伴名山，征召何劳御诏间。留得高风傲今古，丰碑屹立几尘寰。”

1962年，江苏省南京市文管会再次建亭护碑。碑亭平面呈长方形，东、西、北三面各有窗一扇，歇山顶，南侧正面为6扇木制格门。2013年夏，碑亭拆除重建。2014年10月，明征君碑亭改建竣工。碑亭为仿唐式建筑，木结构，飞檐斗拱，外观为红色，高约9.64米，宽约7.6米。亭内有镂空如意纹饰，上下檐有琉璃脊兽，砖瓦为黑色荧光琉璃瓦，亭的最高处为鱼龙吻，整个建筑古朴典雅。

名山胜景

栖霞山为全国四大观赏枫胜地之一，其最美风景当推红枫。栖霞山的自然景观往往与地质构造有关。其山体主要由石灰岩、砂岩组成，北部分布带状花冈岩，在地质学上是我国二叠系下统标准地层“栖霞组”的命名地。

栖霞山的人文景观不只与地质构造有关，更与人类活动有关。可以说，栖霞山之美既得山水之胜，又负人文情怀，兼具六朝风韵。

栖霞山历经战火，加之自然现象剥蚀，许多人文景观已消失殆尽。栖霞山的建设者们，凭借文献资料，恢复旧景，让现代的人们穿越时光隧道，回到古代，领略其昔日的风采，德云亭、畅观亭、话山亭、卧云亭等便是其中的佼佼者。

自然景观

栖霞山自然景观之命名，或状其形，如“青锋剑石”“叠浪岩”“阴阳交媾石”；或述其观感，如“天开岩”“一线天”“飞来石”；或绘其色，如“紫盆峰”“红叶谷”；或指其位，如“中峰涧”“玲峰池”；或兼而有之。总之，这些景观或巧夺天工，令人叹为观止；或浑然天成，疑为人工刻意为之。这正是栖霞山自然景观之美，奥妙之所在。

纱帽峰 位于千佛崖上峰顶，形如方龛，上有许多小洞，洞内镌有佛像，仰视酷似乌纱帽，因名纱帽峰。明朝盛时泰《栖霞小志》记载：“山势自中峰而下，乱石含岈，其色苍黑，人称为叠浪岩。岩尽处，一方龛，四面皆可上，上复有一小洞，内凿以佛，远望之如纱帽。”纱帽峰之名由此而来。清乾隆帝游历至此，嫌其名称鄙俚，改名为“玉冠峰”。但人们仍习惯称之为纱帽峰。峰侧石隙中，蔓生松树，虬枝交荫，每遇微风，松涛怒吼，有虎啸龙吟之概，旷人心魄。游人至此，出尘之想油然而生。

明代曾有一道人于纱帽峰旁岩龛中默坐修行，时人殷迈怜其露处野外，乃捐资建造一屋，题名为“默坐轩”，供其居住。纱帽峰之上有一六角亭，名为待月亭。

青锋剑石 青锋剑石位于白鹿泉遗址上。左侧道旁侧立一块灰色石灰岩山石，其上有一斜长的黑色燧石条纹，长 1.2 米，宽 0.06 米，宛若一把利剑插在山石之上，其石因此得名“青锋剑石”“剑石”。宁墨公有《剑石》诗云：“一石神奇不记年，剑痕深浅起荒湮。冶城曾得吴王铸，百炼千锤亦自然。”

栖霞山的岩层以浅海相含燧石结核的灰岩为主。在漫长的历史中，以碳酸钙为主要成分的石灰岩易风化，而以氧化硅为主要成分的燧石则不易风化，颜色深黑，显现于石灰岩表面。

天开岩 天开岩位于栖霞山西峰之侧，俗名“污西凹”，一名“唐公岩”。峭壁如截，势若天开。宋《景定建康志》载：“天开岩在摄山栖霞寺之后，去寺三里，石多特立，中有石□相向，其直如截，殆非人力所至，故以天开名其岩，岩之左有张稚圭、祖无择诸公题字。”清《同治上江两县志》载：“峰之迤西，矗石凌空，为天开岩。两岩削立，其直如截。阔可三尺，为磴数十，磴尽为台，所谓

天开岩　　（徐 远 摄）

唐公岩也。”

明代，秣陵名士盛时泰与挚友沈君聘，偕山僧法通、同能，扪萝攀山，上西岭，探奇觅古。于乱石纵横的峭壁中，寻得一壁，上镌“天开岩”三字。复见另一壁镌“醒石”二字。皆不知何人所题。四人大喜过望，逐字摹拓，满载而归。后栖霞寺僧大觉在岩旁结茅以居，曰“石壁轩”。遂有人到此游览。天开岩上下留有唐宋以来摩崖石刻多处。保存较好者有“治平二年四月”“乾隆十九年八月”“光绪十五年十月”“民国十九年十二月”等题刻10多处。民国诗人宁墨公有《天开岩》诗：“此石巨灵劈波来，原非天力实人开。虬龙古干生罅隙，一片山云绕碧台。”

叠浪岩 叠浪岩位于德云亭上数十米处。明姜宝《游摄山栖霞寺记》载："庵之右，层崖起，伏石嶙峋，状若波澜者，为'叠浪岩'"。叠浪岩形成的原因，是以碳酸钙为主要成分的石灰岩被溶解侵蚀，其层面出现溶沟、凹穴，沟穴的接界处，突起成脊，形成"石芽"。当石芽与溶沟交错在一起时，便显现出凹凸不平、状若波浪的"水面"。

1942年7月，江亢虎《摄山杂咏》之《叠浪岩》载："山坡白石鳞次，故名。今开铁矿，颇有毁损。"1948年《栖霞指实》载："惜于抗战期间，倭寇凿山取锰，破坏殆尽。"原有"叠浪岩"题刻，现不存。有民国时期"叠浪岩"摩崖题刻拓片的照片存世。

宁墨公有《叠浪岩》诗："万石层层叠翠微，浪翻鳞甲似鱼飞。海潮音在浮尘外，春静留清僧未归。"

一线天 一线天位于虎山南麓，距天开岩西南200米。蒋维乔《栖霞山纪游》载："一线天者，有一大石如圆锥形，中空若龛，顶通天光，故名。"洞里窥天，细如一线，堪称奇观。一线天毁于南京沦陷期间，侵华日军在栖霞山盗采矿藏时期。

1946年，《旅行杂志》陈其英《瞻仰复兴中的首都》载："惟西峰虎山一线天等处胜迹经敌人开矿，致被毁去。"1949年2月，《京沪宝鉴》载："涧东有'一线天'，为日人开矿掘毁。"

宁墨公有《一线天》诗："浅识堪窥洞里天，虎山一穴似规圆。应教灵隐僧人笑，颦效移山强坐禅。"

飞来石 飞来石位于品外泉边达摩崖上。一块巨石，状若人形，势若天外飞来，卓绝难攀，故名"飞来石"，又称"飞来峰""飞来佛"。清张怡有诗叹曰："石从地拔，岩自天开。别有日月，谁命风雷？"其实，它是侏罗纪砂岩的一块碎石。

凤翔峰 凤翔峰位于始皇临江处之上，海拔约284.7米，为栖霞山最高峰。因峰上曾有三茅宫，又名三茅峰。清乾隆帝六下江南，五次驻跸栖霞行宫，登凤翔峰，赋诗数首。其一《最高峰》曰："知有最高峰，进步力须努。天风落碧空，万籁奏丛楚。□□天何碍，缓辔跋予马。俄亦造其巅，北瞻俯江浒。南眺形胜多，盘龙复踞虎。六朝事已纷，慨然一吊古。"登上凤翔峰，"一览众山小"，天风

凤翔峰　（高　云　摄）

拂衣，江水滔滔，水鸟翔集，阡陌纵横，大自然风光尽收眼底。

紫盆峰　紫盆峰位于明月台以东。秀峙如锥，山色如紫铜，山体如盆覆案立，群峦环绕，轩翔耸拔，若登峰南望，美景全收。在斜阳雨霁之时，可见彤云横卧山腰，景色极佳，因名紫盆峰。石壁间原有一泉飞瀑从空而下，名曰“功德泉”。

清顺治五年（1648），溧阳陈旻昭等人主持修建栖霞寺时，曾在峰下建造紫峰阁，曾被列为栖霞十景之一。当时，栖霞寺住持觉浪禅师常在此说法，“栖霞槌鼓，于焉复震。备诠万法，化迹昭垂，十方檀越，连衔并辔而朝礼者，络绎不绝”，今紫峰犹在，阁已无存。

品外泉　品外泉位于千佛崖东南石壁下，又名“云根泉”。据史载，陆羽嗜茶，喜评天下佳泉，定其次第，而此泉味甚佳，却不为陆羽所知。后世文人墨客品茶之余，认为陆羽沧海遗珠，未免可惜，遂名其为“品外泉”。在明代，品外泉与白乳泉、珍珠泉为栖霞山三大名泉，跻身“金陵二十四泉”之列。据清朝文

品外泉　　（言燕华　摄）

人张怡《品外泉铭》所述，品外泉最初源自中峰涧，涧水流至千佛崖附近时，改由地下暗槽流到无量寿佛前，汇聚成池。池呈六棱形，池中雕刻有石莲座。泉水自高而下，从莲心涌出，水柱高丈许，如散花喷雪一般。泉水绕过舍利塔前，从暗槽流入禅房，供僧众使用。张怡《品外泉铭》道："夫惟杰士，不受品题。匹夫有志，物论难齐。岂惟士然，泉亦有之。惟兹一泓，以甃为池。其源甚长，所济甚众。截笕引流，佛厨僧瓮。夏水冬汤，朝餐夕瓮。品外之品，大哉时用！"于此可知，品外泉是以石砌就，为栖霞寺僧侣的生命之泉，其实用价值远远超过品茗烹茶的范畴。后由于地质结构发生变化，品外泉干涸见底，枯叶汇集，无复旧观。为了恢复这一景观，2012 年请星云大师在品外泉上题"栖霞秋色"。2014 年，栖霞山景区在水池与旁边的岩壁中间铺就叠石，池边驳岸造景，岩石中有流水溢出，沿着叠石流进池中。

白鹿泉　白鹿泉遗址位于紫盆峰岩壁下。相传从前山中水竭，村民追逐白鹿至此，发现一泓清泉，遂以白鹿名泉。岩壁上原有"白鹿泉"三个隶体大字，系明朝侍卫、盱眙人李言恭手笔，其在千佛崖题写的《栖霞寺》诗两首，至今犹存。明朝时，白鹿泉水自石隙中流出，方广数尺，清澈可鉴，泉水中蓄有金鱼，与泉上菖蒲海棠相映成趣。白鹿泉上筑有白鹿泉庵，庵前有池，名观水池。庵周围遍植梅花，可摘可烹，高僧雅士相聚于此，吟咏唱和，好不逍遥。泉旁另嵌一石，镌有《白鹿泉供观音大士石像记》，碑文岁久剥蚀，尚有隐约可辨的字迹，只是石像已不复存在。清朝诗人王人龙有《白鹿泉》诗云："白鹿何年云，清泉一勺留。香涵金井液，冷逼玉壶秋。入梦蕉无迹，烹茶客解愁。山亭开一面，知此是源头。”2014 年，白鹿泉残碑在乾隆行宫遗址发现。残碑上，有半个“泉”字，旁边还有小字落款。在做了拓片后，专家认清这些小字：“大明嘉靖四十年五月凤郡秀岩道人李言恭立石”，旁边还钤有李言恭的几方印。

人文景观

了凡问道处　了凡问道处位于天开岩附近，2012 年，由栖霞山风景区建设而成。了凡，浙江嘉善县人，本名袁黄，字坤仪，号学海，后改号了凡，生于明世宗嘉靖十二年（1533），卒于明神宗万历三十四年（1606）。袁黄 35 岁时到栖霞山参访云谷禅师，两人相对而坐，默然无语，达三日三夜。云谷禅师认为与袁黄有特殊缘分，开示其“断恶修善、改过自新、积功累德”，通过自己的努力改变命运。袁黄深信不疑，将自己的号改为了凡，一生致力于积德行善，帮助他人，终得福报。晚年著有《了凡四训》一书。《了凡四训》是为教育子孙后代而写的四篇家训，强调从治心入手的自我修养，论证“种瓜得瓜、善有善报、积极进取、有愿皆成”之理，兼具儒、释、道三家思想，寓理深刻，文理俱畅，豁人心

了凡问道塑像　（徐　远　摄）

目，成为后人积善累德、改造命运的经典。2012年，栖霞山风景区在天开岩旁竖立了凡与云谷石雕像，再现了凡与云谷禅师问道的场景。

陆羽茶庄 陆羽茶庄位于龙山顶部，始建于2000年，为仿唐风格建筑，建筑面积800平方米，是为纪念陆羽在栖霞山试茶、品茶和采茶而建。2018年，栖霞山风景区对陆羽茶庄进行改建，增加水面等建筑，建筑面积扩大到8500平方米。茶庄分为四层。一层主题为唐代与栖霞山茶，展示陆羽在栖霞山的事迹、《茶经》著作，以及唐代的煮茶器具等；二层主题为宋代与栖霞山茶，展示徐十郎茶肆、王安石诗词、宋代茶具和茶文化对日本及周边的影响等；三层主题为明清茶事及茶具，展示栖霞山茶的种类、分布，以及有关院校考察栖霞山茶叶的资料等；四层是体验区，游客可预约进行焚香、品茶、听琴等修行体验，还可登上茶庄最高处，欣赏全山风景。

延伸阅读：茶圣陆羽

陆羽（733—约804），字鸿渐，湖北天门人。“安史之乱”后，于唐肃宗上元二年（761）隐居，放浪江湖，研习茶道，被后世尊为“茶圣”。唐代宗大历年间（766—779），陆羽专程去栖霞山品茶品泉。途中，避居阳羡（今宜兴市）的著名诗人皇甫冉闻讯，盛情相邀，二人小住对饮，皇甫冉乘兴赋诗以赠陆羽。皇甫冉作《送陆鸿渐栖霞寺采茶》曰：“采茶非采菉，远远上层岩。布叶春风暖，盈筐

陆羽茶庄 （徐 远 摄）

白日斜。旧知山寺路，时宿野人家。借问王孙草，何时泛碗花。”后觉意犹未尽，又作《送陆鸿渐采茶相过》：“千峰待逋客，香茗复丛生。采摘知深处，烟霞羡独行。幽期山寺远，野饭石泉清。寂寂燃灯夜，相思一磬声。”后来，山僧于陆羽试茶处造笠亭，并摩崖石刻以纪念。其时，高僧隐士、文人墨客常雅聚亭畔，赏枫品茗，吟诗作赋，传为佳话。宋代亭废泉枯，仅余荒基。今存“白乳泉、试茶亭”六个隶书大字和清乾隆帝第五次驻跸时留下的御碑，依稀可见当时的盛况。乾隆题《白乳泉用皇甫冉陆鸿渐栖霞寺采茶诗》，曰：“石壁隶书六，岁久霉苔生。适自高峰降，遂缘曲栈行。小憩笠亭幽，慢试云窦清。冉羽茗迹邈，若复传其声。”

济生台　济生台又名施食台，位于桃花扇亭对面100米处。由明代喜峰法师所建。此处专门用于向饿鬼施食，以救济众生，故称济生台。该台虽已荒废，但遗址上的石质浮雕纹饰、石桥尚在，小巧玲珑，十分精致。

试茶亭　（徐　远　摄）

试茶亭　试茶亭位于品外泉至摩崖石刻之间的山道边，为一水泥红柱四角亭，与陆羽茶庄是一对姊妹建筑。游人登山，过栖霞寺，越千佛崖，度春雨桥，经青锋剑景点，上行十余步，在苍黛斑驳的山崖上，可见竖书六个隶体大字：“试茶亭白乳泉”。唐代宗大历年间（766—779），品遍各地名泉名茶的陆羽，至栖霞山种茶、采茶、品茶、试茶。此后，山僧于陆羽试茶处造笠亭，曰“试茶亭”，并刻石。宋代，亭废泉枯。清初，僧人复于摩崖石刻畔建笠亭，以供登山赏枫游人歇息。现存“试茶亭白乳泉”题刻，下款为“明法通吴伯敬□□□重磨”，题刻当为明代寺僧法通等人依照拓片重镌。清咸丰年间（1851—1861），金陵四郊兵燹蜂起，琳宫梵宇焚毁殆尽。试茶亭亦再度被毁，不复存在。所幸，饱经风雨的摩崖石刻和乾隆御题诗碑仍保存至今。乾隆诗碑长约 1.4 米，宽约 1 米，厚约 0.13 米，原嵌在摩崖石刻“试茶亭白乳泉”旁的山崖上，后从山崖上脱落下来，现已复原位。现试茶亭为 2018 年重建。

畅观亭　畅观亭位于中峰千佛崖之巅紫盆峰，为六角飞檐式，砖混结构，亭内檐饰藻绘云纹图案，亭内置有石桌石凳，以供游人登临小憩。秋高气爽之时站在亭中，满山红叶，尽收眼底，观山观水，一览无余，胸襟为之畅然豁达，故名“畅观”。

虎山栈道　虎山栈道起点为栖霞寺素菜馆北侧，终点为碧云亭，途经德云亭、叠浪岩、读枫阁等景点，沿途设有 4 处观景平台。栈道远观如一条游龙蜿蜒于山林间，若隐若现。沿此栈道游历，移步易景，近可赏叠浪岩之神奇，远可观西峰之壮丽。在不同的观景平台可从不同角度欣赏栖霞山、栖霞寺及长江的秀美风光。栈道全长 860 米，宽 2.5 米，于 2010 年 10 月建成。

德云亭　德云亭位于栖霞山西峰虎山。四周幽篁环绕，清荫弥望，环境幽静，是虎山之胜处。这里是古德云庵的旧址所在。据《摄山志》载：“德云庵临桃花涧，奇石玲珑，万窍穿溜，雨后涧水悬瀑而下，屈曲环流于庵外，清响泠泠，自成丝竹之音。”

畅观亭　　（徐　远　摄）

桃花扇亭　　（徐　远　摄）

太虚亭　太虚亭位于凤翔峰下、龙山山脊，属于道教文化建筑。亭为四方形，重檐攒尖顶，工程精致。始建于明代，清乾隆帝曾游览至此，赋诗一首：“太虚亭上纵遥目，一片晴光千里俱。快意不关林壑美，却因农庆忆杭苏。”亭毁于太平天国战火。1936 年，民国政要捐资重建。旁有碑亭，为捐建者题名纪念。游人登临于此，山风扑面，寥廓虚空，栖霞山胜景俱在足下。如逢深秋，满眼红叶，则有“停车坐爱枫林晚，霜叶红于二月花”之美妙意境。

桃花扇亭　桃花扇亭位于桃花涧边，是为纪念南京秦淮八艳之一的李香君而建。桃花扇亭取型于扇，两边小窗则是桃花瓣造型。青瓦白墙，砖木结构，亭长约 10 米，进深 5 米。亭前一掬湖水，一平如镜。春有桃花飘落，夏有绿树倒映，秋有枫叶蕴染，冬有白雪素裹，真是一年有四季，季季景不同。

桃花湖　桃花湖位于桃花涧中游，与李香君墓隔路相望。栈桥曲折，亭榭翼然，四周古枫、桃林环绕，叠浪岩、天开岩、御花园与之相邻。桃花湖景区是栖霞山管理处为纪念李香君，同时也为景区扩容、改善山林小气候而建造。其虽为人工开凿，但波光潋滟，宛如天开。春有桃花朵朵，夏有睡莲田田，秋有红枫倒影，冬可观雪花飞舞，正所谓“季节自然更，四时景不同”。

桃花湖　　（徐　远　摄）

碧云亭　碧云亭位于虎山之巅，为20世纪90年代新修。从黑石礑顺岗顶北行约200米，一座八角重檐亭阁翼然而立，此为“碧云亭”，意为亭高于云。亭临江矗立，东临深谷陡壁，岩石裸露，峻峭无比；西侧岗峦起伏，蛰伏脚下。登亭远望，碧云万里，俯视平野，田畴如锦。向北眺望，大江如练，尽收眼底，当地百姓习惯称其为“望江亭”。

石虎雕像　石虎雕像位于栖霞山西峰虎山之巅的平岗上，紧邻碧云亭。石虎长2.9米，高1.8米，宽0.98米，青石材质，北向长江，呈啸吼状，1999年9月9日建成。

有凌云意　“有凌云意”位于虎山碧云亭西侧百米处，2010年建。面积约60平方米，石材栏板环绕四周，青石碑静静竖立在栈道尽头。“有凌云意”为现代书法家戴登科所题，题字面向山的方向，意欲飞凌彩云之上。“虎山”二字由现代书法家蔡知新所题，笔力雄浑，大气磅礴。远远望去，“虎山”犹如定海神针屹立在山腰之上，顶天立地；“有凌云意”似虎伸出的爪子，让人敬畏。栈道蜿蜒，风景秀丽。

春雨桥　离开千佛崖石窟，拾级而上，便见右侧山涧（中峰涧）之上横架一座单孔石桥，便是春雨桥。此处林深谷幽，山鸟时啼，颇有空谷传音之妙，驻足桥头，恍若仙境。清代著名文人袁枚《春雨桥》咏道：“桥下三春雨，年年落翠

春雨桥　　（黄　颖　摄）

微。淡流花影去，寒咽磬声稀。履自行来湿，僧从何处归。烟丝吹未尽，散作野云飞。”

始皇临江处　始皇临江处位于凤翔峰半腰北侧，于2006年修建。为一仿古建筑，包括重檐亭、廊、轩及观景平台。凭栏远眺，大江东去，百舸争流，长江两岸景色，尽收眼底，实为阅江览胜之绝佳之地。据司马迁《史记·秦始皇本纪》

始皇临江处 （徐 远 摄）

记载，秦始皇三十七年（前 210），秦始皇由丞相李斯、中车府令赵高、武将蒙恬护驾东巡，“过丹阳，至钱塘，临浙江，上会稽。还过吴，从江乘渡”。

乾隆御花园 乾隆御花园位于桃花湖旁。据《南巡盛典》记载，此地原为栖霞十景之一的幽居庵。清乾隆帝六下江南，五次驻跸栖霞行宫，幽居庵为其赏花探幽、吟诗作赋、挥毫泼墨之处。在遗址南侧石壁上，有一通《乾隆金陵返跸驻栖霞诗碑》，碑高 1.47 米，宽 0.47 米，为乾隆御题行书，保存较好，字迹清晰。20 世纪 90 年代，栖霞山管理处复建御花园，园内庵、亭、阁、廊、轩组成幽静、雅致的皇家园林。这里背靠主峰，依山傍水，前有桃花湖，南有天开岩，园内林木覆盖，春天青翠，秋季火红，景色优美。

话山亭 据《摄山志》记载，原亭位于凤翔峰西侧白鹿泉之上，在乾隆行宫范围内，后于清咸丰年间，亭随行宫一并被毁。1980 年，栖霞山管理处在天开岩前建亭，命名“话山亭”，由当代著名书法家尉天池题额。

卧云亭 卧云亭位于栖霞山中峰枫岭。因山林整治和大雨冲刷，一处如厚云浮动的岩体在枫岭被发现，经挖掘，竟是明末辉煌一时的卧云景区。在巨型岩壁表面尚留有明代名家侯恪的题刻“卧云”。侯恪乃《桃花扇》中侯方域的二叔。题刻下方还刻有“是日，程德懋、于孟武、赵玄□、吕日、章雪员、桓觉上人同游”22 个字。为了再现明代“卧云”景观，2005 年，栖霞山管理处在卧云景区建山道，广植名贵花草树木，恢复“卧云亭”景观。

栖霞红枫

民间自古以来就有“秋栖霞”之说，而“秋栖霞”的原因在于秋天栖霞山的红枫最为绚丽、烂漫。生活在万历年间、曾任南京吏部郎中的谢肇淛有诗云：“林稀霜叶红初见，路远烟岚翠尚重。”这是已知较早吟咏栖霞红叶的诗句。隐居在栖霞山的张怡在《白云山居赋》中云：“西坳之丹枫百千，东岭之长松万年。”其后吟咏栖霞红枫之名人、雅士众多，见证栖霞红枫之绚烂、无涯。明末清初上元（今南京市）人纪映钟在《栴檀阁候楚老人不至》诗中赞美栖霞红枫：“栖霞红树烂如霞，十月天晴风日嘉。”清朝文人王友亮诗云：“药苗春涧香生雨，枫叶秋林烧入云。”清朝文人屈景贤诗云：“层层丹霞满树红，桂香满路吹天风。”清朝文人张葆亨诗云：“山临江上好栖霞，秋日丹枫艳如花。”清朝陈毓、释太虚、吴植等雅士有“丹枫绚霜晓”“秋叶灿余霞”“兼天枫叶遍流丹”等诗句。当代历史学家、诗人朱偰在《栖霞红叶》诗中更有出色的描绘：“似酡似醉佳人色，如火如荼夕照天。红剪一林巫峡杳，烟深千里楚江边。”

数百年来，慕栖霞山雄奇峻秀、枫叶流丹之美的名士高僧、文人墨客，乃至平民百姓络绎不绝，他们留下的诸多诗作、游记为栖霞红枫这一自然景观濡染出浓郁的人文色彩。

2013年，栖霞山国家森林公园入选南京市农委评定的“金陵四十八景”，被江苏省林业局推荐申报中国特色精品森林旅游目的地，与栖霞山红枫的盛名不无关系。

栖霞山红枫品种多、分布范围广。中华人民共和国成立前，栖霞山红枫主要靠自然繁殖、生长，人工种植不多。中华人民共和国成立后，特别是进入21世纪，红枫人工培植面积不断扩大，品种不断增多。2004—2006年，栽植枫香、红枫、鸡爪槭、榉树等红叶品种10万余株。2006年，引进北美枫香、加拿大红叶紫荆、国王枫等红叶品种，形成从陆羽茶庄回望虎山、从虎山回望龙山山峰、从读枫阁回望畅观亭和凤翔峰、从风景区入口处远眺凤翔峰等漫山红霞、层林尽染的远观红叶效果。2007年，完成红叶谷、滨江大道、枫林湖、桃花湖区域林被色块调整，形成多视觉赏枫走廊。2015年，在红叶谷、小营盘、太虚亭、夕佳亭等核心区域栽植鸡爪槭2600余株、枫香150余株，提升红叶观赏效果。2016年，播种鸡爪槭育苗4000余株，分株移栽一年生鸡爪槭小苗3700余株，点栽鸡爪槭小苗5300余株。2017年，栽植枫香、鸡爪槭、北美枫香等红叶树2.6万株，面积46.67公顷。2020年，栖霞山色叶品种有鸡爪槭、红枫、枫香、三角枫、羽毛枫、赤枫、乌桕、黄连木、榉树、金陵黄枫、美国红枫、美国红栎、盐肤木、茶条槭、银杏、卫矛、南蛇藤、山胡椒、红花檵木、黄栌、结香、马褂木、无患子、紫藤、紫叶李、法国梧桐等数十种。

栖霞山红枫观赏周期长。枫叶变红是叶片中含有红色素的缘故。夏日过后，天气变凉，昼夜温差增大，枫叶的红色素增多。10月下旬，枫叶由黄转红。11月中下旬至12月上旬为枫叶最佳观赏期。

红叶谷　红叶谷位于御花园和凤翔峰西南山腰交界处。红叶谷占地约5万平方米，景区风貌自然优美，气候环境独特，奇石嶙峋，丹枫摇曳，古藤缠绕。栖霞山管理处根据这里的地貌、水体、植物特点，补植枫树，引水造池，修复生态，搭配和谐，使之成为集山、石、水、林、亭于一体新的红叶观赏区。

枫林湖　枫林湖位于凤翔峰半山腰处，与红叶谷相邻，海拔200米，面积1500平方米。该景点遵循自然生态原则，湖岸边采用生态假山石铺设，并用生态栈道沟通，与周围自然山貌融为一体，虽由人造，宛如天开，给人一种原生态、返璞归真的体验。

枫林湖　　（徐　远　摄）

读枫阁 读枫阁位于虎山之巅、碧云亭旁，于2008年建。歇山卷棚式，不设门窗，轩敞洞达。此处视野开阔，凤翔峰、龙山以及栖霞寺均尽收眼底。每至深秋，红叶满山，层林尽染，倚栏而望，美不胜收，是绝佳的赏枫、读枫、阅枫之所。

红枫艺术节 秋栖霞红枫艺术节是栖霞山风景区为开发特色旅游，推动栖霞经济发展，展示栖霞山特有的红叶文化、绿色文化、宗教文化、石刻文化、民俗文化、茶文化等，组织的一项文化旅游活动，具有广泛的民众参与性、知识性、艺术性、娱乐性。自2001年至2023年，每年一届，从不间断，共组织秋栖霞红枫艺术节23届。每届艺术节一般自10月中上旬开始，至12月中下旬结束。2006年的第六届红枫艺术节组织国内四大赏枫胜地的代表宣读红叶宣言等活动。2009年的第九届红枫艺术节组织红枫森林文化展、古树认养、佛事祈福仪式、素食菜肴作品大赛等活动。其间，举办为期两天的“2009中国南京栖霞素斋美食节”，汇集南京及周边地区的素食美食餐饮60多家，开展素食小吃展卖、素食菜肴评选等活动，弘扬栖霞素食美食文化。2010年的第十届红枫艺术节组织“保护文化，爱我栖霞”现场拓片、“追忆栖霞，红枫情缘”栖霞山老照片征集、“我与栖霞山”美文大赛、“最美秋栖霞”少儿绘画比赛等活动。2012年的第十二届红枫艺术节组织“万只小鸟放飞”“宫廷导游”等特色活动，同时，对各主要景点的负氧离子进行检测。2013年的第十三届红枫艺术节与第四届南京登山旅游节联办，组织“金秋栖霞”登山大赛、定向越野登山环保行、民俗表演等活动。其时，南京长江第四大桥（后更名为“栖霞山大桥”）开通，从而拉近栖霞山风景区与六合区龙袍街道的距离。景区与龙袍街道联合推出“一个秋天，两种味道”活动，景区游客凭门票到龙袍品尝蟹黄汤包可享受9折优惠，同样，龙袍汤包的食客凭饭店的优惠券到栖霞山游览也享受门票9折的优惠。这项活动促进景区与龙袍旅游业发展，使栖霞山景区和龙袍街道实现“双赢”。2015年的第十五届红枫艺术节组织栖霞寺千人大禅修体验、“我为栖霞枫叶代言”、“保护红叶　文明旅游”万人签名等活动，其中，大禅修体验项目有禅乐表演、禅修方法传授等内容，为游客提供消除烦恼、缓解精神压力的平台。2019年的第十九届红枫艺术节组织有“童声传栖霞”亲子主题系列活动，“流光炫色·枫叶飞飞”枫叶雨体验、“秋栖霞”登山大赛、“栖霞灵”祈福打卡体验、“我在栖霞修古籍”、“枫林尽染·枫享寻宝”及红枫秋趣“生日趴”等活动。2020 年的第二十届红枫艺术节组织“龙灯起舞，狮醉栖霞”、“地摊民俗，金陵传承”、2020 栖霞山户外定向赛、“寻忆本草　摄山养生”小小药师科普体验、“红枫 · 音你而来”夜枫音乐会等活动。2021 年的第二十一届红枫艺术节组织开展红枫节打卡氛围体验、“南京方志大讲堂”栖霞专场、“栖”迹之旅 · 海聚人才——追“枫”之旅、“手机摄影大师班”、“古风达人创作打卡”、栖霞山陆羽茶文化节等系列活动。2022 年的第二十二届红枫艺术节组织开展跟着主播去旅游“围炉音乐会”、栖霞山赏枫季“宠粉计划”、“乐享自然 · 一起深呼吸”栖霞山暖冬行公益活动。2023 年的第二十三届红枫艺术节，开展沉浸式演出、快闪互动、美陈打卡、亲子娱乐及千人掼蛋等 30 余项符合栖霞“枫情”的多元文娱活动。

延伸阅读：“秋栖霞”谚语形成考察

“秋栖霞”，是家喻户晓的谚语，已经广为流传。关于其产生于何时，学界进行了有益的探索。

2011 年第 4 期《南京晓庄学院学报》发表了朱明娥《南京民俗“春牛首，秋栖霞”起源考》。文章就“春牛首，秋栖霞”民俗的产生和定型，进行了探讨。朱明娥将陈邦贤《栖霞新志》作为最早提出“秋栖霞”谚语的文献，并由此认为：“春牛首，秋栖霞”这一民俗在民国年间定型。

2012 年第 2 期《江苏地方志》发表了卢海鸣《民国〈金陵胜迹志〉评析》，文章对《金陵胜迹志》节录的汪锡祺《栖霞山揽胜记》进行了研究。并就“春牛首，秋栖霞”谚语产生时间提出了新的观点。文章说：“‘春牛首，秋栖霞’是南京人岁时民俗中的一项重要活动，这一谚语的起源，一般认为是在 1930 年之前。该书节录的清汪锡祺《栖霞山揽胜记》写有‘春牛首，秋栖霞’的民谚，说明这一民谚产生的时间可以上溯到清末。”

2013 年 10 月 14 日，张智峰在《金陵晚报》发表《“秋栖霞”的谚语最早诞生于何时》认为：“同治七年（1868）时，莫友芝著《宋元旧本书经眼录》附录卷二‘唐明征君碑’中的描述：‘秋栖霞，为金陵绝胜，寺已燹毁而碑岿存’。”也就是说，至少在同治年间，“秋栖霞”谚语就已经形成。

2015 年 11 月 2 日，张智峰又在《金陵晚报》发表新的研究成果《南京“春

牛首 秋栖霞”的谚语最早诞生于何时》，文章说：汤贻汾在《琴隐园诗集》卷二《偕小狂游牛首》一诗附注中有：“白下名山，以牛首栖霞为最，有‘春牛首，秋栖霞’之谚。”由于汤贻汾《琴隐园诗集》刊刻于清嘉庆四年（1799），这说明，至少在清嘉庆年间，“春牛首，秋栖霞”这一谚语，就已经形成。

2018 年 10 月 12 日，张智峰再次在《金陵晚报》发表最新研究成果《“春牛首，秋栖霞”谚语产生于何时》。文章罗列了乾隆二十一年（1756）刊刻的《摄山游草》中陈章《序》：“昔人有云：‘春牛首，秋栖霞’。”从而认定，从陈章的《序》中“昔人有云”可知，“春牛首，秋栖霞”在乾隆二十一年（1756）之前，就已经形成。

考察“秋栖霞”谚语产生的同时，也意味着入选第五批南京市非物质文化遗产代表性名录的“栖霞山赏枫习俗”，至少已经有了 267 年的历史。

红枫

鸡爪槭

三角枫

枫香

羽毛枫

金陵黄枫

赤枫

榉树

黄连木

茶条槭

红花檵木

美国红枫

银杏

紫叶李

乌桕

法国梧桐

结香

马褂木

南蛇藤

南天竹

美国红栎

山胡椒

杉树

卫矛

无患子

盐肤木

栓皮栎

葡萄枫

香草枫

黄栌

2023 年 10 月 18 日第二十三届“四季栖霞”红枫艺术节开幕式　（徐　远　摄）

栖霞寺

栖霞寺位于栖霞山主峰凤翔峰西麓，坐东朝西。创始于南朝齐代，经隋、唐两代增筑扩建，琳宫梵宇，飞檐相望，规模更为壮观，并逐渐发展成与济南灵岩寺、荆州玉泉寺、天台国清寺齐名的“四大丛林”之一。在其后的漫长岁月里，栖霞寺几次更名，数度重建，至明代嘉靖、万历年间，其宏伟壮丽更胜于前。清代，乾隆皇帝在栖霞山大建行宫，五次驻跸，栖霞寺更是扬名天下。如今，栖霞寺是南京现存规模最大的寺院。

寺内弥勒殿、毗卢宝殿金碧辉煌，菩萨群集，神态各异，每尊都是精湛的佛教艺术品。藏经楼存放佛教经典数万册。玉佛楼之玉佛结跏趺坐，面容慈祥，线条流畅，白璧无瑕，堪称玉雕精品。鉴真塑像面容坚毅，仿佛诉说着他百折不挠、六次东渡日本的艰辛。鉴真东渡不仅传播了中国佛教文化，还在文学、医药、雕塑、绘画、建筑等方面做出了杰出贡献。

历史沿革

南朝刘宋泰始年间（465—471），山东鬲县（今山东省平原县）居士明僧绍，号栖霞，在摄山结庐而居，“抗迹人外”“不事人事”20余年。刘宋末年（479），“备综众经，而专以苦节成名”的禅师法度到建康（今南京市），在摄山讲授《无量寿经》，明僧绍与法度相友善。在法度影响下，明僧绍舍宅为寺，遂有栖霞寺，请法度住持。“栖霞”，由人名而寺名，由寺名而山名，袭用至今。

千百年来，栖霞寺因改朝换代，多次更名，也因战火祸及，数次遭焚毁或局部毁坏，但屡毁屡建，现在仍完整地矗立于栖霞山麓。下院衡阳寺虽已毁亡，但确凿的文字记载证明其往日的繁盛。另一下院香港鹿野苑虽然建立较晚，但“后来居上”，至今仍正常地开展宗教活动。栖霞寺是三论宗祖庭，2016年成立的南京三论宗研究会，推动这一佛教宗派薪火相传。

自唐至明初约700年间，栖霞寺先后更名8次。唐高祖武德年间（618—626），栖霞寺更名功德寺，增建殿宇49所；唐高宗上元年间（674—676），更名隐君栖霞寺；唐武宗会昌五年（845），排斥佛教，栖霞寺被废；唐宣宗大中五年（851）重建栖霞寺。南唐时（937—975），高越、林仁肇奉诏主持重修栖霞寺。北宋太宗太平兴国五年（980），更名普云寺；宋真宗大中祥符元年（1008），更名栖霞禅寺；宋哲宗元祐八年（1093）六月，改称严因崇报禅寺；元符元年（1098），宋哲宗亲政，下诏改名景德栖霞寺、虎穴寺。南宋高宗建炎四年（1130），金兵占领建康（今南京市），全寺毁于战火。景定年间（1260—1264），复称为功德寺，参政简翼张公璪题额。

明太祖洪武二十五年（1392），寺庙得以重建并恢复栖霞寺名。嘉靖三十一年（1552）春，僧兴善恢复寺业。

明代，栖霞寺为灵谷寺统辖下的次大刹，有山门一座，天王殿等七殿堂共36楹，僧院31房，僧众百余，寺基7.99万平方米。据葛寅亮《金陵梵刹志》记载：“东至葛家巷，南至金石冈，西至本寺官街，北至摄山官路”，规模甚为庞大。

明焦竑《栖霞寺修造记》云：“金陵名蓝三，牛首以山名，弘济以水名，兼山水之胜者，莫如栖霞，古高人胜流，率栖迹于此。”

清陈毅《摄山志》记载：“寺基一百二十亩，东至葛家巷，南至金石冈，西至

栖霞寺鸟瞰　（李　琼　摄）

本寺官街，北至摄山官路。”

清嘉庆十六年（1811）《新修江宁府志》记载：“栖霞寺在江宁府城东北五十里，历奉钦颁法物：墨刻梅花一轴，乾隆三十三年；墨刻罗汉十六轴，乾隆四十一年；御制七言诗章漆横披五幅，乾隆四十五年；玉兰镶如意一枝，佛说无量寿经一分，墨刻娑罗树一轴，墨刻佛像一轴，以上乾隆四十九年；白伞盖仪轨经一分，乾隆五十年。”光绪六年（1880）八月《重刊江宁府志》有相同的记载。

清咸丰三年（1853）七月，栖霞寺遭太平天国战火焚毁。

清同治十三年（1874），寺僧戒乘重建客厅。光绪四年（1878），寺僧德宗重建地藏殿。光绪十五年，汪锡祺《栖霞山揽胜记》记载：“敕建栖霞寺额在山腰。”光绪二十四年，由曹、濮两位先生捐资，寺僧荆树重建佛殿。佛殿，又称定慧堂，位于客厅右侧，殿内放置光绪九年两江督中协镇谭碧理造的钟一口。

1914 年，黄炎培《栖霞山游记》记载：“寺当其中条之麓，今存瓦屋五楹而已”。1917 年，寺僧法意重建僧厨。1918 年，健行《游摄山记》记载：“亭之北即栖霞寺，寺屋四楹”。1918 年，锡山殷庭芷募捐复兴栖霞寺。1918 年 8 月 23 日《申报》发布《募捐复兴古寺》消息：“金陵孤树村栖霞山寺，为六朝名胜。自遭兵燹，殿宇荡然。兹有锡山殷庭芷君，发起兴复，在沪募捐，业经认定者如下：朱榜生助洋一百元，祝舫兰一百元，陆达权五十元，徐孟渊一百元，陆渭泉五十

1944 年的栖霞寺　（赫达 · 莫里逊　摄）

元，周茂兰五十元，许惇成堂三十元，王三槐堂三十元，陈菊初二十元，顾赞康二十元，刘春圃十五元，朱留耕堂十元，黄正善十元，童雨香十元，高渭夫十元，徐张氏十元。”

1919 年,《摄山续志》“寺产”记载：光绪间，荆树住持时，尚有王家坝田八十亩、鸡鸣闸田八十亩、王家小冈子田十亩、衡阳寺田一百三十余亩、神像村田十七亩零、顾家庄村十余亩、毛家圩及尖圩田二百亩，共有五百六十余亩。光绪戊戌变法，便民、江乘两乡董事擅自送入上元劝学所，为兴学经费，后由寺僧心月诣江宁贡士徐亮工上书当道，蒙两江总督端方，饬上元令田宝荣，拨回二百亩。光绪三十三年（1907）沪宁铁路购地筑路，去田六十亩，现仅存本山之北毛家圩及尖圩田，只一百四十亩。1923 年 12 月 20 日，蒋维乔游栖霞寺，所见所闻记于《栖霞山纪游》:“寺之大殿，只有基址，洪杨乱后，尚未兴复”。1934 年,《栖霞山之游》记载:“正殿的后面都是些新建筑，当中的一座异常高大，里面没有塑像，只是挂着一幅王一亭画的达摩。”

1966 年,“文化大革命”开始，栖霞寺经书法器多遭破坏，寺内佛像无一幸免，寺僧散于四方，所幸后有中国人民解放军进驻，寺内建筑方得以保存。20 世纪 70 年代末，南京市和栖霞区人民政府拨款对栖霞寺进行整修。1980 年 10 月，整修工程竣工。1986 年 5 月 21 日，南京市政府决定，将面积约 7 万平方米的景区（公园大门至千佛崖畅观亭两侧，以山沟为界），划归栖霞寺管理。1992 年，全寺有房屋 100 余间。2000 年，寺前有仿古牌坊、千禧钟楼、鼓楼、白莲池和千佛斋素菜馆，山门右侧有明征君碑亭，左侧有赵朴初先生重修栖霞寺记碑亭和重立江总碑；寺内有弥勒殿、毗卢宝殿、藏经楼、玉佛楼、鉴真纪念堂、宗仰上人纪念堂、多宝阁、中国佛学院栖霞山分院。2002 年 10 月 22 日，栖霞寺被公布为江苏省文物保护单位。2003 年，复建鼓楼。2008 年，复建地藏殿、云谷书画院、紫峰阁、般若堂，扩建中国佛学院栖霞山分院。2010 年，建崇光塔。2015 年，鉴真纪念堂、多宝阁合并为玉佛楼。

延伸阅读：赵朴初《重修摄山栖霞寺记》

摄山栖霞寺为南朝古刹，以山多药草可以摄养故名摄山。初齐居士明僧绍隐居于此。会法度禅师来讲《无量寿经》于山舍，僧绍深敬重之。因舍宅为寺以奉，时为齐永明七年也。后僧朗法师来自辽东，大开三论之学。世称为江南三论之祖。僧诠、法朗诸师继之，其学益甚。先是僧绍于此山造佛像未果，其子仲璋继其志，与度禅师就西峰石壁造无量寿佛及二菩萨。高三丈有余。梁大同中，齐文惠太子与诸王又造大小诸佛像于千佛岩。仁寿元年，隋文帝于八十三州造舍利塔。其立舍利塔，诏以蒋州栖霞寺为首。唐代寺运益隆，遂与台州国清寺、荆州玉泉寺、济州灵岩寺并称天下四绝。鉴真和上第五次东渡未成，归途曾驻锡于此。宋元以降兴衰不一。明末清初，云谷、觉浪二师并加修葺。清乾隆帝五次南巡俱设行宫于栖霞，益增殊胜。太平天国以后乃趋萧条。民国初年，诗僧宗仰自金山来，稍事复兴，未竟全功而殁。其后，寺僧以水泥补千佛崖佛首，涂抹失真，识者憾焉。解放以来，政府对此名刹甚为关注，一九六三年中日两国佛教文化等各界人士共同举行纪念鉴真和上圆寂一千二百年盛大活动。日本佛教界以鉴真和上雕像斋赠我国。奉安此寺。一九六六年四凶之乱，经像法器多遭破坏，寺僧散于四方。而千佛崖之佛首又被毁。殿屋赖部队保护未受摧残。鉴真像亦幸无恙。今年佛教协会始请政府拨款重修佛像，庄严稍复旧观。并辟过海大师堂供奉鉴真像，以为中日世代友好纪念之。如此千年古刹，今后如何护持，盖后人之责也。固略述栖霞寺之盛衰往迹以念来者。

公元一千九百七十九年十二月

赵朴初撰并书

录自《栖霞区志》

三论宗祖庭

三论宗是中国佛教史上最早的宗派之一，因主要研习龙树《中论》《十二门论》，提婆《百论》三部论典创宗而得名。后秦鸠摩罗什传译此“三论”后，师徒相传，研究者群起，中经南朝宋、梁的僧朗、僧诠，陈代的法朗，至隋代的吉藏而集大成。

三论宗祖庭　（栖霞寺　供图）

《续高僧传》卷七《慧布传》云：“摄山止观寺僧诠法师大乘海岳，声誉远闻。”同卷《慧勇传》：“僧诠门下有四僧最为著名，即法朗、智辨、慧勇、慧布”，时称“四句朗、领语辩、文章勇、得意布”，谓之“诠公四友”。由于僧诠及“诠公四友”勠力于“三论”之学的复兴，遂使栖霞寺成为南方“三论”学的中心地。

僧朗为中国“三论”学传承史上至关重要人物，汤用彤先生说：“齐梁二代，《般若》三论，亦有学者，然善者既少，仍不广行。此学之行，端赖摄山诸僧。摄山僧朗，始以《三论》命家。传其学于僧诠，僧诠传之兴皇法朗。兴皇法朗，在陈时大为时所重，弟子众多，其中隋之吉藏，遂使《三论》之学，重振于华夏。”

由僧朗携之南来的摄山“三论”之学，至法朗，在佛学界产生巨大影响，三论宗后传入日本、高丽。因三论宗是在栖霞寺弘扬光大的，故海内外都称栖霞寺为三论宗祖庭。已故中国佛教协会会长赵朴初为栖霞寺藏经楼题写楹联：“创业溯南朝，想当年花雨六时，朗公讲席弘三论；分身还故国，喜此日海天一色，鉴师行迹重千秋”，联中点明南朝时摄山僧朗弘扬“三论”之事。

2016年8月，南京三论宗研究会成立。

建筑设施

牌坊 位于栖霞山风景名胜区入口处，1992年9月建成仿古牌坊。高11.3米、宽13.45米，单檐四柱三开间，材质大理石，牌坊额书“栖霞禅寺”四个镏金大字，由中国佛教协会会长赵朴初题写。牌坊中间两根楹柱上，镌刻茗山法师题写的楹联：“千佛名蓝朗公说法宗三论，六朝胜迹仰祖印心属二伽”。牌坊两旁楹柱镌刻雪烦法师撰文、圆霖法师书写的对联：“隋塔唐碑留胜迹，龙蟠虎踞护名蓝”。两只石狮雄踞牌坊正门左右，背面衬有一对坤石。牌坊背面有对联二，一为壬申年（1992）吉慧敬书：“建设人间净土，发扬百丈遗风。”一为壬申年（1992）圆湛敬书：“佛日重辉四面青葱藏古寺，湖山增秀满林红叶燦秋霞。”现牌坊为2017年重建。

栖霞禅寺牌坊 （朱红生 摄）

金刚殿 即现栖霞寺的山门，2001 年 9 月建成。单檐歇山五开间，檐下“摄山栖霞寺”匾额是集清乾隆皇帝御笔而成，两边“栖山观自在，霞水乐长安”的楹联由原中国书法家协会主席沈鹏所题。门内塑两大金刚力士像，是手执金刚杵守护山门的护法神。《摄山栖霞寺全山平面图》标注为“哼哈殿”。

钟楼 原位于明征君碑亭对面，《摄山志》记载：“两翼为钟楼，为碑亭。”民国《首都志》录《南巡盛典》“清乾隆时栖霞山图”中，标注有钟楼。钟楼现位于“彩虹明镜”东南侧、月牙池的西南侧。该楼为迎接 21 世纪到来而建造，1999 年 12 月竣工。钟楼高 16 米，为两层飞檐斗拱仿古式建筑，由 36 根钢筋混凝土立柱撑托。一楼供奉一尊樟木镏金地藏王菩萨像，二楼悬挂一口由南京晨光集团铸造的青铜大钟，钟直径 2.2 米、高 3.2 米、重 6 吨。钟楼镌有真慈所题楹联：“掌上明珠光摄大千世界，手中金锡振开地狱之门”。1999 年 12 月 31 日 24 时，为迎接千禧年到来，栖霞寺住持真慈撞响新年第一声钟声。

鼓楼 位于“彩虹明镜”东北侧，与钟楼相呼应。建于 2003 年，建筑结构、尺寸、材质、色调、外形等与钟楼一致。楼内置一面大鼓，鼓腰直径 2.5 米，鼓面直径 2.1 米，高 1.8 米，重约 400 千克。

钟楼 （徐 远 摄）

弥勒殿　　　　（徐　远　摄）

弥勒殿　位于月牙池以东，旧称三会殿。屋脊正面镶有“风调雨顺”四字，背面镶有“国泰民安”四字。殿门左右两侧分别镶有“阿弥”两字砖雕和“陀佛”两字砖雕。殿内迎面一尊袒胸露腹、开怀畅笑的弥勒佛箕踞而坐，其背后是一尊巍然挺立、双手合十的韦驮雕像，两侧侍立护法神将四大天王。殿原为双层楼阁式，门口一对抱鼓石，抱鼓石今犹存。1922 年，杨锡畴《栖霞山游记》记载：“又见齐耀珊题横匾于其上，曰‘第一金陵明秀山’，两旁有徐敬瞻之‘六朝胜地’‘千佛名蓝’对联。”1933 年，“栖霞农林讲习所”木牌悬挂于“六朝胜地”联旁。1948 年，《栖霞指实》中弥勒殿照片为三门并立。今弥勒殿门仍三门并立，中间是一大门，两旁各一小门，象征“三解脱门”。中间大门额书“栖霞古寺”四个镏金大字，据方厚枢《栖霞轮廓画》记载，此四字为廖耀湘题写。在 1948 年旧照中，门额有“□□□□栖霞古寺廖耀湘题”字样，大门右侧悬挂“私立栖霞宗仰中学”牌，两侧小门额书“六朝胜迹”“千佛名蓝”八个镏金大字，山门两旁深蓝色护墙上书“阿弥陀佛”四个镏金大字。《摄山栖霞寺全山平面图》称弥勒殿为“三会殿”。

毗卢宝殿　弥勒殿之东，隔方形天井，即为毗卢宝殿。重檐歇山顶。屋脊正面、背面分别镶有“佛日增辉”“国运昌隆”四字。一层原有“佛道崇虚”匾额，

毗卢宝殿　（徐　远　摄）

现存“万德庄严”（赵朴初题）、“法从斯仰”（真慈题）、“会真如处”（杭州俞德明题）三块匾额，二层悬“毗卢宝殿”匾额。

毗卢宝殿旧称大雄宝殿。清陈毅《摄山志》记载：“大雄宝殿，高七丈五尺，纵横各九丈。”清嘉庆二十三年（1818），大殿重修，寺僧默然募捐。

1919年，张毓金《摄山续志》记载：“旧有宝殿，名曰‘大雄’，衲志愿兴工重建，罔敢辞艰，惟求规复旧观，全凭布施敬乞。”1926年10月13日，胡叔异游栖霞山，其《乡村教育调查笔记》记载：“该寺正重建大雄宝殿，工匠有数十人，闻需费约十余万，均寺僧向沪上富商巨贾募得者。”同年11月21日，蒋维乔游栖霞山后，撰《栖霞山纪游》：“大雄宝殿亦正兴工建筑。”1930年，陈邦贤《新栖霞导游》记载：“寺里最大的房屋是藏经楼、毗卢宝殿等处，都是近几年新建筑的，费银约二十万，据云系何东爵士的夫人捐助大宗款项。”

因毗卢阁供奉毗卢遮那佛，故宝殿建成后，更名为“毗卢宝殿”。殿门两侧镌有两副楹联。一副为沈鹏题：“佛日高悬光明世界，雨花常播普利人间”。一副为林散之题：“佛日重辉四面青峦惊昨梦，江天无恙满林红叶燦如花”。明间的檐柱上，又悬挂着一对黑地髹金的楹联：“枫叶如花掩映六朝古寺，松涛似海深藏千佛名山”，为邑人吴广鑫所撰。殿内雍容典雅，清静庄严。迎面正中供奉一尊毗卢遮那佛像，金箔贴身，庄严端坐。佛像高约5米，连须弥座在内高达8.6米，左右侍立着梵天、帝释两天王。大殿两庑，分列20座诸天王木雕像，均高2米以上。毗卢遮那佛背后，是海岛观音群塑。大殿前侧左右各有大钟、法鼓一面（该鼓直径1.5米，系栖霞制鼓厂制作），大殿后侧有两座雕刻精细、贴金的大型佛龛，原系北京紫禁城清朝遗物，于1979年运至栖霞寺，佛龛内分别供奉有石刻观音像和阿弥陀佛像。石刻观音像头部较小，疑为唐代遗物；石刻阿弥陀佛像头部长颜广颐，疑为梁朝临川靖惠王萧宏所造无量寿佛石像遗物，躯体为南京艺术学院根据北朝石刻，用石膏制作后着色仿旧。

方丈院　位于毗卢宝殿之后。门额上有著名书法家萧娴题写的五字："度一切苦厄"。大门两侧有一副篆书对联："狮子窟中无异兽，象王行处绝狐踪"。入门后，为一小天井，天井东侧为念佛堂、贵宾接待室，西侧为鹿野苑。

藏经楼　位于毗卢宝殿、方丈院之东。若舜法师建。屋脊正面和背面分别镶有"法轮常转"四字和梵文"利乐有情"。1923年夏，香港张莲觉在僧若舜陪同下游历栖霞山，后撰《名山游记》："时该寺正大举兴修，匠人麇聚，斧凿并施，耶许登冯，杂然喧噪，颇不可耐，总其计划，则先从藏经楼筑起，继而大雄殿，

藏经楼　（栖霞寺　供图）

而廊房，一一仿仍旧观，次第兴复。”

蒋维乔《栖霞山纪游》记载：“今（1926年10月，编者注）则殿后藏经楼已成。”可见，1926年10月之前，藏经楼已经建成。1937年，马建业《栖霞山游记》记载：“后院登石级而上，为藏经楼，其两廊皆精舍，建筑似旅社，内俱桌椅床铺，询诸僧众，知系招待游客之所。前院甚广，三面楼房，为驻军所据。”

藏经楼为全寺最高处。楼下为住持和尚起居讲法的法堂，也称狮子座，宣讲佛法也在此处。法座后挂有白龙山人所绘达摩画像，画像两旁悬挂着1979年重修栖霞寺时，赵朴初题写的对联：“创业溯南朝，想当年花雨六时，朗公讲席弘三论；分身还故国，喜此日海天一色，鉴师行踪重千秋。”法座前设有讲台，台上供小佛坐像，台下设香案，两侧置听法席。楼上为藏经之处，室内正中佛龛内供奉一尊释迦牟尼玉佛，系用整块白玉精雕细琢而成，形象颇异，为缅甸僧人所赠。两侧放置整齐的经柜，按《千字文》字序，存放经、律、论三大类佛教经典著作数万余册，其中最名贵的为“贝叶经”，相传为唐代高僧玄奘西天取经带回。此外，还有一本“血经”，系清末一位女信徒刺血抄写而成。宁墨公有《藏经楼》诗：“欲从象教探禅原，三藏精深不可言。四十二章亦佛说，何如六字易宣传。”

玉佛楼　位于毗卢宝殿北侧观音殿二楼，1987年复建。匾额“玉佛楼”三字为赵朴初题写，黑底金字。楼内正中供奉结跏趺坐的玉佛，高1.52米，由台湾佛

玉佛楼　（栖霞寺　供图）

光山星云大师敬献。玉佛楼内展示着栖霞寺1500多年来的历史文化，有鉴真大师像、清乾隆帝御赐金龙袈裟、银制舍利塔以及民国栖霞寺老照片等内容。

客堂 位于毗卢宝殿南侧，祖堂对面。《摄山栖霞寺全山平面图》有标注。

斋堂 位于毗卢宝殿南侧。《摄山栖霞寺全山平面图》有标注。外墙由定制的“栖霞古寺”铭文砖垒砌。

祖堂 位于毗卢宝殿西北侧。《摄山栖霞寺全山平面图》有标注。

地藏殿 位于舍利塔南侧。殿脊正面镶有“庄严国土”四字。《摄山志》记载，明万历年间建地藏堂，万历庚子年至丙午年间，住僧司梵修。明崇祯元年孟冬吉旦，成方、刘光济、李科、贺贵、段进忠同立《新建地藏碑记》，上元人朱裕镌。后地藏堂毁于战火。清光绪四年（1878），寺僧德宗重建。1928年,《旅行杂志》载赵君豪《首都之游・栖霞山附》:“三圣殿之东北隅为地藏殿，小屋一椽，高仅逾肩，似乡间土地庙。”2008年，于原址复建，单檐歇山顶，三开间，辅以耳房。殿中供地藏菩萨及道明、闵公二侍者像，两边长廊设碑刻多块。西边为古弥勒洞，栖霞寺禅茶禅乐文化研习基地设于此。东侧为财神殿、紫峰阁、云谷书画院。

般若堂 位于藏经楼北侧，2008年复建竣工。堂下台阶两侧，新镌孙振邦等书法家所书“佛说四十二章经”。

养用楼 位于中国佛学院栖霞山分院内，2008年建成。星云题匾额:“栖霞山寺养用楼佛光山星云二〇〇八年四月”。

崇光塔 位于藏经楼北侧，2011年4月建成。高9米，底座直径5米。“崇光”之名取“重光”谐音，寓意佛顶骨舍利盛世重光。专为供奉佛顶骨舍利、诸圣舍利而建。

孤魂台 又名“施食台”。毗卢宝殿大门台阶两边各一个，八面柱体，左侧镌刻梵名及“中华民国二十五年荷月观音圣诞日住持心惠敬立”字样，右侧镌刻《佛顶尊胜陀罗尼咒》及“中华民国二十五年观音圣诞日住持敬立”字样。毗卢宝殿南侧斋堂走廊下也有一孤魂台，镌刻梵名及“中华民国二十五年观音圣诞日住持敬立”字样。

受降井 位于栖霞寺明征君碑前。朱洁轩《栖霞山志》记载:“民国三十四年（1945）八月，侵华日军战败，国民政府将日俘一部集中栖霞寺，听候遣送。日

受降井　　（徐　远　摄）

俘自凿一井，专供俘食用。井在寺前二十码，因名受降井。”1946年秋，涅力《从中山墓到栖霞山》记载：“穿过栖霞寺侧，只见里面还堆积着一些日本人的破铜烂铁，胜利已一年有余，敌人残留的东西尚未扫去，此中和尚可谓太尚和平了。”井今已干涸。2023年9月，被公布为南京市文物保护单位。

法物流通处　位于舍利塔旁，门额上有匾“观自在”。主要经营佛教法器，有佛像、佛珠、手珠、挂件、经书及旅游纪念品等。

千佛斋素菜馆　位于栖霞寺明征君碑亭东北侧，是南京地区有名的素菜馆之一，是寺院素菜的代表。建于1982年。大门上有一副楹联：“戒杀放生健康长寿，禁荤茹素益智延年”。据栖霞寺千佛斋的师父介绍，当年乾隆下榻栖霞行宫期间，最爱吃的菜是招财进宝、鸳鸯虾仁、拔丝脆鳝等，这也是栖霞寺膳食房在全国素斋大赛上屡屡获奖的“十大御膳”菜品。

千佛斋素菜馆供应的品种达40多个，冷盘有五香烤麸、仙女散花等，热菜有金玉满堂、中华四宝等。这些菜风味独特，入口有味，价廉物美，深受信众和广大游客的称赞。素菜以“四大金刚”（豆制品、面筋、笋、蕈四类）和时鲜蔬菜、各种食用菌为主要原料，用植物油烹调，以时鲜为主，清幽素净，花色繁多，制作考究。特别是一些象形菜，完全以素食为原料，仿荤菜之做法，与荤菜名相同、形相似、味相近，达到以假乱真的效果。

鼎　栖霞寺有三口鼎，其一，位于哼哈殿后，四层，第一层镌刻“栖霞寺”“南京金钥匙礼品制作有限公司敬献”“佛历二五四三　公元一九九九年”“退居茗山　住持真慈”；第二层镌刻“国泰民安”“风调雨顺”“东来紫气西来福　南有祥云北进宝”；第三层镌刻“佛日增辉”“法轮常转”；第四层镌刻“吉祥　如意”。其二，位于月牙池东边、弥勒殿前广场，镌刻“万年宝鼎　栖霞寺，御笔”字样。其三，位于毗卢宝殿前，镌刻“栖霞寺”。

香炉　陈设于月牙池东侧、弥勒殿前广场。两只，长方形。

铜象　弥勒殿大门左右各有一尊青铜大象门兽，高 2.7 米，为南京德基集团于 2003 年捐制。铜象造型丰满，雕工精细，象鼻上各卷持一枚如意，象身上驮有仰覆莲，上置宝瓶一尊，喻意为太平（瓶）有相（象）。

延伸记述：衡阳寺

衡阳寺为栖霞寺下院，距栖霞寺西南约 1 千米。原名“宝城寺”，创建者为僧朗。唐天祐三年（906），徐温重建，改寺额为“衡阳资福禅院”。衡阳寺得名于唐代，延续至今。在历代文献中，对衡阳寺的记载，虽然是只言片语，但出现的频率比较高。如元代的《金陵新志》，不仅对衡阳寺有所著录，而且还转录宋代《乾道建康志》和《庆元建康续志》中有关衡阳寺的内容；明代施沛《南京都察院志》、葛寅亮《金陵梵刹志》和《万历上元县志》、盛时泰《栖霞小志》及黄汝亨《寓林集》等，都对衡阳寺有所介绍；清代记载衡阳寺的文献也有不少，如

20 世纪 30 年代衡阳寺全景　（朱　偰　摄）

乾隆时《江南通志》、严观《江宁金石待访目》、陈毅《摄山志》、甘熙《白下琐言》和《同治上江两县志》等。从《金陵梵刹志》记载来看，明代的衡阳寺并不是很大，寺中建筑有山门一座、天王殿三楹、正佛殿三楹、僧院一房。寺门外有南唐时所立两个石幢，另外有镌刻“宋宣和五年癸卯造”字样的石炉一只。清代，衡阳寺存有大殿。大殿悬挂一副对联，为慈中印道人所题：“六朝钟秀，运启齐梁，朗禅师披草莱，占南朝四百八十寺之首，感龙女献泉，涓涓派流不息；五叶流芳，光吞吴越，宝志公剃须发，开西域三千七百年之灯，遇梁皇问道，赫赫声价弥高”。“占南朝四百八十寺之首”一句，道出衡阳寺在南朝时期的重要地位。太平天国时期，衡阳寺遭毁废。1927年，法师通达募化重修衡阳寺，但“虽经扫砾重修，终难复旧”。1932年，朱偰考察衡阳寺。其时，衡阳寺仅存殿宇两进。1947年，陈大白、杨兴荣、倪厚斋、雷友声、沈士衍等人，在江宁县栖霞乡进行社会调查，陈大白（署名者）撰写论文《一个战后农村之社会调查》，其中提到衡阳寺在抗战胜利后的状况：“石幢刻大唐国号，字画优美。”当时，衡阳寺的古迹，仅剩下“龙女泉”和“龙池”。中华人民共和国成立后，衡阳寺名存实亡。1956年后，衡阳寺旧址上先后建起学校和工厂。

延伸记述：香港鹿野苑

1930年，香港鹿野苑由栖霞寺住持若舜创建。因当时港府禁建佛寺，对外挂“栖霞别墅”之名，寺内名为“鹿野苑”。1942年，若舜圆寂，明常继任住持。1970年，港府因发展荃湾市区，收回鹿野苑所在地段，鹿野苑迁离旧址。1978年买入九龙塘，在大加装修后，成为今日之道场。鹿野苑每月讲经、办法会两次以上，亦接受僧众挂单。现鹿野苑主要由大雄宝殿、藏经楼、功德堂、斋堂和客堂组成，大雄宝殿内供奉三尊法相庄严的佛像，另奉观音菩萨像、韦驮像和伽蓝像。藏经楼内藏有多套《大藏经》。客堂内的佛像，宝殿里的释迦三尊、法器、藏经楼的经书，与寺院一起，经历了90余年的变迁。

延伸记述：消失的庵堂宫观

“南朝四百八十寺，多少楼台烟雨中。”栖霞山地域内寺庙、庵宫众多，有文字记载的就有50余座。现将消失的庵宫列表表示。

栖霞山消失庵宫一览表

表 5

序号	庵名	位置	备注
1	保贞庵	桃花扇亭附近	李香君在此出家。一说在北象山庞家圩附近
2	定照庵	小营盘东南约 700 米处	现存 5 块石碑
3	白云庵	白乳泉前	张怡曾在此居住
4	石佛庵	凤翔峰东侧	尚存佛台
5	鹿野堂	古佛庵之下	僧兴善建，若舜重建
6	幽居庵	中峰右侧，与西峰相接处	《摄山志》载："拾级而登，崇栏曲径，直达禹碑。"清高宗乾隆南巡驻跸时为御花园，时为栖霞十景之一
7	德云庵	西峰之麓	《摄山志》载："僧恒修建。"时为栖霞十景之一
8	万松庵		明代建筑，久废
9	古佛庵	藏经楼后	因寺僧掘地得铜佛，故建庵以奉。明万历十三年（1585），姜宝游栖霞山时，见"古铜佛高二尺许"。万历十七年（1589），再游栖霞山时，"庵将颓，移佛在傍近佛庵中，坐在本佛庵之左"
10	报慈庵	凤翔峰西侧，幽居庵后	
11	兜率庵		清康熙二十九年（1690），僧楚云重建
12	优昙庵	春雨桥前	僧则吾创。《顾亭林先生年谱》载，清初庵内曾藏有明太祖朱元璋及马皇后像
13	云龙庵		寺僧智广建
14	天竺庵		久废
15	绿筠庵		僧苍麓建，清代姚鼐游摄山曾作《游摄山宿绿筠庵二首》
16	绿萝庵	可容庵上方、观音庵下方	僧法通曾居住
17	双桂庵		《摄山志》载："今为公廨"
18	文殊庵	容庵左侧，古佛庵上方、法华庵下方	僧恒修建
19	法华庵	天开岩附近	僧遍空修葺
20	霞心庵	幽居庵南	明万历年间，太监党怀仁建。清康熙四年（1665），僧雪幻居其中
21	古镜庵		原名古鉴庵，取煌煌古镜之义。禅师石丈建
22	挹珠庵	珍珠泉之上	李某子施财与僧知止建
23	白鹿泉庵	中峰涧之上	久废。自兴善、法会两禅师振兴之后，有吴地僧人福懋来居住
24	观音庵	号称"虎穴岩"处	明代建筑，僧素庵建

续表 5

序号	庵名	位置	备注
25	翠微庵	大佛龛左	岩石环瞰，最据幽胜。明代苍麓上人居之。清代乾隆十九年（1754），马曰璐题《游中峰涧归宿翠微庵》诗
26	东林庵	观音庵左前方，与叠浪岩相峙	庵内有铜佛一尊。明代建筑，久废
27	西林庵		明万历年间，僧法通建。法通人称“西林庵主”
28	可容庵	观音庵旁	僧行简建。行简人称“可容庵主”
29	大觉庵	天开岩上方	卜镗、刘应麟出资建，僧慧能迁居之。庵外有石桥，桥旁多植桃
30	无碍庵	白鹿庵附近	僧无碍居之，故名
31	关帝庵	中峰	明代建筑。王思任《谑庵文饭小品》载：“而得中峰，高四百丈，关帝庵其上”
32	莲花庵	定照庵南	《摄山栖霞寺全山平面图》有标注
33	栖霞禅堂		僧慧能居之
34	标意堂		取南朝齐高帝诏中语，用以祭祀明征君。谓标意拔俗，隐居而不征。张白云曾于此撰《白云道者自述》：“七十老人张怡识于摄山之标意堂”
35	练影堂	乾隆行宫内	
36	太古堂	乾隆行宫内，春雨山房前	
37	莲社堂	古佛庵之右	《摄山志》载：“右为莲社堂若干楹”
38	定慧堂	莲社堂上方，近幽居庵遗址处	《摄山志》载：“更陟一坡，为定慧堂三楹，即古宴坐台遗址”。明嘉靖中，僧兴善建；明万历中，僧彸和建，释洪恩撰《栖霞定慧堂重建缘起》
39	禅堂		《金陵梵刹志》载：大门一楹，大禅堂五楹，二禅堂三楹；十方堂三楹；涅盘堂二楹；斋堂三楹，静室三楹，内楼一座；仓库、厨、茶等房十三楹
40	禅堂一		大门一楹，大禅堂五楹，二禅堂三楹，十方堂三楹，涅盘堂三楹，斋堂六楹，静室三楹，内楼一楹，云橱三楹。清代楚云建
41	禅堂二	金汤阁北侧	《摄山栖霞寺全山平面图》有标注
42	禅堂三	毗卢宝殿北侧	《摄山栖霞寺全山平面图》有标注
43	练佛堂	西客楼北侧	《摄山栖霞寺全山平面图》有标注
44	法华堂		禅师法响建
45	香积堂		五楹
46	法聚堂		五楹，清代楚云建

续表 5

序号	庵名	位置	备注
47	净业堂		寺僧兴善构筑，僧高峰居此。高峰去，僧大觉居其中。大觉至天开岩结茅为庵，净业堂遂无人居住。贞节居之，不久亦弃去。后又有僧明通居之
48	清欢堂		十二楹，明代南祠部郎葛寅亮建，为游憩之所。因葛氏登山时用荤食，有妨佛门清净，遂建此堂以避之。后俗僧改为净业堂
49	观堂	古佛庵右侧	明代建筑。内奉十六观佛
50	延寿堂	西峰南边、栖霞寺北侧	《摄山栖霞寺全山平面图》有标注
51	古云水堂	无量殿与地藏殿之间	《摄山栖霞寺全山平面图》有标注
52	三茅宫	凤翔峰顶	建于明万历二十八年（1600）至万历三十四年（1606）之间，1955 年，尚存房屋数间

延伸记述：栖霞寺难民收容所

据《栖霞区志》记载，1937 年 12 月初，侵华日军攻占南京，进行惨绝人寰的大屠杀，大批难民涌向栖霞寺，躲避侵华日军的烧杀抢掠，脱下军装的中国军人也混杂其中。栖霞寺寂然法师等高僧打开寺门，收容周边地区难民 1.7 万人，至 1938 年 1 月，增至 2.3 万余人，大多为妇女和儿童。难民们栖息在寺内的大殿内外，连千佛崖的佛龛里也躺着难民。

日本侵略军士兵时常来寺内骚扰，或搜索中国军人，或抢东西，或侮辱妇女，和尚即指着菩萨和寺内陈设，意在告知以佛教之事，这些士兵才有所收敛。《茶话》1948 年第 20 期刊载帅雨苍《霜叶红时游栖霞》一文，其中写道：“又二十六年（1937）日寇来侵，陷京沪，栖霞寺设难民收容所，定纳三千人，而来者过众，达两万，其中四千人盖为伤兵，寇既抵栖霞，欲详点难民，意在搜索军人，寺僧指此碑与观，寇乃顶礼以去，便罢其事。”时任教导总队第二旅中校参谋主任廖耀湘曾脱下军装，装扮成老百姓，来到栖霞寺，混迹于难民之中，躲过侵华日军搜捕。

1938 年 4 月，难民陆续返乡。

抗日战争胜利后，廖耀湘到栖霞寺礼佛，告诉和尚，8 年前他也是到栖霞寺避难的中国军人中的一个，至今未忘那危难的一幕，他还为栖霞寺题匾一块。

中国佛学院栖霞山分院首届开学典礼留影（1984年12月）　（栖霞寺　供图）

延伸记述：中国佛学院栖霞山分院

中国佛学院栖霞山分院位于江苏省南京市栖霞寺内，占地面积15000余平方米，依山临江，庄严典雅。学院前身为创建于1982年的中国佛教僧伽培训班，1984年成立中等佛教院校，2020年升级为高等佛教院校。首任院长赵朴初居士，现任院长隆相法师。作为中国汉传佛教教育的“法师摇篮”，中国佛学院栖霞山分院已有40多年办学历史，佛学院规模不断扩大，由初期不足1000平方米的小四合院，到现在以五栋大楼为主体的新校区，建筑面积10000多平方米，教学、禅修、讲堂、办公、会议、馆藏、僧寮、生活等诸多区域，空间充足、设施完善。累计培养了1300名毕业生，为中国佛教输送了大批人才。他们分赴全国及世界各地从事弘法利生工作，成为各级佛教团体、佛教场所、佛教院校、佛学研究机构的中坚力量和接班人，为佛教事业的发展做出了卓越贡献。

禅修养生

2014年，栖霞寺首开禅修之旅，来自全国各地50余位禅修体验者开展了为期4天的“静心之旅”活动，不少体验者是为了逃离紧张压力的生活而来到这里，却发现，其实一点也不得闲，他们中大部分人都没体验过5点起床。但他们表示：“平时是心苦，但这里虽然辛苦，心却不苦。”一天的活动包括：诵读早晚课、禅坐静修约4小时等内容。很多人来参加活动就是希望通过改变不健康的生活方式，锻炼人的意志力，从而改掉做事三心二意的毛病。

中国佛学院栖霞山分院、三论宗研究所　　（栖霞寺　供图）

2015 年栖霞山“千人禅修”　　（徐　远　摄）

2015 年红枫节期间，栖霞山风景区举办“千人禅修”活动，1000 余位体验者静坐在栖霞寺庙前广场，1 个半小时的体验活动盛大而祥和，为让大众拥有更完美的禅修意境，栖霞寺佛乐团现场演奏了梵呗音乐，让大家亲身感受了禅修文化的魅力。

文物古迹

栖霞山片区文物古迹丰富，数量众多。除“国宝三宗”及栖霞寺外，尚有南朝陵墓神道石刻、历代碑刻、摩崖石刻、遗址、墓葬等。

南朝陵墓神道石刻气势恢宏，雕琢精致洗练，有丰富的想象力，代表六朝石刻艺术的最高成就，在中国雕塑史上起到继汉开唐的作用，具有极高的历史、科技和艺术价值。

定照庵碑刻、禹王碑、江总碑、乾隆诗碑群、珍珠泉碑、白鹿泉碑等碑刻和徐铉、徐锴等人所镌摩崖石刻，各承载一段历史文化截面，各展书法风韵，有极高历史价值和文化艺术价值。

官窑遗址和乾隆行宫遗址是两处著名的遗址。

汉代以来，栖霞山墓葬众多。

栖霞寺重视收藏古代佛经典籍和古物字画，这批馆藏文物得到珍藏。

所有这些，使栖霞山成为名副其实的文物古迹宝库。

神道石刻

萧秀墓石刻 萧秀，字彦远，梁文帝第七子，齐时官至太子舍人。萧秀墓石刻位于栖霞山西麓原甘家巷小学内，现存3种8件，其中石辟邪2只，均为雄兽，东西相对，间距18米，保存得较为完好。石柱2个，东柱仅存柱座，上圆下方，上为含珠双螭，下为方形基座，四侧饰有神兽纹。西柱柱头圆盖及小辟邪已失，柱身、柱座保存较好，通高4.7米。柱身雕刻隐陷直刳棱纹20道，高3.86米，柱额上题刻“梁故散骑常侍司空安成康王之神道”15个字，依稀可辨；柱额下饰有一圈绳辫纹和一圈交龙纹。柱座上为圆形，下为长方形，造型纹饰与东侧石柱柱座相似。现存石碑2通、龟趺座2个，大约立于梁天监十七年（518）之后。

萧秀墓神道石刻较一般陵墓多出一对石碑，其排列秩序依次为石辟邪1对、前石碑1对、神道石柱1对、后石碑1对。前石碑1对仅存龟趺座。西龟趺座头部残缺。全长2.7米，宽1.49米，高1米。东龟趺座长3.54米，宽1.43米，高1.02米。在东碑座旁边，1953年曾发现一块南宋石碑倾倒在地，损失左侧一角，高4.35米，厚0.32米，碑文漫漶不清，这通残碑如今已不知去向。后石碑一对至今

萧秀墓神道石刻 （吴国权 摄）

仍东西相对，但已是千疮百孔，斑驳陆离，给人以强烈的沧桑感。两碑皆圆首，碑首部中间有一个圆形穿孔。碑脊两边分别装饰着交结成辫状的高浮雕双螭。两碑碑身侧面原来也有浮雕，今已模糊不清。两碑正文全泐，仅碑额可识。碑额正书“梁故散骑常侍司空安成康王之碑”14个字，共5行，每行3字，末行2字。后一对石碑中，西碑高4.1米，宽1.44米，厚0.32米；龟趺座长3.07米，宽1.46米，高1.02米。碑阴（背面）刻正书21行，每行最多不超过64个字，字多漫漶，尚可辨认的有“吏周宗之”“吏邵道宣”等官吏姓名。史称该碑为彭城刘孝绰（481—539）撰文，吴兴贝义渊书写。该碑在1953年曾进行过维修加固。东碑高4.15米，宽1.46米，厚0.31米；龟趺座长3.37米，宽1.5米，高1.01米，碑阴刻正书题名6行，多不可辨。

萧秀墓神道石刻中设置4通石碑，这一现象在南朝陵墓中较为罕见。据文献资料记载，梁天监十七年（518）萧秀死后，通直散骑常侍、太子右卫率夏侯亶（？—529）等人上表梁武帝，请为立碑，得到许可。于是由当时的著名文人王僧孺（465—522）、陆倕（470—526）、刘孝绰（481—539）、裴子野（469—530）四人分别撰写一篇碑文，“欲择而用之”，即拟从中择优选取一篇。由于这四位文人所写碑文都相当精彩，难分伯仲，令人难以取舍，形成“四碑并建”的现象。

萧憺墓石刻　萧憺，字僧达，梁文帝十一子，史称始兴忠武王。萧憺墓石刻位于栖霞山西麓原新合村甘家巷四队农田中。现存石辟邪2只，小辟邪2只，石碑3通。其中石辟邪2只，东西相对，间距20米。东辟邪为雄兽，头部已残缺，腹侧双翼，翼前部雕饰似浪花，后部为翎毛5根，身饰勾云纹。长尾及地。四足，每足五爪。

在东辟邪的腹下，有2只小辟邪，其造型与神道辟邪相似，颏下有须，腹侧有翼，双足前伸，抬头挺胸，整个雕刻简朴有力。这两只小辟邪背部被人工凿平，置于东辟邪的腹下，起着支撑的作用。关于小辟邪原来的位置和用途，很有可能是墓葬中的镇墓兽。现存3通石碑中，1通较完好，2通仅存龟趺座。萧憺墓今已无踪可寻。

萧恢墓石刻　萧恢，字弘达，梁文帝第九子（一说第十子），曾任郢州刺史、荆州刺史、益州刺史等职。萧恢墓石刻位于栖霞山西麓原新合村甘家巷农田中。萧恢墓前现存石辟邪2只，均为雄兽，东西相对，间距19.6米。东辟邪原来从头

萧憺墓神道东石辟邪 （管秋惠 摄）

萧恢墓神道西石辟邪 （管秋惠 摄）

至尾纵断为两块，缝宽0.14米，四足及尾部均断。1955年11月修复，身长3.35米，高3.15米，体围4米；西辟邪身长3.46米，高3.17米，体围4.2米。两辟邪造型相似，昂首张口，长舌垂胸，胸部凸出，头有鬣毛，东辟邪翼饰6翎，西辟邪翼饰5翎，胸部饰勾云纹，一腿前迈，长尾垂地，体态肥硕健壮。

萧景墓石刻 萧景，字子昭，东阳太守萧崇之之子，梁武帝之堂弟，梁吴平忠侯。萧景墓石刻位于栖霞山西麓原十月村农田中。萧景墓前现存石刻2种3件，其中石辟邪2只，东西相对，间距约21米。东辟邪为雄兽，身长3.8米，高3.5米，体围3.98米，昂首张口，长舌垂胸，右腿前迈，体态肥硕。头有鬣毛，腹侧两翼，翼前部饰勾云纹，延伸至前肢左右两侧，翼后部饰6根翎毛。胸前几缕勾云纹，仿佛长髯飘拂。整个辟邪昂首挺胸、雄俊壮美，呈蓄势腾飞之态，栩栩如生。南京市市徽中的辟邪就取形于此。西辟邪于1956年曾掘出地面，因破碎无法修复，于是又埋入原来地下。现存石柱为神道西侧石柱，是南朝陵墓石柱中保存最完好的一件神道石柱，通高6.5米，柱围2.48米。柱头为一饰有覆莲纹的圆盖，圆盖之上伫立着一只仰天长啸的小辟邪。小辟邪长0.84米，高0.81米。柱身高4.2米，雕刻隐陷直刳棱纹24道，柱身上方接近圆盖处，有一长方形柱额，其上反刻“梁故侍中中抚将军开府仪同三司吴平忠侯萧公之神道”23字，字体清晰，令人耳目一新。这种特殊的书体，历史上称作“反左书”。在柱额的侧面线刻披衣袒肩、赤脚、手持莲花的“礼佛童子”图案。柱额之下刻有神兽浮雕，浮雕下面依次饰有一圈绳辫纹和一圈交龙纹。柱座上圆下方，高0.98米，上为衔珠双螭，下为方形基座，四侧刻有张口吐舌的神兽纹饰。整个石柱造型精巧，装饰华美，是中外驰名的雕刻艺术珍品。

萧景墓神道东石辟邪　　（吴国权　摄）

萧融墓神道石刻　　（管秋惠　摄）

萧融墓石刻　萧融，字幼达，梁文帝第五子。萧融墓石刻位于栖霞山西麓金陵石化公司炼油厂小学内。萧融墓前现存石刻2种3件，其中石辟邪2只，东北西南相对。东北侧辟邪为雌兽，保存较好，长3.3米，体围3.94米。西南侧辟邪为雄兽，出土时碎成数块，现已修复。东北侧辟邪显得略小，西南侧辟邪显得尤为威武雄壮，气势雄浑。这两只石辟邪为南京地区年代最早的石辟邪。

在东北侧石辟邪前面，有一残存的神道石柱柱头圆盖和小辟邪。圆盖直径0.93米，呈覆盆状；其上伫立一只小辟邪，头部已残缺，两前腿前伸，两后腿相连。尾部下垂圆盖上，整个造型与神道石辟邪相似。这件遗物应是置放在神道石柱莲花盖之上的。

在神道石刻西北1千米处，为萧融夫妇合葬墓，1980年9月作正式考古发掘，该墓已遭盗掘，仅出土萧融及其夫人王慕韶的石刻墓志各一方。萧融墓志长0.6米，宽0.6米，厚0.09米，一面刻文，凡20行，满行28字，全文仅18个字剥落。萧融墓志铭文内容分为两大部分，前一部分为“桂阳王墓志铭序”，叙述萧融的生平、卒年、葬地；后一部分题名为“梁故散骑常侍抚军大将军桂阳王融谥简王墓志铭”，全是歌功颂德之词，共30句，每句4字。

这方墓志的格式为前志后铭，这一格式为隋唐所效法。值得注意的是，在这方墓志中还保留有墓志撰写者的题名、官职。萧融墓志为梁朝吏部郎中任昉（460—508）撰写，楷书，书法结体平正，而不乏姿致，是南朝石刻中的优秀书法作品。

另一方墓志为梁桂阳简王妃王慕韶墓志，长0.49米，宽0.644米，厚0.075米，一面刻文，凡31行，满行23字，仅有10字脱落。这方墓志是梁代陵墓中保存最完好的墓志之一。

萧暎墓石刻 萧暎，字文明，萧憺之子，曾任给事黄门侍郎、卫尉卿、广州刺史等职。萧暎墓石刻位于栖霞山西麓原董家边村。现存神道东侧石柱 1 个，柱身下陷土中，残高 3.46 米，柱头圆盖及小辟邪均已失。柱身作隐陷直刳棱纹，额刻“梁故侍中仁威将军新渝宽侯之神道”，其中“仁”“威”“侯”三字磨灭，余字仍可辨识，正书逆读。柱额之下雕刻有三个以手承额的力士像，中间一人站立，旁边二人蹲踞。萧暎墓今已难寻其踪。

陈蒨陵石刻 陈蒨，字子华，即陈文帝。陈蒨永宁陵位于栖霞山西麓原新合村狮子冲田野中。陵前留存石麒麟 2 只，均为雄兽，东西相对，间距 25.84 米。东为双角麒麟（又称天禄），西为独角麒麟，保存完好，是南京地区南朝帝陵中雕刻最精美的一对石麒麟。

独角麒麟身长 3.19 米，高 3.02 米，体围 2.8 ~ 3.06 米，腹部最低点与底座距离 0.54 米，底座高 0.27 米，昂首挺胸，正视前方。头上独角，角上有 3 个圆柱。双目暴突，宛若圆珠。鼻孔圆深，直径 0.09 米。张口含舌，舌不下垂，口腔上下宽度为 0.35 米，深度为 0.45 米；口腔内舌头长 0.12 米。下颏须髯分五缕飘拂胸前。腹侧双翼，7 根翎毛，好像振翅欲飞。四腿刚劲有力。左腿前迈，超出胸部达 0.28 米。左前腿周长 1.28 米，左后腿周长 1.22 米；右前腿周长 1.24 米，右后

萧暎墓神道石柱 （管秋惠 摄）

陈蒨永宁陵西侧石麒麟 （管秋惠 摄）

腿周长 1.2 米。五趾跷起，俨然蓄势待发。左前趾、左后趾宽度与高度均为 0.42 米；右前趾宽 0.44 米，高 0.36 米，右后趾宽 0.37 米，高 0.34 米。尾巴骨节隆起，骨节两侧装饰有对称的卷云纹，显得苍劲有力。在独角麒麟的身上还有蕙草一样的浮雕装饰，显得肌丰骨健，气势夺人。

双角麒麟造型与独角麒麟相似，唯头部置有双角。身长 3.11 米，高 3 米，体围 3 米。这一对石麒麟造型灵巧凶悍，纹饰绚丽华美，从艺术欣赏的角度来看，给人以矫健秀逸的感受，为南朝陵墓石刻中的代表作。

延伸阅读：陈蒨陵可能为萧统（昭明太子）及母丁贵妃之陵

据《东南文化》2015 年第 4 期《南京栖霞狮子冲南朝大墓发掘简报》披露，此陵应为萧统（昭明太子）及母丁贵妃之陵。理由是，南京周边地区每朝代陵区都有自己的地盘，新合村狮子冲一带集中埋葬梁代宗室王侯，作为陈代的陈蒨不会把陵墓安排在前朝梁代陵寝的地盘；此处的方位与文献记载的昭明太子陵墓的方位大致吻合；陵墓前神道石兽的规模、工艺与萧统的身份相符。

萧统（501—531），字德施，梁武帝萧衍长子，母为贵嫔丁令光。曾被册立为太子，因病 31 岁时逝世，谥号昭明，史称“昭明太子”。主持编撰的《昭明文选》是中国现存最早的诗文总集。

名碑名刻

摄山栖霞寺碑文并铭　摄山栖霞寺碑，于南朝陈祯明二年（588），由济阳（今河南省兰考县）江总（字总持）撰，京兆（今陕西省西安市）韦霈（亦记“车霈”）书。原碑在唐会昌年间（841—846）毁。北宋康定元年（1040）重立，拓本较少。明王世贞《游摄山栖霞寺记》载：“蹑级而上，曰山门，江总持一碑卧于地，拂而读之。”清王士祯《游摄山记》载：“佛殿北廊下，有江令碑。”乾隆十六年（1751）《上元县志》载：“江总持撰，京兆韦霈书，今重刻存。”《续纂江宁府志》载：“陈江总栖霞寺碑乱后石毁，同治七年句容尚兆渔得片石于石埠桥道上，仅存六行，凡二十七字。又有一石，百余字，以重大未能携及，光绪二年往访，已以废石充江北运堤用矣。”《校碑随笔》记江总残碑，在江苏上元，清光绪

南朝陈代江总碑　（南京市博物馆藏）

十七年（1891）九月，江宁陈氏于千佛崖获之，刻题记于石之空方，将此碑定于晚唐。题记曰："此碑经唐会昌毁废后已曾重立。今其石断缺，文字讹隐，前充寺主僧契先自拾市赀购不依书写之，康定元年丑月十七日镌立本寺。维那僧肃澄上座，僧智达寺主，僧元耸谨记，袁文雅刻字。"《天下金石记》定此碑为梁物。江总在陈任侍中尚书令，韦霈为陈翊前会稽王行参军。碑文有"大同元年二月五日神又见形"句，故《天下金石志》定之为梁，《金石萃编》列于北宋。

延伸阅读：江总《摄山栖霞寺碑文并铭》 侍中■

盖闻天有神宫，地云灵府。桑钦博记，始叙四衢之塔；金朔著经，因知千步之寺。至如峰形甑累，岫势堂密，亦乌足言哉！南徐州琅琊郡江乘县界有摄山者，其状似伞，亦名伞山，尹先生记曰："山多草药，可以摄养，故以摄为名焉。"南瞻旧落，顾悌镇戍之坞；北望荒村，扈谦卜筮之宅。此山西南隅有外道馆地，俄而疫疠磨灭。三清遗法，未明五怖之灾；万善开宗，遂变四禅之境。倏见齐居士平原明僧绍，空解渊深，至理高妙；遗荣轩冕，遁迹岩穴。宋泰始中，尝游此山，仍有终焉之志。村民野老，竞来谏曰："山多狼虎毒蛇，所以久绝行践"。僧绍曰："毒中之毒，无过三毒，忠信可蹈水火，猛兽亦何能为哉？"乃刊木架峰，薙草开径，披拂榛梗，结构茅茨。廿许年不事人世，渡河息暴，扰篋无立，皆曰诚至所感。有法度禅师，家本黄龙，来游白社，梵行殚苦，法性纯备。与僧绍冥契甚善。尝于山舍讲《无量寿经》，中夜，忽见金光照室，光中如有台馆形像，岂知一念之间，八王照其香盖，人未曾有，渊石朗其夜室，居士遂舍本宅，欲成此寺，即齐永明七年正月三日，度上人之所构也。山情率易，野制疏朴，崖檐峻绝，涧户幽深。卉木滋荣，四时助其雕绮；烟霞舒卷，五色成其藻绚。居士尝梦，此岩有如来光采，又因闲居，依稀目见。昔宝海梵志，睡睹花台，智猛比丘，行逢影窟。故知神应非远，灵相斯在。居士有怀创造，俄而物故。其第二子仲璋，为临沂令，克荷先业，庄严龛像。首于西峰石壁与度禅师镌造无量寿佛，坐身三丈一尺五寸，通座四丈，并二菩萨像，倚高三丈三寸。若乃图写瑰奇，刻削宏状。莲花莹目，石镜沉晖；藕丝萦发，云崖失彩。项日流影，东方韬其大明；面月驰光，西照匿其成魄。大同二年，龛顶放光，光色身相，晃若炎山；林间树下，赩如火殿。禅师自识终期，欣瞻瑞应，以建武四年于此寺顺寂。岂非六和精进，十念允谐；向沐宝池，方登金地者也？齐文惠太子、豫章文献王、竟陵文宣始安王等，慧心开发，信力明悟，各舍泉贝，共成福业。宋太宰江夏王霍姬，蕃闺内德；齐雍州刺史王奂，方牧贵臣。深晓正见，妙识来果，并于此岩阿广抽财施，琢磨巨石，影拟法身，梁太尉临川靖慧王道契真如，心弘檀密，见此山制置疏阔，功用稀少，以天监十年八月，爰撤帑藏，复加莹饰，缋以丹青，镂之铣鋈，五分照发，千轮启焕。排天堂庑，玉露分色，接岫轩墀，翠微抽影。八定之侣，步纤草而扬梵；三慧之僧，挹飞泉而动色。喜园凝静，岂傲吏之凡游；深谷虚玄，非愚公之俗路。是以王公缙绅之辈，郎吏胥史之属，步林壑，陟皋壤，升精舍，拜道场，莫不洗涤无明，浣濯罣暗。非直心之砥路，孰能如斯者乎？慧振法师，志业该练，心力精确，度上人将就迁神，深相付属，法师聿修厥绪，劝助众功，基业田园，多所创置。先有名德僧朗法师者，去乡辽水，问道京华，清规挺出，硕学精诣，早成般若之性，夙植尺罗之本，阐《方等》之指归，弘中道之宗致，北山之北，南山之南，不游皇都，将涉三纪。梁武皇帝能行四等，善悟三空，以法师累降征书，确乎不拔。天监十一年，帝乃遣中寺释僧怀、灵根寺释慧令等十僧诣山，咨受《三论》大义。贯谊曰：“学圣道如日之明。”孙卿云：“登高山知天之峻。”今之探赜，其此之谓。南兰陵萧眕素，幽栖抗志，独法绝群，遁世兹山，多历年所。临终遗言：“葬法师墓侧。”还符田豫，托西门之冢，更似梁鸿，偶要离之瘗。又案《神录》云：楚靳神在今临沂县。齐永明初，神诣法度道人受戒，自通曰靳尚，即楚大夫之灵也。大同元年二月五日，神又见形，著菩萨巾，披袈裟，闲雅甚都。来入禅堂，请寺众说法。昆岭之中，百神所在，首阳之路，八驷并驱。未有修净戒之品，诣得道之僧，整忍辱之衣，入安禅之室，是知名山大泽，灵异凭依者矣。慧布法师，幼落烦恼，早出尘劳，律仪明白，贞节峻远，贯综三乘，不自媒炫，楷模七众，无所诋诃。曩日静憩钟岩，余便观止，飧仁饮德，十有余年，顷于摄阜，受持珠戒，佩服之敬，虽敢怠于斯须；汲引之劳，且曷伸于报效？夫言意难尽，铅椠易凋，固比河山，莫如金石，凡诸征应，并预随喜，并勒于碑左，乃为颂曰：漫漫心火，冥冥世流。论生若寄，喻死如休。三明未了，十智难周。尽缠痴爱，岂离疮疣。敬仰鸡足，恭闻鹫头。斯风可羡，其路何由？我开梵宇，面壑临丘。我图灵迹，果植因修。兼金画绘，沥石雕镂，连云出没，泄雨沉浮。经行松磴，禅坐蕙楼。涧风长泻，崖溜悬抽。花台似雪，夏室疑秋。名僧宴息，胜侣薰修。三乘谓筏，六度为舟。金幢合盖，宝驾驱辀。地祇来格，天众追游。五时无爽，七处相侔。辞题翠琰，字勒银钩，贤乎乐饵，过客宜留。

陈祯明二年岁■

■废置后再修立此碑■

录自新出土南朝陈江总碑（残）并依《南京栖霞区历代碑刻集成——贞石》补录

2002 年 12 月—2003 年 2 月，南京市博物馆在舍利塔的南侧，进行地层考古，发现陈祯明二年（588）《摄山栖霞寺碑文并铭》残件，送至南京市博物馆收藏。残件碑阴记有无量寿佛“坐高三丈一尺五寸，通坐四丈，含髻头长八尺五寸”“手长六尺九寸，两膝相去二丈五寸”“并二菩萨立高三丈”字样，并记有捐资修建者为“齐文惠太子随喜，齐豫章献王随喜，齐竟陵文宣（王）……明宝寺十五人”。

南唐僧用虚题栖霞寺诗碑　该碑位于千佛崖吴迈题刻与无梁殿之间，南唐乾德二年（964）立。南宋《六朝事迹编类》卷下载：“南唐僧用虚题栖霞寺诗，在本寺千佛岭。”目前碑文只识得“□……皇……寺居……名迹向□休……看云□□立庵前天台□□…甲子……僧□□”等十余字，其余已经漫漶不清。

定照庵碑刻群

大明赐紫素庵节法师塔铭碑　位于乾隆行宫遗址小营盘东南约700米山麓下，碑宽85.5厘米，高170厘米，碑额高61厘米，碑座高22厘米，碑厚28厘米。阴刻楷书，共26行，满行70字或71字，字迹清晰。碑面朝南，西侧即为素庵法师塔墓。根据塔碑内容可知素庵享受赐紫的殊荣。赐紫即皇太后派使臣赐金缕袈裟，赠大士像，建多宝塔。大明赐紫素庵节法师塔铭由翰林院国史检讨、征士郎王肯堂撰文，奉训大夫、刑部福建清吏司郎中于玉立书丹，国史编修、文林郎董其昌篆额，中宪大夫、应天府府丞沈祠立石。在关于栖霞寺佛教文化的山志、寺志中，皆无此塔铭碑文的记录。

延伸阅读：王肯堂《大明赐紫素庵节法师塔铭》

佛教之入我朝，不振甚矣！而丛林名德，犹代不乏人。近代以来，江南耆宿所称识鉴超朗、戒行精严、不愧为人天师者，则素庵节公也。余以乙酉秋侍紫柏老人于摄山观音庵中，实公驻锡之所，周旋公座下者逾旬。盖始见而以净土之教教余，将别而手授余《十疑论》暨《或问》，嘱以流通。嗣后虽音问靡间，而日远于公。顷归，方欲理策再访公山中，而公之徒如敬忽来邮请余铭公塔，则公已化矣。既怃然久之，因问公之去也奚状。曰：先一月示微疾，今月之初，如敬将之吴下，师曰："浃旬，吾与若等别，若且无行。"至期，怡然言笑如平时，乃集大众，嘱以严持净戒，说法如初，"毋虚吾讲席，毋效世俗衰绖哭泣"。遂沐浴更衣，跏趺坐，握金刚印，念佛千声，回向已，乃更抗声说偈曰："苦乐实际在何方，一段金刚拳可当。珍重行人高着眼，即生灭处是真常。"语毕，泊然而逝。于乎！公之契悟渊深，践履明白，故其末后光明如此，吾何足以知其人哉！公讳真节，襄阳名族钟氏子也。梵相奇古如刻画，戒光沁人，望之意消。少业儒，以孝闻。壮而代父出家，遍参知识。至南阳留山寺丹霞道场，礼泯庵休和尚，遂薙染。历伏牛，抵京师，登坛受具戒，预讲肄于秀法师座下，受诸部经论，历十一寒暑，博通大小乘。乃北游五台，南礼普陀。过白下，一时贤士大夫咸严事之。少宗伯殷公迈、太史邢公一凤，与比丘兴善、清柏等，佥谋止公。以摄山古名胜道场，为学徒云集处，延公开讲焉。既殷公送琅琊大士像至，即于寺右构庵，道俗欢踊，施者波委。疏堂重阁，次第落成。乙酉冬，殿灾而像不毁，不朞年缮完如故，所谓观音庵也。公之留摄山也，讲《华严经》至“入法界品”，塔放五色光。一日，讲《法华经》至“多宝塔品”，见空中光相俨然。左司马汪公道昆延主无遮会者再。司马见异人数十，拜伏公前，咸以得脱苦趣谢而去。大司寇王公世贞延至太仓淮云寺，讲《法华经》至“从地涌出品”，有光旋绕法座，缁素骇服。二公具有文纪其事。丙戌岁大侵，斋厨索然。始犹日一食，后绝粒者已七日，公晏坐超然，众赖以安，无一人去者。寻芜湖郝氏来饷米百斛。郝氏先梦大士告以某所僧饥七日矣，亟往赈之，遂载米来。及登殿礼佛，惊曰：是固梦所见也。公又尝应讲，涉江中流，风涛遽作，舟人五色无主，公观持“大士”，恬然而济。化之夕，有光弥山，荧荧若列炬，三日乃已，其他祥异颇众。盖公性简重靖深，韫光匿耀，持头陀行至苦密，而人莫能窥其际。从之游，如春登台，或庄事者，或燕见者，公当以道眼，无分别相，人愈溟涬之。及临法筵，震雷音，辄迸光明，拔幽滞，震耸睹听，就法席者常数千人，非其慈心忍力，超格越量，能臻此乎？余恒语诸法侣，真实修行人，须脚跟点地，绝口灵怪事，独见公厚自韬匿，而其效乃若是，故特表而着之，亦以不容伪者见公真也。公襄阳俗居，即庞居士故里，一家父子兄弟，内至闺闼，皆厌俗出家，人以为庞氏再来焉。公生于正德己卯正月八日，化于万历癸巳十一月十四日，世寿七十有五，僧腊五十。

圣母慈圣皇太后尝遣中使张本等，以金缕袈裟大士像赐之，仍为建多宝塔云。是年十二月十一日，如敬等奉全身塔于摄山之阴。余不敏，辱公之知，不忍以寡陋辞，乃摭其概，而为之铭曰：

灵山之会，龙象云蒸。羊鹿牛车，同归一乘。雨胜法雨，普润一切。奚及后世，三宗鼎列。教门久塞，惟师洞开。义雷迅发，迷蛰春回。梵音洋洋，周浃寰宇。四众仰止，如子依母。慈光灿灿，缭绕化城。一念感通，如影随形。示我乐邦，导我正路。师则往矣，而我犹住。念彼生彼，如以券取。即事而真，不离当处。我作是铭，镌置塔中。百千万年，与山无穷。

万历癸巳闰月吉旦

赐进士第、翰林院国史检讨、征士郎王肯堂撰文。

赐进士第、奉训大夫、刑部福建清吏司郎中于玉立书丹。

赐进士第、翰林院国史编修、文林郎董其昌篆额。

赐进士第、中宪大夫、应天府府丞、前吏礼二部尚书郎、尚宝司卿归归安沈祠立石。

不肖徒如敬偕诸法眷等立塔，吴郡沈幼文刻。

录自《南京栖霞区历代碑刻集成——贞石》

栖霞影斋珠法师塔铭碑　位于乾隆行宫遗址小营盘东南约700米山麓下，旁为一心敬塔碑，碑宽90厘米，高200厘米，厚26厘米。阴刻楷书，共28行，满行60字或61字，碑面朝北，除十余字不清晰外，其余全能识读。

影斋珠法师生于明嘉靖二十三年（1544），从小入寺，长大后游金陵栖霞，拜锡公（素庵法师）为师15年。跟随幻休和尚作百赦道场，传颂佛教思想。皇太后知晓后特赐金缕袈裟。因母亲年老，法师居家乡承天瑜灵寺，演讲三藏、结楞严坛十余年。后栖霞锡公派弟子付以大事，法师接讲华严诸经十余座。锡公逝世后，法师立栖霞佛事20余年，未尝有一日辍讲佛经，到老年演讲佛之律仪尤甚。万历四十三年（1615）逝去。在关于栖霞寺佛教文化的山志、寺志中，皆无此塔铭碑文的记录。

延伸阅读：吴用先《栖霞影斋珠法师塔铭》

夫禅之与教本一致，而学者歧焉。今之时，无论禅脉一线之系，而教亦沦替久矣。我太祖高皇帝以儒术治天下，并崇释老，盖以其教虽异而理同，用虽殊而体一。究其体，则禅与教果二乎，非二乎？能握其宗而振颓风于今日者，则影斋法师是也。法师为孝感李氏子，其先出于安陆，故又为安陆李氏焉。家世奉佛，父乐松尤为信尚。师少从之入寺，闻颂《华严》“应观法界性，一切唯心造”，恍然有悟，启父出家，祝发为里僧月公弟子。至壮，游金陵之栖霞，师锡公十五年。锡公即素庵节法师也，法师始称“一锡”。自驻锡栖霞，讲诸经论而师事之唯谨，尽受所学。锡公复策励使参少室幻休和尚。休知为伟器，重为勘验，授以书记。时化一、豁庵、达观、无言、三空，伞山诸大龙象俱心折焉。尝作偈云：“出门便是草寒林，莺啼花发春归早。铁牛睡惺解经行，却把须弥横踏倒。”师盖深得洞宗之旨云。时今上并圣母皇太后命幻休和尚诣都下，作百赦道场，举扬宗教。师偕行。诸公侯及中贵人咸请师代座。声闻于上，遂赐紫，法化大行。道场讫，同乡太宰鲁公、太史李公、司台刘公、中贵杜公等，请师扬化里中。师亦念母老，遂居承天瑜灵寺，讲演三藏、结楞严坛十余年。而栖霞锡公罢于沤和，其弟子有兀斋、幻斋，已先迁去。乃命性藏、海量持衣至瑜灵，师即走栖霞。锡公付以大事，师接讲《华严大钞》。由是，师住栖霞讲《华严》者三座，《法华》《楞严》《楞伽》诸经者十余座。提唱公案者，凡数开堂，然无日不以向上事接人也。师自锡公过去，主栖霞二十余年，未尝一日辍讲。曰：“先师有言：‘宁一日无食，不可一日无法！’”虽祈寒燠暑弗替，虽病，必令上首弟子代之。有宰官浴时问师：“四大既假，五蕴俱空，云何汤热不能下？”师云：“不独不能下，犹不能洗耳。”宰官曰：“吾以心洗心。”师云：“宜即下矣。”宰官曰：“老师令人丧身失命也。”有僧问弟子：“孤立如何？”师云：“九间禅堂汝不住，谁教汝孤立来？”一僧辞行曰：“某甲意欲行。”师云：“汝不知佛意祖意，而随自意耶？”昔幻休和尚以少室嘱之，而师竟主栖霞。曰：“是法也，吾任之。凡丛林综理，法弟一心能为也。”师一味慈和善顺，遇人无城府，故虽丛林有法难，而师不及焉。老年尤以毗尼教诸弟子，曰：“末法法门衰弱，宗教滥觞，汝辈护律仪，可不失为佛子矣。”故末年讲演律仪尤甚。古心馨上人者，亦锡公弟子，时大弘戒律，多所请益于师焉。师临寂，示微疾，趺坐念佛而已。生于嘉靖甲辰五月十一日，隐于万历乙卯五月二十八日，世寿七十二，法腊五十五。塔于摄山之定照庵，庵为素庵锡法师塔右。盖有塔四，皆素庵弟子。中左则兀斋慧、幻斋念，成佛定古，清源同塔；左一则一心敬，右一则持心山，中右则师之塔焉。其传法弟子若干人，海内宗教之徒无不乐称师，以为神龙威凤。其示灭之明年，其嗣法孙海印、海鲲乞铭于余。余念禅教之衰而仰师之高，且喜其法嗣有人，因以铭之。铭曰：空明觉静，本无多歧。融三摄二，非师其谁。灵降楚泽，化恰吴垂。清凉贤首，教之白眉。曹山洞山，禅之祖仪。师也再来，乘愿无疲。缵摄山烈，嗣少室规。微风玄轨，末法导师。无缝之塔，光明在斯。

赐进士第、通奉大夫、巡抚四川、都察院右佥都御史、前礼兵二部尚书郎、钦差福建主考、浙江按察使、左右布政使吴用先撰。

赐进士第、南京礼部尚书郎、南岳山长曾凤仪篆，将仕郎、福建福州府府幕庐陵欧阳序书。

赐进士出身、通奉大夫、陕西布政使司右布政使兼按察司佥事予吉前两任浙江山西陕西左右参政、四奉敕提督陕西学政、整饬西北河西洮□兵备、翰林院修撰、国史官京山李维桢立石。

万历丙辰十月吉，不肖徒性湛、性清、性妙、性航，孙海东、海印、海心、海鲲、海量，重孙寂□、寂中、寂玉等立塔。

录自《南京栖霞区历代碑刻集成——贞石》

兀斋幻斋二比丘塔铭碑　位于乾隆行宫遗址小营盘东南约700米山麓下，与大明赐紫素庵节法师塔铭碑同在一处。碑宽83.4厘米，高169厘米，由于碑文严重漫漶，几无字可识。冯梦桢在《快雪堂集》卷十四中录《兀斋幻斋二比丘塔铭》，可见《兀斋幻斋二比丘塔铭》内容，为冯梦桢撰。在关于栖霞寺佛教文化的山志、寺志中，皆无此塔铭碑文的记录。

延伸阅读：冯梦桢《兀斋幻斋二比丘塔铭》

兀斋、幻斋二比丘，俱出襄阳钟氏，为同祖兄弟，同师摄山素庵法师，称高足。素庵、兀斋，于俗父子也。兀斋讳如慧，母汪腹之时，父已投南阳留山寺出家。寺即唐丹霞禅师道场也。慧三岁不语，一日，父归省其祖，一见喜曰："我父子同出家去！"家人异之。五岁失母，养于伯母江，即幻斋之母也。慧幼习世典，略通大意。会素庵师习讲京师，请于江氏，北省父，遂祝发，时年十三岁耳。初听讲《楞严》，至"征心辨见破五阴魔"处，愕然自失，乃登坛受具。昼夜六时，除听讲外，即跏趺习定，兀然如槁木者三年，同学呼为"兀斋"以此。一日定中见大光明身等虚空，出定叹曰："无身之身，形充八极；无心之心，照穷万有。"自是内外典籍，寓目即了，无滞义矣。素庵师住摄山栖霞，赖以辅弼丛林。晚得幻斋，讳如念。为人温厚老成，嗜学经论如渴。二人同心执侍如阿难、难陀，以故栖霞法席为江南最。慧、念二师俱善达观禅师，观方佩南宗心印，勘辨诸方，而二师与之出入议论，时蒙许可，其人可知矣。乙酉闰月，观将历五台，登峨嵋，临别谓二师曰："吾与而辈交以法义，非以情识。今而后，以游咏教诲为妄想，以寂静轻安为昏沉，有缘即晤，俱以所造为证据。"于是念师则独有所得，而慧师掩关不语，阅《宗镜》诸书，妙悟益发。其年十一月，本庵不戒于火，且逼关。慧师不动，曰："身如幻化，且定业难逃。"并焚□□，□讫，火灭。而念师是时讲《法华》埤城法云□□，知圆通火灾，特遣行人往询。异哉！慧师尝授《尊胜神咒》及伏蛇虎咒于梵僧，游太岳山，忽□□□□□而来密持前咒，虎即驯伏。尝偕法□□□□□感县某寺访同参秋潭，其夜盗百□□□□□冥加，盗觉有千万僧，不敢犯，遁去。慧师神异，皆此类也。丙戌十一月初七日，慧师忻然谓弟子曰："我愿毕，将去矣。"遂七日不食，而精神挺然。至十三日，端坐将逝。弟子请曰："着恁么衣好？"曰："不干他。"遂逝。是日，冬至也。其夕，达观师在京师之潭柘，梦慧掉臂西行而无侣，呼之不答。讣至，方验其异。慧化后，色如生。十九日荼毗，远近致香供，以香代薪。法弟如定等收灵骨，还摄山，塔于龙化庵之后，是月二十八日也。又三年，戊子十一月十三日，慧师方大祥，而念师忽叹曰："我更十日逝矣。"至期果逝，与慧师同塔。慧师生嘉靖癸卯某月日，化万历丙戌某月日，世寿四十四，僧腊三十二。念师生嘉靖辛亥某月日，化万历戊子某月日，世寿三十八，僧腊二十五。方今丛林衰替，二师俱精进光明幢，使不夺其年，庶几哉为大法梁栋，而竟为报缘所局，未终下寿，遂弃人天。伤哉！时达观禅师在栖霞，走书某乞铭其塔，遂叙次其事，而系之铭曰：襄阳钟氏，佛生其家。应真从之，如粟似麻。北学经纶，扬于栖霞。父子兄弟，同根共花。慧也阿难，念也难陀。左提右挈，倒囊县河。如彼大树，两枝相扶。青葱蟠郁，荫庇孔多。惟达观师，持不二印。尔慧尔念，曾蒙与进。移书南来，吾斯之信。一字加褒，岂敢以吝。

录自《南京栖霞区历代碑刻集成——贞石》

大明赐紫一心敬和尚塔铭　位于乾隆行宫遗址小营盘东南约700米山麓下，与大明赐紫素庵节法师塔铭碑面对而立，左右两侧分别为景珠斋碑和兀斋、幻斋塔碑。碑宽81厘米，高168厘米，碑座额57厘米，碑厚24.5厘米，碑文共19行，满行55字，阴刻楷体，字迹漫漶较严重。一心敬为号名，字如敬，为素庵法师弟子，生年不详，卒于明代万历三十六年（1608）。如敬自幼不茹荤血，能言便诵佛经。父母逝，服丧满后，遂礼师素庵，受具足戒，听讲华严经。六年后，入奉密室，素庵法师讲经千余席，如敬被推为首座。在关于栖霞寺佛教文化的山志、寺志中，皆无此塔铭碑文的记录。

延伸阅读：□□□《大明赐紫一心敬和尚塔铭》

和尚如敬，张氏子也，出世于山□素庵大和尚之弟子，法讳如敬。自离胎，不茹荤血乳，能言便诵佛号。髫而业儒，挚亲孝友，垂弱冠，递失其父母，庐墓哀号，十日不绝声，间与梵呗相闻。一抔之土，手所掬也。既免丧，遂礼素庵，受具足戒，听讲《华严大钞》，衣不解带、胁不至席者六年。入奉密室，起□□□对宰官居士，集诸善缘，其同诸作务人，辛苦作务。素庵讲席千余，独推上足，诸法种种，何以咄嗟办也？笑曰："吾一心尔。"遂自号"一心"。□□摄山之有栖霞寺，自齐梁间，称丛林最胜，而此稍稍圮轶也。自素庵端居法座，一心白搥重宣波罗提木叉乂一切，扫除门户，而殿堂廊□□□缮□，遂还旧观。又斥其隙为圆通庵。和尚师徒之意，曰："摄山者人也，向后能开两片皮，就寺为人，不者盖头一把茅，求人不如求己。"以故，庵之持戒严于寺。居无何，大殿灾，独金身岿然。不二岁，再还旧观，更缮以洁。又建灵应殿，诸檀施争信向，先后饭僧田三百余亩，皆和尚一心一人之力。事稍稍上闻，师徒二人先后赐紫金袈裟。丧师如丧父母。粤万历二十七年御赐《般若大藏尊经》一部。

敕曰：赐摄山栖霞圆通庵，□□□□□□□□□□□□□京师因□□留者十年，竟化于京师。□□□□□。丁未七月，和尚□□诸偕水陆事，貌恭恭然，观密而音清。次年正月，闻其病矣，□言正好，供养者南归以告报曰："吾与居士□□□乃能相念耶？秋山之梦，将在三公。"又隔宿，驰往省之，已跏趺化矣。万历戊申二月十八日也。溯其生，嘉靖戊申十二月初二日，盖住世六十一年，僧腊三十九年。始和尚老而领稍偏，将闭龛，乃更圆满丰下。于戏！其戒光耶！其徒性通来迎龛，将附祖塔，嘱为铭。铭曰：

□□摄山□□□，□□□□山嶙峋。山有寺、寺有庵，庵中之人归一龛。庵庚庚、人京京，和尚自言如铺兵。檄旁午、兵独苦，十二时中摩诃耶。大家团圆转眼别，□□□□□□□。原是一头水牯牛。

赐进士出身、奉直大夫、右春坊、□□□□、翰林院侍讲、知制诰起居注乌程□□□撰文。

将仕佐郎、福建福州府府幕庐陵欧阳序篆额。

东吴王任公书丹。

赐进士第、南京工部尚书、□□□□□□立石。

法嗣性通偕诸法眷等立塔。

录自《南京栖霞区历代碑刻集成——贞石》

定照庵记碑 位于乾隆行宫遗址小营盘东南约700米山麓下，紧靠大明赐紫素庵节法师塔铭碑。碑宽81厘米，高174厘米，碑座高22厘米，碑厚20厘米，阴刻楷书，共20行，满行50字，字迹清晰，字体秀美，除数字漫漶外，其余全能识读。碑文简要介绍定照庵建造原委。明征君舍宅后，法度、法绍居寺，禅风并盛，被称为北山二圣，衣钵传承。千百年来寺庵毁建相继，但上乘的不多见。素庵法师应邀到栖霞登坛说法，后僧众念其春秋已高，于栖霞山腹地深处、清流树茂之地，面对钟山，背对崎岖山路，建造定照庵。庵为三间带两个廊屋的规模，如敬（素庵法师的弟子）为首座，建成后，如敬请官员廖希元作《定照庵记》，文中还对取庵名“定照”进行解释。兵部右侍郎闽中（今福建省福州市）人石应岳篆额，前两京兵刑尚书郎古娄（今江苏省太仓市）人管志道书，南京都察院右都御史漳浦（今福建省漳州市）人朱天球立石，吴郡（今江苏省苏州市）人沈幼文刻。在关于栖霞寺佛教文化的山志、寺志中，皆无此塔铭碑文的记录。

延伸阅读：廖希元《定照庵记》

□□□法度禅师受明征君舍宅居栖霞。当其时，巴西法绍同居于寺，而禅风并盛，人称为北山二圣。嗣是栖霞传二公衣钵，千有余年间，代不乏人。然寂慧圆通，不生不灭，超然上乘者，则不多见。嘉、隆间有素庵禅师，生于楚之襄郡，早授法京师，来游白下，而白下咸崇事之，如殷宗伯、邢太史诸缙绅，咸欲其留锡演教；而觉义、兴善，住持清柏遂请卓锡于栖霞。登坛说法，天人清听，而远近庄严缁流若干人，环闻顶礼，为之焚香洗钵，执弟子以终。□□他建刹诸名胜分演师教，又无虑数十百众。念师之春秋高也，共卜一奥区，面钟山而背屿岖，俯清流而荫茂树，地可庵也，遂为楹三，为庑二。敛财争输而鸠力恐后，无非欲以是庵奉师，而且以世世祠之也。庵成，题曰“定照”。首座如敬辈因请记于予，予亦尝受老师教，安敢以不文辞哉?《传》曰：“太宇定而天光发。”庵之以定照名也，盖谓师之戒而定，定而慧，而照即慧之光欤？夫定为照体，照为定用，即定之时照在定，即照之时定在照，定而无定，照而无照，用即是体，体即是用。三世诸佛称自在光明如是如是，八万四千尘劳，往往惟自缚其心，斯性无从而见也，奚其定？奚其照？素师戒行严密，一居栖霞，真有以振法度、法绍二禅师之响，而能降伏其心者。假令后数百年而入定，又假令数百年而出定，其入也以照入，其出也以照出，一出一入，无碍无障，其庶几乎慧照自如者乎！且也照之为义即灯也，一灯朗然，而千百枝之灯由斯而照；徒子徒孙皆承素庵老祖衣钵，而上继夫北山二圣之心传，殆所谓传灯也。则是庵之建，不惟能祠，而且能传，旨哉其立言也，予故为之记。

赐进士第、中宪大夫、奉敕整饬威清等处兵备、兼分巡安平道、贵州提刑按察司副使、前南京刑部尚书郎楚蓝山廖希元顿首拜撰。

赐进士第、通议大夫、资治尹、户部右侍郎、前奉敕提督操江、南京都察院右副都御史、兵部右侍郎闽中石应岳篆。

赐进士出身、奉政大夫、两奉敕佥广东、湖广兵巡宪事、前两京兵刑部尚书郎古娄管志道书。

赐进士第、资善大夫、南京都察院右都御史漳浦朱天球立石。

万历壬辰三月之吉，吴郡沈幼文刻。

录自《南京栖霞区历代碑刻集成——贞石》

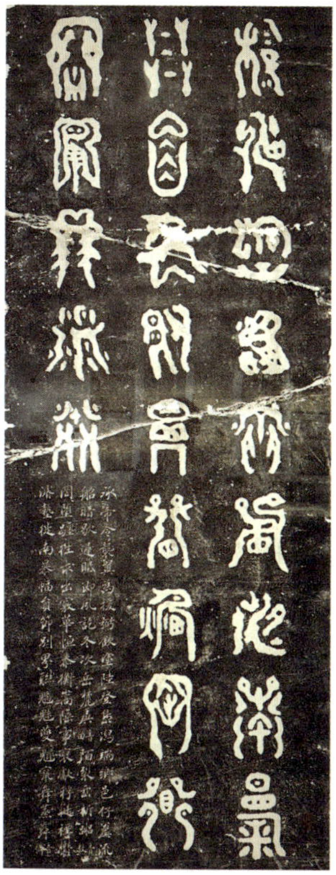

禹王碑拓片

（南京大学图书馆藏）

禹王碑　禹王碑，一名岣嵝碑，原刻于南岳衡山的岣嵝峰（祝融峰），故名。栖霞山的禹王碑原址于天开岩附近，系明代万历年间吏部左侍郎杨时乔根据禹王碑拓片而刻制，落成于万历三十二年（1604）。碑群6块，其中，禹王碑3块，镌刻古蝌蚪文，碑文共77字；“释禹碑文”碑3块，下款“万历三十二年二月既望寓栖霞山中信州杨时乔识”，其下另有名录：“马烨如校，范允临书，谭继统、戴尚志、张斯盛、徐大用、陈瑛、刘洪谟、吕胤昌、洪文衡、徐绍曾、洪佐圣、王尚宾、赵良相仝立”。禹碑碑文为：承帝令袭翼为援弼钦涂陆登岛泻端乡邑仔蘼流船暗歇迟眠即夙讫冬次岳麓虞陌裂岍析嵎罔堕躔往求出穷华恒泰衡嵩陲事哀献稃挺禋郁浚垫徙南暴幅员节别界联魑魅夔魈窜舞蒸猝。原碑毁于“文化大革命”时期，另有民国时期禹王碑第三块碑拓片和“释禹碑文”第二块碑及第三块碑拓片存世。现存栖霞山禹王碑拓片上，有古篆文23字，分成三列，自右至左第一列、第二列为9个字，第三列为5个字。在下款处，则题有四列楷书文字“承帝令袭为援弼钦……”由此可以断定，这正是禹王碑碑文的第三块碑，而碑末附的楷书文字则是禹王碑释文。根据《南京栖霞山贞石录》所载禹王碑残片的拓片图，结合所见禹王碑拓片分析，前两块禹王碑上的文字，应该是按照三列九行排列的，每块碑上计有文字27个左右，三块碑合计为77字。今所见禹王碑为1998年，栖霞山管理处仿原碑在天开岩原址重建。

延伸阅读：杨时乔《释禹碑文》

□□兹名山大川，凡洪涨处，为木石所壅遏，郁未舒者，皆疏导之；岩石坠下，垫未平者，皆徙去之。即《书》“万邦作乂”者。此后，凡南方日照明盛之地，风声、文命、政令皆暨以车輹转运，财赋达于帝都，即《书》“六府孔修”。庶土交正底慎财赋，咸则三壤成赋，中邦五百里，甸、侯、绥、要、荒五服，所谓因地制宜，明经理以通贡道者也。又节制割辨，分为经界，合而疆联，即《书》“弼成五服”。至于五千州，十有二师，外薄四海，咸建五长，所谓辨方正位，定疆域以奠民居者也。尚以衡山外，素称“鬼方”，火金怪为魑，草木怪为魍，土石怪为夔，山泽怪为魈。凡能为氛祲、为灾害、为妖幻者，皆驱逐之，其形逃匿，一参一差，相比而远去潜销之，其火蜉蝣，倏发倏熄，销灭而至尽。无复为民物患，则荒榛幽暗之地尽辟，即《书》“山川鬼神亦莫不宁，鸟兽鱼鳖咸若，地平天成”者是也。尝八年于外，三过其门而不入，今将玄圭告成之时，书此碑以纪成功，以镇鬼怪，即《书》“南暨吴越”，《春秋》所谓“安山治水”之纪是也。又古圣人为文皆韵，碑七十七字，凡二段，首段五句，前二句，句四字，后三句，句三字，以“袭、弼、陆、泻、邑”为韵，五仄声。次段自“仔麄”至末，十五句，句四字，以“船、眠、虔、躔、衡、禋、员、联、彝”为韵，九平声。所谓声为律，律即韵，韵即歌，歌即《书》：“九功惟叙、九叙惟歌，劝之以九歌，俾勿坏”者是也。大旨即《书》儆戒无虞，无若丹朱傲。予思，曰：“孜孜六府三事允治”诸章同意，乃书存，此独未录，今读之，则遵君命，盖父愆，敬天享神，安民阜物，锡贡奠居，除怪开荒，华美咸归一统，而兢业儆戒，忧勤惕励之心，保治图安之政，无一念一刻不在于民，乃若文词精卓，声调和谐，叙事丰赡，即《书》“懋德嘉绩、昌言，汝惟不矜不伐，天下莫与争功争能”者，可概见焉。万古思禹功者，睹河洛，又观此碑，乃知古帝王御世平治艰难，后世愿治之君，志学之士，时为诵读，为箴规，不得以山水游玩赏乐文词字画参视之焉，即所裨于治学者巨也。

大禹于南岳衡山书此碑文，则叙治水功□，字则自伏羲画卦为文，仓颉以文制字，为六书。唐虞夏周并用，名为古篆。史籀增益古篆，名为大篆。李斯小篆、程邈隶、王次仲八分作而古篆微，唐卫包楷书作而古篆绝，即汉许慎□去古未远，亦多用小篆、隶。

唐后纯以碑语，即《书》“典谟经书”备列者，承即祇承，帝即帝舜，令即□“禹作司空，平水土”,《孟子》“使治衮重续沿代”意，即鲧陻洪水，禹乃嗣兴，以子代父之事，翼即汝翼，为即汝为，援即拯溺，弼即汝弼，钦即钦哉，涂川上路，陆地中道，登跻望意，岛海中山墩，潟海边卤地，端发始处，民聚为乡，合乡为邑。仔夜半子时庇资。次流顺水。船合舟，暗日落昏时。歇憩息迟。暮夜过期。眠暂寐，即作急。夙岁早。讫既至。冬岁终。次旅寓。岳南岳。麓山，足。虞住足地。陌大白泽。裂敝壊。岍高平冈析。分断踋高声叫，罔无之堕坠怠。躔日行晷刻。往，胼手胝足行。求图谋。出去乎此。穷巢营通明处。华西岳，恒北岳，泰东岳，衡南岳，嵩中岳。陲尽境。衰完成。献奉享。稃谷粟实去皮。挺恭捧。禋祭告。郁木石壅遏。浚疏导。垫崖岩坠下，徙移去。南南方。即南暨。暴日照明盛。幅以车载，员转运财赋。节裁制。别割辨，界分域。联共壤。魑金火怪；魅草木怪；夔独目土石怪；魈独足山泽怪，窜驱逐之，舞怪形逃匿、一参一差皆远去。蒸煎销之，彝怪火蜉蝣，倏发倏熄至灭尽也。

大禹言承帝舜令，衮父鲧治水之任，汝翼汝为，汝援汝弼，于时钦哉，首于起涂行陆、以冀州帝都当先者，登海中山岛、海沿卤潟，荒度其治之之事，其序发始于一乡，既而各邑，即《书》“敷土随山刊木，奠高山大川”者。以一日言，日初子刻，资次顺流之船，即《书》“乘四载”者，日落昏刻乃暮，暮夜过期乃眠。以一岁言，作速于早岁，竟业于岁终，即《书》“娶于涂山，辛壬癸甲，启呱呱而泣，予弗子”者。以四方言。次南岳山麓而止住，得其山水南北条境导之，则见大白泽倾坏，高平岗崩析，即《书》“汤汤洪水方割，荡荡怀山襄陵，浩浩滔天水逆行，氾滥于中国，蛇龙居之，民无所定者。民被患害，群声大叫，即《书》“下民昏垫、下民其咨”者，下者即地阜为巢，上者即山巅为营，苟有通明处栖寓焉，将以为民除此患，胼手胝足而往为图谋，去乎穷。总自西岳华山，北岳恒山，东岳泰山，南岳衡山，中岳嵩山，周遭尽处，无一不到，平治事始用集成，即《孟子》掘地注之海，驱蛇龙放之菹，水由地中行，险阻既远，鸟兽害人者消，然后人得平土，而居中国可得而食者，于是为鼎鬲，以民间耕种所得谷粟，去皮取实，恭捧祭告，报成于上帝，即《书》“暨益奏庶鲜食，稷奏庶艰食鲜食，懋迁有无，化居，烝民乃粒”。

楷□遂令上下古今数千年，求古篆者□，有此碑存略载于《吴越春秋》外，史传稗官家籍记，秦汉魏并存，唐初鲜见。《衡山志》仅曰：“刻岣嵝峰”，又曰：“刻云密峰”。唐韩子昌黎、刘子梦得、宋朱子晦庵、张子南轩，皆访求不得，见于诗纪。宋嘉定壬申，何致子一游南岳，至祝融峰下，樵夫引径隐真屏，三度小涧乃达碑所，得古篆七十七字，碎历纸摹之，一留自玩，一献曹转运彦约，一刻夔门观中及岳麓书院后石上，后渐湮。嘉靖甲午，长沙潘郡守镒得于岳麓小山草莽中，始拓传之登梓，沈文学镃、杨太史慎、王文学佐，相继释之。湛太史若水，以沈、杨释刻于南都，管宪使大勋复刻于岳麓书院，于是盛传。今历以诸所传者考之，当何致子初出时，摹拟，未必一一皆如古，其后石、笔镌模日久，未必皆如初，苟丝毫不同，即非古矣。又以人方尚楷，皆以小篆、隶为古文，楷为今文，于此古篆既不知即不好，皆将视之为图画形像而已，所以屡出屡湮，今虽存而凋剥糊涂，不出数年，将鲜存，与往时同。重韩、刘、朱、张诸公求而不得之叹，即或有存，或非古，亦与不存同。嘉靖庚子，先人得潘刻，以《六书说》诸书校得“南、暴、幅、负、魑、魅、夔、魈、窜、舞、蒸、粦”一十二字，释之曰：“帝都北方，衡山南境荒服，素不通贡，且称鬼方，幽冥之地，鬼怪出没，今平治功成，始得入贡，又作此以镇山灵，屏诸怪，开南荒、将土地尽辟，所谓御魑魅魍魉，以宁干止者也。”适有郡公闻之曰：“予乡人家，夜有鬼声，尝得此一幅挂之前堂，其夜寂然，盖其验也。”或谓：“大禹称神，即一碑之神护鬼消，经历坏不绝，乃庐山亦有禹碑，或见或没，尚在其山，不得与此碑并传于世，未知何年出诸灵谷，亦千古大快。”乔愚陋，敬于先人所考正一十二字外，重以古篆诸书校碑字，一一皆在，谨于碑语后以楷书注之，又详发其所传由来颠末于此，适值水部诸君博雅，烦范君书之，马君、洪君、徐君、陈君刻之栖霞山天开岩，□文寄重刻岳麓书院旧所，俾后世知上世帝王古篆独有此，为天地间文字第一篇，当并经书传焉。

万历三十二年二月既望，寓栖霞山中信州杨时乔识。

马烨如校，范允临书，谭继统、戴尚志、张斯盛、徐大用、陈瑛、刘洪谟、吕胤昌、洪文衡、徐绍曾、洪佐圣、王尚宾、赵良相同立。

录自《南京栖霞区历代碑刻集成——贞石》

新立江总碑　新立江总碑位于栖霞寺弥勒殿左侧，明征君碑南侧，2014年新立，为宋代江总碑复制品，碑亭也为复建。碑额文字为中国书法家协会副主席言恭达所撰，碑文由江阴人吴德源书写。江总碑最早立于陈代祯明二年（588），碑文记述南齐永明年间，明僧绍舍宅为寺及齐梁期间开凿千佛崖的故事和传说，与明征君碑中所记述的内容基本相同。经文物专家考证，江总碑是我国现存唯一的南朝陈代碑刻。历史上江总碑历经磨难。唐代会昌年间，武宗下令尽毁国内佛寺、佛像，江总碑被损毁。宋代康定元年（1040）三月，栖霞禅寺主僧契先购石，依照样本书写碑文，于康定元年三月十七日，竖一块新江总碑。但这块碑，又毁于清代咸丰年间的一场战火。据方若《校碑随笔》载，“江总残碑，在江苏上元，为清光绪十七年九月，江宁陈氏于千佛崖获之，刻题记于石之空方，行书，引唐苗发诗句：‘若到西（编者注：应为“棲”之误）霞寺，应看江总碑’”。2002年，南京市博物馆在对千佛崖三圣殿前作考古勘探时，发现一块残碑。经鉴定，此碑为江总碑原碑。（江总事迹详见“寓贤”一目）

乾隆诗碑群

丁丑首夏《游栖霞山》诗碑　位于原律学院东厢内墙壁上，碑长0.87米，宽0.3米，青石质，行书，为清乾隆二十二年（1757），清乾隆帝第二次南巡驻跸栖霞行宫时所书。

《游摄山栖霞寺用尹继善沈德潜倡和韵》诗碑　长2.18米，宽0.7米，灰岩材质，碑内容由六首五言诗组成，落款为“乾隆丁丑首夏游摄山栖霞寺用尹继善偕沈德潜倡和韵即书以赐之”。碑文计50行，每行12字，为乾隆二十二年（1757），清乾隆帝第二次南巡驻跸栖霞行宫时所书。

丁丑题《玉冠峰》诗碑　位于原律学院东厢内墙壁上，为清乾隆二十二年，

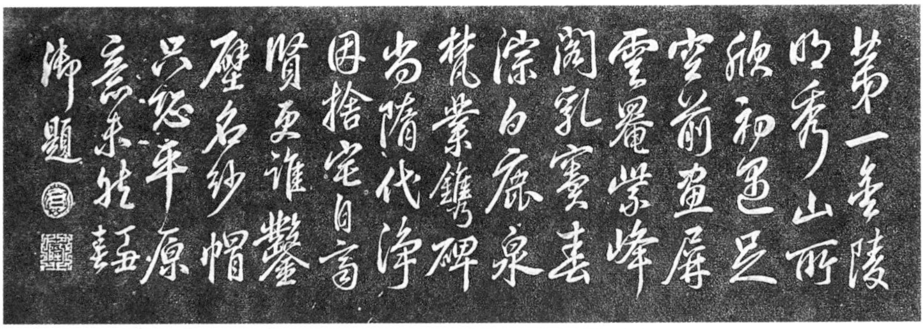

清乾隆帝御题《游栖霞山》诗碑　　（栖霞寺藏）

乾隆帝第二次南巡驻跸栖霞行宫时所书。

《玲峰池》诗碑　长约65厘米，宽约60厘米，厚约15厘米。最左侧落款为“壬午暮御题”，下方还有两枚印章，分别是篆书“乾隆宸翰”和“惟精惟一”。“壬午”为乾隆二十七年（1762）。此碑出土于玲峰池附近，诗碑现存。

《叠浪崖》诗残碑　位于原律学院东厢内墙壁上，乾隆二十七年所书。

《白乳泉用皇甫冉陆鸿渐栖霞寺采茶诗韵》碑　位于试茶亭，为乾隆四十五年（1780），清乾隆帝第三次南巡时所书。

彩虹明镜碑　该碑位于彩虹明镜湖岸，1992年立。碑面“彩虹明镜”四字由尉天池题，碑阴《复建明镜湖碑记》，额篆书，内容繁体正书，无标点。

延伸阅读：《复建明镜湖碑记》

南京摄山栖霞禅寺建于南齐建元永明年间，自隋唐至清末民初，千数百年间，几经兴废，乾隆五次南巡到此，誉为第一金陵明秀山，寺前有湖，曰：明镜，上架曲桥，似彩虹。山林古寺，倒影湖中，溪声山色，美不胜收。伫立桥亭俗虑尽涤，一九八一年六月，桥断水枯，佳景消失，经科学查证，为岩溶区小规模缓慢型土洞塌陷，一九九零年十一月，经南京市人民政府批准，在原址复建，成立修复委员会以董其事，承海内外缁素大德与友邻厂矿鼎力捐助，于一九九一年九月动工，历七个月，彩虹明镜再展新容，实为庄严国土，利乐有情之殊胜，因缘也，现将功德芳名勒石以记，永昭盛德。

珍珠泉碑　珍珠泉碑由明代邢侍讲及大司马翁大立同立，原嵌于珍珠泉旁石壁上，后泉水干涸，唯“珍珠泉”三字碑刻尚存，现已由桃花涧侧中国佛学院栖霞山分院北门处移至桃花湖旁。

白鹿泉碑 白鹿泉碑，于明嘉靖四十年（1561）五月，由月凤郡（今江苏省盱眙县）秀岩道人李言恭撰。1940年《新东方》之《栖霞风景线》载：“在该泉石壁上，嵌有明李言恭篆书‘白鹿泉’三字，书法甚佳。”据1948年11月出版的《旅行杂志》中《秋栖霞》一文载：“在山的半腰，乱草丛中，有一石碑，标曰：‘白鹿泉’。”拓片照片存世。2014年，在乾隆行宫遗址中峰涧旁发现残碑，存“白鹿泉”的“泉”字半边及落款。“泉”字隶书。落款正书，竖写，自左至右共三列，第一列9字，为“大明嘉靖四十年五月”；第二列7字，为“月凤郡秀岩道人”；第三列5字，为“李言恭立石”。镌印三方，第一方4字，漫漶不清；第二方6字，“柱国临淮□□”；第三方4字，“南畿留□”。在落款左侧另有题字一通，仅识其中数字“万历□□□□□□于此养口鸡”。残石现存。

金陵摄山栖霞寺补塑佛像记碑 该碑位于原律学院东厢墙壁上，该碑为明隆庆四年（1570）春三月立，上浣天界寺沙门定椿漫书。

七佛偈碑 该碑位于律学院东厢内墙壁上，明万历丙子年（1576）立。

圆通精舍残碑 该碑为明万历六年（1578）八月立，吴郡（今江苏省苏州市）周天球书，赐进士第翰林侍讲太常少卿浚仪（今河南省开封市）邢一凤篆。中华人民共和国成立初期，碑被发现倒于地，碑身断为二截，无碑额。碑文行书17行，边刻缠枝。碑高199厘米，宽97厘米，厚17厘米。现存。

素庵师述碑 该碑位于原圆通禅院遗址处，为明万历六年（1578）立，周天球书。

栖霞寺二首碑 该碑位于千佛崖佛龛内，为明万历十年（1582）秋日立，秀岩山人李言恭书。

登栖霞山诗碑 该碑镶于三圣殿外侧墙壁，明白岩山人乔宇题。

栖霞寺诗碑 该碑镶于三圣殿外侧墙壁，明祝世禄题。

游摄山栖霞寺碑 该碑位于千佛崖佛龛内，为明万历十年（1582）秋日立，盱眙葵岳山人李宗城书。

续临济正宗派碑 该碑位于圆通精舍旧址，为明万历十二年（1584）立，吴郡（今江苏省苏州市）周天球书。

重建圆通精舍灵应圣殿记碑 该碑为明万历十九年（1591）立，现存碑额、残碑和碑座。碑额宽90厘米，高60厘米，厚23厘米，阳面中间位置镌刻“重建圆通精舍灵应圣殿记”，周边刻有在祥云中飞舞的仙鹤三只，阴面中间镌刻“部府帖文”文字，周边以及碑额的侧面也镌刻祥云图案。碑文为“明资善大夫、南京刑部尚书、弇州居士王世贞撰，嘉仪大夫、南京礼部右侍郎、前国子监祭酒、翰林学士、侍读赵用贤书，资善大夫、南京礼部尚书、前翰林学士琼堂王弘海篆，晋荣禄大夫、南京刑部尚书、前两京大理寺卿钱邦彦立石，章藻刻”。碑额篆文11字，共3行。碑文19行。碑身原高185厘米，宽88厘米，厚25厘米。2012年11月，该碑被发现。

栖霞圆通精舍募资长生田碑 该碑位于圆通精舍旧址，为明万历二十四年（1596）秋八月吉旦立，袁黄撰文，冯梦祯书。碑高172厘米，宽83厘米，厚21厘米。无碑额，边刻云纹。

北京司礼监文书房太监潘朝用重修佛一龛碑 该碑位于纱帽峰一佛龛内，为明万历二十七年佛成道日（1599年12月8日）立。

万历庚子重修佛像记碑 该碑位于千佛崖石窟中，明万历二十八年（1600）立。

信官董保李朝共发心修佛壹龛碑 该碑位于纱帽峰石窟中，为明万历二十八年（1600）夏日立。

信士客养心同男客廷秀修佛二龛碑 该碑位于纱帽峰石窟中，为明万历二十八年（1600）夏日立。

摄山栖霞寺重修石佛记 该碑位于千佛崖石窟中，为明万历二十八年（1600）立。碑文为:“摄山栖霞寺重修石佛记，栖霞寺六朝崇尚，累代名刹，明征君始凿石像，隋文帝又建浮图，国中四绝，此其一也。然以岁月弥深，而不无残断，钦差直隶、仪征等处地方，抽税御马监、右少监暨禄不惜金宝，贵植净因，庄严既讫，而纪事入石，又讵得为靡耶？夫佛者，觉也。盖不离凡夫，日用二六时中觉知之性，而凡夫果于日用之间、动静之际，悟此性觉性本来是佛，则凡圣兴衰，悉皆如梦，是为记。旨万历庚子仲春之吉，太白比丘然定漫书。”

万历三十年立石碑 该碑位于纱帽峰石窟中，为明万历三十年（1602）立。碑文为“南京内官监左监丞信官李□发心重修佛壹龛祈保如意福齐所归□万历三十年吉旦立石”。

栖霞寺修造记碑　该碑位于无量殿前左侧，明万历三十四年（1606）春日立。坐东面西，通高3.95米。碑文记述栖霞寺住持明通在“三空法师”僧定与中贵人客仲的襄助筹划下，由殷迈等三君出资，对大雄宝殿、天王殿、藏经楼等进行历时七年大规模修建的经过。焦竑撰写碑文，全碑680字，分列19行，满行51字。碑文落款为“赐进士及第翰林院修撰儒林郎直起居注纂修国史东宫日讲官琅琊焦竑撰”。碑额“栖霞寺修造记”六篆字为楚黄（今湖北省黄冈市）耿定力书丹，全碑由上元（今江苏省南京市）朱时修刻镌。碑文被誉为继江总碑后栖霞寺又一重要历史文献。

延伸阅读：焦竑《栖霞寺修造记》

金陵名蓝三：牛首以山名，弘济以水名，兼山水之胜者，莫如栖霞。古高人胜流，率栖迹于此。自明僧绍、扈谦、徐铉以来，湮灭而亡称意者。江山虽在，而昔贤往矣。幽敻寂廖，殆有郁而未发者耶？嘉靖中，殷公迈、万公表、陆公光祖，联辔而至，爱其山深木茂，泉甘而石峻，于学道者为宜，于是迎禅师法会居焉。时复得兴善者相之，都人士各出其力，成就废阙，居民亦稍以侵地来献，迨今四十载。会既化去，施者不至，岩石草木，为之索然。顷释僧定以道价倾一时，睹像宇圮坏，拟为兴复，意之所至，不督而集，中常侍暨公禄、刘公海、党公存仁、客公仲等，争以檀施归之，而王公寿综理加毖，首于千佛岭三圣殿，大为贲饰。工未竣也，会客公仲者卧疾，梦神僧拊摩，宿屙如脱，问其自，曰摄山。客心异之，入寺寻访，感诸缘会，应如决川。故三殿曰大雄、曰天王、曰藏经，力任修葺，以伽蓝、祖师二殿翼之，沿故鼎新，因毁成妍。于是高甍霱以云属，真仪揭其日丽，荒榛灌莽之门，丹垩炳焕，即天帝释宫不如也。闻者以为胜，无贵贱皆往观焉。或谓真心本寂，色相假名，奚以是区区者为？余惟心无不在，巨而大地，细而微尘，皆是也。辟诸群木，生气充足，枝条花叶，长短纤秾，无所不可。辟诸百川，原委有自，江河洲渚，流徙转输，无所不到，岂可妄生取舍，执輐断为上乘，谓造作非佛事哉？故下士滞有而迷空，中士著空而疾有，孰如凭相寄怀，因敬生悟，庶几若丧而得大归也。况兹山岩泉，含绝世之美，自是结构庄严，与弘济、牛头，相映发于江表，诸君子之功大矣。余自罢归，累憩于斯，寻征君、散骑之迹，洒然而乐之。新旧住持请次其事于石。嗟夫！士之怀琬琰而就煨尘者，其有待于人，岂不犹此山哉。是又可临风而一慨也。是为记。

万历丙午春日

赐进士及第翰林院修撰、儒林郎、直起居注纂修、国史东宫日讲官琅琊焦竑撰。

赐进士出身、正议大夫、资治尹、南京都察院右副都御史、奉敕提督操江、兼管巡江、前左右通政、太常少卿楚黄耿定力篆额。

莆中后学黄□翱书丹，上元朱时修镌。

录自《南京栖霞区历代碑刻集成——贞石》

重修栖霞寺记碑 该碑位于无量殿前右侧，明万历三十四年（1606）暮春立。坐西面东，通高 4.03 米。豫章（今江西省南昌市）祝世禄撰写碑文，莆中（今福建省莆田市）后学黄□翱书丹，吉水（今江西省吉安市）曾同亨篆额，上元（今江苏省南京市）朱时修刻镌。碑文 831 字，分列 21 行，满行 55 字。碑文记述客仲等四太监合力出巨资并募捐，与工匠头王寿齐心协力、一佛一龛修缮，历时七年竣工之事。

延伸阅读：重修栖霞寺记

金陵栖霞寺，在摄山之阳，去城四十五里，为南齐明僧绍舍宅之处也，详在志中。山从钟阜蜿蜒而北，江水环之，其中岩壑秀映，泉洞交错，静室精蓝，因山隐显，实金陵第一名胜也。历劫来，如齐明仲璋凿石为无量佛，齐文惠太子与诸王凿千佛岭，隋文帝为石塔而竖两石佛导之，皆极精丽，屹然至今存者；唐、宋间寺额累更，而规制不废。迨我国朝，仍旧额也。成化间，以有司借税寺田，而僧之逋逃者众，田亦为豪所侵，寺几丘墟也。嘉靖庚戌，住持兴善刻意恢复，而法会和尚以心力提奖之，得归其侵产寺租，有结构逾年而梵刹之大都具矣。万历丙申，余视留垣，数数憩此，而儿辈亦读书其中，余始为疏修定慧禅堂。堂成，越岁己亥，三空法师僧定者自关西来访，寺衲明通师，解行双修，机缘多耦，见千佛岭剥落殆尽，无复相好，遂与明通谋庄严之，而中贵人客君仲乞诸当事者二三公，合金为助，一佛一龛，栉比于巘岫之中者，金碧辉映，山亦生色。

客君短衣徒跣，冒风雪，披星霜，往来栖霞道中，躬自荷锸畚土，引绳迭石，与工师共拮据之，等心循乞，无不响应。而侪伍中王寿者，亦齐心矢力，竭蹶昏朝，自庚子至丙午，历七载而落成之，曰山门、曰天王殿、曰大雄殿、西侧曰祖师殿、东侧曰伽蓝殿，皆稍有其基而鼎新之者也。曰藏经殿、曰韦驮殿、曰接引殿、以塔前石佛突立风雨中而覆之栋宇也；曰三圣殿，则因无量石佛旧凿山为宇而复裁石甃之也，殿前缭以石垣，延袤如城郭，题曰“净土干城”；曰地藏殿，以住僧司焚修而延定公主之。山之巅曰碧霞元君殿，凡皆无基而首创之者也。山门左有隙地四十亩，属民马草场者，升科于上元，以赀垦之为地藏殿。岁赀工成，而新旧住持董其事，引领大众，绕佛三匝，叹未曾有。至于林风钟鼓，江夜潮音，山月传灯，仙禽说偈，此无量法宝，又在璀璨辉煌之外矣。住持时丐余言以为记。余乃辗然曰：此一栖霞也，齐、梁初造，唐、宋递兴，现成坏相，僧绍安存？后游接踵，现去来相。凡此皆法之不住者耳。山中大善知识能得常住于不住之中，则一毛端现宝王刹，可历劫而不坏也，又安问记耶？是为记。

万历丙午莫春之吉，

赐进士第、南京尚宝司卿、前南京吏科给事中豫章祝世禄撰。

赐进士出身、资德大夫、正治上卿、太子少保、南京吏部尚书、前工部尚书吉水曾同亨篆额。

莆中后学黄霍翱书丹，上元朱时修镌。

录自《南京市栖霞区历代碑刻集成——贞石》

白鹿泉供观音大士石像记碑　该碑位于白鹿泉。碑文为行书，共28行，每行满12字，由明万历年间僧定撰文、书丹，碑文大多清晰可辨。

丁宾残碑　该碑为明万历年间立。丁宾撰文，姜士望书丹，黄之俊篆额。丁宾，浙江嘉善县人，进士，明万历四年（1576）任句容县知县；黄之俊，明万历十四年（1586）丙戌科进士。现存。

新建地藏记碑　该碑位于律学院外东厢后墙，明崇祯元年（1628）孟冬吉旦，成方、刘光济、李科、贺贵、段进忠同立，上元（今江苏省南京市）人朱裕镌。碑文不详。

康熙禁约碑　该碑位于律学院东厢内墙壁上，清康熙六十一年（1722）五月立。文字为“总督部院常大老爷永行禁止凿伐摄山周回界内石岩”。碑高 210 厘米，宽 96 厘米，座高 62 厘米，宽 113 ~ 106 厘米。

雍正禁约碑 该碑原位于弥勒殿之北僧舍院内，清雍正十二年（1734）立。文字为“尊奉总督部院查大老爷批示，自姚坊门东北一带凡属摄山支脉概行永禁凿石”。

重修摄山千佛崖大石佛记碑 该碑为清乾隆时期立，汪廷璋撰并书。现存。

袁枚跋文碑 该碑位于原律学院东厢内墙壁上，清乾隆五十四年（1789）立。文字为“呜呼！此乾隆戊寅十月，二痴黄君所栖霞卷子也，其年秋，两江制府尹文端公薨，游栖霞余追陪后乘，彼□□诗，广征群作。忽忽四十余年矣。己酉闰五，扬州小坡居士，携图见访，方知文端公薨后，图归六公子以村收藏，小坡受业于似村，遂以相赠，今似村人亡，卷中诗人亦无一个在者，惟余□然尚存，重加披览，如羊叔子觅得前世金□□，武陵渔人，再入桃源花洞，且喜且悲，应思鸿爪雪泥，两番印证谈何容易，而绝妙丹青，为小坡诗人，寻得，亦文端公在天之灵，所为欣然者也。二痴画成时，吟得意之至，竟忘落款，非余在侧，谁亲见其挥毫洒墨时哉，二痴名玖，常州人，随园老人袁枚跋，时年七十有四”。

嘉庆禁约碑 该碑原位于彩虹明镜左侧土埂处，清嘉庆二年（1797）五月立，文字为“奉宪永禁盗采山石”。《栖霞区志》录《1958 年栖霞区文物普查简报》有记载，今位置不详。

重建栖霞寺弥勒殿乐助姓名碑 有碑二通，原位于弥勒殿之北僧舍院内，1918—1919 年立。《栖霞区志》录《1958 年栖霞区文物普查简报》有记载，今情况不详。

重新栖霞山佛像记碑 该碑位于原栖霞山佛学院大门外左侧，1931 年 4 月 8 日立。碑文记述，1928 年日本人柏木蜀江游栖霞山时，“请”石佛首三尊，归国供奉于东京市桥町家中。佛首经常显灵，托梦要回栖霞山。柏木蜀江十分惊恐，又恋恋不舍，1929 年 10 月去世前，才命家人将三尊佛首邮寄到栖霞寺，托寺僧供奉原处。碑上文字为“敕邮送山中敦托寺僧复供原处”，原处即栖霞寺。碑通高 3.2 米，碑文 326 字，分列 14 行，满行 30 字，由闽侯（今福建省福州市）林翔撰写，杨树庄书丹。1958 年，南京市文物普查时，在律学院门外发现此碑，文物工作者拓碑存档。寺僧为保存此碑，用水泥砂浆涂抹碑面，并在表面做成青砖式样，以遮人眼目。

重新栖霞山观世音菩萨像记碑　该碑位于原栖霞山佛学院大门外右侧，1931年4月8日立。碑文记述，1921年日本东京化学家益田玉成游栖霞寺，“请”观世音菩萨面像回国供奉。三年后，日本东京发生大地震，江户雄都百户房屋化为灰烬，其四邻都罹难，唯独益田玉成一家安然无恙。菩萨托梦要回栖霞山，益田玉成委托其友铃木增太郎带领男女佛教众信徒，簇拥菩萨面像，携带香烛，乘军舰达南京下关码头，登岸直抵栖霞寺。寂然法师迎归菩萨面像，热情接待日本佛教众信徒。碑通高3.05米，碑文407字，分列16行，满行33字。闽侯（今福建省福州市）林翔撰文，林森书丹。

保国庵住持修慧施田记碑　该碑位于律学院东厢内墙壁上，1939年9月，僧卓成、寂然等立。2000年被发现，2014年10月清除碑身石灰，能见部分文字。

延伸阅读：保国庵住持修慧施田记碑

立赠兴文人，南京保国庵住持修慧。兹因摄山栖霞寺住持卓成、监院寂然，发扬佛法，创办律学院，深以基金短缺为虑，修慧钦慕善举，并觉开办律学院，要以基金为主，实不应县，爰将生平辛勤积于民国十三年间，以慧净堂名义，购置庄田地等一业，坐落江宁县第一区骆家渡小庄头村，记田九十八共二百六十六亩七分，水塘十一口，熟地二十余亩，及庄基地稻场等，甘愿凭证，赠与摄山栖霞寺律学院为业，当经协议，决定所赠之产，而充律学院基金，永不收回，永为该院享有使用，收益不得变更，或移作他用，尤不容任何人侵害，后无凭，立此存证。

附注

中华民国二十八年九月吉日

寂然上人碑　该碑由两块碑石组成，原藏藏经楼内，现并列嵌置在寺内祖堂西侧的退居寮墙体上。1940年立。右碑高0.47米，左碑高0.44米，碑宽共2.83米，碑文共804字，分列74行，满行11字。释仁山撰文，□□□书丹。2023年9月，被公布为南京市文物保护单位。

江亢虎诗碑　该碑为1942年立。文字为“摄山杂咏，江亢虎”。现存。

碑亭碑　该碑镶于《重修摄山栖霞寺记》碑亭西壁。“碑亭”二字由栖霞寺住持真慈题，无年月。

千秋功德　在水一方碑　该碑位于客堂前，2000年立。楷书竖刻，栖霞寺住持真慈书写，徐业海书丹。

清乾隆帝珍珠泉诗碑　该碑位于桃花湖。下款为“甲申之秋书于金陵爱莲居”。

重修天王殿记碑　该碑位于弥勒殿内，2004年，由栖霞寺执事会立。碑文为“重修天王殿记。盛世重修天王殿；檀信护法笑开颜。北京王静智慧眼；曼谷慧玲慈悲心。千佛名蓝天王殿历经兴废，一九一六年孙中山先生资助重建。中共三中全会（编者注：1978年12月，中共十一届三中全会）后略加修缮。而今已是梁摧椽朽，墙颓瓦碎，亟待重修，以昭诚敬。是年，执事会研究翻修，修旧如旧。欣遇北京王静居士引荐泰国曼谷实业家、爱国侨胞，虔诚佛教大护法邱慧玲女士发心襄施净资壹拾柒万元人民币，遂由苏州古建公司承建。竣工之日，轮奂庄严，弥勒佛微笑，韦陀菩萨威神感应，四大天王威凛胜于往日。宝殿重辉之际，志祝施主福慧日增，诸事顺意，祈常住兴隆，海众安和。愿风调雨顺，国泰民安！栖霞寺执事会同仁谨记二〇〇四年八月吉日”。据朱洁轩《栖霞山志》载，一九一九年孙中山先生资助重建。

重修栖霞寺地藏殿记碑　该碑为2009年立。下款文字为“已丑岁佛诞之辰栖霞寺住持隆相谨识，唐文秀书丹”。

栖霞寺兜率院重修记碑　该碑为2010年立。下款文字为“岁在庚寅仲秋之月，栖霞法宗识于春江，壬辰仲秋时节，后学佛弟子释普通敬书于金陵”。

栖霞寺崇光塔铭并序碑　该碑为2010年立。下款文字为“公元二〇一〇年岁在庚寅十月叶皓敬撰，洪岚拜书”。

有凌云意碑　该碑位于虎山观景台，2010年立。碑文为“有凌云意。庚寅年秋月金陵戴登科书”。

虎山庚寅岁秋月蔡知新书碑　该碑位于虎山观景台，2010年立。碑文为“虎山庚寅。岁秋月蔡知新书”。

重建栖霞摄山寺弥勒殿序碑　该碑位于弥勒殿之北僧舍院内，碑文为“乙未六月重建栖霞摄山寺弥勒殿序碑”。

台湾佛光山碑　该碑位于中国佛学院栖霞山分院内，碑文为“台湾佛光山”。

其余不详。

佛学院修造记碑　该碑位于中国佛学院栖霞山分院内。碑额文字为“佛学院修造记”。其余不详。

功德与佛同在碑　该碑位于中国佛学院栖霞山分院内，文字为“功德与佛同在。香港旭日集团”。其余不详。

圆通精舍记碑额　该碑额位于原律学院东厢内墙壁上，文字为“栖霞寺建圆通精舍记碑额”。其余不详。

栖霞山赋碑　栖霞山赋碑位于中峰南侧、中峰涧北侧道路旁，立于2016年。碑高3.2米，宽1.2米，厚0.25米。碑的正面为《栖霞山赋》全文，隶书，凡900余字，由南京大学文学院教授、中国辞赋学会会长许结撰文，中国书法家协会副主席言恭达书写。背面为《栖霞山赋碑记》，700余字，行楷，为江苏省书法院院长李啸所书。碑记记述《栖霞山赋碑》竖立的前后经过。

《栖霞山赋》全文见“诗文著作”一目。

因篇幅所限，碑刻不可尽述，余见表6。

栖霞山部分碑刻一览表

表6

序号	碑名	年代	备注
1	摄山栖霞寺碑	南朝梁	梁元帝书
2	高宗皇帝栖霞山亭记碑	唐	
3	唐栖霞寺金银铜佛像背记碑	唐景龙二年（708）	
4	大唐栖霞寺斋会记碑	唐大和五年（831）	
5	唐刘轲润州栖霞寺毗律师碑	唐	
6	栖霞寺钟文碑	唐天宝三年（744）	
7	栖霞山亭记碑	唐天宝十三年（754）	史翔撰，韩轸立
8	栖霞寺律大师碑	唐大历四年（769）	王如玭撰，澄观书
9	栖霞寺圣贤会记碑	唐大和五年（831）	善言撰，周士牟书
10	栖霞寺斋会记碑	唐大和五年（831）	
11	石碣	唐	
12	摄山栖霞寺新路记碑	南唐	徐铉撰
13	题明征君墓诗碑	南唐	徐锴撰
14	栖霞寺三种石幢碑	南唐（保大年间立）	

续表 6

序号	碑名	年代	备注
15	摄山白云庵记碑	宋	王安国撰
16	高陟景德栖霞寺殿记碑	宋	高陟撰
17	摄山严因崇报禅院牒碑	宋元祐八年（1093）	
18	题明征君碑诗碑	宋	米芾撰
19	元丰八年改栖霞寺额碑	宋元丰八年（1085）	
20	重修石佛记碑	明万历二十八年（1600）	仁宽撰
21	南京内官监太监御马监掌印修佛龛碑	明万历二十九年（1601）	
22	南京内官监进吴口惠妃马氏共修佛龛碑	明万历三十一年（1603）	
23	南京内官监太监张进募化惠妃马氏共修佛龛碑	明万历三十一年（1603）	
24	石偈	明	贞节撰
25	珍珠泉记碑	明	吴一恭撰
26	明栖霞多宝塔残碑	明万历年间	汪道昆撰，周天球书
27	重修摄山栖霞寺记碑	明万历十九年（1591）	陈文烛撰
28	重建栖霞寺天王殿记碑	明万历二十年（1592）	陆光祖撰
29	栖霞般若堂记碑	明	汪道昆撰
30	圆通精舍募田记碑	明万历二十四年（1596）	袁黄撰
31	般若台四十二章经碑	明	
32	栖霞寺五百阿罗汉画记碑	明万历三十一年（1603）	董其昌撰
33	绘施五百罗汉梦瑞记碑	明	顾起元撰
34	摄山栖霞寺清欢堂记碑	明	葛寅亮撰
35	金陵栖霞禅寺新建毗卢阁记碑	清	张怡撰
36	新建旃檀金汤二阁记碑	清	释兴源撰
37	白云先生传碑	清	方苞撰
38	重修御龙桥记碑	清同治七年（1868）	
39	重建摄山太虚亭记碑	1935 年	褚民谊撰

摩崖石刻　六朝以后，官民士子补造佛龛、重修佛像者甚多，留下不少题名题刻。自南朝诗人江总开始，历代有许多文人墨客游历栖霞山，留下优美的诗篇。更有一些人将诗文或题名镌刻在山崖、岩石上，形成摩崖石刻。其中以梁朝中大通二年（530）题记为最早，以南唐徐铉、徐锴的篆文题名最为知名，以宋人游九言所书“栖霞山千佛岩”巨楷大字最引人注目。此外，还有黄侃题名，他

是近代研究《说文解字》的名家。

大和七年　刻于唐大和七年（833），文字为“敬于栖霞寺修水陆无遮斋弟子正议大夫吏部侍郎赐紫金鱼袋沈传师并妻乐安郡■弟子淮南节度副使朝议郎检校太子右庶子兼御史弟子淮南观察判官朝议郎检校尚书祠部郎中兼□□■建道场奉为皇帝及七代先□□□考为□■法界众生于大和七年七月三日普■”。

沈述师　刻于唐大和七年（833）。沈述师，为沈传师弟，字子明。

徐铉　刻于南唐，文字为“徐铉”。徐铉（916—991），与弟徐锴并称南唐二徐。

徐锴　刻于南唐，文字为“徐锴”。徐锴（920—974）。

胡恢　刻于北宋，文字为“胡恢”。胡恢，北宋中期金陵（今南京市）人，书法家。

石楼山人白岩山人　刻于明正德七年（1512），文字为“石楼山人白岩山人同来”。石楼山人即李瀚，字叔渊，号石楼山人，山西沁水（今山西省晋城市沁水县）人。明成化十六年（1480）解元，成化十七年进士，明正德六年（1511）官南京户部尚书。白岩山人，即乔宇（1457—1524）。

壬子春恢复寺业　刻于明嘉靖三十一年（1552），文字为“壬子春僧兴善住山恢复寺业”。

三圣殿　文字为“三圣殿”，上款有“定觉庵”文字石印一方，下款分别有“朱之蕃”和“状元及第”文字石印一方。正书，朱之蕃题。

雷石匠　刻于明万历年间，文字为“人生总要修，家伙未有丢。老师参感佛，人看必叩求。雷石匠题”。

梵文咒语图　刻于1915年，位于舍利塔东侧台阶处，文字为“梵文咒语图”，栖霞山唯一正反书题刻。

栖霞秋色　刻于2012年，文字为“栖霞秋色 星云书”。

因篇幅所限，千佛崖片区摩崖石刻不可尽述，余见表7。

栖霞山千佛崖片区部分摩崖石刻一览表

表7

序号	文字	年代	备注
1	中大通二年起八月廿三日作	南朝梁	

续表 7

序号	文字	年代	备注
2	凌长族	南朝梁	
3	大中六年十月再□	唐	
4	保大三年重修大殿	南唐	
5	明道二年黄君祥题名	宋	
6	熙宁七年九月二十八日王旁	宋	王安石之子，王旁题
7	赵襄杜侄建中靖国元年□月十日	宋	
8	鄱阳姜竢安中同慧老登千佛崖观沈传师徐留题赏之政和乙未孟冬十八日	宋	
9	徐君瑞李山父□山印老同游政和乙未仲冬十三日	宋	
10	述夫文偲按豆涝至此观千佛及传师徐铉字巡检雍君美住持慧禅师同行丙申中秋后三日	宋	
11	张述夫章泽民慧禅师同游政和丁酉仲夏十一日	宋	
12	林篪来丁酉二月	宋	
13	莫伯舆仲珪来丁酉三月弟伯秩来丁酉五月六日	宋	
14	南昌徐禋与子琛游政和七年四月廿九日	宋	徐禋，宝庆四明知县
15	余彦远同慧老游千佛崖是日久雨初晴天气清和徘徊久之政和（编者注：应为重和）戊戌季夏廿有七日	宋	
16	曹明远黄若冲同慧师游戊戌闰月	宋	曹明远，累官至朝散大夫
17	彦骏旸叔同无碍禅师游礼千佛	宋	
18	项德朝沈德同长老慧禅师来政和八年（编者注：北宋徽宗年号无正和八年，时已改年号为重和元年）	宋	
19	无碍熙叟同游偃括将行时重和元年弍月拾柒日题	宋	
20	郎□江牒瞻谒千佛政和八年三月朔长老元慧同游	宋	
21	庞持正重和（编者注：己亥年已改年号为宣和）己亥正月十二日游栖霞同慧禅师登千佛崖	宋	
22	管邦惠同余和仲弟邦式来游宣和己亥二月廿七日	宋	
23	邵榑同慧师顶谒宣和己亥三月一日	宋	
24	宣和元年孟夏十八日章柄王量同杨元慧游晚至天开岩□□而还	宋	
25	华阳王旸因还仪真到千佛岭瞻拜宣和庚子正月十日	宋	
26	庆元丁巳建州游九言书栖霞山千佛崖住山僧法果平江张原镌	宋	游九言书，张原刻
27	张嘉言绍定己丑嗣男用之刊	南宋	

续表 7

序号	文字	年代	备注
28	庚申十月廿二日张椿老自历阳告假省祖茔同胡彦明登千佛岭弟商老从侄孙用之命工刊绍定己丑	南宋	
29	李瀚乔宇同游	明	
30	石楼白岩二山人到此壬申三月八日也	明	
31	嘉靖乙巳黄炎杲王之省丁□明朝	明	
32	壬子春僧兴善住山恢复寺业	明	
33	□□□同□□□堂游观山景能遭然雷石匠题	明	
34	石匠殿	明	
35	癸亥季春佛海盐王海庄	明	
36	方宗显何宗伊景阳张宁同游	明	
37	寿	清	荆树题，荆树为寺僧
38	劝君得意静观福寿荆树	清	荆树题
39	少司农题名	不详	
40	民国二年季	1913 年	
41	皖泾查光国	1919 年	查光国题
42	仲璋琢佛佛曰善哉我来瞻拜是真如来民国八年中秋	1919 年	
43	丹徒张毓金题并书朱广锬镌	1919 年	张毓金书，朱广锬刻
44	南无佛民国十七年二月十七日立 1928 年包孝昂偕内子韵君偕游到此民国十七年四月	1928 年	
45	后学汪东黄侃素治许书忽睹二君遗迹不任欣庆赘名于后	1928 年	
46	人生几度到此山周十七四十五	1928 年	
47	中华民国十七年四月十五日市政府任鬞来游并观大通题字	1928 年	
48	沈天才靳素贞王世康联彦陈毅夫民国十七年九月仝游谢无量无忌耘甫李栖云题	1928 年	
49	祥符靳志民国戊辰重九来游赋古风五十韵望后再来留题	1928 年	
50	只知六朝不知松民国十七年孔广财题	1928 年	孔广财书
51	飞鸟寒枫里环山别有天禅机随处悟霞落自悠然民国十七年晚秋梁溪江耀文率祖岷祖岱游此山偶题岷作岱书李韵	1928 年	
52	戊辰闰月，贾士毅、蔡培、沈蕃、符鼎升、镏成志、杨季华同观二徐遗迹，隋塔画像，留题经氏□，吴迈书、吴广□□南无佛上方	1928 年	吴迈书
53	黄侃	1929 年	
54	张家栋李福龙来游二十四年一月	1935 年	

续表 7

序号	文字	年代	备注
55	莫将一片云根石不向山前空谷归经取兰江桃渡□，□鸿总得向南飞戊辰季春	不详	
56	□三茅林帝金三皇大帝□三□大帝	不详	
57	文殊师利□佛圆通教主自在佛普贤□□	不详	
58	佛	不详	
59	咒语灵验记古滇丁石憎敬述，武陵廖淮动敬书。民国二十□年二月□旦	20 世纪 30 年代	
60	天上天下太平年	不详	
61	振衣千仞一望无际	不详	
62	娄东唐奇□王偶栖霞到此题名	不详	

天开崖片区摩崖石刻

醒石　位于天开岩后，正书，横题。明盛时泰《栖霞小志》载："'醒石'二字，不知何人所题，横书，大可四五寸，布置参差，不甚方整，盖因石势凹凸使然也。"清陈毅《摄山志》载："天开岩后，有六朝人书'醒石'二字。"有拓片存世。题刻今存。

石碧轩　刻于唐代。《江苏省通志稿·金石七》载："石碧轩三大字，在上元栖霞寺，拓本高二尺七寸，广七寸。正书。石碧轩大唐景子立秋。"《栖霞山题名小记》载："'石碧轩'三字。此拓为石工李工某所赠，下有'大唐及吕子立'字样。"据此可知，民国时期"石碧轩"题刻尚存。题刻今不存。

祖无择等题名石刻　刻于宋庆历五年（1045），正书，左行。文字为"祖无择择之徐太宁清一同游憩此岩庆历乙酉三月十三日题"。有拓片存世，题刻今存。祖无择（1006—1085），字择之，上蔡（今河南省驻马店市）人。登进士第，后入集贤院。有《洛阳九老祖龙学文集》十六卷、《西斋话记》一卷。

魏中庸等题名石刻　刻于宋皇祐元年（1049），文字为"魏中庸道常男思文崔程君正同至皇祐己丑九月十八日题"。《栖霞小志》载文字为"魏中庸道常男思文崔程君某同至皇祐己丑九月十八日题"。有拓片存世，题刻今存。

庄毅所等题名石刻　刻于明神宗万历丙申年（1596），文字为"陪施钟山天开岩访赵灵圄诸丈读书处不到岩间久春来树树花多君能屏迹为客惯烹茶屋挂青山角桥跨绿水涯山中真宰相何羡葛川家万历丙申春日西林庵主法通题鸩同社庄毅所

张阳池吴伯亮程沦伯程君辅巴敬吾刻石僧省庵湛然”。题刻今存。

张函题名石刻 刻于明崇祯七年（1634），文字为“崇祯七年春畅览此奇字之□□并占二绝以志怀古巨灵畴指挥玄窟刻奇赏为拍洪涯肩缥缈权筠上悠然对林壑俯仰思前哲不见明山人空山听啼江宁张函题”。题刻今存。

马曰琯等题名石刻 刻于清乾隆甲戌年（1754），文字为“新安马曰琯曰璐闵华陆钟辉钱唐陈章长洲楼锜同游摄山寓紫峰阁时乾隆甲戌八月望后五日”。正书，有拓片存世，题刻今存，漫漶处较多。

乾隆御题石刻 位于天开岩北侧水塘边石壁上。据考证，此题刻为清乾隆二十七年（1762），驻跸栖霞山时《再题幽居庵》诗：“金陵返跸驻栖霞，西峪幽居清且嘉。窄路入从云片石，阑春落半锦堆花。水流山住露全体，竹净松蕤是道芽，僧绍便存不征聘，名求名应底堪夸。”题刻今存，2013 年 8 月，被公布为南京市栖霞区文物保护单位。

宋 游九言 书“栖霞山千佛岩”　（栖霞寺藏）

胡亚专石刻 刻于民国，文字为“胡亚专别白云老壬辰正廿一日”。《栖霞山题刻小记》载：“此石昔在天开岩，今在南京古物保存所。白云老疑是白云庵住持，该所复于原处摹之。神气索然，去原刻远矣。”

天开岩 刻于民国，文字为“天开岩”，寺僧若舜题刻。朱洁轩《栖霞山志》载：“仅天开岩三大字为寺僧若舜所新镌。”

因篇幅所限，天开崖片区摩崖石刻不可尽述，余见表8。

栖霞山天开崖片区部分摩崖石刻一览表

表8

序号	文字	年代	备注
1	魏中庸谒白云老	宋	
2	江陵苏松辛卯二月六日来	宋	
3	治平二年四月黄君祥刘昱	宋	
4	治平丁未夏孟己酉仲基记	宋	王仲基题
5	陈良肱偕庵主渺禅师游治平丁未十月十日	宋	
6	治平丁未张稚圭稚游	宋	张稚圭题，为江东漕摄金陵府事
7	韩宗厚段与京同道征长老来游熙宁甲寅九月中旬	宋	韩宗厚题，为江宁府上元县主簿
8	张耘老己亥六月来游	宋	
9	赵士骃邵榑惠师同游宣和己亥秋八月	宋	
10	彦渊彦枢无碍持国宣和二年四月望日	宋	
11	会稽钱伯奇凌晨来游和上人继至 宣和癸未十月望日	宋	钱伯奇题
12	赵伯晟沈植释□师同游淳熙 庚子九月十有二日	宋	赵伯晟题，为宋太祖七世孙，孝宗淳熙六年（1179），以奉议郎知上元县（今江苏省南京市）
13	甲子中秋夜□□□□如□如傅法主人一锡□如 □□如□如□如月抵此峰多为诸子曰：坐对空山 啸看人间问松闲石老月华皎然	明	
14	辰仲冬清柏如慧法通寻□□题名	明	
15	莆田林大黼　保宁□涞□□及□□万历甲申秋日	明	
16	光绪己丑十月江宁翁长森招同闽郑孝胥上元蒋师 辙顾云同邑邓嘉缉游此	清	
17	民国十九年十二月十二日栖霞乡村师范游此纪念 天开岩全国律师协会执行委员兼宣传主任江西余 江吴迈	1930年	吴迈题
18	天开岩	不详	

续表 8

序号	文字	年代	备注
19	天开岩	不详	
20	石房	不详	
21	唐公岩	宋	
22	温陵苏棁专访居士然公五月六日	宋	温陵为福建泉州古称
23	千古名岩	不详	题刻今存
24	三……枝哉……题……	不详	字迹漫漶不清
25	□□江流抱□偏□崖千去刃□□白鹿泉□□□□□□木□□□摄□□□月同太宁登摄山绝顶。□□□周成	不详	题刻今存

桃花涧片区摩崖石刻

桃花涧石刻　文字为“桃花涧”，为宋代石刻，余不详。

侯恪题石刻　文字为“非人间侯恪题”，为明代侯恪书刻。侯恪，河南商丘人，余不详。

分月石刻　文字为“分月，江宁张函”，为明代张函书刻。余不详。

桐城江化沄等石刻　文字为“桐城江化沄、钱唐陈章、仪真洪振珂、江都陆钟辉，乾隆戊辰中春，同游此山”，为清乾隆时期石刻。

桃花涧诗石刻　清乾隆书。

甲辰春闰御题石刻　文字为“盈沟盈谷蹙花倾是浪而无澎湃声莫谓斯崖出假借千秋何物定其名甲辰春闰御题”，清乾隆书。余不详。

堆秀石刻　文字为“堆秀”，与江宁（今南京市）张函“分月”题刻同在一处。余不详。

其他片区摩崖石刻

舍利塔石柱赞经　刻于南唐时期（937—975），位于舍利塔，文字镌刻于塔的八根石柱之上，从塔的南门西侧从左至右依次为：第一柱：“凡佛造塔，先书此偈，使瞻礼之人，护福无量。诸法从缘生，诸法从缘灭，我佛大沙门，常作如是说。”第二柱：“无上微妙法，总持不动尊。楞严王世禾系？有灭我亿劫。颠倒想不历，僧祇护法身。”第三柱：“常行绕塔三匝者，表供养三尊，止三毒，净三业，灭三恶道，得直三宝。时提谓长者白佛言供养。”第四柱：“真金百千担，持用行布施，不如一团泥，敬心治佛塔。”第五、第六柱上文字残缺。第七柱：“容颜甚奇妙，光明照十方，我适会供养，今复还亲觐。”第八柱：“天上天下无如佛，十方世界亦无比，世界所有我尽见，一切无有如佛者。”

试茶亭白乳泉　刻于明万历年间（1573—1620），位于青锋剑上方平台一石壁上，文字为“试茶亭白乳泉明　法通吴伯敬□□□重磨万历□□十二月”。南宋《景定建康志》载有“白乳泉试茶亭”题刻，据此可知，此刻最早当在南宋景定之前，现题刻应为重摹，即对照拓片重新摹刻，为明代万历年间作品。

太古　刻于清乾隆四十五年（1780），位于试茶亭旁，文字为“太古”，乾隆题。嘉庆《新修江宁府志》载：“石刻太古二字一幅……以上乾隆四十五年。”

采茶遂试茶　刻于清乾隆四十九年（1784），位于白乳泉试茶亭题刻侧面石壁上，文字为“采茶遂试茶弗焙叶犹生疑举且吃语但期此话行羽踪藉因着曾句亦云清泉则付无意淙淙千载声白乳泉试茶亭用皇甫曾送陆鸿渐栖霞寺采茶诗韵甲辰春闰月□上游御笔”，乾隆题。

玲珑峰表滀天池　刻于清乾隆四十九年（1784），位于玲峰池，文字为“玲珑峰表滀天池却弗流为瀑布垂一种寻常胜他者旱干水溢两无之甲辰闰春上游御题”，乾隆题。石壁上原有乾隆丁丑年（1757）、壬午年（1762）、甲辰年（1784）御题碑三块和摩崖一处。现仅存此摩崖石刻，阴刻草书，30余字。

横绝东南，扫空万古　刻于2006年，位于始皇临江处，文字为“横绝东南，扫空万古。秦始皇登临此山”。

“公元前二一〇（始皇三十七年），秦皇帝嬴政第五次出巡，十月（秦历一月）癸丑，出咸阳，十一月先至云梦泽，次洞庭君山，望祭九嶷山大舜。复浮江东下，过丹阳（今江宁小丹阳），趋钱塘，渡浙水，上会稽，祭大禹，望祭南海，北归过吴（今苏州市），西上金陵，驻跸摄山西北麓江乘浦，因就此建江乘县。

始皇此次登临摄山纵目，并埋双璧（编者注：一说在摄山东南北垂山）以祭告天地，更敕李斯撰文，立石以明示天下等举动，皆表明此次登临，非一般仅为巡视大江与觅渡，实为一次体现始皇为混一宇内，巡狩藩疆，横绝六合，雄视千古之意。

因天地之悠悠，亦旷之盛事，应塑像立石以志。”

东南大学郑云波识

时在二〇〇六年六月

阿弥陀佛 位于虎山尾虎爪洞侧，年代不详，文字为“阿弥陀佛”，毁于20世纪80年代前。

因篇幅所限，其他片区摩崖石刻不可尽述，余见表9。

栖霞山其他片区部分摩崖石刻一览表

表9

序号	文字	位置	年代	备注
1	作石人王文载	舍利塔	南唐	王文载题
2	丁延规作石	舍利塔	南唐	丁延规题
3	匠人徐知谦	舍利塔	南唐	徐知谦题，建造舍利塔主要工匠之一
4	卧云侯恪题	卧云亭下石壁	明	侯恪题
5	是日程德懋于孟武赵玄□吕日章雪员桓觉上人同游	卧云亭下侧石壁	明	
6	蜀西邑贾春守题名	舍利塔	明	
7	民国十九	玲峰池	1930年	
8	隋朝仁寿元年造民国十九年修	舍利塔塔基	1930年	
9	砌石人□□	舍利塔下石板上	1930年	
10	青山永碧友谊长存七五三	纱帽峰西侧	当代	
11	业海深谷听松一九七五	玲峰池	当代	
12	红叶谷	红叶谷入口巨石上	当代	黄健飞题
13	始皇临江处	始皇临江处	当代	赵绪成题
14	叠浪岩	虎山栈道	当代	
15	虎	虎山栈道	当代	劭道人题
16	缘	虎山栈道	当代	隆相题
17	壬辰春海枯石烂隆相	虎山栈道	当代	隆相题
18	心心相印壬辰春隆相	虎山栈道	当代	隆相题
19	棲霞唐李治	栖霞山景区西门	当代	“棲霞”系拓明征君碑阴
20	桃花坞	桃花扇亭路对面	当代	
21	秋揽丹枫	读枫阁西侧石壁上	当代	
22	福庚寅年中秋隆相劝君得意静观福寿	虎山栈道	当代	隆相题
23	佛	虎山栈道	当代	
24	饮马池无墨	饮马池旁	当代	
25	乾隆御花园	幽居庵附近乾隆御花园	当代	

佚失摩崖石刻

顾延嗣舍钱　刻于宋宝元二年（1039），文字为“通州海门县礼安乡佛弟子顾延嗣舍钱二贯文足买石柱一条舍栖霞寺弥勒佛龛前抽换所祈殊利乞保平安经求遂意永为不朽宝元二年闰十二月初七日勾当前寺主僧契元立草庵奉斌书山门知事元耸智达肃澄”。位置不详。见清代《同治上江两县志》、陆增祥《八琼室金石》。有拓本存世。

胡亚专别白云老　刻于宋皇祐四年（1052），文字为“胡亚专别白云老壬辰正廿一日”。明代盛时泰《栖霞小志》载：“胡亚来别白云老。”何励生《首都古物保存所古物考察记》载：“栖霞天开岩宋人题名石：天开岩岩石，有峭拔如峰，盘纡如坂，整饬如幢旛者，皆天然玲珑也。……又一石，有‘□□□白云老壬辰正廿一日’十余字。此两石系从岩石坠落者。”

上元令赵伯晟栖霞寺诗　刻于南宋淳熙七年（1180），位于千佛崖，文字为“栖霞境界何清壮，岳立五峰如列障。三征不复见高人，千刻尚能瞻宝相。摩空老木韵秋声，云屋天岩满意行。夜阑风定月将午，门外呦呦闻鹿鸣”。见明代盛时泰《栖霞小志》：“伯晟即上元令，今千佛崖石柱上有诗”；清代《江苏金石志》：“宿摄山偶成五十六字，淳熙庚子重阳后三日上元令赵伯晟父住山道兴立”；民国陈邦贤《栖霞新志》：“赵伯晟游摄山诗并题名在洞柱，淳熙七年。”

云片　刻于清乾隆二十七年（1762），位于天开岩附近，文字为“云片”，乾隆题写。民国陈邦贤《栖霞新志》载：“天开岩前对面有一巨石，上镌有‘云片’二字，非攀藤扪葛，不能看见。”石生《栖霞石刻漫记》载：“云字长67厘米，宽57厘米；片字长70厘米，宽37厘米。上有‘乾隆御题之印’六个篆文印。云片石旁还有乾隆题字7行，全长161厘米，宽128厘米。”

乾隆天开岩诗　刻于清乾隆四十五年（1780），原位于天开岩附近禹王碑宫内，文字有“入自蒙茸得以深，豁然开处见天心。天心原在人心里，应向圣经章句寻”等。1936年，刘庆科《重九在栖霞》载：“抵禹王宫……另有乾隆御碑题一只……”1937年，马建业《栖霞山游记》载：“见小屋一楹，独立山凹，颇似土地庙，内有碑六，镶于正壁……其侧又斜依一碑，乃乾隆之御题。”

陈万里题刻　刻于1914年，位于舍利塔，文字为“北朝石刻为大同云冈洛阳龙门巩县北邙太原天陇余均见之南朝石刻惟此山耳甲寅三年一月由京到此流连

竟日吴县陈万里”。见民国陈邦贤《栖霞新志》。

因篇幅所限，佚失摩崖石刻不可尽述，余者见表10。

栖霞山部分佚失摩崖石刻一览表

表10

序号	文字	位置	年代	备注
1	齐王融游虎穴寺诗	栖霞山中峰	南朝齐	王融题
2	摄山沈传师题名	千佛崖	唐	沈传师题
3	沈传师同□□登千佛崖太和七年八月十日	千佛崖	唐	
4	天开岩	天开岩	宋	
5	迎贤石—癸卯仲冬伯奇独来	天开岩	宋	
6	治平丙午季秋十又一日游此庵记，王仲基同河南富子澄	天开岩	宋	
7	治平丁未夏孟己酉仲基记	天开岩	宋	
8	赵知府题栖霞寺山天岩诗会稽钱伯奇凌晨来游，和上人继至，宣和癸未（编者注：应为癸卯）十月望日	天开岩迎贤石下	宋	
9	王给事栖霞寺诗	不详	不详	
10	赵子肃端平丙申栖霞题名	不详	南宋	
11	书刻南无佛，析之□□氏。尊三何大而不坏，一切有情类。见闻无独佛，尽发菩提心。消除无尽业，同赴龙华会。大明嘉靖壬辰	不详	明	
12	明万历十七年，蜀西邑贾春守题名	舍利塔	明	
13	霞髓	栖霞山中峰半道	明	
14	菩提岩	不详	不详	
15	小洞穿斜竹重岩夹细莎	不详	不详	
16	新定方楷歙君国宗颜辛卯望日同游	不详	不详	
17	韩晞道德猷洪叔介仝来	天开岩	不详	
18	六月三十日游栖霞，在珍珠泉壁见王梦楼太守诗，次韵和之，因寄汪春田太守为霖。癸亥与汪春田同宿珍珠泉	原珍珠泉旁	清	
19	同治七年独山睸叟莫友芝访碑于此山	舍利塔	清	莫友芝题
20	北朝石刻为大同云冈洛阳龙门巩县北邙太原天陇余均见之南朝石刻惟此山耳甲寅三年一月由京到此流连竟日吴县陈万里	舍利塔	1914年	陈万里题

续表 10

序号	文字	位置	年代	备注
21	此舍利塔尤精美足以代表隋朝一代作品	舍利塔	1914 年	
22	大佛铭	石崖	1918 年	张毓金题
23	叠浪崖	今存石刻拓片照片	不详	
24	功德泉	青莲壁下	不详	
25	六朝遗翰今皆废惟有二徐一墨存	不详	不详	见 1926 年 12 月 18 日《申报》胡叔异《乡村教育调查笔记》
26	中秋日莆田林□休宁范徕等题名	不详	不详	见《江苏通志稿・金石八》
27	□□王黼休宁范徕交河及□□□□□□□会	不详	不详	见《江苏通志稿・金石八》

遗　址

官窑遗址为栖霞山片区考古新发现。明代，朝廷设砖窑烧城墙砖，窑为官办性质，故名官窑。城砖，又名官砖、税粮砖，是明初建造南京城墙的一种建材。朝廷对城砖质量要求很高，要“敲之有声，断之无孔”。2016 年，在栖霞山东麓，原摄山乡官窑村发现一座明代官窑群遗址。城垣专家称，这是迄今为止，江苏发现的唯一一座明城砖窑遗址。

据《南巡盛典》记载，清代乾隆皇帝六次南巡，后五次共 45 天均驻跸栖霞山。面对山川秀色，他盛赞栖霞山为“第一金陵明秀山”，并御封“栖霞十景”。

徐铉宅遗址　徐铉宅遗址位于栖霞老街西侧。元《至正金陵新志》载：“徐铉宅，摄山栖霞寺西，今曰陶庄是也。”明万历《上元县志》卷五载：“在摄山西，园池甚盛，宅有来贤亭。”宋王迪古诗“常侍江东第一流，子孙令不泯先猷。结贤意在来贤者，谁慕清风为驻流。”南京大学教授蒋赞初在《南京史话》中判定，徐铉、徐锴故宅在“栖霞寺西面的陶庄一带”。今无存。

官窑遗址　官窑遗址位于南京城东北 20 千米处的栖霞山东侧官窑山。明代属应天府上元县管辖。明末清初顾炎武《肇域志》载：“崇祯十四年九月二十一日，孝陵神宫监掌印太监马应辰上言：臣抵南受事，察过桩楂，已经具疏奏闻。忽接

官窑遗址　　（南京市考古研究院　供图）

邸报，奉有钦遣勋戚诸臣前往南京会同察勘之旨。除青龙山等处，合候钦遣诸臣至察明具奏外，谨将臣察过摄山等处官民窑座，先陈其概。臣恭照孝陵，原有官窑十一座，内：上窑五座，坐落摄山后，离陵三十余里……臣今恭诣摄山等处，逐一察看。本山除官窑五座外，不数里，联络山左为峨眉山、灌山，则有錾凿坑堑，山冈仅半，而路旁红石、碾磨粗坯堆积累累。……臣备诘凿山开窑之人，其摄山地方，价买射利，则戴时选、卢祥宇、任贵等。交租錾凿，则余恕也。”这是明代栖霞山有官窑的文字记载。但数百年来，对官窑的具体位置、规模、内部布局等，人们一无所知。2016 年 7 月，南京市考古人员在栖霞区原官窑村数十万平方米的区域内，发现砖窑遗址近百座，出土大量留有铭文的明代城砖残块以及其他文物。2017 年，考古人员对该遗址进行二期发掘，发现更多明代文物。2019 年，考古工作结束。

据《江苏南京官窑山明代官窑遗址取得重要收获》介绍，窑体群统一规划、分布集中、规模宏大，单个窑体结构完整、设计合理，体现了高超的烧窑技术。

窑体集中分布在北、东南、西南三个片区，发掘的 16 座窑体位于北片区和西南片区。窑体均开挖于山体缓坡，利用自然山势修筑，前低后高，由操作间、窑门、火膛、窑室、窑床、烟道等结构构成，通长约 10 米。建筑遗址位于窑场西南片区后侧的高直，发现磉墩三排，计 11 个，其中最西一排 3 个，中间 5 个，最东 3 个，均近方形，长 0.75 米至 0.95 米，深 0.15 米左右，该组建筑基址可能为当时窑场的临时管理机构。砖坯晾晒场位于窑场西南片区东部，与窑体平行，平面呈长方形，南北残长 45 米，宽 29 米，由晾晒面、排水沟和简易建筑构成。晾晒场内排水沟和窑前水沟相连通，共同组成了窑场排水系统。窑前排水沟内每间隔 1 米左右见有柱洞，部分柱洞还保留尚未腐朽的木头，推测为窑门上搭建防雨设施所用。交通水系贯穿于整个窑场，并与北部长江相通。在北部片区南侧和西南片区东侧，发现有河道遗存。西南片区东侧河道呈东南—西北走向，揭露长度 62.5 米，东西宽 10.5 米至 16 米，深 1.55 米，经勘探，可与北部长江相连通。

铭文砖长 42—44 厘米、宽 20—21 厘米、厚 11.5—13 厘米，两长端面均模印有阳文，经过多块砖相互补缺和实例可知，一侧为“应天府提调官府丞王恪令史吴子名上元县提调官县丞李健司吏方原吉”，另一侧为“总甲……甲首……小甲……造砖人夫……窑匠……”，“总甲”“甲首”“小甲”“造砖人夫”“窑匠”，人名有所区别。另在西南片区 Y3 窑门两侧各发现一块“……上元县县丞田泰……洪武六年……”的铭文砖，为该窑址提供了时代和性质依据。勘探发现这里古代文化遗存达 205 处，其中，窑体 110 座，墓葬 84 座，烧坑 11 座。该窑址是迄今为止发现的规模最大、窑体数量最多、布局最为完整、保存最好的明代官窑遗址。鉴于考古成果的重要性，南京市政府对窑址密集的大面积区域进行保护，规划建设明代窑址考古遗址博物馆和遗址公园，以加强对该遗址的保护、利用和展示。同时，为更好地对考古资料进行深入研究，多样化保存、利用和展示，对官窑山官窑遗址的核心区域进行数字化信息采集与处理，建立地理信息系统。

乾隆行宫遗址　乾隆行宫遗址位于栖霞山中峰涧旁，东延至龙山。乾隆十六年（1751），清乾隆帝第一次南巡后，两江总督尹继善在中峰和龙山幽谷修建行宫，日夜督造，历时 6 年，于乾隆二十二年（1757）第二次南巡前建成。行宫规模宏大，秀石嵯峨，茂林蒙密，白鹿泉渚其中。白鹿泉之下，建筑鳞次栉比，有春雨山房、太古堂、武夷一曲精庐；泉之上，山势区嵌历落，有话山亭、有凌云意，向左曲折，登层栏就到达寝宫，白下卷阿、夕佳楼在那里，更上一层则为石梁精舍。这些亭台楼阁都由乾隆亲题匾额。楼阁瓦屋琉椽，不施藻绘，阴阳高下，位置天然。是乾隆南巡诸行宫中最大的一座。

乾隆行宫遗址　　（徐　远　摄）

清乾隆帝第二次南巡，首次驻跸栖霞行宫。乾隆乘兴游览了紫峰阁、春雨山房、白鹿泉等景点后去宝华山隆昌寺，返程驻跸栖霞行官。次日赏玩玲峰池、叠浪岩等景观。这次游览栖霞，乾隆留下诗词 25 首、佛赞 1 篇、匾联 17 处。1762 年至 1784 年，乾隆又四次驻跸栖霞行官，分别为乾隆二十七年（1762）、乾隆三十年、乾隆四十五年、乾隆四十九年。其间，行宫多有扩建，如话山亭、万松山房等景观。

在鼎盛时，有厅堂馆含 2000 余间。特别是清乾隆帝第五次驻跸栖霞行宫时，适逢他七十大寿，竟独自登上山巅——凤翔峰。乾隆最后驻跸栖霞行宫时已 74 岁，依然登上摄山之巅。

清乾隆帝最后一次南巡，赐封栖霞山、玲峰池、珍珠泉、叠浪岩、德云亭、彩虹明镜、紫峰阁、万松山房、天开岩、幽居庵为十大景观。另外，乾隆南巡时在栖霞山共题诗 120 首，书写楹联、匾额 44 幅，御碑多通。后乾隆行宫毁于太平天国战火。

现行宫遗址除留有宫门、殿宇基础、御井，还有相继出土的御碑和地下排水涵道。这些工程显示，早在几百年前的古人就十分重视环保，即污水、生活水、

清乾隆帝御题“栖霞十景”之彩虹明镜　　（清董诰　绘）

山洪实行分流排放。这些为他日行宫恢复重建提供了大量物证。

万松山房遗址　万松山房遗址位于济生台之东。此处原先多有六朝古松，雄壮繁密，每当清风拂过，犹如万壑鸣涛，其中有许多杰阁崇台，在苍翠掩映中显得分外幽静、深远。现在遗址处仍有一株柘树，属桑科，有 100 年树龄。树高 6 米，树围 0.39 米，冠径达 30 米，生长旺盛。

万松山房为清乾隆时建，今废，遗址最高处墙体残垣 1 米多高，有石柱础等遗物。

乐耕庐遗址　乐耕庐遗址位于何家山，乐耕庐为何遂所建。何家山原无名称，因何氏建“乐耕庐”而得名。何遂，1888 年生于福建福州。1904 年，16 岁的何遂进入福建武备学堂学习，曾在新军第九镇三十三标第三营担任排长。1910 年，何遂等人发起成立同盟会广西支部。1911 年，何遂率领第六镇部分官兵起义。1934 年，何遂在栖霞山购得山地百亩，于半山以红砖盖屋，命名“民间艺典馆”，又名“乐耕庐”。1935 年，《何遂年谱》中有记载：“是年，先生努力建设南京新家和栖霞山别墅。”根据《何遂年谱》记载，其曾邀请于右任、陈树人、高奇峰、徐悲鸿等民国名人到“乐耕庐”相聚。

私立汉民学院及附设汉民中学遗址　汉民学院位于栖霞街道栖霞社区新安村、大圩一带。1937年6月18日，汉民学院筹备处召开董事会成立会，到会董事居正、孙科、叶楚伧、林云陔、陈立夫（刘百闵代）、马超俊、梁寒操、王漱芳、高方、姜绍谟、任中敏等，推举孙科为主席，推举孙科为董事长、叶楚伧先生为院长。同年，汉民学院成立，有学生100多人。侵华日军侵占南京后停办，校舍被毁。附设汉民中学位于今栖霞街道栖霞村大圩，即今南京栖霞山长江大桥栖霞收费站一带。1937年10月，汉民中学开学，有学生100余人。此时，抗日战争全面暴发，任中敏等人将汉民中学迁至桂林（今桂林一中为其前身）。1949年，栖霞村大圩校舍被毁。

武训义学遗址　武训义学遗址位于栖霞街栖霞山米厂内，1943年前，雷有声创办。“武训本是山东人，家住堂邑武家庄，武训七岁丧父母……”这是武训义学曾经教过的一首歌。武训义学为南京唯一以“武训”名义创办的义学，中华人民共和国成立后不久停办。

墓　葬

栖霞山古代墓葬大多不存，有的仅留下遗迹。明僧绍墓标注于《摄山栖霞寺全山平面图》，南齐尚书令丞相巴东墓见载于《景定建康志》《六朝事迹编类》典籍中。清代文化名人张怡墓在《金陵祠祀乡贤汇传略》中有确凿的记载：“葬山中，方皋灵先生为题墓”，可墓址不详。中国自古以来就有重视丧葬的心理和风俗，清朝末年栖霞山义冢的设置，是秦学奎、谌自富两人的义举。

山中近现代墓葬墓主以高僧、名人居多。高僧塔林供奉有仰山、明常、方廉、若舜、寂然、卓成、宗仰、志开等灵骨；民国画坛名人高奇峰病逝于上海，葬于广州，后由国民政府迁墓公葬于栖霞山。欧阳翥被称为“横跨人文艺术与科学两个领域的大师级人物”，逝世后，遵其生前要求，葬于栖霞山。黄质夫被誉为乡村师范教育的先驱，其与夫人的合葬墓位于栖霞山南侧何家山。郭元兴是近代研究梵文藏文经典的佛学家，虽在北京逝世，却归葬栖霞山。

古代墓葬

高家山汉墓　位于高家山，距栖霞山约 1.5 千米。1956 年 4 月，江苏省文管会在此清理出一批石椁墓。其中一号墓资料不详，二号墓长 3.28 米，宽 2.48 米，深 1.05 米，四壁共用十六方，每壁四方，南北两壁侧立纵砌，两石相接处皆作榫卯，东西两壁侧立横砌，嵌入南北两壁。墓底用砂石平铺，此墓为男右女左的合葬墓，男者身旁置有铜镜、铜钱、铁剑、玉琀、耳塞、鼻塞；女者足下置有方格纹灰陶瓮、釉陶壶、陶瓿、铜碗和石灶，头部有一铜镜。三号墓位于二号墓东侧 30 多米处，东西向，其结构与二号墓相同。墓向为头北足南，男右女左，男者身边有铜镜、铜削、铜钱、铁削、有铺首花纹的石轼和石板，石板下压铜钱 3 枚，足下置釉陶壶和一带釉陶瓿；女者腰部有蓝色和淡绿色的料珠 14 枚，石制蚁鼻钱 3 枚和一面铜镜，镜旁有带布纹的铜钱两串，足下有釉陶瓿、灰色陶罐和石灶，石灶左边放着一只铁釜，可能是因墓室上部倒塌所致。

韩家山汉墓　距高家山汉墓约 580 米。分一号墓和二号墓。一号墓为长方形石椁墓，长 3.29 米，宽 2.29 米，高 1.65 米。墓呈南北向，墓椁四壁及底部皆用砂石砌成，椁四壁虽无榫卯，但无下沉或倾斜迹象。此为男女合葬墓。随葬品多在死者四周，有陶壶、陶瓿、有盖有耳钵、钵和铜镜等 20 多件。二号墓长 2.8 米，宽 1.67 米，深 7.12 米。墓呈东西向，椁室内部的墓底石上，铺有 0.02 米厚的青色积灰，积灰的下面是腐朽的板瓦。此墓亦为男女合葬，且可推知男右女左，头西脚东。男者身旁置有铁剑、铁削、铜钱和铜弩机模型；足底有圜底灰色陶壶、釉陶壶和釉陶瓿。女者头部放有铜钱及铜镜，腰部有料珠发现；足下有铜洗、釉陶小罐、铁三足洗、石磨、灰陶灶及甑釜之类的炊事用具。

张家库东晋墓　位于张家库西 0.5 千米山坡上，1962 年发现时，部分墓室露出地面，墓顶及墓壁下塌，有些随葬品也被取出。墓室用长 0.32 米、宽 0.14 米、厚 0.48 ~ 0.5 米的长方砖砌成。砖有素面的，也有印绳纹的。墓长 4.1 米，宽 1.95 米，残高 1.48 米，方向为西南偏 30 度。墓室分棺室和足厢两部分。墓壁为三横一竖交错迭砌，上面再筑拱顶，铺地砖呈"人"字形。随葬品除大部分放在足厢内外，少量放在棺室足部。随葬品共 16 件，其中青瓷器 13 件，铜镜 2 件，残铁器 1 件。青瓷器的特点是，胎质细坚，呈灰白色，火候较高，不吸水，施黄绿釉，并有鱼子纹，施釉不及底，也不均匀，凹进部位厚些，平面或凸出部位薄些，并多脱落。

梁桂阳王萧象墓　位于南京炼油厂西一个小山冲内，俗称刘家塘。墓为单室券顶砖墓，长6.48米，最宽处2.96米，残高2.28米，由排水沟、封门墙、甬道、石门、墓室等部分组成。葬品大多被盗毁，墓内所获完整品或可辨认品仅有陶瓷器、铜器、石器33件。墓志铭文共有40行，其中38行每行35字，加首行21字及末行4字，全文应有1357字。墓志文字漫漶严重，能辨识的近600字，字体工整遒劲，显然是成熟的楷书。根据墓志和史书记载，萧象是萧融的嗣子。

栖霞山古墓　墓主不详，年代不详。中国史学会《史学杂志》1929年创刊号载《栖霞山古墓图》两幅。一幅为"墓侧一部"，文字为"墓的建筑形式特别，似乌龟，又像汽车，其建筑不用石灰而用砖，纵横交错，不致倒下，由此一部分可知，其墓建的精良，为研究建筑的一个好材料。卫聚贤志"。一幅为"栖霞山古墓图"，文字为"墓前下部建一水道，由墓内通至山边，因其建筑未用石灰，雨水易从墓砖缝中浸入，故置此水道，以便泄出，但年久泥水浸入甚多，故所发掘各墓中泥土已满。卫聚贤志"。

上梅墓村墓葬群　位于栖霞山附近丘陵地带，较集中在上梅墓村。1956年，在沪宁铁路龙潭—栖霞段改线工程施工过程中，由江苏省文物管理委员会清理发掘古墓29座，其中，汉墓22座，六朝墓3座，宋墓1座，明墓3座。出土器物309件，另在工地征集、采集文物219件。出土随葬品以陶器为主，铜铁器次之，另有少量石器和钱币。陶器以实用器皿居多，有罐、壶、垒、瓿等，这些器物一般胎质坚硬，呈青灰色或深褐色。铜器器壁较薄，素身，有洗、镜、刷等。铁器有剑、刀、戟、斧等。钱币以五铢钱居多。在13号墓中发现五铢钱上附有丝织物，外层用竹子编成器物盛放。出土器物现藏南京博物院。

甘家巷墓葬群　1974年10月至1975年1月，南京博物院与南京市博物馆在甘家巷联合发掘一批墓葬，共有38座，除2座残破外，计有东吴墓7座，西晋墓6座，东晋墓17座，南朝墓6座。38座墓葬中，除两座为前后室砖墓外，其余均为单室穹隆顶或券顶。其中，比较大的是4号、6号和30号墓，均为椭圆形单室穹隆顶室墓，有石墓门和石门拱，门额上浮雕人字拱。墓前有排水沟，其大小、形制和南京富贵山、西善桥、油坊村、丹阳、胡桥等地已发掘的六朝大墓相仿。在发掘中，4号、6号、30号墓之间，以及前后左右都没有发现同时代的其他墓葬。据六朝时期世家大族多以族葬的规律看，疑为萧梁安成康王萧秀家族墓。甘

家巷墓葬群，大部分被盗掘破坏过，有7座墓无出土器物，其余31座墓共出土器物278件。其中，青瓷器107件、陶器38件、滑石器45件、石器20件、铜器39件、金银器28件、铅器1件。青瓷器种类有青瓷盘口壶、鸡首壶、罐、香熏、虎子、水注、砚、盂、钵、碗、盘、盏。另在一些大型南朝墓中，出土若干滑石雕刻装饰品，有珠、牌、雕像等。石珠、石牌、石雕像，其上有穿孔，应是悬挂或佩戴的饰品，石珠上尚留有贴金，石雕像上浮雕兽首人身像。出土器物现藏南京博物院和南京市博物馆。

明僧绍墓　《摄山栖霞寺全山平面图》标注为“征君墓”。宋代《六朝事迹编类》载：“明隐君僧绍旧居摄山，后葬此。”明万历《上元县志》载：“明僧绍墓，在摄山。”陈邦贤《栖霞新志》载：“明僧绍的故墓，在金沙岗石子堆下。”

巴东墓　墓主为生活于齐梁之间的齐故侍中尚书令丞相巴东献武公。梁普通三年（522）墓葬。宋代周应合《景定建康志》卷四十三载：“齐巴东公墓，在栖霞寺侧，有墓碑，字皆不可辩，其额云：齐故侍中尚书令丞相巴东献武公之碑。”宋代张敦颐《六朝事迹编类》卷十三载：“齐巴东献武公墓在栖霞寺侧，有墓，额云：齐故侍中尚书令丞相巴东献武公之墓。”

释法郎墓　墓主释法郎，俗姓周，徐州沛郡沛（今江苏省徐州市）人。陈太建十三年（581）九月二十五日圆寂，享年75岁。唐释道宣《续高僧传二集》载，九月二十八日，释法郎“窆于江乘县罗落里摄山之西岭”。墓已不存。

释慧勇墓　释慧勇厥氏桓氏，陈至德元年（583）五月二十八日圆寂，享年69岁。唐释道宣《续高僧传二集》载，六月六日，释慧勇“窆于摄山西岭”。墓已不存。

释慧布墓　释慧布，俗姓郝，广陵人。唐释道宣《高僧传二集》载，陈后主祯明元年（587）十一月二十三日，释慧布卒于栖霞，葬于山中。

明镐墓　明镐，明僧绍长子明山宾之五世孙，葬于栖霞山龙山。墓不存。

释法韵墓　释法韵，俗姓陈，苏州人。南唐释道宣《高僧传二集》卷四十载，隋文帝仁寿四年（604），卒于栖霞，享年35岁。

释慧旷墓　释慧旷，俗姓曹，谯国（今湖北省襄阳市）人。隋炀帝大业九年（613）五月十六日，卒于栖霞寺房，享年80岁。五月二十日窆于栖霞寺之西山。弟子树碑纪德，常州沙门法宣撰文。

唐琅邪王氏家族墓　位于南京炼油厂内。墓志为青石质，长5.35米，宽4.75米，厚0.85米。志文楷书阴刻，竖行25行，满行20—23字，总计521字，志文清晰，对研究琅邪王氏家族、南京历史地理等提供新的资料。墓志纪年为唐大中六年（852），墓主卒于润州上元县。溧水县时属宣州，与文献记载相吻合。临沂原为东晋侨县名，隋灭陈后即撤置北方，但墓志中仍称“迁窆于临沂山南原”，可见临沂作为地名保留很长一段时间。这也与南京方志中把今燕子矶与栖霞山之间的土丘称为临沂山（《景定建康志》卷十七、《同治上江两县志》卷三）相印证。

元崇墓　宋代释赞宁《宋高僧传》卷十七载，唐大历十二年（777），元崇禅师示疾山院，瘗于摄山之阳。

高越墓　宋代张敦颐《六朝事迹编类》载：“南唐高越墓：摄山栖霞寺旧门外北山之麓，有石题云：‘侍郎高府君墓’，去县四十五里。”元代张铉《金陵新志》载，高越墓在“栖霞寺旧门外，北山之麓”。

沈孟威墓　位于栖霞陈家库。沈孟威，明嘉靖二十八年（1549）九月十二日生，万历三十二年（1604）十一月卒。生前曾任户科右给事中。

顾源清父亲墓　位于栖霞山。盛时泰应邀作碣文，因故未立。《费文宪公摘稿》载，顾源清，费文宪婿。墓现不存。

程学祖墓　《栖霞小志》载，程学祖，明代上元令程文纯之子，明嘉靖十五年（1536）八月一日生于上元，嘉靖二十年八月八日卒。嘉靖二十二年葬于摄山。墓现不存。

素庵塔林遗址　位于小营盘东南侧山坡，遗址面积约40平方米。素庵法师圆寂后，弟子如敬为其建塔。遗址下方有砖砌台基两层，并有11级台阶踏道连接，每级高度约20厘米。遗址中间是一座呈正六边形的塔基，边长为90厘米，边角均装饰有倚柱。每一边的表面拼贴有佛教装饰及兽样式石雕装饰。周围有很多青砖，有长方形的，也有弧形的，边上还有一个葫芦状的“塔刹”。塔基中间有佛像雕刻一幅及带有龙纹雕刻图案的石构件一块。

竺庵墓塔　竺庵禅师，俗姓龙，讳大成，字竺庵，湖南长沙醴陵人，为传洞上正宗三十四世。《金陵胜迹志》载：“清天界衡岳竺公奉舍利建栖霞与隋舍利塔相望。”

张怡墓　张怡，字瑶星，初名鹿征，号白云。撰《摄山志略》，隐居白云庵。

方苞撰《张白云传》，严长明《严东有诗集》录《拜张白云先生墓》诗。胡沛《金陵祠祀乡贤汇传略》录《明锦衣卫张怡》："康熙三十四年，八十八病革时，闻亲故具良材为棺椁，泣曰：'先皇帝崩不成丧，先将军致命海岛，无人视敛，吾心忍乎？'命诸孙易之乃卒，葬山中，方皋灵先生为题墓。"现墓址不详。（张怡简历见"寓贤"一目）

李香君墓 位于万松山房北侧，桃花湖南侧，卧云亭西侧。由栖霞山管理处修建。

笑峰墓塔 原位于栖霞寺后，中峰西侧，后迁至天开岩祖师塔院内，《摄山栖霞寺全山平面图》有标注。倪朴庵，释名花笑、啸峰、笑峰，即明侍郎倪嘉庆。应天府江宁（今江苏省南京市）人，字笃之，明天启二年（1622）进士。授户部给事，官至户科给事中。清朝建立后，在摄山出家为僧。墓塔文字为"传洞上正宗三十四世青原净居笑峰然禅师塔师示寂顺治庚子四月十六日康熙三年□□二〇一四年□□"。

荆石墓 位于凤翔峰南侧，太虚亭东侧。墓塔倾倒，地宫尚存。墓塔文字为"传洞上正宗第三十一世荆石玺禅师之塔"。

觉浪墓塔 觉浪，清朝闽（今福建省）人。墓塔原在栖霞寺后，后迁于天开岩祖师塔院内。《摄山栖霞寺全山平面图》有标注。墓塔文字为"传洞上正宗三十三世摄山栖霞觉浪盛禅师塔师生万历壬辰腊月十六日世寿六十有八示寂清顺治已亥九月初七僧腊四十有九顺治十七年四月住持栖霞嗣法门人南岳大成立公元二〇一四年栖霞后世住持复建塔迁此"。王士祯《游摄山记》载："禅堂后为觉浪和尚塔院。"1923 年夏，香港张莲觉游历栖霞山后，曾撰《名山游记》："乃向中峰之北，过桃花涧而下……觉浪禅师之塔在其南。师有句曰：'问余何事栖碧山，笑而不答心自间。桃花流水杳然去，别有天地非人间。'"

宗昱墓 位于龙山西麓，现存墓碑，文字为"乾隆三十三年正月穀旦清江夏淡霞宗昱禅师之墓薙染徒佛鉴立"。

乐又令墓 位于栖霞山之西戴家库。乐又令，字允谐，一字介冰，晚号悟宾道人。生于明崇祯十年（1637），卒于清康熙四十五年（1706），葬于康熙四十七年。曾任徐州萧县儒学训导。墓碑题字为"悟宾归宿处，戊子正月既望"。

慧超墓 慧超（1745—1804），清乾隆、嘉庆时栖霞寺僧，曾任栖霞寺住持。

工诗。殁葬于栖霞山。洪亮吉《晚泊栖霞港望最高峰悼诗僧慧超》诗注载，方丈慧超与乳山方丈古岩、焦山方丈慧超合著《三山僧诗》。三山者，江宁镇三山矶也。

张丙垣墓　位于栖霞山之西甘家巷。丙垣，名继庚，江宁诸生。生于嘉庆二十二年（1817），卒于咸丰四年（1854）。赏国子监典籍，世袭云骑尉。父介福，道光丙戌科进士，湖南保靖县知县。

栖霞山义冢　位于栖霞山下，由秦学奎和谌自富设置。陈作霖《续金陵通传》载："秦学奎，字星垣，上元诸生。尝修摄山义冢，躬亲其事，未尝惮劳。"陈诒绂《续金陵通传》载："自富，字善之，诸生，喜施。……光绪十一年，山东水灾，又募捐，置义冢于栖霞山下，并设掩埋局。"被义冢掩埋的有因水灾暴露的桦墅湾、王家界两圩埂的尸骨，有浸泡在水中的尸骨，有家贫无主的棺木。掩埋局订立的章程规定，凡圩埂大小停棺，除有主外，一律迁葬义冢，此后圩埂永不准抛停棺柩，无力者尽可自行附葬义冢；凡掩埋应用之士，即在附近荒废官地取土，不得私挖乡民田地，该乡民人等，亦不得藉端讹索；摄山下荒冢，凡无主者，即在该处代为扦葬，其朽坏不能葬者，用土堆厝。

近现代墓葬

高僧塔林　栖霞山高僧骨塔林主要有三处，一处在天开岩西侧，呈半圆形分布，南北 11.3 米，东西 9.6 米。原为民国时期建，后毁于"文化大革命"，20 世纪 80 年代复建，此处有仰山、明常、方廉、若舜、寂然、卓成高僧塔。一处在桃花坞西南侧，有宗仰等高僧塔，均为青石质，柱身为正六面体，有仰、覆莲图案等浮雕。另一处为曹洞宗派高僧塔，曹洞宗为禅宗南宗五家之一，该处 5 个高僧塔系民国年间曹洞宗 5 位传人高僧之墓塔。2012 年 3 月 28 日，栖霞山高僧塔林被南京市人民政府公布为第四批南京市文物保护单位。塔林部分迁于高奇峰墓下侧，部分迁于天开岩"祖师塔院"内。

宗仰骨塔　亦称乌目山僧宗仰塔，在栖霞寺后中峰中脊右侧。塔铭文为"传临济正宗第四十四世栖霞堂上宗仰楞禅师之塔师生于同治四年乙丑十月初十日吉时寂于民国十年辛酉七月二十二日吉时嗣法门人惟德敬立"。1936 年 12 月，国民政府明令褒扬宗仰生平事迹，特拨国币 5000 元交戴传贤、张继，令其主持修塔立碑，以资表彰。

无名将士墓　无名将士指的是1927年8月，在与军阀孙传芳部队龙潭交战中牺牲的国民革命军将士。1928年4月15日，任鼐游历栖霞山，其在《栖霞石刻题名小纪》中写道：“崖之下，有皑然白者，似有标志，僧谓余：‘兹所见，盖战士瘗骨所。’”1929年，杨杏佛在《大学院一周年纪念登栖霞山和经农并呈同院诸子》诗注中写道：“栖霞绝顶有龙潭阵亡兵士冢。”

高奇峰墓园　位于西峰之侧，桃花涧旁。原来建有第一道墓门、墓道、桥、碑亭、纪念堂及铜像等。现存牌坊为民国时期建造。高奇峰（1889—1933），广东番禺人，民国画坛名人，岭南画派创始人之一，与其兄高剑父等同创岭南画派。1933年，高奇峰病逝于上海。1934年，葬于广州，国民政府主席林森题写墓碑。后其女弟子张坤仪四处奔走，筹备公葬。1936年12月27日，国民政府公葬高奇峰于栖霞山，吕超、居正、褚民谊等国民政府要员参加葬礼。此后因战事及诸多原因，高奇峰墓园被湮没。原墓碑损毁并大部分遗失。2003年，台湾画家欧豪年到栖霞，在栖霞寺有关人员帮助下找到墓园。墓碑及雕塑下碑刻皆为重刻。墓为圆形，由花岗岩砌成，直径4.8米，高1米，平顶，周以半圆混凝土拱壁，高山形造型，上由欧豪年题“高山仰止”，落款为“癸未秋吉墓园重修天风楼门下众再弟子令拜”。雕塑为铜像，系广东曹崇恩雕塑园捐铸，铜像基座四面，均刻有文字。正面为徐悲鸿题文《发扬真艺领袖画坛》，文中写道：“奇峰先生以画负盛名与中外，吾与纳交廿年而一别十余载，去年七月，吾与其孤帆售于法博物院，即期归来，遂已隔世，张女士坤仪以其遗事这集见示，言念旧游，凄然泪下，庶几其泣鬼神而惊风雨者，不随其魂魄而长往也，呜呼！”铜像基座东侧为蔡元培题的挽诗：“革命精神澈始终，政潮艺海两成功。介推岂肯轻言禄，笔底烟云供养丰。访客曾到天风楼，一别无缘再聚首，曙后星孤芒作作，继若绝业有千秋。”铜像基座西侧为陈树人挽诗：“卅载廉偶同砥砺，丹青宁计拟徐黄。妻梅子鹤林和靖，纯白坚贞陶华阳。尽有蜚声扬海外，尚余桃李满门墙。天风楼远魂归处，忍见珠江月似霜。”铜像基座北侧为《岭南高奇峰先生墓园重修记》：“近百年来，中国画坛，岭南三家倡导新变，为国族艺术重整，率先致力；三家之一——高奇峰先生，生于清光绪十五年，即公元一八八九年六月十三日，广东番禺人氏。早年参加国民革命，功成不居，毕生从事国画创作，瘁力不懈，一九三一年，比利时万国博览会国际艺术展览，先生代表中国参展，得最优等奖，个人分

数高冠世界各国画家，当时欧美博物馆，争相罗致其作，享誉国际，一时无两。一九三三年冬，德国举办中德美展，先生代表我国出席会议，旅途中，十一月二日病逝于上海。艺海同悲，一九三六年十二月二十七日，当时国府明令公葬于南京栖霞寺旁，林森主席亲题其墓碑曰：'画圣高奇峰先生之墓'。高风亮节，早为群伦所仰。嗣日寇侵华，战乱频仍，数十年间碑坟圮毁，殊堪太息。迄今世纪更新，政府倡导人文精神，先贤故墓，尤为保护重点。春间清明，其再传弟子欧豪年教授自海外归来，趋拜墓园，既伤摇落，因有重修之议，本寺住持及管理处当局咸表同感，愿为群策群力以成其事。经得高家亲属及再传弟子梁洁华博士鼎力相助，港、台、澳各地有关方面之热心捐输督导，墓园今秋，遂告修复。堪为海内外人士，仰止景行之胜地。是为记。"

杜义墓　位于御花园侧，墓不存，但墓园遗址尚在。杜义，第一位由国民政府公葬于栖霞山的名人。1936年6月21日上午在栖霞山幽居庵墓地安葬，主祭原定于右任，后因其在上海养病，改由张继担任。于右任书写碑文。杜义（1887—1936），字宥前、友荃，号仲虑、幼泉，直隶静海（今属天津市）人，任中央监察委员。因患抑郁症，1936年2月7日，自沉玄武湖殒命。时《大公报》《兴中》《逸经》《礼拜六》等报刊纷纷报道杜义自沉之事。3月20日，邵元冲在《建国月刊》上撰写《杜义》一文，纪念这位忧国而死的好友。

曹经沅墓　今不存。曹经沅（1891—1946），原字宝融，后字纕衡，四川绵竹人。幼年从家读。12岁补邑廪生。后赴成都，毕业于四川法政专门学校。18岁乙酉科拔贡。入京朝考，分发礼部，任主事。民国成立后，复就读于中华大学，获法学士学位。擅书法、诗文，有《借槐庐诗集》。1946年10月4日去世后，葬于栖霞山，墓地为何遂（叙甫）先生所赠。曾小鲁有《纕衡丈葬栖霞山之三独往凭吊日感成三诗》。

欧阳翥墓　位于高奇峰墓下方10余米处，胡小石题写墓碑。欧阳翥，字铁翘，别号天骄，清光绪二十四年（1898）生于湖南望城（今长沙市），1954年去世。曾任中央大学、南京大学生物系教授，历任系主任、代理理学院院长等职。"文化大革命"期间，墓碑上文字"欧阳翥"被凿，2015年重镌。著有《退思盦诗草》六卷、《退思盦文稿》两卷、《退思盦诗抄》十三卷、《退思盦杂缀》三十六卷，累计数百万字。

黄质夫墓　位于栖霞山南侧何家山，今京沪铁路栖霞山隧道西出口南侧。黄质夫，江苏仪征人，乡村教育家。1963年去世。1993年5月，黄质夫与夫人徐宜耘（继容）合葬。（黄质夫事迹详见“寓贤”一目）

郭元兴墓　位于桃花涧北侧，虎山南面。2014年新迁于此。原葬施食台附近，碑文为“公元一九九一年冬至郭元兴居士之墓赵朴初书”。2014年重立碑，碑文上款为“公元一九九一年立，二〇一四年重立”，下款为“赵朴初书”。

郭元兴（1920—1989），江苏睢宁人。自幼学佛，通晓典籍、梵文和英文。近代研究梵文藏文经典的佛学家。1949年后，在上海从事佛学研究，1956年参与撰写《中国佛教百科全书》和斯里兰卡《佛教百科全书·中国佛教》的部分内容。1980年在南京金陵刻经处工作，后调入中国佛教协会研究部。1986年成为中国佛学院研究生导师，后又受聘于中国佛教文化研究所，为研究员。1989年6月30日在北京逝世。主要著述有《达摩二入四行与道家言》《佛教与长寿》《高僧法显行迹杂考》等。

其他墓葬（骨塔）

青权骨塔　位于天开岩祖师塔院内，铭文为“传临济正宗第四十四世金山江天堂上青权开禅师之塔师生于咸丰庚申年十二月初六日吉时寂于民国乙亥年四月十二日亥时嗣法门人惟省道光德敬立”。

延伸阅读：蒋维乔《青权禅师塔铭》

青权禅师者，当代之宗匠也。讳印开，一字冠海，江苏江都阚氏子。幼集茶蓼，志出尘世。逊清光绪五年己卯，年十八，投金陵天宁寺自成法师薙度。庚辰，受具于焦山定慧寺芥航和尚。随师学戒，严净毗尼。壬午，谒金山江天寺性莲和尚，参究禅理，多所心得。退居常净和尚，尤契重之。甲申，朝普陀静瞻。大海无涯，孤岛卓然特立，大发深省身心，豁然回至浙江，慕雨花茅蓬天朗老人之高风，特往参求，亲执杂役，苦行经年，得老人指示心要。又至汉口圆照寺，亲近惟清和尚。丙戌冬，回金山。时隐儒和尚主席，命充内外书记、知客等职。壬辰春，拟朝五台，常师恐其不返，乃传心印，得法后，遂赴五台。礼文殊，西入终南，在南台太乙峰绝茅苦修，担薪吸水，躬自任之。曾念：“青山原不动，白云仍去来。”半偈恍然，山光电影之外，别有悟境。一住之年，常净、隐儒二师，以常住需人，召之还山。乃于甲午入蜀，礼峨嵋。即遄返襄助隐师，建造山顶浮图，至庚子而落成。辛丑，隐师圆寂，授衣拂住持。恪遵前规，锻炼后，学历十一载，多所成就，大江南北法席之盛，殆莫与匹也。辛亥，国体变更，少年僧徒，有假辨学之名，破坏常住者，师坚持不为动，古刹得以保存。壬子，事定即退居。然维护常住始终如一，个已开堂，传戒、得戒弟子数百人。摄山栖霞寺为江天分灯，师时往说戒，弟子益多，师专修禅，定日有禅课，老而弥笃。乙亥三月，年七十有六矣，犹往栖霞说戒，步履之健，有若壮年。以感受寒热，归山休养。忽觉腿部肿痛，延医治之，则云：无他病。特年高气衰，劳动过度使然，及是月下旬，复力疾往栖霞登坛说戒，事毕，腿部痛楚异常，乃返。经西医用刀，圭出脓甚多，以为可愈矣。师自示疾以来，绝无呻吟，神志如常，遇问疾者，但云难忍能忍，难受能受，此紧要功夫，并开示后学，须勇猛勤修，别无他语。至四月十二日，乃嘱侍者，合诵观世菩萨名号，师起坐禅床，合掌随诵，至夜戌时，气息渐微，从容入寂，师生于清同治（编者注：应为咸丰）庚申十二月初六日，寂于民国二十四年乙亥四月十二日，世寿七十有九（编者注：应为七十有六），僧腊五十有九，塔于某山。余于十余年前至金山，与师晤面，若有夙契，嗣后岁，时通问音书不绝。近三年来，师每次来函，恒以年事已高，世相无常，屡促余至山一叙契阔，余以羁于俗事，屡屡爽约，且以师之康健，谅无他虞。今夏以动决，于端午假日赴山参谒，不料未及期，而师竟不待我，师已预知之，而以余之蹉跎昏罔，竟致一面之缘亦不可得，人生遇合，信有前定者耶！师寂月余，法徒静、观、霜，亭邮事略来因，要删存之，而为之铭。铭曰：

形寿有尽，性真不灭，此窣堵波，安藏害骨，垂模范于人天，咸率履而周越，翳传灯之相望，亘万古而不绝！

录自 1935 年第 4 卷第 5 期《光华大学半月刊》

修慧骨塔　位于白乳泉试茶亭对面，铭文为“传曹洞演宗第十四世保国堂上第二代上修下慧参禅师寿塔　中华民国二十五年丙子冬吉预建寿塔薙染徒心法等孙达祥等曾孙本性等敬立”。

清法骨塔　位于白乳泉试茶亭对面，铭文为“传曹洞演宗第十五世保国堂上第三代愿清法禅师　中华民国二十五年丙子冬吉预建寿塔薙染徒达祥等孙本性敬立”。

生莲骨塔　位于白乳泉试茶亭对面，铭文为“禅师寿塔传曹洞演宗第十五世保国堂上第三代愿生莲禅师寿塔　中华民国二十五年丙子冬吉预建寿塔薙染徒达广等孙本妙等敬立”。

慈定提纯衣钵塔　位于白乳泉试茶亭对面，铭文为“传曹洞演宗第十五世保国堂上第三代愿慈定愿提纯禅师衣钵之塔　中华民国二十五年丙子冬吉预建寿塔薙染徒达□□等孙本来等敬立”。

智悟净禅全寿骨塔　位于白乳泉试茶亭对面，铭文为“传曹洞演宗第十四世保国堂上第二代修智悟修净禅修全寿公塔中华民国二十五年丙子冬吉预建寿塔薙染徒心法等孙达祥等曾孙本性等敬立”。

明道慧参隆行骨塔　位于白乳泉试茶亭对面，铭文为“传曹洞演宗第十四世保国堂上第二代修明道修慧参修隆行禅师之塔　中华民国二十五年丙子冬吉预建寿塔薙染徒心法等孙达祥等曾孙本性等敬立”。

寂然骨塔　位于天开岩祖师塔院内，铭文为“传临济正宗第四十六世栖霞堂上寂然湛禅师之塔生于清光绪十九年三月十七日吉时殁于民国念八年十月十二日吉时嗣法门人月□□月□□敬立”。

延伸阅读：仁山《寂然大师碑铭》

佛教重实而不重名，名者，实之宾也。有名而无实，则人讥之曰尸位素餐；有实而无名，则人赞之曰不着世相。此自古圣贤皆首务夫立功立德也。寂然大师者，其务实而不务名欤。师东台栟茶场人，俗姓严，父名天庆，母顾氏。年十三丧父，二十亡母，仅有弱妹未婚妻在，□独一身。感念万事无常，人生梦幻，兴趣索然。遂劝妻妹持斋念佛，消除宿业而植善根。自发宏愿，投寿圣寺振禅和尚出家焉。民八，往金陵宝华山，受具足戒。旋习禅于镇江金山江天寺，大彻堂中，日夜参究，忽悟本来面目，了得性空世界，必须万行庄严，方不落断灭见也。未几，常住命师晋库房服务，适如师愿。民十，剃度恩师振禅和尚在摄山栖霞寺病危。师追奉汤药，以尽为徒之道。未久入灭，师哀念逾恒，胜丧考妣，以法身之恩，犹重于色自之恩也。继之宗仰老人亦病，师又亲侍汤药，勤恳不怠。若舜上人见师之孝意真诚，道气盈面，为佛门之不凡品，再三坚留，协理该山寺务。师既得知音，遂受委焉。其时栖霞只有旧屋八间，若老终年在外募化，师则在山经营建筑，昕夕奔走，大有一沐三握发、一饭三吐哺之概。不数年，大殿、藏经楼、斋堂、群房等相继落成，巍然为金陵一大名刹。僧侣之挂锡、士女之游观，莫不惊奇称怪，意谓若非神工鬼斧、浩大庄严，何以成功有若斯之迅也。民十三，清理山场田地。有不轨屠、陶二氏狼狈为奸，侵夺寺产。师为常住僧侣食粮计，据理力争，几陷缧绁之中，幸龙天护佑，遇公正宰官之援助，莫大风波始得安然渡过。民十七，若老以师之功行伟大，与方廉、明常、仰山同受记莂，为常住之一代人焉。由此，寺中每春传授戒法，利人颇多，并创设律学院，教授诸僧戒法。立农林试验场，开垦山地，广植油桐而辟利源，以资常住日用之需。民二十六（年）七月，卢沟桥事变，烽火弥漫，继之京沪沦陷，人民流离失所，惨不忍睹。师于寺中，得大本、志开两法师之建议襄助，特设佛教难民收容所，先后拯救老弱妇孺共两万三千余人，日供饘粥两餐。百余日后，道路能通，始徐徐遣散。在险济众，洋洋盛德，能不令人钦羡不置者哉！事变之后，若老在香港，卓公住泰州，栖霞之百般艰苦，难受能受，难忍能忍，难行能行，亦惟师一肩担荷之也。师之名位，虽不甚高，而汲汲于立功立德，较之古贤，无多逊色，此吾所以赞其务实而不务名者也。民二十八年十月，示微疾，自知报缘已尽，函促卓成和尚回山，面交一切手续。迨十二日，右胁而卧，如入禅定而长逝矣。门人大本、觉明、志开等，以师之功德硕大，不忍湮没。将其自传，嘱雪烦法师徒佛宗，请予为一碑铭。勒之坚石，垂诸久远，风范同伦。予素重其人，故欣然述之。铭曰：

父丧母故　觉世无常　毅然脱俗　受戒参方
金山彻悟　毛骨清凉　立志利生　万善无疆
栖霞辅弼　道场恢张　为利常住　不避刀枪
天护吉士　履险而康　律院建设　用灌琼浆
开辟利源　流泽孔长　烽火弥天　难民收藏
济命给食　德海汪洋　乐与他受　苦惟师尝
不有凡圣　焉别雌黄　务名遗诮　崇实流芳
我敬赞言　苦海慈航

录自《佛学半月刊》1940年第203期9卷

若舜骨塔　位于天开岩祖师塔院内，铭文为“传临济正宗第四十五世栖霞堂上若舜德公禅师塔中华民国三十七年嗣法门人□湛□禅敬立”。

延伸阅读：濮一乘《栖霞山若舜德禅师塔铭》

曩在逊清末年，与宗仰上人订交于沪上，存亡泡影，忽忽且逾一世矣。仰公在日，赞助革命事业甚力，民国丙子岁，国民政府追录前劳，明令褒扬，颁帑建塔，刊布文集。仰公为栖霞山寺中兴不祧之祖，塔院即在寺外。而著作迄无定稿，寺主卓成和尚，以一乘与仰公有一日之雅，因以编订遗集之责相属。越一年，丁丑春入山，遂识退居若舜禅师。师盖仰公法嗣，竭半生之心力，恢复寺宇，竟仰公未竟之志，成仰公未成之功者。修髯道貌，言词温雅，每当夕阳欲暝，明月初出，辄相与徘徊于林樾之下，指点六朝时造像，隋代舍利塔。谓寺乃三论宗祖庭，千年鼎盛。太平军之役，毁于劫火。仰公舍金山应继之法席，张空拳入荒山，披荆斩棘，运甓移砖，一意兴复道场，追随左右者，惟师一人而已。未几仰公以积劳顺世，疾革时，尚殷勤嘱累，师流涕拜命，遂继其席，时辛酉秋季也。幸以三宝加被之灵，十余年间，因缘辐辏，今者殿堂壮丽，钟板晏安，俨然为近都一名刹，而仰公不及见矣。言既嘘唏不置，叹法门之多故，而人事之无常焉。仰公遗集编订甫就绪，而淞沪之战事作，一乘遂别师而西。戊寅夏秋之际，展转而至香港，又与师相遇，盖亦避兵南来也。延居于九龙之鹿野苑者，两月有奇。其地负山面海，景物较栖霞迥别。师以故山被兵，虽寺宇无恙，而食指颇繁，生计艰苦，意甚忧之。晨夕相偕散步，据危石，俯流泉，语多苍凉抑郁，若与天风海涛相吞吐。回思去岁山居，气象雍容暇豫，渺如隔世矣。意者沧桑之感，虽方外亦有所不能免欤？是可悲也！一乘旅居香港凡三年，与师亦不数数见。辛巳冬，港九战事又作，事定相约晤于茗肆。一乘归乡计定，师则因事暂留，茗罢珍重而别，讵料遂成永诀矣。今岁癸未秋，聆师凶问，函询卓成，而复信告以久疟不起，即示寂于鹿野苑中，且如法荼毗焉。卓成因具师行状，求为铭幽之文，此又后死者之责也。呜呼伤矣！按状师讳惟德，字若舜。江苏泰县曲塘镇吕氏子，父长丰，母氏翟。师生四月即能言，六岁就外传，聪颖异常儿。每喜效僧合掌状，喃喃诵佛号，镇之报本庵僧巨莲者，诧为有善根。八岁疾，几殆，日者推其星命孤高，非脱俗恐不能活，遂往依巨莲披薙。十八岁诣宝华山受具足戒，宝华为南山宗第一门庭，主者浩净律师，戒德重于当世，师亲近十有二年，历充繁剧之职。而念切向上事，三十岁辞往金山参学，复为金山主人青权所契重，每以本分钳锤，多方逼拶啐啄不违，气味符合，越一年即记莂焉，是为临济宗第四十五世，时清宣统二年也。青权同门五人，仰公居其一，以文字般若契师尤深。迨分灯栖霞，因携以自辅，卒赖师之象贤济美，竟其未竟之志，成其未成之功，大事因缘，岂偶然哉？师初继法席，即排除万难，先建云水堂，以接纳禅侣；继建新戒堂，以弘扬毗尼。旋即开堂传戒，岁以为常，辄请青权主之，青权殁，则师自主之。民国癸酉，匈牙国加利国籍比丘照空，尝率德法意比诸国男女十二人入山求戒，师如法摄受，待以平等，缁素盛传以为希有。退席后，尚创设律学院，意在振兴僧教育。一乘居山时，盖躬预其开学之典礼焉。东南号称富厚，顾以频年内哄，民生凋敝，仰公有所计划，每以物力不给而罢。师继席未久，弟子定佛，忽致香港善信之意，请师移口弘法，而以何莲觉优婆夷为领袖，张乃豪绅何东之室，拥赀雄于海南者，香港开埠近百年，商业繁盛，而佛教沾溉甚微。师启建水陆大斋于名园，庄严隆重，见闻欢喜，皈依者骤达数千众，大法自此盛行，刹竿林立，梵呗相闻，不下江浙郡邑矣。师因筑栖霞别业于九龙之荃湾，即鹿野苑是也。嗣后檀施稠叠，栖霞山中诸巨工，如大雄宝殿，藏经楼，五观堂，金汤阁等，并赖以次第举。而师自视慊然，精进不辍，日以准提咒为常课，其他行持，以师秘之甚，故鲜有知者。师又以仰公系出金山，身亦瓣香青权，每欲举效江天寺之规模，创建禅堂，举行坐香制度。尝偕一乘步相堂基，谓寺局西向，盖限于形势，禅堂倘建于右庑之后，户牖当阳，夏纳凉风，冬延晴日，宁不佳耶？惜以世难猝起，□愿未偿，座下英灵杰出，亦有以竟师未竟之志，成师未成之功者乎？师嗣法弟子曰方廉，曰卓成，擅文翰，与一乘交亦挚。曰明常，曰寂然，以寺产讼事尽瘁，先师殁。曰仰三（山），再传弟子曰大本，有干略今任住。曰觉民，曰志开，曰弥光，均能善承示范，不坠家风云。师生于清光绪六年十二月十七日，化于民国三十二年七月二十三日，世寿六十有四，僧腊五十有七。卓成等念师功在栖霞，将奉灵骨归山，预卜塔址于寺之东北方，去仰公塔咫尺，情也，谊也，亦礼也。爰为之铭曰：

师所渊源大彻堂，师所兴复菩提场，师所回向常寂光。摄山之树苍苍，大江之水汤汤。迄三灾之未睹兮，设利罗于兹永藏。溧水濮一乘撰。

录自《中流（镇江）》1944年第3卷

慈舟骨塔 位于半馆门前道路下方，铭文为“祖师堂上慈舟法轮禅师灵塔”。

世航、度厄墓 位于半馆门前道路下方。度厄（1873—1938），僧人。俗姓冯，湖北沔阳人。清光绪十七年（1891）剃度。1916年与胞兄世航、胞姐世宽住南京普照庵。1938年遇难，葬栖霞山。原佛国寺存世航、度厄墓塔构件，2019年10月20日，安放至瓦官寺。

观同墓 位于龙山山脊，天鹅凼上方。观同，和尚，1981年立碑。

真慈骨塔 位于天开岩祖师塔院内，铭文为“栖霞寺方丈上真下慈大和尚之塔和尚生殁一九二八年十月八日二〇〇三年七月五日僧腊六十一载戒腊五十七夏”。

仰山骨塔 位于天开岩祖师塔院内，铭文为“传临济正宗第四十六世栖霞堂上中兴第三代上仰下山心禅禅师之塔佛历二五三四年九月公历一九九〇年九月栖霞法裔法宗超尘悟一 达道星云莲航敬立”。

达道骨塔 位于天开岩祖师塔院内，铭文为“传临济正宗第四十八世栖霞堂上中兴第五代上达下道德公禅师之塔师生于一九二二年岁次壬戌八月廿七寂于二〇一三年岁次癸巳二月廿八僧腊七十有四戒腊七十有三嗣法门人智圆智明智空敬立”。

超尘骨塔 位于天开岩祖师塔院内，铭文为“传临济正宗第四十八世栖霞堂上中兴第五代上超下尘悫公禅师之塔”。

茗山骨塔 位于天开岩祖师塔院内，铭文为“栖霞堂上退居上茗下山老和尚之塔老和尚生于一九一四年圆寂于二〇〇一年世寿八十八岁僧腊七十载戒腊六十夏八二至八九年任栖霞寺住持栖霞寺敬立”。

悟一骨塔 位于天开岩祖师塔院内，铭文为“传临济正宗第四十八世栖霞堂上中兴第五代上悟下一惕公禅师之塔师生于民国十一年岁次壬戌正月十四吉时寂于二〇〇三年岁次癸未九月十三丑时僧腊七十有一戒腊六十有三嗣法门人智圆智明智空敬立”。

法宗骨塔 位于天开岩祖师塔院内，铭文为“传临济正宗第四十八世栖霞堂上中兴第五代上法下宗悭公禅师之塔”。

志开骨塔 位于天开岩祖师塔院内，铭文为“传临济正宗第四十八世栖霞堂上中兴第五代上志下开灯禅师之塔师生于公元一九一一年寂于一九七九年享年六十九岁嗣法门人法宗超尘悟一达道星云莲航敬立。”

光鉴骨塔　位于天开岩祖师塔院内，铭文为“一九五九年一九七九年栖霞堂上圆寂住持光鉴和尚之塔一九八六年十二月栖霞寺敬立”。

法意骨塔　位于天开岩祖师塔院内，铭文为“栖霞堂上上法下意禅师之塔佛历二五二八即公历一九八四年栖霞寺住持茗山重建”。

煜口骨塔　位于天开岩祖师塔院内，铭文为“报本堂上第七代上煜下口上人之塔师生于庚子年即一八九九年寂于丙午年即公元一九六六年农历六月十四日午时享年六十七岁”。

觉民骨塔　位于天开岩祖师塔院内，铭文为“传临济正宗第四十七世栖霞堂上中兴第四代上觉下民月世禅师之塔佛历二五三四年九月日公历一九九〇年九月日栖霞法裔法宗超尘悟一达道星云莲航敬立”。

卓成骨塔　位于天开岩祖师塔院内，铭文为“传临济正宗第四十六世栖霞堂上中兴第三代上卓下成心惠禅师之塔佛历二五三四年九月日公历一九九〇年九月日栖霞法裔法宗超尘悟一达道星云莲航敬立”。

方廉骨塔　位于天开岩祖师塔院内，铭文为“传临济正宗第四十六世栖霞堂上中兴第三代上方下廉正禅师之塔生于清光绪十年甲申七月初一日吉时殁于民国九年庚辰三月十六日吉时嗣法门人月基月世月灯月净敬立”。

明常骨塔　位于天开岩祖师塔院内，铭文为“传临济正宗第四十六世栖霞堂上中兴第三代上明下常心鉴禅师之塔佛历二五三四年九月日公历一九九〇年九月日栖霞法裔法宗超尘悟一达道星云莲航敬立”。

煜华骨塔　位于桃花扇亭南侧，铭文为“报本堂上第七代上煜下华上人之塔徒雪烦暨徒孙法宗敬立”。

能益骨塔　位于桃花涧北侧，虎山南面。铭文为“圆寂恩师上能下益老和尚之塔孝徒仁量敬立恩师一九三〇年六月十三日出生于江苏省江都宜陵，一九五七年依隆昌寺隆恒法师剃度，一九七九年十一月任栖霞寺监院，二〇一〇年一月廿七日圆寂，僧腊五十三载，戒腊四十有六，享年八十一岁”。

传顺骨塔　位于桃花涧北侧，虎山南面。铭文为“圆寂比丘尼传顺法师之塔公元一九二〇年五月一日建生，二〇一三年八月四日圆寂弟子刘爱玲荆桂兰荆根娣朱口海夏桂飞等众敬立”。

本振骨塔　位于桃花涧北侧，虎山南面。铭文为“南京栖霞堂上圆寂首座悟公上本下振老和尚之塔”。

辉坚骨塔　位于桃花涧北侧，虎山南面。铭文为“栖霞堂上圆寂首座上辉下坚老法师之塔”。

养真骨塔　位于桃花涧北侧，虎山南面。铭文为“栖霞堂上圆寂首座上养下真老法师之塔”。

宏莲等七人墓　位于中峰涧上龙山砖桥南侧，铭文为“公元一九七四年□□□□□□□□先师上宏下莲禅师□□□徒本□□”。

释本祥师道位　位于桃花涧北侧，虎山南面。铭文为“一九九四年秋，阳上同参煜明利群敬立”。

竹根墓　位于桃花涧北侧，虎山南面。铭文为“生故于己酉相四月十三日寅一九八四年六月十四日传临济正宗明慧堂上第四上竹下根昌公老和尚觉阳上徒龙海龙修孙熊慧敬立”。

观禅墓　位于小营盘右侧，铭文为“一九八二年清时观禅法师之墓弟王锦才”。

失名古墓　位于明镜湖南侧，龙山北侧。墓为条石结构，南京地区较为少见。长约 2.5 米，宽 1.5 米。被盗。疑为宋代墓葬。

失名高僧墓塔　位于了凡问道南侧栈道旁。地宫被掩埋，仅存塔基。

玉浪墓塔　位于天开岩附近。玉浪，禅师，曾居怡谷。

贝岩塔院　贝岩，禅师，录自《摄山志》。

山印空安禅师塔　位于白云庵之侧。塔今不存，录自《栖霞小志》。

□师之塔　位于山印空安禅师塔之后。塔今不存，录自《栖霞小志》。

法祖塔　位于幽居庵西侧，西峰叠浪岩南面。年代不详,《摄山栖霞寺全山平面图》有标注。

普同塔　位于天开岩南侧。年代不详,《摄山栖霞寺全山平面图》有标注。

诸祖塔　位于天开岩南侧。年代不详,《摄山栖霞寺全山平面图》有标注。

文祖塔　位于定照庵旁。年代不详,《摄山栖霞寺全山平面图》有标注。

古塔　位于龙山西麓。年代不详,《摄山栖霞寺全山平面图》有标注。

青祖塔　位于中峰涧侧，地藏殿东。年代不详,《摄山栖霞寺全山平面图》有标注。

星云骨塔　位于桃花扇亭南侧，2023 年 10 月立。

寺藏稀珍

古籍 栖霞寺向有收藏典籍的传统。今寺院藏经楼保存有大量佛教文献，2014 年 12 月，经评定，栖霞寺成为南京佛教界第一家“五星级档案单位”。据统计，今栖霞寺藏经楼藏有明代刊刻的《南藏》6031 册、清乾隆时期的《龙藏》10602 册、日本续编《大藏经》1398 册、《频伽大藏经》（宗仰编）759 册、民国影印宋碛砂版《大藏经》1139 册、民国散本 25967 册、木版《华严经》202 册、《玄奘撰全集》260 册，共 46358 册，其中，《南藏》和民国散本极具文献价值。此外，寺庙还藏有历代高僧祖师及居士的血写经书、手抄本及贝叶经等。

2015 年，藏经楼的古籍陆续搬出，在吉祥寮二楼建立了临时编目整理工作室。同年底，寺院与南京艺术学院人文学院签署了栖霞寺纸质文献遗存保护协议，协助栖霞寺为所藏佛经、古籍和善本进行保护和修复。此外还得到国家古籍保护中心、江苏省古籍保护中心、区政府及古籍保护业内专家的大力支持。

珍宝 栖霞寺历史悠久，寺藏文物众多，经历史变迁，不少藏品惨遭损毁。改革开放以来，寺庙文物得以妥善保护，20 世纪 90 年代，寺庙成立多宝阁（亦称文物楼），对寺藏文物进行整理，有佛像、观音像、陶瓶瓷瓶、笔筒、鼎、佛珠等，以明清时期居多。鉴真塑像由日本奈良唐招提寺八十一代森木孝顺老亲自塑成，并于 1963 年 10 月，为纪念鉴真大师圆寂 1200 周年，由日本文化界、佛教

藏经楼内陈列的古籍　　（栖霞寺　供图）

界联合赠送栖霞寺；所藏玉佛，由星云大师赠送；寺藏金龙袈裟，上绣有“清乾隆帝五幸栖霞行宫御赐金龙袈裟永镇山门”字样，是一件传世之宝，经历曲折，1949年由本寺志开法师秘密嘱咐达道法师带往香港，60余年后，根据达道遗嘱，该袈裟由达道亲人送回栖霞寺。

清乾隆帝御赐金龙袈裟（栖霞寺藏）

字画 栖霞寺收藏的字画是该寺藏品中最大的一宗，根据《南京栖霞山志》中的列表统计，达467件，其中五代至清的字画有28件，民国时期有89件，其余为当代字画。栖霞寺的字画收藏始于宗仰，由于民国时期社会动荡，不乏名家字画造假，所以藏品中难免有赝品。民国时期字画，集中了佛门大师、军政要员及其他各界精英的作品，佛门作者有持松、大本、宗仰、楞定、若舜、仁山、卓成、茗山、星云等法师，军政要员有韩国钧、齐燮元、汪嘉棠、熊希龄、徐世昌、褚民谊、胡汉民、廖耀湘、孙科等，学术大师有章太炎等；当代字画更是集中了一大批声名显赫的社会名流，有赵朴初、袁晓园、林散之、武中奇、沈鹏、欧豪年、尉天池、言恭达、黄养辉、孙晓云、吴为山、黄惇等。栖霞寺藏字画作品，不仅艺术水品高，有的作品更表现了社会历史，如宗仰的《丙辰纪念图》，画面一侧上部画一行将倾倒的山坡，坡上数棵苍翠劲松，坡下萧瑟的草丛中，蹲伏着一只惊悚的猿猴，图另一侧为飞动的云彩，此画表现的是袁世凯复辟，遭到全国正义民众的讨伐，所绘山坡与松树，暗指蔡锷（字松坡）将军率军讨袁的故事。寺庙藏经楼里悬挂的王一亭画达摩像，共36笔绘成，他的白描功夫炉火纯青，其中也有一段不凡故事。

栖霞山片区文物保护单位一栏表

表11

序号	名称	年代	位置	级别
1	舍利塔	南唐	栖霞山	国家级
2	千佛崖	南朝	栖霞山	国家级
3	明征君碑	唐朝	栖霞山	国家级

续表 11

序号	名称	年代	位置	级别
4	梁桂阳简王萧融墓石刻	南朝	南京炼油厂小学内	国家级
5	梁安成康王萧秀墓石刻	南朝	栖霞街道原甘家巷小学内	国家级
6	梁始兴忠武王萧憺墓石刻	南朝	栖霞街道新合村甘家巷	国家级
7	梁吴平忠侯萧景墓石刻	南朝	栖霞街道原十月村	国家级
8	梁鄱阳忠烈王萧恢墓石刻	南朝	栖霞街道新合村甘家巷	国家级
9	梁新渝宽侯萧暎墓石刻	南朝	栖霞街道董家边村	国家级
10	陈文帝陈蒨永宁陵石刻	南朝	栖霞街道新合村狮子冲	国家级
11	栖霞寺	南朝	栖霞山	省级
12	定照庵碑刻	明朝	栖霞山	市级
13	明城砖官窑场遗址	明朝	栖霞街道官窑村	市级
14	高僧塔林	明朝	栖霞山	市级
15	乾隆行宫遗址	清朝	栖霞山	市级
16	乾隆“第一金陵明秀山”诗碑	清朝	栖霞山	市级
17	高奇峰墓园	民国	栖霞山	市级
18	江南水泥厂旧址	民国	江南水泥厂	市级
19	寂然上人碑	民国	栖霞山	市级
20	受降井	民国	栖霞山	市级
21	毛泽东塑像	现代	栖霞街道原十月村	市级
22	御龙桥	清代	栖霞街道栖霞南街 25 号北侧九乡河上	区级
23	乾隆金陵返跸驻栖霞碑	清朝	栖霞山	区级
24	栖霞山天开岩摩崖石刻	宋一清	栖霞山	区级
25	黄质夫墓	现代	栖霞街道何家山	区级

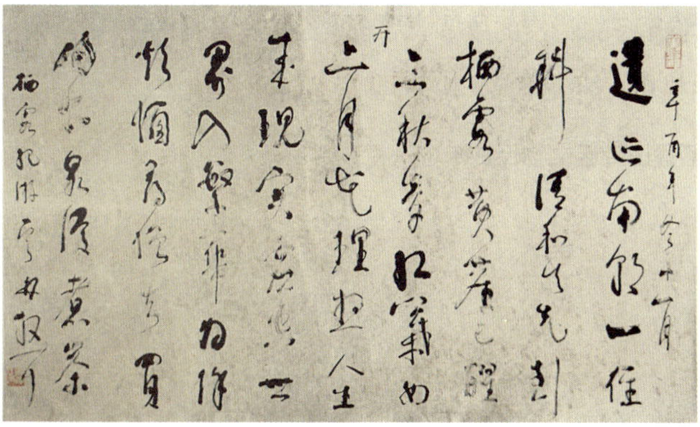

林散之书法作品（栖霞寺藏）

名山人物

自秦代到清朝2000多年间，先后有多位帝王与栖霞山结缘，留下许多历史佳话。

栖霞山是僧伽云集之地。他们在这里研习佛教经典，青灯黄卷，皓首穷经，各有建树；广收门徒，暮鼓晨钟，讲经说法，推动佛教薪火相传。

栖霞山还有一些“寓贤”，钟情栖霞这块土地，长时间在这里居住，或修行礼佛，或著书立说，或兴办实业，或创办学校，或保护侵略战争中的难民，从而成就诸多伟业。

帝王贵胄

齐高帝 齐高帝萧道成（427—482），南朝齐国开国皇帝，479—482年在位。南朝刘宋泰始年间，名士明僧绍南下，路过摄山（今栖霞山），被其泉石岩壑所吸引，认为这里是绝佳的说法之地、息心之处，于是结茅隐居。永明年间，萧道成时为太傅，久闻明僧绍才华出众，欲征他为记室参军，明僧绍没有回应。萧道成称南齐帝后，建元元年（479）冬，下诏征明僧绍为正员外郎，明僧绍称病不就。有一次，明僧绍前往钟山定林寺，拜候高僧释僧远，齐高帝恰好也驾临此寺。僧众得知皇上驾临本寺，皆出门迎驾，唯独明僧绍避而不见。见明僧绍不接受征召，还故意回避自己，齐高帝就对身边的大臣崔祖思说，他这样做究竟何故？你到摄山明僧绍的住处走一趟，让他和弟弟明庆符一道来见我。可是，齐高帝的好意又一次落空。他终于明白，明僧绍心地高洁，又很执着，所以不接受征召。在封建社会，臣子不接受皇帝征召，往往招来杀身之祸。可齐高帝不仅没有嗔怪的意思，反而对明僧绍尤加礼敬。正是由于齐高帝的理解与支持，才有了明僧绍舍宅为寺的创举。

梁武帝 梁武帝萧衍（464—549），南朝梁国的开国皇帝，502—549年在位。梁武帝在南朝诸帝中最尊崇佛教，由于其大力提倡与护持，南朝佛教发展到鼎盛。栖霞寺高僧僧朗在佛学上有精深的造诣，是佛学三论宗重要的传承人。梁武帝曾派一些僧人上栖霞山，诏令僧朗向他们传授三论宗。栖霞山成为三论宗的发源地，佛学史上称“祖庭”。可以说，栖霞山成为三论宗祖庭，梁武帝居功至伟。明僧绍逝世后，其子临沂县令明仲璋尊重乃父的遗愿，开凿千佛崖。在开凿千佛崖初期，萧齐文惠太子、竟陵王、豫章王以及后来梁朝的武帝、元帝，临川王萧宏等，都参与其中。

梁临川王 南朝梁临川王萧宏（473—526），字宣达，是梁文帝萧顺之第六子。梁天监元年（502），萧衍登上皇位，封萧宏为临川王，食邑二千户。不久，任使持节、散骑常侍，都扬州、南徐州诸军事，后任将军、扬州刺史等职。据《摄山志》记载：“文惠太子、豫章文献王、竟陵文宣王及江夏王宋霍姬等依岩高下深广，就石为像，共成千尊。梁临川王复加莹饰，金碧焕然。”可见，萧宏在栖霞山千佛崖造像中起“增光添彩”作用。

陈武帝 陈武帝陈霸先（503—559），南朝陈国的开国皇帝，557—559年在位。南朝梁太平元年（556）六月，北齐军在徐嗣徽、徐嗣宗率领下，自芜湖沿江东进，潜至钟山龙尾（今紫金山之东北），三日后，进至幕府山，建康危急。时握梁朝军政大权的陈霸先派部将钱明率水军出江乘，截击北齐军粮运。北齐军进至玄武湖西北幕府山南，陈霸先率部从覆舟山东移，驻郊坛北，与北齐军对峙。此时正值南方雨季，连日倾盆大雨使从北方南来的北齐军陷入困境。六月十一日，天气转晴，陈霸先准备出战。六月十二日拂晓，陈霸先亲自领兵，首先从城北幕府山方向发动反击。陈霸先令吴明彻、沈泰等众军首尾齐举，侯安都则利用熟悉地形的优势，率部迂回到敌后，夹击敌军。在雨季之中大受其苦的北齐军前后受敌，士气低落，四处溃逃。梁军在陈霸先率领下，越战越勇，北齐军溃不成军，向摄山方向逃窜。陈霸先见齐军溃逃，并一路找寻渡口，便率部乘胜追击至摄山，歼灭了北齐军。此战，北齐军大败，徐嗣徽、徐嗣宗被活捉斩杀，还俘虏北齐萧轨、东方老、王敬宝、李希光、裴英起等将帅凡四十六人，北齐兵溺水而死者大半，陈霸先大获全胜。在栖霞山及周边展开的"陈齐之战"，展示了陈霸先的军事才能，增强其军事实力，巩固其在梁朝的地位，为其建立陈朝奠定坚实的基础。

隋文帝 隋文帝杨坚（541—604），隋朝的开国皇帝，581—604年在位。据《帝京景物略》记载，杨坚为随国公时偶遇神僧，得舍利数百颗。登基后，重兴佛法，两次下诏，令天下八十三州，各选一处依山傍水清静寺院，建塔收藏舍利。他在《立舍利塔诏》中明确指出："分道送舍利，先往蒋州栖霞寺。"蒋州时为南京的别称，可见栖霞寺在隋文帝心中的位置。隋代建成的舍利塔，是栖霞寺有塔的开始。现存舍利塔塔基第二层镌刻飞凤、莲花等图案，西侧有"隋朝仁寿元年造　民国十九年修"题刻。隋和南唐建筑保存至今者为数不多，舍利塔为其代表作，对于研究佛教建筑艺术、佛教艺术和石雕艺术都是极好的实物。

唐高祖 唐高祖李渊（566—635），唐朝开国皇帝，618—626年在位。唐高祖武德七年（624），大臣傅奕进言，请求灭佛，理由是佛教宣扬"不忠不孝"的思想，迷惑百姓。唐高祖没有采纳傅奕的意见，在他看来，佛教对于治理国家是利大于弊，于是继续发扬前朝尊佛崇佛的传统。武德年间（618—626），为进一步扩大佛教影响，唐高祖下诏栖霞寺改名为功德寺，并增建殿宇49所，使栖霞寺“楼阁延袤，宫室壮丽”，名噪一时，与山东临清灵岩寺、湖北江陵玉泉寺、浙江天台国清寺并称为我国佛教“四大丛林”。

唐高宗 唐高宗李治（628—683），唐朝的第三位皇帝，649—683年在位。明僧绍的后裔明崇俨擅长神道法术，很受唐高宗宠幸，明崇俨向唐高宗提出，要为先祖明僧绍树碑立传，唐高宗慨然应允。上元三年（676），唐高宗特撰碑文，并亲题“棲霞”二字，以示恩宠。

唐高祖真像　　《历代帝王画像》

《明征君碑》象征着栖霞寺与唐代皇权的特殊关系，从而有力维护着栖霞寺在唐代的地位。唐高宗曾改功德寺为隐君栖霞寺。鲜为人知的是，除御题“棲霞”二字、撰写《明征君碑》碑文和御赐寺额外，据明代顾起元《金陵古金石考目》记载，唐高宗还有《栖霞山亭记》文，惜已无存。

清高宗 清高宗爱新觉罗·弘历（1711—1799），清朝第六位皇帝，定都北京后的第四位皇帝，1735—1795年在位。爱新觉罗·弘历年号乾隆，被誉为“与栖霞山结缘最深的帝王”。他六下江南，六上栖霞山。第一次是乾隆十六年（1751），第二次是乾隆二十二年（1757），第三次是乾隆二十七年，第四次是乾隆三十年，第五次是乾隆四十五年，第六次是乾隆四十九年。面对栖霞山的秀山丽水、文物古迹，乾隆兴趣盎然，诗兴大发，文思泉涌。他为“彩虹明镜”命名，把千佛崖上的“纱帽峰”改名为“玉冠峰”，写诗盛赞栖霞山为“第一金陵明秀山”。清乾隆帝第一次南巡后，栖霞行宫开始建造，历时6年，于乾隆第二次南巡前建成。这样，从第

清高宗真像　　《历代帝王画像》

二次南巡开始，乾隆就住在栖霞行宫。乾隆就行宫位于栖霞山东峰与中峰之间，规模宏大，由春雨山房、太古堂、夕佳楼、石梁精舍等建筑组成，蜿蜒于山间。乾隆第二次登栖霞山，游览了紫峰阁、白鹿泉、玲峰池、叠浪岩等景观。题诗 23 首，题行宫匾联、名胜匾联 10 多副，留下《玲峰池》《紫峰阁》《万松山房》《叠浪崖》等诗作。他还在《游摄山栖霞寺用尹继善沈德潜倡和韵》一诗中注明“尹继善入山阅工，沈德潜偕往，故有此作”。可见这首诗是乾隆感佩尹继善在山里不辞辛苦监理行宫工程的有感而发。清乾隆帝第三次登栖霞山时写的诗最多，共 29 首。第四次驻跸栖霞山行宫时正赶上他 70 大寿，他登上凤翔峰，并写《登最高峰作歌》诗。最后一次登栖霞山时乾隆已 74 岁，但他精神矍铄，攀上最高峰，写下《登栖霞最高峰眺望作歌》诗。据统计，清乾隆帝在栖霞山共题诗 120 首，书写楹联、匾额 44 副。乾隆的这些作品，不仅在典籍之中能够查到，在游览栖霞山时不经意还可以看到。栖霞山管理处于 2011 年编辑出版了《栖霞山乾隆诗集》。

清成亲王　清成亲王爱新觉罗·永瑆，号少厂，一号镜泉，别号诒晋斋主人，清高宗乾隆第十一子。乾隆十七年（1752）二月七日出生，封成亲王。著有《听雨屋集》《诒晋斋集》《仓龙集》。乾隆四十八年，成亲王为乾隆第六次南巡做准备，提前考察路线，并宿栖霞寺。作有《宿栖霞寺》诗：“摄山南畔正黄昏，散步栖霞古寺门。露藓蒙茸江总石，风花杂沓扈谦村。六朝栋宇青林密，千佛威仪翠壁尊。若道此间多药草，江流滚滚日东奔。”

高僧大德

在栖霞寺悠久的历史中，高僧辈出。云谷禅师佛学造诣极深，听他讲经说法的僧人和信徒络绎不绝，“了凡问道”成为一段佳话、一处景点。素庵法师研习多部经论，博通“大小乘”，登坛讲《华严经》，形成四面听众咸来之盛况。宗仰上人复兴栖霞寺，重整宗风。寂然法师和明常法师设难民收容所，大展慈悲之怀。若舜法师重修栖霞寺，广造梵宇。茗山法师开办栖霞寺僧伽培训班，登坛讲经传戒，教育学僧爱国爱教。他们各领风骚，在不同的历史阶段，对栖霞山佛教发挥着引领、传承和示范作用。

法度禅师　法度（？—500），南朝刘宋黄龙（今辽宁省朝阳市）人。少年即出家研习佛学。宋末，至建康与名士明僧绍交游，过往甚密。南朝齐永明元年（483），受赠明僧绍住宅为佛寺。法度与另一高僧法绍在当时佛教界颇具影响，受到南齐竟陵王、始安王极高礼遇。后与明僧绍之子临沂县令明仲璋于栖霞山西峰镌刻无量寿佛，是为千佛崖造佛像之始。法度在栖霞寺中多次宣讲《无量寿经》。于萧齐永元二年（500），卒于寺中。

鉴真大师　鉴真（688—763），唐代高僧，广陵江阳（今江苏省扬州市）人，俗姓淳于。根据《唐大和上东征传》（真人元开　撰）记述，鉴真大和上第五次东渡失败的归途中，“时和上频经炎热，眼光暗昧，爰有胡人言能治目，遂加疗治，眼遂失明”。大和上至润州江宁县，共停留七日，其间，“和上之弟子僧灵佑承和上来，远从栖霞寺迎来，见和上五体投地，进接和上足，辗转悲泣而叹曰：‘我大和上远向海东，自谓一生不获再觐，今日亲礼，诚如盲龟开目见日；戒灯重明，昏衢再（朗）’即引还栖霞寺，住三日。却下摄山，归扬府”。六次起行，五次失败，历尽千辛万苦，终于天宝十二年（753）和随行弟子，成功到达日本。

鉴真大师塑像　（栖霞寺藏）

鉴真大师在日本十年，除弘传佛教外，还在汉文字、医药、雕塑、绘画、建筑等方面都做出了杰出的贡献。在中日两国人民友好往来与文化交流的历史上，是一位值得纪念的光辉人物。他于公元 763 年在日本逝世。

1963 年 10 月，为纪念鉴真大师圆寂一千二百周年，日本奈良唐招提寺八十一代森木孝顺长老亲自塑像一尊，由日本文化界、佛教界联合赠送栖霞寺。栖霞寺建过海大师纪念堂并举行盛大法会，出席亚洲十一个国家和地区佛徒会议的各国代表参加了法会。

云谷禅师　云谷（1500—1579），讳法会，俗姓怀，浙江嘉善胥山人。九岁入大云寺，开始学习瑜伽。十七岁时，见法门衰谢，僧人无心修炼，遂投向天宁寺，拜古印禅师为师。十九岁登坛受具。他云游到金陵天界寺，在毗卢阁闭关静坐。后又到北京地区云游，经常与遍容、白云诸长老交流心得，一时名动京师。

后来，云谷返回金陵，选择清静之地栖霞山，欲在此书写经书、讲经说法。这时的栖霞寺，与明代早期不可同日而语，已经荒废多年。听说云谷禅师到栖霞山，“一时文士，多与之游”，贵族、士绅们十分高兴，纷纷来到栖霞山，竞相捐资，要助云谷重振山寺。礼部官员陆光祖一路拜访古道场，来到栖霞山，他见云谷禅师气度不凡，遂请云谷住持栖霞寺，云谷坚辞不受，却举荐追随自己的兴善任住持。为了不让众人打扰云谷，他的弟子能慧在栖霞山天开岩结茅为庵，延请云谷居住。从此，云谷“影不出山”。兴善任栖霞寺住持后果不负众望：“善公尽复寺故业……建禅堂，开讲席，纳四来，江南丛林肇于此，师之力也”。不到一年时间，栖霞寺殿宇重建成一座大刹，香客络绎不绝。云谷知人善用，让栖霞寺恢复昔日的繁荣。嘉靖三十五年（1556），云谷禅师在栖霞寺后的山上，挖出一尊古铜像，铜像二尺多高，款制精良，有内行人看过后认为，铜像不是唐宋时的风格，应该比唐宋更早一些。于是，在云谷的主持下，建起一座供奉铜像的古佛庵。袁黄是明代一位思想家，与云谷禅师是老乡，初号“学海”，后改号“了凡”。袁黄在参拜云谷禅师前一直不得志。隆庆三年（1569），他到栖霞山参拜云谷禅师，两人对坐三天三夜，袁黄把自己的辛酸经历告诉云谷。云谷听后，对袁黄说：“吾始以汝为豪杰，乃今而知原是凡夫，从来大善之人，数不得而拘之；大恶之人，数亦不得而拘之，彼为命数，所拘者中人也。汝奈何？被孔先生牢固以缚者，至二十年也。”从此袁黄茅塞顿开，后发愤读书，于万历十四年（1586）高中进士。为感谢云谷禅师，袁黄把参拜云谷禅师的经历写进《游艺塾文规》一书：“先访云谷会禅师于栖霞山中，对坐一室，凡三昼夜。”这一次栖霞山问道对袁黄来说刻骨铭心，从此，栖霞山多一处著名景点“了凡问道”。“阳明见其文而知其人，云谷见其人而知其文。”这是袁黄对云谷禅师的赞语。云谷圆寂后，袁黄撰写《云谷禅师传》，以纪念其人。

素庵法师　素庵法师（1519—1593），讳真节，生活在明代正德至万历年间。出生于湖北襄阳一户姓钟的名门望族，自小以孝顺而名闻乡里，成年后在南阳一座寺庙里出家修行。后到北京登坛受具，修行11年，研习多部经论，并博通“大小乘”。他北游五台，南礼普陀，经过南京时，被殷迈、邢一凤及栖霞寺僧兴善、清柏等人知晓，于是众人就延请他到栖霞寺登坛说法。素庵法师来到栖霞山，在观音庵（圆通精舍）讲《华严经》，每天来瞻礼的人特别多，盛时泰说“惟此最盛矣”。

慈圣皇太后好佛、崇佛，听说素庵法师在栖霞山讲经时，出现“多宝塔”现象，特意安排中使张本到栖霞山考察。张本从栖霞山回来讲述事情原委，慈圣皇太后遂以金缕袈裟大士像赐予素庵，而众僧依照素庵描述的“多宝塔”，在观音庵西边建造一座“多宝佛塔”。素庵法师讲经生动，富有哲理，因此，听法的人很多，最多时有上千人。素庵法师在栖霞山观音庵讲经10年，广受欢迎。他还被延请至太仓的淮云寺讲经。栖霞山现存明代文献大多与素庵法师有关，如汪道昆撰写的《摄山多宝塔铭》《摄山圆通精舍记》，王世贞撰写的《圆通精舍灵应圣殿记》、袁黄撰写的《圆通精舍募田碑记》等。《金陵梵刹志》收录的《重修摄山栖霞寺碑铭》《重建栖霞寺天王殿记》等，都提到素庵法师在栖霞山讲经说法的事。万历二十一年（1593），素庵法师圆寂。其弟子在定照庵为其立塔。弟子如敬请廖希元撰写《定照庵记》，王肯堂则撰写《大明赐紫素庵节法师塔铭》，记载素庵法师不平凡的人生。作为一代高僧，《大明高僧传》《释鉴稽古略续集》《补续高僧传》里，均有素庵法师的传记。

慧超法师　慧超法师（1745—1804），清乾隆、嘉庆时栖霞寺僧，曾任栖霞寺住持。工诗。洪亮吉《晚泊栖霞港望最高峰追悼诗僧慧超》诗注载，方丈慧超与乳山方丈古岩、焦山方丈慧超合著《三山僧诗》。三山者，江宁镇三山矶也。慧超法师殁葬于栖霞山。

宗仰上人　宗仰上人（1865—1921），江苏常熟人。俗姓黄，名浩舜，别名用仁、中央、楞伽小隐等，别号乌目山僧，后称印楞禅师。曾任栖霞寺住持。16岁，依常熟三峰寺药竟和尚出家。21岁转至镇江金山江天寺受具足戒。1919年，应栖霞寺僧法意之请，复兴栖霞，重整宗风。自此，栖霞道场改为金山分宗。弘扬妙法之余，研习英、日、梵等文字，均通晓有成，并精于诗书画金石等。1921年圆寂，葬栖霞山。寺僧为其建造乌目山僧宗仰塔，由章太炎撰铭。1936年，国民政府明令褒扬，并拨5000元，为其修塔立碑。

宗仰上人（栖霞寺　供图）

若舜法师　若舜法师（1879—1943），江苏泰县（今江苏省泰州市）曲塘镇人，俗姓吕，讳惟德。生四月即能言，6岁就塾，聪颖异常。8岁投曲塘镇报本庵，依巨莲上人出家。18岁剃度，诣宝华山受具足戒。1919年，宗仰应邀到栖霞寺任住持，若舜协助其重修栖霞寺，含辛茹苦，南北奔走，筹集资金，广造梵宇。宗仰圆寂后，若舜力任巨艰，游募化缘，大至寺院规划，小至施工监督，悉力操劳。相继建成大殿、藏经楼、五观堂、施檀阁、金汤阁、五云阁、鹿野堂、挹翠楼、客库房等数百间，足称丛林之规模。1920年，任栖霞寺法席。曾用水泥修饰千佛崖残破佛像。1939年春，赴香港，隐息于鹿野苑。

若舜法师（栖霞寺　供图）

寂然法师　寂然法师（1893—1939），江苏东台人，俗姓严，早年皈依寿圣寺振禅和尚，1919年，复在宝华山受具足戒，后禅定于镇江金山江天寺。1921年，剃度师振禅和尚养病栖霞山，寂然侍奉汤药。1937年冬，侵华日军在南京大屠杀期间，寂然采用大本、志开两法师建议，在栖霞寺设立难民收容所，保护难民2.3万余人。其所设难民收容所为中国人自己设的唯一难民收容所。

寂然法师（栖霞寺　供图）

明常法师　明常法师（1898—1970），俗姓陶，名心鉴，字明祥，别号明常。江苏如皋人。曾任栖霞寺住持。6岁入私塾，因私塾设在伏海寺内，耳濡目染，受佛教影响甚深。10岁出家，22岁受戒于宝华山，24岁于高邮四宏学院师从佛学泰斗仁山大师。1928年，任栖霞寺监院。其时民国内政部下令废庙兴学，举国寺院僧人惶惶不可终日。明常凭其智慧，周旋于冯玉祥、林森之间，保护寺产。1937年冬，侵华日军南京大屠杀期间，明常参与保护难民。1939年，接栖霞寺方丈之职。1946年，明常重建鹿野苑于香港荃湾，化导群迷，阐扬宗性，援及沉沦，港澳信众，依者逾千。

雪烦法师　雪烦法师（1909—1994），法名镫明，俗姓孙。江苏泰县人。8岁随祖母吃素念佛，14岁投海安曲塘镇报本庵出家。1928年秋，就学于镇江竹林寺佛学院，后进北平柏林佛教教理研究院，继入“三时学会”研究唯实法相。

1929年春，于南京栖霞寺受具足戒。中华人民共和国成立后，历任中国佛教协会理事，江苏省第一、二届佛教协会副会长兼秘书长，江苏省政协委员和南京市第七、八届政协常委，南京市佛教协会会长、栖霞寺名誉方丈。在任中国佛教学会栖霞山僧伽培训班顾问期间，编写和教授丛林基本知识。1984年，任中国佛学院栖霞山分院院务委员会副主任。

志开上人 志开上人（1911—1979），江苏海安人。与大本法师、觉民法师等创建栖霞律学院。曾任栖霞寺住持，创办宗仰中学。1937年冬，与寂然法师等在栖霞寺设立难民收容所，保护难民。

圆湛法师 圆湛法师（1913—2003），俗姓李，江苏泰州人。在全国佛教界负有盛名。民国时期，曾在闽南佛学院、镇江竹林佛学院、泰州佛学研究社等处学习，担任过焦山佛学院院长、定慧寺方丈，创办佛学月刊《中流》。中华人民共和国成立后，担任中国佛学院教师多年，历任中国佛教协会常务理事、中国佛教协会研究部研究员、中国佛教协会栖霞寺僧伽培训班副班主任兼教务长、中国佛学院南京栖霞山分院副院长、江苏省佛教协会副会长、南京栖霞山寺首座兼都监等职。

茗山法师 茗山法师（1914—2001），法名大鑫，俗名钱延龄，江苏盐城人。1914年出生。19岁出家，21岁至焦山定慧寺受戒，入焦山佛学院学习。23岁进武昌佛学院高级研究院深造，开始在佛学刊物发表文章，次年转南岳祝圣寺佛学研习所继续研习佛学，后任湖南耒阳金钱寺、衡阳培元寺住持。1945年入住宁乡大沩山寺。一年后至焦山佛学院主持教务，主编《中流》月刊。1951年任定慧寺住持，“文化大革命”期间被迫离寺。1979年重返焦山，到处募化，义卖自己的书法作品，集巨资重修定慧寺，终于恢复元朝时期毁于倭患的焦山宝塔（万佛塔）。1982年，受中国佛教协会委托，开办栖霞寺僧伽培训班，登堂讲经传戒，教育学僧爱国爱教。1984年，中国佛学院栖霞山分院成立后，任中国佛学院栖霞山分院第一副院长，兼任栖霞寺方丈。茗山长期担任江苏省佛教协会会长、江苏省政协常委。1993年，被选为中国佛教协会副会长。先后应美国、日本、韩国、斯里兰卡、泰国、新加坡、印度尼西亚、尼泊尔等国及中国港台地区佛界之邀，前往讲学交流，受到斯里兰卡总统、总理和泰国僧王接见。其间，曾在国内甘、黔、粤、闽、鲁、皖、浙等省大小数百座寺庙讲学。1995—1999年，主持编修《焦山志》。著作有《茗山书法作品集》《茗山文集》等。

惺公长老　惺公长老（1917—2020），出生于泰州。1947年，得法于大本、觉民、志开诸禅师，任职监院；1949年，奉命移锡香港，留传栖霞寺法脉；1974年，任栖霞寺香港鹿野苑住持；1978年，将鹿野苑由荃湾迁至九龙塘，中兴苑务，任董事长，又创栖霞寺分院于香港。1980年飞锡夏威夷。1992年，往澳大利亚创建观音寺，成为南半球弘扬佛法的著名道场。

星云大师在栖霞寺　（栖霞寺　供图）

星云大师　星云（1927—2023），俗名李国深，江苏江都人，12岁时于栖霞寺礼志开上人出家，志开师赐名悟彻，号今觉，先求学于栖霞律学院，是栖霞律学院里年龄最小的一个。由于栖霞是座十方丛林，同参来自各地寺院，只有他是在栖霞剃度的，于制不合，故以师父出家的宜兴大觉寺为祖庭。星云在栖霞山6年时光，师父以铁的纪律代替爱的教育，用柳枝条打掉贡高刚愎，由我执转化为无我，就是这样在“有理三扁担，无理扁担三”的磨炼下，让星云养生积厚了宗教情操，志开还送他到各处参学苦修，在大众中熏修磨炼。先后在焦山佛学院及金山、天宁、宝华等诸大丛林参学；得到太虚、若舜、仁山、智光、太沧、雪烦等大德精心培养，21岁回祖庭宜兴白塔山大觉寺礼祖，担任白塔国民小学校长近二年，复至南京就任华藏寺住持，从事佛教改革运动。

大师1949年赴台，1967年开创佛光山寺，恢复南传佛教失传千余年的尼众戒法，收世界各地出家弟子千余之众，信众达百万。

大师甚为关注栖霞寺，1987年，栖霞寺复建玉佛楼，用于供奉星云大师敬赠的玉佛。1989年大师率国际佛教促进弘法探亲团一行75人回栖霞寺礼祖，后多次组团到寺礼祖并为大众开示。2006年，在隆相方丈升座仪式上为隆相方丈挂珠。

2009年10月参加栖霞山文化艺术节开幕式。2010年出席在栖霞寺举办的佛顶骨舍利重光法会，并发表讲话。2011年应邀莅临栖霞寺，给在家居士传授三规、五戒、菩萨戒。

大师毕生致力于弘扬人间佛教，积极推动两岸佛教交流，曾任台湾佛光山开山总长，国际佛光会世界总会会长等职，著有《星云大师佛学著作集》等。2023年2月5日圆寂。

真慈法师 真慈法师（1928—2005），俗名许耀东，1928年出生于江苏仪征，16岁出家。1979年，参加恢复栖霞寺工作。多年来讲经弘法、培养年轻僧才。献身佛门60多年，具有高深的佛学造诣。曾任中国佛教协会理事、江苏省佛教协会副会长、南京市佛教协会会长，南京市栖霞寺、灵谷寺、玄奘寺、瓦官寺方丈，第八届、第九届、第十届、第十一届、第十三届南京市人大代表。

寓客邑贤

栖霞山山川形胜，吸引无数政治家、军事家、文人、高僧、实业家、科学家、教育家、艺术家远道而来，在这里驻足流连，施展才能，建功立业。即使作短暂停留，也如流星划过夜空，闪烁耀眼的光芒。

栖霞山因有名人造访而声名远播；同样，名人也因与栖霞山有过往而青史留名。在漫长封建社会中，与栖霞山有关联的文人众多，状元出身的就有朱之蕃、彭启丰、钱维城和毕沅等人。朱之蕃官做得不小，死后还被赐为尚书。他多才多艺，著作颇丰，《金陵图咏》中收录他以栖霞山为题材的绘图作品多幅。著名学者、戏剧家孔尚任慕名游览栖霞山，拜访隐居在此的名士张怡，创作灵感被激发，写出传世之作《桃花扇》剧本，从此，李香君与她修行的保贞庵名扬海内。彭启丰的诗作以描摹栖霞山的景点见长；钱维城的诗作多以栖霞山为题材，与乾隆皇帝唱和，出尽风头；莫友芝除是诗人之外，还是一位金石学家，其对南朝石刻的研究造诣极深。

明僧绍 明僧绍（？—484），字休烈，一字承烈，号栖霞。山东平原鬲（今山东省平原县）人。隐士。南朝宋元嘉年间（424—453）举秀才，明儒术。生逢战乱，洁身自好，先隐居崂山聚徒讲学，后徙居建康（今南京市），结庐摄山

（今栖霞山）20 多年。因广才高品，桃李满天下。南朝宋齐时期，皇帝先后六次征召他任国子博士等官职，他始终坚辞不就。与僧法度为友。南朝齐永明二年（484）卒。法度以其住宅为“栖霞精舍”。永明七年（489），在此基础上，创建栖霞寺。时人夸赞明僧绍自甘淡泊、屡征不就，尊其为“征君”。今栖霞寺弥勒殿侧有明征君碑。明代，栖霞山曾建有“标隐堂”，用以祭祀明征君。“标隐”就是取齐高帝诏中之字，意思是标意拔俗，隐居而不就征。

江总　江总（519—594），字总持，今河南兰考人。出身高门，深受梁武帝赏识。侯景之乱后，避难会稽。陈文帝天嘉四年（563），被召回建康，任中书侍郎。陈后主时，官至尚书令，故世称“江令”。陈亡后，入隋为上开府，后放回江南，在扬州去世。江总是梁陈宫体文学的代表人物之一。其一生多次到栖霞山，与栖霞寺僧关系密切，写栖霞寺的诗作有《游虎穴寺》《再游栖霞寺言志》《入摄山栖霞寺》《游栖霞寺并序》等多首。

焦竑　焦竑（1540—1620），字弱侯，号漪园，又号澹园，江宁（今南京市）人，生活在明代嘉靖至泰昌年间。年少即有大志，每次参加考试，均拔头筹，为诸生时即负盛名。后从督学御史耿定向，又师从罗汝芳。嘉靖四十三年（1564）举乡试第一，其时耿定向在国内 14 郡选名士送至清凉山麓崇正书院读书，他看重焦竑学识，推其为学长。万历十七年（1589），焦竑以殿试第一名（状元）身份官翰林院修撰，任皇长子讲官。万历二十二年，因精于史学和国家典章，被推荐领衔修国史。第二年，皇太子出阁，焦竑为讲读官。焦竑与耿定向、耿定理、耿定力、李贽交往甚密，且笃信李贽之学，认为“佛学即圣学”，因而他与佛教名山——栖霞山颇有渊源。辞官后，焦竑常常住在栖霞山，对此，他毫不讳言：“余自罢归，累憩于斯，寻征君、散骑之迹，洒然而乐之。”焦竑一生著述颇丰，有《新镌焦太史汇选中原文献》《俗书刊误》《焦太史编辑国朝献征录》《熙朝名臣实录》《焦氏类林》《玉堂丛语》《易筌》《焦氏笔乘》《国史经籍志》《史记萃宝实评》《养正图解》《老子翼》《庄子翼》《新锲翰林三状元会选二十九子品汇释评》《焦氏澹园集》《焦氏澹园续集》《栖霞寺五百阿罗汉画记》等。《焦氏澹园集》中收录他在栖霞山题写的诗作《九日登栖霞绝顶同伯年作》《宿白云庵和伯年作》《同友人游摄山》等，《栖霞寺五百阿罗汉画记》记述吴彬画五百阿罗汉的故事，并对此画加以点评。焦竑为《栖霞寺修造记》碑撰写过碑文。盛时泰在《栖霞小志》书稿完成后不久去世，为了使该志流传，焦竑进行刊刻。清人甘福重刊《栖霞小志》，就是依据焦竑所刊版本再刻的。《明史》《皇明历科状元录》《上元县志》《盋山志》等文献中均有《焦竑传》。

朱之蕃 朱之蕃（1548—1624），字符介，号兰嵎，江宁（今南京市）人，明万历二十三年（1595）状元。官至吏部侍郎，死后赠尚书。才华横溢，尤擅长书画。藏书极丰，许多是孤本、善本。著有《奉使朝鲜稿》《盛明百家诗选》《金陵图咏》等。《金陵图咏》中的第十七景为“栖霞胜概”，内有栖霞寺、明征君碑及亭、千佛崖、无量殿（三圣殿）、三茅宫及长江图像。栖霞山的三圣殿石匾，出自朱之蕃之手。后人为纪念朱之蕃，将他曾经居住的巷子命名为“朱状元巷”，该巷位于今南京朝天宫南侧。

张怡 张怡（1608—1695），字瑶星，原名鹿征，号白云道者。明朝上元（今南京市）人。曾任锦衣卫正千户。诗人，史学家。明亡后还金陵，长期隐居于栖霞山为道士，50余年不入城市。著有《古镜庵诗内外集》《金陵私乘》《摄山志略》等。

孔尚任 孔尚任（1648—1718），字聘之，又字季重，号东塘、岸堂、云亭山人。山东曲阜人，孔子六十四代孙，清初诗人、戏曲作家。早年在曲阜石门山读书，康熙二十一年（1682）出山。康熙二十四年后，赴北京，曾任国子监博士等职。康熙二十八年秋，孔尚任因公事到江宁（今南京市）。公事之余，他特地到栖霞山，拜访隐居在白云庵的张怡，写下《游栖霞寺》诗：“殿阁层层上，芒鞋已到天。但闻松水沸，不辨市朝烟。红紫垂秋果，香灯坐老禅。到来消万虑，拟借一床眠。”还写下《白云庵访张瑶星道士》《过紫峰阁院》《宿青云室留赠楚云禅宗》《看栖霞诸庵桂花》等诗。康熙四十七年（1708），孔尚任回到家乡曲阜，在天津佟氏的资助下，三易其稿，完成巨著《桃花扇》。张慧剑在《明清江苏文人年表》中说：“山东孔尚任还扬州，过栖霞山，至白云庵访张怡，听说南朝故事，备写《桃花扇》。”

彭启丰 彭启丰（1701—1784），字翰文，号芝庭，苏州府长洲县（今江苏省苏州市）人。清雍正四年（1726）举人，雍正五年状元，授翰林院编修。作品有《栖霞禅房雨坐》《千佛崖》《春雨桥》《万松台》《最高峰》《栖霞杂咏十首》《摄山诸泉名歌》等。《栖霞杂咏十首》包括《玉冠峰》《舍利塔》《桃花涧》《品外泉》《紫峰阁》《畅观亭》《画禅院》《文殊院》《般若台》《幽居室》。

钱维城　钱维城（1720—1772），字宗盘，谥文敏。常州府武进县（今常州市）人。清乾隆三年（1738）举人，乾隆十年（1745）状元，授翰林院编修，荐擢刑部左侍郎。学问精洽，屡掌文衡。作品有《恭和御制江宁回跸驻栖霞作元韵》《恭和御制游摄山栖霞寺元韵六首》《恭和御制游栖霞山元韵》《恭和御制春雨山房元韵》《恭和御制驻跸栖霞行宫元韵》《恭和御制登最高峰望江放歌元韵》等。

毕沅　毕沅（1730—1797），字纕蘅，太仓州镇洋县（今太仓市）人。清乾隆十八年（1753）举人，乾隆二十五年（1760年）状元，授翰林院修撰，历任陕西按察使、陕西布政使、陕西巡抚、湖广总督等职，卒后赠太子太保。作品有《游摄山诗二十首》之《湖上》《明征君祠》《桃花涧》《叠浪岩》《千佛岭》《般若台》《紫峰阁》《白云庵》《息心亭》《德云庵》《幽居》《禹王碑》《万松阁》《春雨楼》《云木相参阁》《茅庵》《白鹿泉》《瀑布》《最高峰》《最高峰望黄天荡吊韩蕲王》等。目见《灵岩山人诗集》。

莫友芝　莫友芝（1811—1871），字子偲，自号郘亭，又号紫泉、眲叟，贵州独山人，晚清著名学者、诗人、书法家，金石学家和目录版本学家。同治七年（1868），开始寻访南朝石刻，将寻访的感受和研究成果收录在《宋元旧本书经眼录》之中。此行他来到栖霞山，重点寻访太平天国战火中幸存下来的明征君碑和舍利塔。莫友芝在明征君碑上发现“唐人篆额，又自题衔”这一其他碑刻没有的现象。探访明征君碑后，他来到舍利塔前，在塔上留下“同治七年独山眲叟莫友芝访碑于此山”题刻，这是南京唯一的莫友芝题刻。

端方　端方（1861—1911），清末满洲正白旗人，托忒克氏，字午桥，号陶斋。曾任陕西按察使、署理陕西巡抚。后擢湖北巡抚、署理湖广总督，再迁江苏巡抚、两江总督。端方有才识，擅长词章，好作山水游。登栖霞山访心月和尚，善谈佛理，喜探奇索异，见江总碑之不在，很为惋惜，命随从人员寻觅。他还亲手在寺外种柏树多株，以美化环境。那时，寺庙有山田数百顷，兵燹后，一直被土豪占有，还有一些田地被当地一些品行恶劣的人擅自送给了上元劝学所，寺无粮食储备，有的僧人便离开寺庙。心月主寺时，拜访江宁贡士徐亮工，上书将寺庙田产挽回，端方知晓后，盛怒，命令上元县令审理，由劝学所拨还山田200亩。端方还是金石学家，有志欲捐金创殿宇，修复寺庙旧观，嗣因被召回北京有新任而未能实行。

朱希祖朱偰父子　朱希祖（1879—1944），浙江嘉兴府海盐县长木桥村上水村人，字逷先，又作迪先、逖先。清道光状元朱昌颐族孙。历任北京大学、北京师范大学、清华大学、辅仁大学、中山大学及中央大学（1949年后更名南京大学）等校教授。著名的史学家朱偰之父。

1934年受聘为南京中央大学历史系主任，同年任古物保管委员会主任。教学之余，与其子朱偰对南京古迹实地调查，亲历南京南朝陵墓，在栖霞山地区留下众多次足迹，写出《六朝陵墓调查报告》等专著。

朱偰（1907—1968），字伯商，朱希祖之子，经济学家和历史学家。早年毕业于北京大学，1929年赴德国柏林大学留学，为经济学博士，曾任中央大学、南京大学教授，江苏省文化厅副厅长等职，对南京明城墙的保护做出重要贡献。朱偰先生以实地调查和文献分析相结合的方法，对南京的历史沿革和名胜古迹进行了详细的考证，著有《建康兰陵六朝陵墓图考》《金陵古迹图考》《金陵古迹名胜影集》，1932—1935年，朱偰多次登临栖霞山，考察栖霞寺及其下院衡阳寺，并拍摄、搜集一系列照片。为栖霞山地区留下29幅珍贵的历史图照，其中反映衡阳寺的照片有《衡阳寺全景》《衡阳寺石狮》《衡阳寺石造像》《衡阳寺和尚坟》。朱偰还著有与栖霞山有关的诗文多篇。

黄质夫　黄质夫（1896—1963），名同义，字质夫，江苏仪征十二圩人。1924年，毕业于国立南京高等师范学校；同年，赴高邮界首创办江苏省立第五师范农村分校；1927年，应南京中学校长郃爽秋之聘，赴栖霞山，主持南京中学栖霞乡村师范科工作；1931年，任浙江省立湘湖乡村师范校长；1932年，回到南京栖霞，任江苏省立栖霞乡村师范校长。他奉行“教育救国”的宗旨，立志“化万万农民的愚，救百万村庄的穷，争整个民族的脸”，在执掌栖霞乡村师范

黄质夫与家人留影　（栖霞区档案馆藏）

学校期间，从当时农村的发展需要出发，在办学方式上独辟蹊径，就招生制度、课程设置、学生管理、师生融合、教育与社会实践相结合等方面推行一系列改革。他以“耕读一堂，择天下英才而教；弦歌四野，树乡村文化之基”为学校发展蓝图，以栖霞乡村师范为中心，创建栖霞新村，实施“教育乡村化、乡村教育化”，以达到乡村“野无旷土、村无游民、人无不学、事无不举”的目标，其办学方式和效果在江苏省乃至全国有重大影响。1937年，南京失陷前夕，率领师生西迁。抗日战争期间，被聘为国立贵州师范校长。抗日战争胜利后，返回江苏。著有《中国乡村的现状和乡村师范生的责任》《乡村师范对于农事改良上应负之责任》等数十篇乡村师范教育论著，被誉为中国乡村师范教育的先驱。

谢家荣 谢家荣（1898—1966），字季骅，上海人，清光绪二十四年（1898）生。早年赴美国留学，入威斯康星大学，获理学硕士学位。历任北京政府农商部地质调查所技师，国立清华大学、国立北京农业大学讲师。

1935年，谢家荣任国立北京大学地质系教授兼主任。后转任矿产勘察处处长，两广地质调查所技正，中央大学理学院地学系副教授，国立中央研究院评议员，中国地质学会《地质评论》编辑部主任。1948年4月，谢家荣当选为中央研究院院士。

1948年6月14日，谢家荣率郭文魁、花友仁等组成的宁镇山脉矿产调查队，到栖霞山视察栖霞山地质矿床情况。6月16—17日，他们先后在南象山和栖霞山的千佛崖、平山头、三茅宫等地，寻找铅矿新露矿头及其他矿产，结果于栖霞山三茅宫西南山腰的栖霞石灰岩与侏罗纪砂岩接触处发现一条矿化带，采集标本多种，带回化验分析。

1948年10月2日，谢家荣再次携南延宗、王植等人，考察栖霞山矿床，此次勘察发现了栖霞山储存铅矿。1948年，《矿测近讯》第92期率先披露了栖霞山发现铅矿的消息。随后，《地质评论》《中国工程周报》《商业月报》《资源委员会公报》等，均刊发了栖霞山发现铅矿的消息。

中华人民共和国成立后，谢家荣历任地质部总工程师、地质矿床所副所长，中国科学院地学部委员等。晚年致力于《中国矿床学》的编著工作。1966年逝世，终年68岁。著有《地质学》《中国矿业纪要》《扬子江下游铁矿志》等专著。

史瑞芬 史瑞芬（1923—1977），女，溧阳市戴埠镇人，出生于一个贫民家庭。1950年在余桥乡清水塘小学任教。在教小学的同时，她开办冬学，教农民识字。因为冬学办得出色，被苏南行政公署评为“特等冬学模范教师”。1951年，被教育部授予“全国模范教师”称号。同年，受到毛泽东接见。1952年，毛泽东颁发任命书，任命史瑞芬为江苏省人民政府委员。1962—1968年，任南京市栖霞区十月人民公社甘家巷小学校长。1977年12月29日，史瑞芬病故，年仅54岁。

附：名人履痕

明仲璋（生卒年不详） 名元琳，明僧绍之次子。临沂侨县县令。栖霞山千佛崖佛窟首先开凿之人。

徐铉（917—992） 字鼎臣，徐锴兄，南唐大臣。曾校订《说文解字》。在栖霞山千佛崖有题刻。

徐锴（921—975） 字楚金，广陵（今扬州市）人，徐铉弟，著作有《说文解字系传》等，在栖霞山千佛崖有题刻。

吴彬（生卒年不详） 福建人。明万历十五年（1587），于栖霞寺作五百阿罗汉画像，历时数月而成。乡民奔走相告，竞相观看。

周在浚（1650—1707） 字雪客，号耐龛、遗谷，河南祥符（今河南省开封市祥符区）人。辞官后隐居摄山遗谷（栖霞山地名，位置不详），撰有《遗谷集》等。

林森（1868—1943） 曾任国民政府主席。为栖霞寺《重新栖霞山观世音菩萨像记》碑文书丹，题写“西方圣人”字匾。

仇埰（1873—1945） 字亮卿，又字述庵，南京人，教育家。设立江苏省立第四师范学校农村分校（今栖霞中学前身），创办新庵小学。

胡汉民（1879—1936） 原名衍鸿，字展堂，广东番禺人。国民党元老和早期领导人之一，孙中山主要助手之一。孙中山逝世后主持编写《总理全集》。1929年8月，胡汉民游览栖霞山，并撰对联一副：“清平三章续李白，建安七子首陈王。”1937年，其门生旧属在栖霞山麓创办汉民中学。

叶恭绰（1881—1968） 字裕甫，又字誉虎，号遐庵，晚号遐翁，广东番禺人。1930年，叶恭绰主持修复舍利塔。1931年10月，撰写《重修摄山隋舍利石塔记》。著有《遐庵词赘稿》《遐庵汇稿》等，并辑有《广箧中词》《全清词钞》

等。1968 年病逝，葬于钟山。

李四光（1889—1971） 湖北黄冈人，北京大学地质系教授、中国现代地球科学和地质工作的奠基人，1932 年绘制《栖霞山地质图》。

陈范有（1898—1952） 祖籍安徽石埭，出生天津。实业家，江南水泥厂创办人之一。

袁心武（1899—1956） 祖籍河南项城，出生于天津，实业家，江南水泥厂创办人之一。

陈铎（1900—1974） 字木斋，原籍江苏镇江。在栖霞山下筹办苏南栖霞师范学校，任校长。

卡尔·京特（Karl G ü nther）（1903—1984） 德国人。出生于中国唐山。侵华日军南京大屠杀期间，与辛德贝格一起，在江南水泥厂设难民营，保护数万难民。

伯恩哈尔·阿尔普·辛德贝格（1911—1984） 丹麦人。侵华日军南京大屠杀期间，与卡尔·京特一起，在江南水泥厂设难民营，保护数万难民。

王涛（1905—1985） 江苏崇明（今属上海市）人，水泥工业专家。参与创办江南水泥股份有限公司（今江南水泥厂前身），任技术筹备专员。

赵朴初（1907—2000） 安徽太湖县人，曾任中国佛教协会会长、中国佛学院院长、中国宗教和平委员会主席、中国书法家协会副主席、中国佛学院栖霞山分院院长。数次到栖霞寺指导工作，1979 年，撰文并书写《重修摄山栖霞寺记》。

名山艺文

栖霞山是一座文化宝库，这不仅因为它历史文物极为丰富，而且与它有关联的书籍琳琅满目，就志乘来说，流传较广的有明代盛时泰编纂的《栖霞小志》、清代陈毅编纂的《摄山志》、1934 年出版的陈邦贤编纂的《栖霞新志》和 1962 年出版的朱洁轩编纂的《栖霞山志》。以栖霞山景观、文物和人物等为题材的书籍《栖霞山景观大全》等一批专著接踵出版，从各个不同角度解读栖霞山，极一时之盛。

栖霞山的诗词歌赋不乏名人之作。清乾隆帝的《游栖霞山》“第一金陵明秀山，所欣初遇足空前”，成为栖霞山的“名片”。

《摄山神靳尚皈依佛门》《石匠舍身成佛像》等民间故事及手工技艺代代相传。

著作诗文

方志

《摄山栖霞寺志》

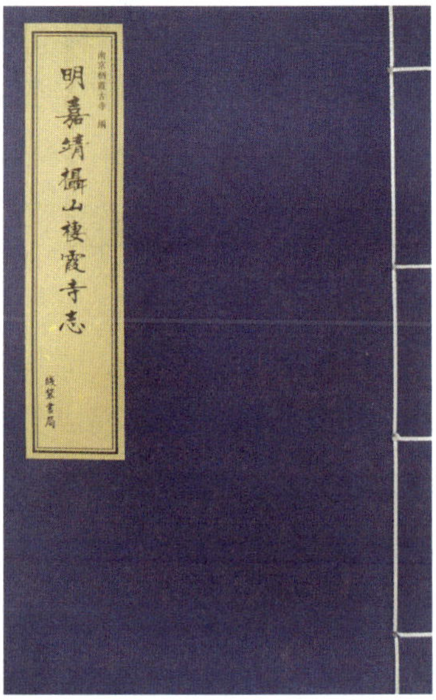

《明嘉靖摄山栖霞寺志》
（栖霞寺藏）

《摄山栖霞寺志》，柯亚丽《天一阁藏五种孤本明代专志考录》记载：“《摄山栖霞寺志》三卷，二册，明刻本，题‘长洲文伯仁德承考订，上元金銮在衡编辑，住持兴善校梓’无序跋，半页九行，行二十字，白口，单黑尾，左右双边，钤有‘范氏天一阁藏书’朱文方印，已严重虫蛀。是志卷一纪沿革、生植、形胜、畜产、创立、流衍、建置、事迹、支派、湮没、镌刻、兴复，卷二收六朝诗凡一十四首、唐诗凡一十六首、宋诗凡五首，卷三收六朝文凡十一首、唐文凡一首、国朝文凡二首，附本县优免帖一通。”

2022年6月，南京栖霞寺根据浙江宁波天一阁藏《摄山栖霞寺志》，进行整理并由线装书局出版发行《明嘉靖摄山栖霞寺志》，原版尾页印有“右帖下栖霞寺住持兴善准此”“嘉靖三十五年二月初二日给”等字样。

《栖霞小志》

《栖霞小志》是现存有关栖霞山和栖霞寺的较早专志，成书于明朝万历年间。作者盛时泰（1529—1578），字仲交，号云浦，南直隶上元（今南京市）人。是书主要记述寺内外实物及碑记铭文诗作，内容包括庵堂、岩泉、摩崖题刻、塔幢、碑铭等。《栖霞小志》，由明代江宁（今南京市）人焦竑刊印，清嘉庆己卯（1819）年江宁（今南京市）人津逮楼甘福重刊并作序。甘氏刻本多讹字，至清光绪丙申（1896）冬初江阴人缪荃孙在再版时作跋并指出甘本讹损。全志未按志书体例编纂，不分篇章节目，序后直接记述栖霞山文物胜迹及碑诗题刻题记等共四十一项，对于题名石刻收录过于草率，舍利塔曾留有工匠姓名，也没有予以收

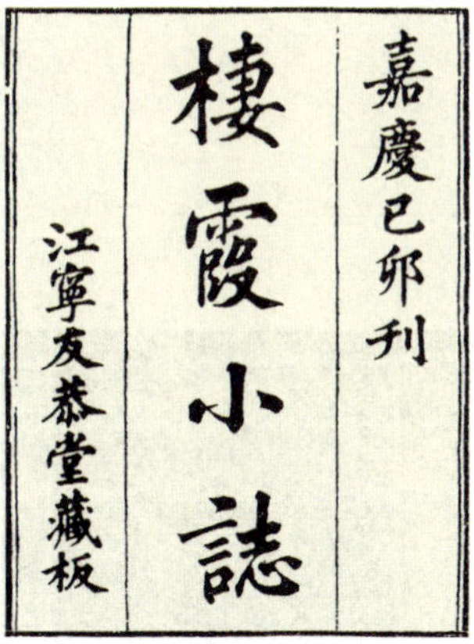

《栖霞小志》
（栖霞区档案馆藏）

录。1947年南京通志馆编印的《南京文献》、上海书店1994年版《丛书集成续编》《中国佛寺志丛刊》收录该志。2010年7月，南京出版社将其作为南京稀见文献再次出版。《栖霞小志》有错讹，南京师范大学社会发展学院兼职研究员张智峰曾对照现存碑刻，指出志中《登栖霞山》诗的第一句“殿古丹霞映碧幢”的“古”,《栖霞小志》写成了“右”；第二句“悬厓石像凿空矼”的“厓”,《栖霞小志》写成了“崖”；第四句“地视龙潭半入江”的“视”,《栖霞小志》写成了“俯”；第五句“三晋旧游惟我共”的“旧”,《栖霞小志》写成了“壮”；第六句“六朝名寺许谁双”的“名”,《栖霞小志》写成了“旧”。

延伸阅读：甘福《〈栖霞小志〉序》

前明盛时泰著《栖霞小志》一书，同里焦竑所刊者也。时泰，字仲交，有文采，落拓不偶。故自放于山巅水涯，驰骋笔墨。以自淡其无聊不平之思，是书尤其选也。摄山擅名，盖盛于齐梁间，骚人逸士，栖迟咏歌，及英王钜公张惶好事之所为者，是书亦未尝悉具。然耳目足履之所及，爬罗剔抉，靡幽不臻。余尝至山中，信宿其地，寺宇兴废，不尽如仲交所言。其题识亦稍晦矣。攀萝扪壁，追昔人之践履，怅然者久之。则是书之存，非独见古迹变迁，不系乎世之远近，亦以知仲交落落可奇，不得自肆其意，而日与缁流木客，徘徊兹山为可悲也。竑刊是书，板已亡，阳湖孙观察星衍，尝语余曰：此金陵故实也，盍重刊之。爰书是以志岁月云尔。嘉庆己卯嘉平月，江宁梦六居士甘福书于津逮楼。

延伸阅读：缪荃孙《〈栖霞小志〉跋》

盛时泰，字仲交，南直隶上元人，嘉靖中贡生，天才敏捷，好读书，不事家人生产。王弇州见其《两都赋》，赠之诗云：“遂令陆平原，不敢赋三都”，其推重如此。金陵大好山水，仲交落拓不偶，颓然自放岩壑，以笔墨写其无聊不平之气。栖霞擅名于齐梁间，距城止四十里，尤屐齿所常到。磨岩题字，毡椎殆遍。

此志于前人故迹、名流题咏，未尽甄录，特访寺寻碑，缒幽凿险。所记宋人题记，约三十余种。其叙述简洁，文体亦游记之佳者。同时焦弱侯为刊之，传本罕见。国朝嘉庆己卯津逮楼甘氏重刊。序云：山中兴废非昔，题识亦多晦。严子进《金石记》，廑载九种。咸丰兵燹，大地陆沉，梵宇琳宫，摧烧殆尽。然近年翁铁梅宿山中十余日，所得四十余段，此志载未得者，止治平陈良肱、王仲基，宣和钱伯奇、韩晞、方楷五段，忘所未及者，约二十余段。前贤不且畏后生哉。

光绪丙申冬初，江阴缪荃孙跋。

延伸阅读：缪荃孙《〈栖霞小志〉再跋》

焦刻未见，甘刻颇多讹字。如：二徐书有古人螺篆之法。按：吾子行三十五举云："篆法匾者最好，谓之□匾。"徐鼎臣云："非老手不能到。"石鼓文字也。螺篆，其□匾之误。与又云："螭吻已坠。"按：碑额上盘者为螭，下负者为赑屃，不云螭吻。吻字，字书亦无。又云："张陵苏税，后又作江陵苏松"，今拓本作温陵苏棁。二段张江税松，皆误。王雱题名，今拓本作王旁，并非王元泽，均订于此。

荃孙再跋。

《摄山志》（楚云等撰）

清代楚云上人等撰。楚云上人，法号兴源，俗号龙宏戴，字骏工，湘乡人。明季诸生。入清后，遍游名山，隐居栖霞寺，为该寺住持，自号楚云上人。有《旃檀集》《西江游草》。楚云上人于禅定之余，涉猎群书，命门人慈忠、匡慧等人辑纂《摄山志》。志成于清康熙三十二年（1693），凡八卷，分山、寺、僧、传、名贤、诗文、逸事数门，记述范围包括"峰峦丘壑、梵宫香刹、兴废建制、语录文言、铭辞题咏"等。主要内容录存于清陈毅重纂《摄山志》中。原书王泽宏、耿光祚、马士芳三人《序》亦见于陈毅《摄山志》卷首《旧序》中。

周中孚《郑堂读书记》："《摄山栖霞寺志》八卷，原刊本。国朝释法印、法真、法清同撰。法印，字慈忠，丰城人。法真，字匡慧，盐城人。法清，字圆鉴，永州人。俱栖霞寺僧。明金在衡鷟有《栖霞寺志》三卷，刊于嘉靖丙辰，传本罕见。慈忠等以为无旧志，仅诗文数纸，见于《梵刹志》中，因搜寻编次，以成是志。凡分八门，曰山，曰寺，曰僧，曰传，曰法，曰护法名贤，曰文，曰逸事，冠以山图及其师楚云像。其书纪载颇详，而伤于支蔓，盖由未见金氏志之故，然遗脱者亦复不免焉。前有康熙癸酉耿光祚、马士芳二序及凡例、修志姓氏，末有释超全书后。”

延伸阅读：王泽宏《摄山旧志王序》

《摄山志》
（栖霞区档案馆藏）

余尝谓山之最巨者五岳，五岳视三公，犹之天下士也。其他如名山或连跨千里百里据一郡一邑之雄者，犹之一国一乡之善士也。然皆有灵异奇秀之气，与天为邻而又笃生高士奇人、缁流道侣，其隐显踪迹不可测，逮久而始知为仙佛圣。贤之所示现，尤必栖托名山，庶足以振宗风而化道俗。此金陵摄山为东南第一名胜也。余闻摄山，其脉发于越西之天目，历临安，径山皋亭、龙池以至句曲，复起华山数十里而遥，突然有山拔地接天，是为凤翔峰。后分三干，为中峰、东西二峰。自六朝以来，代有高僧宣扬佛法。至觉浪、竺庵两禅师而道风益振。继起者则楚云和尚，尤法门之龙象也。楚公居摄山有年，以担荷大事为己任，与予交最久。不惮劳怨，不畏贫苦，持己正而接众严。一时从学者如规矩准绳之不可逾。既久，而远近化之。又念摄山自昔未有专志，于是命诸门人发凡起例，曰山，曰寺，曰僧，曰传，曰名贤，曰诗文，曰逸事，共成八卷，其用心可谓详且慎矣。志成，以索余序。余谓名山有志，犹家之有乘、国之有史也。不有以纪之，则其地不传，其人不传，其文与事亦不传。吾观楚公魁杰雄伟，有大人之度，使其得用，必能建功业以康济斯世。而惜乎栖心释教，绝意世事，而竟以空门老也。岂不重可太息哉！然则楚公之志摄山也，其意谓志在五岳，兹既不得见天下士，惟以无用为大用，使一郡一邑之名山得有所传，不犹愈于一乡一国之善士湮没无闻也哉！呜呼！古今来，所有天下士之才者，其老死岩穴而姓名不传者，何限又何有于一乡一国？后此登摄山者，即可作五岳观，不必有乡国天下之感矣！

时康熙三十二年岁在癸酉秋前三日，礼部左侍郎兼翰林院学士加一级王泽宏撰于京邸之大随堂。

延伸阅读：耿光祚《摄山旧志耿序》

唐僧一行称天下河山之象存乎两戒：北戒自三危积石，负终南地络之阴，南及太华，逾河并雷首底柱王屋、太行，北抵常山之右，东循塞垣，至濊貊、朝鲜，是为北纪。南戒自岷山嶓冢，负地络之阴，东及太华，连商山熊耳北方桐柏，自上洛崧高南逾江汉武当荆山，至于衡阳，东循岭徼，达瓯越闽中，是为南纪。山川分派，南北垂形，条然不紊。又天台智者大师云：震旦国中，自五岳名山而外，以江东栖霞、荆州玉泉、济南灵岩、天台国清，是为天下山水四绝。以此栖霞之胜遂渊注于胸中。又江东当南纪之阳，山川秀丽，文物高华，衣冠城郭远胜关中，虎踞龙蟠巍然天府。而钟陵烟翠，日与摄山对峙。每吟刘长卿“长啸辞明主，终身卧此峰”之句，则神情飞越，已在伞山中峰之麓矣。

后予从先大人侍驾东巡，出营州，越山海，驻盛京，立马千山，遥观弱水，纵望日月星辰之灿烂，风涛潮汐之洄还。复循松漠，抵玄菟夫余，绕长白，浮鸭绿而还，乾坤之大观萃于此矣。以此较彼，孰崇孰卑？东山小鲁，谁谓不然？然而，摄山灵境，时往时来，愈不能去于怀也。迨己巳之春，吾师楚公和尚赴大中丞于公之请，徊翔上谷，游历长安，予得时时请益。挥麈之暇，出图见示；千峰万岫，朗朗目前。且知浪祖穿波，卓然霄汉；寿昌法乳，泽润南天。注念流观，殆不忍置。苏公所谓“此回不是梦，真个到庐山”。予之庆喜，无以加焉。壬申秋，闻吾师应请寿昌，予亦专使南迎，使者四返，自冬徂春，方抵京华。癸酉九夏，安居于乐余园中。时山中新志方成，从容展玩，因得穷探沧海，采明月之珠；直上昆山，窥琼宫之秘。想征君之舍宅，叹古哲之高风。读江总之真珉，奇文儒之妙墨。唐高宗之丽藻犹新，隋文帝之浮图如旧，至如六和严净，见三代之威仪；千佛峥嵘，标六朝之敬信。举足无非胜地，回机忽悟前因。二十年襟抱，一朝顿豁，殆有夙缘，非偶然也。且念好山路峻，古佛门高，后代儿孙皆金声玉质，异日超宗海内，得其一言，如九苞片羽，百炼神锋。毋论博山东苑，天界鼓峤，震烁古今，辉煌宇宙。即海岸、集生、旻昭、左严、觉岸诸君子，并一世人龙，斯民先觉，而予猥承诸老之后，履践芳尘，磅礴宗风，交驰祖域，任重力绵，谬荷是惧。慈忠、震万二法兄，远寄八行，屡征序语，所以为之执笔欢忻三叹而不能自已也。若夫台阁之庄严，古今之建立，废兴标置，隆替因缘，具载于诸名人序记中，兹不重述也。

时康熙三十二年癸酉仲夏月端阳日，晏然居士耿光祚拜撰。

延伸阅读：马士芳《摄山旧志马序》

摄山临大江南岸，距金陵四十里，望之佳气郁葱，峰峦秀异，盖诸山之最高者。其佛宇之盛，亦冠江左。惜自昔无志，志摄山者自今楚公和尚始。犹忆岁在癸卯，予读书山中，丙辰又结茅焉。石铛竹榻，一室十圭，凡前后二年，密迩楚公丈室，往还无间。每当寒蛩声喑，松月在地，聆师说无生法，悠然余清。率至夜分，乐而忘疲。师又曳杖登山，引余穷最胜处。其幽崖绝涧，人迹罕到，犹多六朝以来唐宋以上古木穹碑，苔藓模糊，犹隐隐可辨。辄复留连摩娑，与师唱和，兴到每高吟"芭蕉叶大支子肥"之句。于今二十年，如昨日也。予以丁巳司铎都梁，地限江淮，旧游莫续，后居黔六载，荒徼劳人，簿书鞅掌，烟熏瘴染，身在万里外，故山一发不复作虎溪松风梦矣，宁暇追忆煨芋时絮语乎？癸酉夏，居京邸，忽有飞锡卓我户外，披衣出迎，则楚公。道貌依然，惊喜交集。揖竟，重话昔游，身意为之清凉。既而出书一编示予，乃师命门人慈忠、匡慧辈纂辑《栖霞志》也。索予序之。予惟志之为体，征故实，详名胜，考山川之形势，纪梵刹之废兴。虽小乘也，有史裁焉，固乡之学士大夫所宜究心者。今乃出诸高僧之手，而为历来文人墨士所未逮，讵非纪载中一大韵事乎！昔之开士，若远公之在庐山，瓒公之住衡岳，皆不闻有所纂述，为山灵一开生面。虽传灯法录，自有所以可传者在要，亦支那藏中缺略事也。师于禅定之余，涉猎群书，吮笔抽思，昙花璀璨，峰峦丘壑，梵宫香刹，兴废建置，语录文言，铭辞题咏，集成八卷。祖庭一灯，光明相续；洞流浩森，浸润南天矣。惟思曩住山时，予两人晨钟暮鼓，吟诵相闻；白云染衣，空翠欲滴。今予远縻辇下，软红十丈，面目都俗，不朽之业，让师专美，未知依曲盝床听第一义谛是何岁月也。于师行叙以贻之。

时康熙三十二年岁次癸酉孟秋望日，礼科给事中金陵马士芳拜题于长安旅次。

《摄山志》（陈毅编纂）

《摄山志》，八卷，清代陈毅编纂。陈毅（？—1787），字直方，号古渔，是清初雍正、乾隆间南京布衣诗人。工诗善文，勤于著述，除《摄山志》外，还有《金陵闻见录》六卷，诗选《所知集》及《诗概》六卷。其诗作亦多以南京名胜为题，足见其钟情于乡土文化。《摄山志》是一部综合性专志。该志体例周备，广纳旧志精要，内容丰富且史料价值高，详略得当，史料丰富，结构合理，纵写横陈，文字优美，史观端正，旨趣高标，图文并茂，洋洋洒洒，十余万言，全景式地呈现栖霞山，是现存栖霞山寺志中文字信息量最大的一部。《佛学大辞典》解释《摄山志》有言："栖霞寺文献具备于此。"知名学者程章灿评价，该志是栖霞山诸多旧志中的"佼佼者"。《摄山志》一书完稿后，陈毅未及刊刻而逝。汪志伊对原稿有所删补，且邀请著名学者钱大昕考订，费玉衡负责校对。陈毅《摄山志》于乾隆庚戌年（1790）由苏州府署雕版印行；1975 年，由沈云龙主编，台湾文海出版有限公司将《摄山志》作为《中国名山胜迹志丛刊·第四辑》影印出版；2001 年，海南出版社影印本，编入《故宫珍本丛刊》本；2004 年，线装书局影印本，收入《中国山水志·山志卷》；2006 年，广陵书社将《摄山志》作为《中国佛寺志丛刊》第 30 册（含《摄山志》《牛首山志》）、第 31 册（含《摄山志》《栖霞小志》《维摩寺志》）雕版印刷出版。2010 年，南京市栖霞区政协组织文史专家对清陈毅《摄山志》进行点校，并由中国文史出版社出版。2012 年，南京出版社影印旧志出版《金陵全书》，内含《摄山志》一部。

延伸阅读：汪志伊《新修摄山志序》

《摄山志》八卷，江宁陈古渔所辑。戊申夏，余守京口，于役金陵，顺游摄山，住持僧出此稿示余，属以剞劂之任。余维事有轻重，则义有缓急。摄山自明僧绍筑庐栖隐，世为缁流之居。南朝四百八十寺，此其一矣。畅宗风，衍法雨，当问之其徒，余不遑暇？若夫以一山之显晦，系治化之根本，则守土者宜力任之而又奚辞焉？古者天子巡狩，必有驻跸之地，肆觐其方之诸侯，如《书》《礼》所载，赫赫可纪。江南于唐虞三代时，僻处荒服，鸾辂所屆，惟大禹一至会稽，余皆南岳而已。钟阜为金陵巨镇，犹不隶职方氏之掌，何论摄山？洪惟我朝，累叶重熙，江南殷庶，甲于海内。圣天子勤求民隐，孜孜无已。其嘉惠江南之民者亦最深。自丁丑以迄甲辰，翠华时迈，必莅兹土；黄童白叟，环山忭舞。天子顾而乐之，作为歌诗，远谐岣嵝，夐掩卷阿。又以其时厘正庶务，如筹河工、度海塘、见百官、谒明陵、阅武考士之类，罔有小大，靡不修举。天章炳耀，情溢乎词。昔督臣尹文端公扈跸从游，因有驰驿观山之喻。于戏！勤民若此，虽《书》《礼》所称唐虞三代之盛何以加？兹摄山数十里方于古之南岳可也。而谓山志之成，可以缓乎哉！爰取陈稿，略加删补。复请嘉定钱辛楣宫詹考订，震泽诸生费玉衡校字，且广谋于同寅，诸君子佽助蒇工而敬志，其大义如此。至于山图之形胜，古迹之沿革，编纂之次第，悉仍古渔之旧云。

时乾隆五十五年岁次庚戌嘉平月，苏州守桐城汪志伊撰。

延伸阅读：陈毅《摄山志序》

山有志，犹国有史、家有乘也。郡邑之志略以简，山川荟萃而载之，未有独详一山、独著一寺者。金陵旧称名都，最著之山，无过茅、蒋。而历代以来，尚觉隐现互见，惟摄山孤立江表，过客罕觏焉。六朝唐宋间，时有题咏。观元人百家诗，无一过而问之者。明兴，近在畿辅，诗人如高、杨、张、徐诸公，竟未游及。嘉隆间，留都多暇，一二风雅朝士，搜奇揽胜，几如汗漫游。

国初尚在榛莽中，遁迹之士与山僧衲子数晨夕，是山犹未出云雾也。岁丁丑，圣天子二幸江南，相国尹文端公时为总督，始修山之池台亭阁，引泉疏树，为往来驻跸之所。壬午、乙酉、庚子、甲辰，三十年间，山之农夫野叟得觐天颜于咫尺，瞻御制于无穷者，盖十度于兹矣。虽山灵之幸，亦臣民之多幸也。窃念毅伏处草茅，无所撰述，闻明季盛贡士时泰著有《摄山志》，惜为藏本，今竟难得。不揣固陋，用辑往事，编纂成书。首列天章一卷，外附分类八卷，绘图标胜，各纪其实，以永其传焉。

国初有僧楚云者，因山无志，曾刊一编。其间上堂小参示众歌偈之类，至称各代名贤为护法，以山门方丈为讲坛，是即禅家之语录，然亦采其一二可录者录之。昔尹相国在江南，知毅名，以游摄山诗两和而见招，一时感知遇之雅。斯志成，惜其不及见也。独感兹山之遭逢，为古今之荣遇为可纪云。

甲辰五月江宁古渔陈毅撰。

延伸阅读：《文献俱备　佼佼山志——〈摄山志〉导读》

《文献俱备　佼佼山志——〈摄山志〉导读》是一部全面分析、鉴赏清乾隆年间陈毅编纂的《摄山志》的著作。2019年12月，南京出版传媒集团、南京出版社出版。分“山志成因发微”“襄赞诸公厥功至伟”“全志内容撮要”“特色亮点赏析”“瑕疵缺憾评点”“刊行版本稽考”6个部分，对阅读、理解《摄山志》有“向导”作用。《文献俱备　佼佼山志——〈摄山志〉导读》编入《南京名志导读·专志篇》一书。

《摄山续志》

《摄山续志》，封面题隶书“摄山续志”4字，前冠1919年张毓金《续摄山志序》、1919年苏州吴增善《又序》和1919年江乘施大斌《又序》及《摄山续志》凡例。《摄山续志》一卷，无目录，分设建置、古迹、人物、建记、引、诗、灵异、考证、杂记9个单元，全书共29页。书中《摄山续志》和《续摄山志》名称互用。金陵图书馆藏1919年线装铅印本。

《摄山续志》成书于1919年，编修者张毓金（1875—1940），又名张峦，字登禄，号拙翁，邗江瓜洲人。早岁曾任江南栖霞矿税统税所稽查、汉口花贡道台府西席、瓜洲普济轮船局经理等职。善诗文，词雅境深，为瓜洲“诗大王”；工书法，民国初年曾在江苏书法大赛中获第二名；有博闻强记天赋，乡人以弟子被其录为学生为荣，称其为瓜洲名宿。

延伸阅读：张毓金《续摄山志序》

江宁冈下村王君召亭，闻余辑续志，来过访，叙及摄山往事，了如指掌。王君曰：“摄山旧志，曩者，先叔幕游扬州，过书肆，有山志全帙，私谓：‘兹山为吾乡名胜，志久失传’，以金购还。赠寺僧拱如珍璧。”未几，为权要取去，众争之，始璧还。其后，为某僧质金逋，嗣由某僧赎之。余与夏君锦荣、刘君荣棠，同事采办瓜洲、高邮两处河工石料，同查君心敏，一门共处四载于兹。每当春秋暇日，相约偕游，野鸟时鸣，山花献媚，闲吟煮茗，累日快谈。法意师尝出山志，属续编。查君力任搜罗，余亦辞不获已，乃根据原志辑之。七月秋，查君在金陵古物所考事迹，所长杨宾叔君谓：“明盛仲交贡士著《摄山志》藏本，旧物也，藏诸所”。余闻之，不禁欣幸。昔陈古渔先生修志，以未见盛志为憾。讵三百年后，晦而复彰，亦气运使然。恒以一睹为快，因溽暑未及亲访。适采办停，匆匆作归计，余已勉就所搜辑者，槁草之其中。简陋脱略，固属不免，尚俟博雅删补，并冀盛志编入，以成全壁。余之望，在不失其传，非敢好奇附名于前贤后，虽经脱稿，实深兹惭。

民国八年岁次己未孟秋月丹徒郁荆张毓金识。

延伸阅读：吴曾善《续摄山志序》

金陵摄山栖霞寺，夙著名胜。旧存山志八卷，分别记载，考据綦详。著述一门，尤见宏富。有清初叶，民物丰阜。高宗南巡，曾五次驻跸。以故游泳诗章，连篇累卷。一时名人学士，颂扬拜和。典裔辉煌，允称盛事。洎后，遭红羊之厄，凌夷殆尽。穹殿珠宫，荡为灰烬。残碑断碣，委诸榛芜。降及今世，沧桑屡经。益滋感喟，欲谋修建之议，戛戛乎，其难矣！吾友般子庭芷，曩年因公游金陵，访名胜，睹兹荒废，一诚感之。既捐金，以供佛。复募资而建殿，奔走劝输，备极艰苦。历两寒暑，始克蒇事。读其记叙大略，并述梦征缘由，令人兴感。曾善既佩其热心毅力，有志竟成，欣睹。夫名山古刹，虽未尉复旧观，殿宇落成，般子又以摄山旧志见示。因曰：海内仅存一二，拟集同志从事续修付印，以期久传，属余为之序。余固不文，适家叔父钝斋军机，自东岛归，乃请为一言，介绍撰建记，家叔父亦欣然赞同。尝以兹山磨崖旧多所刻，原志容有脱略。宜为博采旁求，纂辑补之。从此名山金石同寿，千秋穹殿珠宫，方兴未艾已！

民国八年岁次己未孟秋月元和慈堪吴曾善序。

延伸阅读：施大斌《续摄山志序》

天下名山之传，五岳尚矣。五岳而外，有传，有不传，亦山灵之有幸，有不幸也。吾乡之摄山，有栖霞寺者，始于南齐，迄今二千余年，递兴递废。前清高宗，五幸于斯。殿阁横云，山川竞秀，巍然为江右之冠。迨至咸丰间，洪杨军兴，惨罹浩劫。风流云散，举目荒凉。鸱鸮夜鸣，山魈昼见。已同未经人迹之境，所幸存者，隋文一塔，岿然独存；文惠千佛，历历具在，斯为万古不可磨灭之迹，亦今人所罕见者也。山寺旧刻《摄山志》，僧侣袭藏，殆百年物。志中山川形胜靡不绘，古迹文物靡不采，帝王卿相、高士名流靡不纪，考证灵异靡不搜罗，宏富光采陆离。披览之余，已不啻置身岩壑间矣。法意禅师喟然叹曰："山志仅兹一部。”名山胜迹，赖志以传，恐一旦散佚无稽，不几如家国之失传统，绪往事已矣，来者不免兴嗟。爰是立志续修，副于原志之后，曰续，连同原卷五本，付诸石印。适江都夏君锦荣、刘君荣棠、丹徒张君毓金，来栖采办高邮河工石料，驻栖四载。恒与法意师游，闻本山志续修，颇资赞助而乐观厥成。复承张君毓金考究陈迹，序述颠末，纂辑成帙。法意师出稿见示，乞为之序。余谓山志既成，不第为吾乡之名山生色，而且名山之传不朽，实张君之助，亦山灵之幸也，是为序。

民国八年岁次己未夏月江乘锦波施大斌序。

《栖霞新志》

《栖霞新志》，近代陈邦贤撰，陈邦贤（1889—1976），字冶愚、也愚，晚号红杏老人，镇江丹徒人。早在1928年，陈氏担任南京栖霞乡村师范校医之时，即编著《栖霞导游》。1930年，又编成《栖霞新志》。1934年，由上海商务印书馆作为“史地小丛书”之一出版。其“自序”称，栖霞既是名胜之区，又是兵家必争之地；既是研究乡村教育之区域，又是研究生物地质之地。可惜前代各志所记载的，“多偏于诗文古迹，或寺僧的遗闻逸事，对于社会的状况，却少记载；且各志除图书馆略有收藏外，要在南京的书坊中，买一部《栖霞山志》，颇有‘洛阳纸贵’的现象”，因此，陈氏立志编著《栖霞新志》。该志以栖霞镇为范围，“凡关于栖霞一切的，如已往事迹、现在状况、未来计划，都已广搜博采”，可见其着意与旧志有所不同。本书共十章，其章目设置亦自有特点。《栖霞新志》“用今话文纪述志略，系属创举”。陈氏为学，厚古而不薄今，故其叙学校教育，说乡镇自治，都重视当代情况。第二章录古人诗文之外，还节录黄质夫《栖霞的红叶》和陈梦家《栖霞山绯红的枫叶》两篇白话散文。第五章亦选录蒋维乔《栖霞山纪游》。其书颇有考证，正文之外，或散见于小注。每章之后，则详列参考书籍。书前附插一小纸片：“本书原有插图多幅，于一·二八之变全数被毁，记此示欠。”

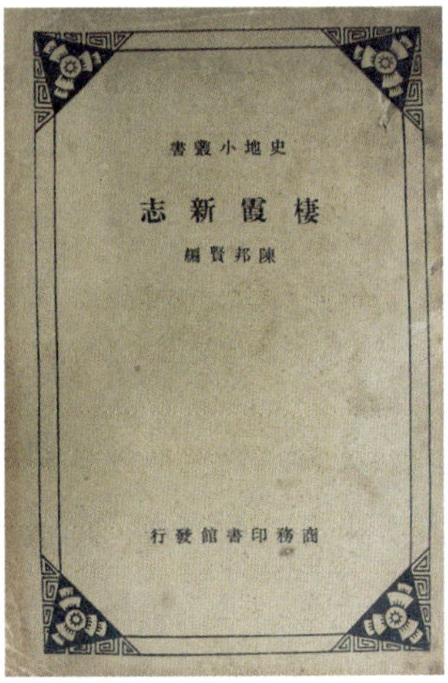

《栖霞新志》
（栖霞区档案馆藏）

延伸阅读：陈邦贤《〈栖霞新志〉自序》

志就是记，和誌同，或作识。《周礼·春官》：“小史掌邦国之志。”志的范围很大，一省有一省之通志，各县有各县之县志；即小而至于一区、一镇、一乡、一山、一寺，亦莫不有志，所以陈毅《摄山志·序》说：“山有志，犹国有史、家有乘也。郡邑之志略以简，山川荟萃而载之，未有独详一山、独著一寺者。”

摄山古属江乘，《史记》：“始皇三十七年，东巡会稽，还过吴，从江乘渡并海上至琅琊”。又《三国志》：“注引干宝《晋纪》：孙权为疑城，自石头至于江乘，魏文自广陵望而畏之”。此可见江乘在古时地势之重要了。自南齐明僧绍隐居江乘摄山，栖霞之名称始著；其后明僧绍舍宅为寺，明仲璋凿无量寿佛，建三圣殿，齐文惠太子和诸王造千佛岩，隋文帝造舍利塔，唐高宗制明征君碑，南唐高越林仁肇修葺舍利塔，历宋、元、明、清，均代有增筑，而尤以明嘉靖万历间之修补石佛、清高宗五次南巡之驻跸栖霞，栖霞便成为名胜之区域了。

至于栖霞六朝时陈霸先之战，宋时金兀朮之战，清咸丰时太平军之战，民国十七年（编者注，应为十六年）党军与孙传芳军之战，是栖霞又变为战争上重要之区域了。

栖霞的石佛和舍利塔，在中国文化史上、佛教史上、艺术史上，均有相当之地位；且栖霞附近的各乡，多六朝的古墓，近如尾巴洞等处，掘得石斧，可为新石器时代之研究，萧梁遗碑，发见多处，是栖霞又成为研究历史考古之区域了。

栖霞是一个山村，有乡村师范，有乡村实验小学；社会上有以种田为业者，有以打磨为业者；现在正是提倡改良种植，厉行自治；是栖霞又成为研究乡村教育社会之区域了。

栖霞的出产，最多的是野生植物，约有千种之多；动物则有狼、獐、兔、雉等物，并且昆虫种类很多；矿物有铁矿苗、煤矿苗、燧石、石英等；地质是属于上石炭纪；是栖霞又成为研究生物、地质之区域了。

总之，栖霞最可贵的是摄山，而摄山之可贵的，就是摄山的胜迹，所以历代都有山志，或寺志，记述当时盛况；关于山志或寺志的书籍，唐有灵瑞《栖霞寺记》一卷，见《唐志》；明有盛时泰《栖霞小志》一卷、僧可浩《栖霞寺志》二卷，张怡《摄山志略》六卷；清陈毅《摄山志》八卷，僧兴源《摄山志》八卷；更有金鋆《栖霞寺志》、文伯仁《栖霞寺志》；可惜各志所记载的，多偏于诗文、古迹，或寺僧的遗闻逸事，对于社会的状况，却少记载；且各志除图书馆略有收藏外，要在南京的书坊中，买一部《栖霞山志》，颇有“洛阳纸贵”的现象；这是邦贤立志编著《栖霞新志》的缘故。志的编著，搜集资料，调查考证，忽忽已两年的功夫，其所以叫作“新志”，系因为他和旧志略有区别。其书共分十章，第一章沿革，第二章形势，第三章交通，第四章古迹，第五章人物，第六章文艺，第七章学校，第八章自治，第九章物产，第十章风俗，每章均有考证，并把参考的书籍，写在每章的后面，以示来历。

本志以栖霞镇为范围，把栖霞以往的事迹，现在的状况、未来的计划，都用科学的方法记载下来，有时则条分缕析，不厌求详；有时则提要钩元，力求简洁，惟求其纪实而已。

惟关于栖霞的掌故颇多，邦贤一人之学力有限，希望各专家有所矫正。

十九,六,二十，陈邦贤

《栖霞山志》

《栖霞山志》，朱洁轩于1962年编著。朱洁轩，江苏兴化人。该志由香港鹿野苑出版，为当代第一部栖霞山志。山志共分二卷，合订一册，170页，竖排，仅以章节划分，间附注释。第一卷列沿革、地域、物产、名胜古迹四章，第二卷列法统、中兴、护法、寺产、艺文五章。章前有序二篇，分别由台湾北投金山分院释太沧、香港陈静涛作；章后有跋一篇，由朱洁轩自题；序前收录图照50帧，有宗仰、若舜、明常、寂然、仰山五位法师像；有栖霞山部分文物现状照片；有1933年栖霞山七国戒子受戒图照8幅；孙中山与宗仰信函影印照及明常法师在港台地区从事佛教活动图照等。该志记寺详，记山简，突出记述当时的栖霞寺，与旧志体例不同，关于神话怪异，概不编入，志名由明常法师题。

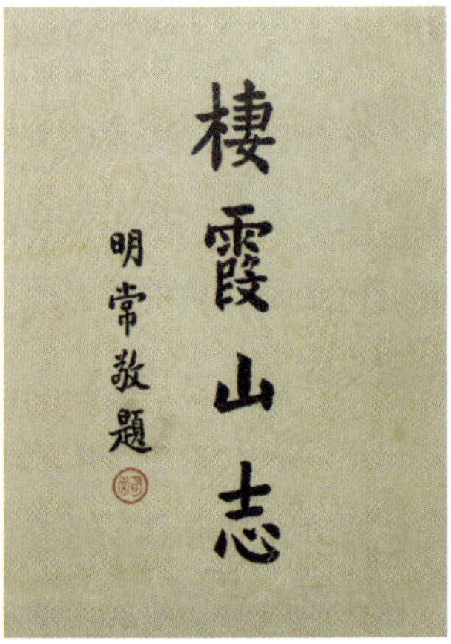

《栖霞山志》
（栖霞区档案馆藏）

延伸阅读：释太沧《栖霞山志序》

栖霞山自梁处士明僧绍开寺以来，迄今历一千五百年，其间山乘之作，唐有灵瑞和尚，明有盛时泰、张怡、释可浩，清有陈毅、释兴源、金鸾，及文伯仁等，达八家之多。但世次久远，版本大部湮灭，得之殊非易事。明常法兄不忍宗祖仰公、若师舜公，中兴栖霞之伟业，一若前哲之荒寂无考，乃发心搜集寺乘掌故，倩昭阳朱洁轩先生编著《栖霞山志》，详载宗祖、若师惨淡经营之经过，俾启后人景仰，其用心良善，阐发潜德之处，足使余欢喜赞扬于无既也。

书成，将付剞劂，明兄特自香港新界荃湾鹿野苑，寄来航空快函，索余为序，用表金山与栖霞法脉之渊源，沧虽不文，亦当自汗鲁亥，以应雅命。

夫栖霞道场，施航觉海，冠南中丛林之胜；假筏迷津，树东土宏教之源。时或绀宇琳宫，含灵钟鼓，时或魅山魈鬼，历劫星霜；忽焉帝王行在，画栋雕梁；忽焉兵匪居诸，溲牛勃马。其间兴废，不知凡几。洪杨之役，寺毁战火，法运中断，委于荒烟衰草间者，垂五十年。佛赐因缘，以待吾宗祖之来，今又气象巍峨，雄峙楚尾；瓦缝参差，卓尔吴头。江山之濯秀重来，法相之庄严复具，岂先人杰而后地灵者耶？

山之岩阿，齐梁诸王，凿石佛千尊，曰千佛岩，与大同、龙门石窟，鼎足而三。隋文建塔，栖霞列首，浮雕精丽，名闻寰宇。兹斯二者，同为吾国文化之瑰宝。栖霞兼而有之，宁非山川毓秀钟于此乎？寺之大德高僧，代不乏人，若梁僧祐、陈智顗，精微妙说，俱列大藏，明云谷禅师，人天仪表，开示袁黄，立时悟道，起而奉行，获大利益。此固尽人皆知，毋待沧之赘述也。

回忆宗祖仰公，民二在沪开馆校印《频伽大藏》，八千四百十六卷，事毕，心力交瘁。回山静养，又与镇江关监督冒鹤亭先生，唱和无间，体亦羸弱，遂厌恶尘虑，在金山泳思堂掩关三年，荣华转隐。民八出关，朝礼九华，道经栖霞山寺，睹此名胜道场，只有败屋数椽，悲心大起。其时在寺奉香火者，乃一与太平天国作战之低级军官，法名法意，燕赵之质，秉性豪爽，一见宗祖即大声云：“俺今晚得梦，有菩萨来兴栖霞道场，你就是菩萨，请你发心恢复罢！”宗祖不加思索，满口承允，彼即随时至诚顶礼，欢喜不已。以当时我宗祖之声望，国父友之，未能缰其名；哈同礼之，未足锁其利，何以一断瓦颓垣之穷和尚，片言而能动其心？殆非栖霞相时因应，曷克至此。

宗祖即于斯年腊月，接任住持。从此栖霞山寺改用金山法派。是以金山青祖权公于其圆寂之前，遗嘱灵骨安塔栖霞。青祖灵明，旨在此后栖霞金山，两山法系之人，毋失联络，意义深长，吾人当体其中滋味也。宗祖栖霞升座之日，沧在金山任衣钵职，侍奉融祖通公前往栖霞，同行者有扬州高旻寺楚泉老和尚，及镇江诸山当局，参加盛典。时光荏苒，忽忽四十有三年矣。往事如昨，思之怃然。

若师舜公民前二年，已在金山受记，任副寺职，及宗祖接住栖霞，锐意中兴。青祖深劝若师去栖霞襄助宗祖，大约一年有半，寺内土木方兴，甫竣两庑大楼十一间，宗祖示寂，时民国十年辛酉七月事也。

当是时也，若师一面治丧，一面继承遗志，赓续兴工。宗祖终七后，即往香港，得金山活佛妙善禅师之介，于是大德宏化，诸缘云涌，栖霞之复成为江苏名刹，香港护法之愿力，实居其首。而若师在中兴期内，得力明常、方廉、寂然、仰山诸法兄，勖翊尤多。语曰“众志成城”。此之谓也。

兹睹山志出版，面世流通，扬前哲之余烈，迪后贤之继踵，山灵有幸，木石生姿，想宗祖、若师于寂光中，亦必欣然色喜也。是为序。

公历一九六二年[①]六月二日临济宗第四十六世金山分宗第十五世释太沧写于台湾北投金山分院。

延伸阅读：陈静涛《栖霞山志序》

世论尽性学佛，尽伦学孔，二者并辔，各趣旨归，故安禅者喜离文字，而锢蔽世法；习士者力辟异端，而迷背本觉，胥皆囿于偏见，致释不圆融，士不恬淡，良可慨也。

自象教传入中国，二千年来，儒佛互讥，由来已渐。余尝痛释孔思想之未相契合，实为吾国文教上一大悲剧，而沙门往哲与夫孔墙儒先，似皆不能辞其咎焉。

降及近代，时空变易，真法妙谛，不敌乎魔风；伦常风范，败绩于功利。而佛教护法，已无昔时宸游问道之盛事，僧材茁出，亦无往日古德传衣之神秘。余俯察世变，今后佛种，非儒释兼修，急起直追，不足以保东方哲学思想之持续。否则，道场法幢，守成尚不易为，而况兴建者乎？

---

① 此处原文为“中华民国五十一年”，根据相关规定，作此修改，特此说明。

余友摄山明常上人，搜罗故实，阐扬幽德，辑栖霞祖庭《山志》两卷，索余为序。余钦栖霞中兴诸彦，榛莽化宝王之刹，岩阿显涧谷之奇。蔚兹鸿业，实非偶然。良以宗仰、若舜，立德复以化人，精奥兼以经世故也。观乎宗仰上人，随总理革命，参与密勿，光复后，同事诸公，皆致通显，上人独自甘泊，归隐金山，视富贵如无物，此种襟旷，超世绝俗，非菩萨不能有。若舜上人，杖策南来，挟儒释之长，明机理之融，片言而使吾粤人士，财投觉海，续僧绍之坠绪，继云谷之旧勋，思其伟烈，何其雄也。兹二人者，雄猛德化，吾愿师之。若夫栖霞风物，擅胜南中；林壑清幽，盖于江表，焦弱侯已言之矣，何待余之再赘也。仰昔抚今，敢缀片词，用惕多士。

公历一九六二年六月①邬波索迦陈静涛写于香港。

《南京栖霞山志》

2022年11月，由线装书局出版发行，隆相大和尚主编。该书分序、图说、概况、人物、文献、艺文、诗词、杂述、佛学院、三论宗研究10个部分。序由南京大学哲学系教授、博士生导师赖永海撰写。全书除涵盖已见古志及历代《高僧传》和各类典籍有关栖霞内容外，还与时俱进地收录当代各类与栖霞有关文字，可谓规模空前、包罗万象，超越了已知历代栖霞史志。2023年7月23日，《南京栖霞山志》首发仪式在栖霞寺大礼堂隆重举行。

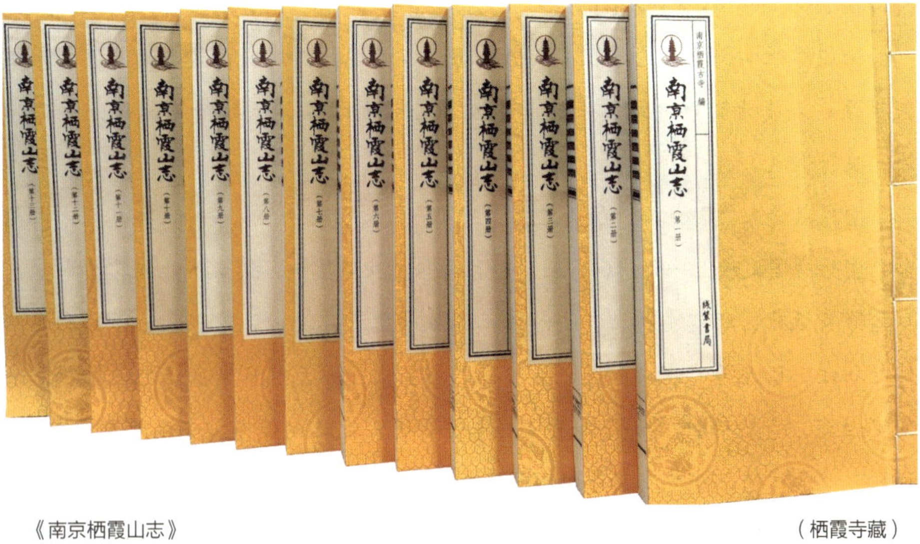

《南京栖霞山志》 （栖霞寺藏）

① 此处原文为“中华民国五十一年”，根据相关规定，作此修改，特此说明。

专著

《第一金陵明秀山》

《第一金陵明秀山》为一部大型图文画册，2009年9月由中国文史出版社出版发行。全书分前言、感悟栖霞山、图说栖霞山及后记4个部分。“感悟栖霞山”由著名作家、诗人冯亦同撰写，用散文的笔墨向人们揭示出栖霞山深厚的历史文化；“图说栖霞山”用摄影图片、古今美术书法作品及优美的文字说明展示出栖霞山的优美风光和丰富的文化内涵。

《南京栖霞山贞石录》

《南京栖霞山贞石录》为栖霞山（寺）碑刻、摩崖石刻的拓片集，全二册，分《摩崖石刻》（内含明征君碑以外的碑刻）《明征君碑》各一册，2009年12月由凤凰出版集团、凤凰出版社出版发行。栖霞山历代摩崖石刻和碑刻众多，上至南朝梁代中大通二年（530）的摩崖石刻，南朝陈代江总碑（残），下至民国年间的摩崖石刻和碑刻，全书收录现存南朝、唐、宋、明、清、民国之间的近100处摩崖石刻及34通碑刻拓片，是栖霞山（寺）历史上一部关于石刻碑刻拓片的总汇，具有重要的文献价值，对研究栖霞寺的历史有着重要的作用。

《栖霞山景观大全》

《栖霞山景观大全》是第一部全面介绍栖霞山文化和景观的图书，由南京栖霞山旅游开发办主办。2011年2月由中国文史出版社出版。书分序、感悟栖霞山、栖霞寺景观、栖霞山景观、栖霞山四麓景观、丛录、跋7个部分，收录栖霞山及四麓名胜古迹和景点108个。全书共30万字，近300页，插图300幅，随书附赠的光碟中有纪录片《释迦牟尼佛顶真骨舍利盛世重光大典》、专题片《中国南京首届栖霞山文化节开幕式》（精编版）和风光片《栖霞山》。

《佛光——南京栖霞山千佛崖瞻礼》

《佛光——南京栖霞山千佛崖瞻礼》，2013年5月，由中国文史出版社出版发行。全书共分序、综述、佛窟览胜、珍闻汇览、品鉴撷萃、附录、跋7个部分，书中还收录有千佛崖旧影、摄山东隅桦墅石佛庵佛窟今影及旧时文人墨客吟诵千佛崖的诗章。

《灵塔——南京栖霞山舍利塔瞻礼》

《灵塔——南京栖霞山舍利塔瞻礼》，2014年9月，由中国文史出版社出版发行。全书分序、综述、塔记、图析、文论、特载、附录、跋8个部分。书中对佛顶骨舍利、诸圣舍利的发现和“盛世重光”活动进行详细记述，对佛舍利的历史渊源、流传过程进行了细致的解读。

《圣碑——南京栖霞山明征君碑瞻礼》

《圣碑——南京栖霞山明征君碑瞻礼》，2015年9月，由中国文史出版社出版发行。该书分序、综述、成碑、文论、特载、拓片、附文、跋8个部分。序文由南京博物院院长龚良撰写，全书主要介绍明征君碑碑体及碑亭、碑文拓片；收录对明征君碑的释读与研究成果、碑与栖霞寺的历史以及明征君墓葬的考证；收录有关明征君的历史文献成果、碑亭旧影及有关碑亭的诗文等，展现历代明征君碑与当代明征君碑的局部变化。

《诗栖名山》

《诗栖名山》是一部有关南京栖霞山的诗歌总集，2015年7月由凤凰出版社出版发行。该书共选录自南朝至民国95位诗人的126首咏栖霞山的诗，诗篇按年代先后编排。诗前有作者小传，有的还附有作者画像，小传简明扼要介绍诗人，突出其生平事迹中与南京相关的部分，诗的形式多样，长短不一，既有五言诗，也有七言诗；既有绝句律诗，也有古体诗；既有短篇绝句，也有长篇歌行，还有系列组诗。诗有注释，最后有赏析。

《师之范——黄质夫在南京栖霞》

《师之范——黄质夫在南京栖霞》是一部为乡村师范教育先驱黄质夫立传的书。2012年，由中国文史出版社出版。收录珍贵的老照片近30幅。陶行知和黄质夫被誉为民国时期在栖霞地区推行平民教育和乡村教育的“双子星座”。陶行知已为人们熟知，而对黄质夫却知者寥寥。黄质夫奉行“教育救国”的宗旨，立志“化万万农民的愚，救百万村庄的穷，争整个民族的脸”，在掌教栖霞乡村师范的同时，创建栖霞新村，实施“教育乡村化、乡村教育化”，在江苏省乃至全国都有重大影响。该书全方位、多角度、大视野地展现黄质夫在栖霞乡村师范的教育实践，其中既有教育专家对黄质夫教育思想的探幽烛微，又有资深方志人对黄质夫办学过程的真实追踪，还有黄质夫的学生对栖霞乡村师范学习生活的生动回忆等，从而使本书极具存史价值和对现代教育的借鉴作用。

延伸阅读：清代及民国时期栖霞山诗集、旅游册一览

《游栖霞诗草》，见《金陵文苑传》第四卷，清康熙年间编。

《摄山纪游集》一卷，蟫书楼刊本。乾隆八年（1743）厉鹗等游山纪事之作，中华书局、上海古籍出版社出版，南京图书馆藏。

《摄山游草》，马曰璐编纂，收录乾隆十九年（1754），马曰琯、马曰璐等诗作，有序二。

《摄山游草》卷数、册数不详，清伍宏醇辑。

《摄山游草》，嘉道时期刊刻，卷册数不详，清彭承谟辑。

《摄山游草》一卷一册，清道光年刻本，钱端撰。见1981年泰州图书馆地方文献目录。

《霞侣同声》一卷，乾隆二十二年，丹徒鲍皋等作，上海古籍出版社出版，张慧剑编著。

《栖霞山游记》一卷，清吴□撰，中华书局、上海古籍社出版。

《栖霞导游》，编者不详，1926年刊行。刘开渠《栖霞山的石刻》有内容介绍。

《三月五日游栖霞山杂记》，1929年油印本，全书仅4页，作者宁墨公。

《栖霞导游》，栖霞乡师编印，1932年10月出版，每册实价大洋壹角。

《栖霞导游》，共42页，分总述、名胜古迹、最近状况、游人须知四编，末附铁路时刻表。

《栖霞手册》，1934年11月出版，京沪沪杭甬铁路局编辑出版，具体内容不详。

《南京游览手册之三栖霞》，1947年1月初版，手册共计十册，介绍栖霞的为第三册。

《栖霞指实》，1948年，不分卷，栖霞寺佛学院编印，22页，南京信诚印刷号承印。

小说

长篇小说《摄生草》简介

长篇小说《摄生草》，发表于1990年《当代》第三期。小说以作者熟悉的栖霞山、栖霞寺为作品中的社会背景，塑造了一批知识分子和矿工的形象，揭示了

深刻的环保主题。作者在小说的题记中写道："人类赖以生存的自然之母啊，请息怒吧。上帝说，为了拯救灵魂，必然惩罚你的肉体。自然界在善与恶之间制造平衡。谁丧失了爱心，谁也就践踏自身。"《摄生草》共分《枫香树》《李家洼》《烟村》《地宫》《林蔼》《哑泉》《沉湖》《山头上水人头上血》《谈判》《苦竹河》《红枫祭》十一章，约 14 万字，当年被评论界认为是改革开放以来第一部以环境保护为主题的长篇小说。作者姜滇，1943 年出生，作者曾在栖霞山生活和工作。著名作家，曾任南京市作协主席。

附：未选著作目录

唐

《摄山栖霞寺记》一卷，灵湍编，僧人，生平不详。

宋

《摄山记》，编者不详。据《六朝事迹类编》张敦颐"序"，《摄山记》至少成书于南宋高宗绍兴三十年（1160）之前。

明

《栖霞寺志》二卷，僧可浩编。僧可浩，号月泉，灵谷寺住持。

清

《摄山志略》六卷，张怡编。张怡（1608—1695），字瑶星，自号白云道者，江宁（今南京市）人。

《摄山志》八卷，楚云上人（1641—？）等编。楚云上人，法号兴源，俗号龙宏戴，字骏工，湖南湘乡人。

1912 年后

《栖霞山石器及工人之生活》，见《中外经济周刊》1926 年第 145 期。

《南京栖霞山石灰岩之地质时代》，赵亚曾著，见《科学》1927 年第 12 卷第 9 期。

《摄山佛教石刻补记》，向达著，见《东方杂志》1929 年第 26 卷第 6 期。

《摄山之三论宗史略考》，汤用彤著，见《史学杂志》1931 年第 2 卷第 5 期、6 期。

《记栖霞山合作社》，赵汉生著，见《海光》1933 年第 5 卷第 4 期。

《江苏省栖霞山义务教育实验区实施概况》，见《江苏教育通讯》1934 年第 2 卷第 4 至第 5 期。

《江宁县栖霞寺情况调查》，20 世纪 50 年代江宁县政府编。

《唐明征君碑》，南京市博物馆编，1980 年 5 月出版。

《栖霞山多金属矿床物质组分的多元统计分析》，地质矿产部南京地质研究所编，1982 年 12 月出版。

《宗仰上人诗文选集》，栖霞寺编，1991 年出版。

《南京栖霞山铅锌银矿床地质及勘查模式》，肖振民等编，地质出版社 1996 年出版。

《栖霞古寺》，栖霞寺编，2000 年 10 月出版。

《南京栖霞山石窟艺术与敦煌学》，黄征主编，中国美术学院出版社 2002 年出版。

《南京栖霞寺藏珍》，真慈主编，2003 年出版。

《佛经碑刻作品集》，栖霞寺编，2006 年出版。

《栖霞山乾隆诗集》，栖霞山乾隆诗集编委会编，2011 年出版。

《江左历史人文重镇——栖霞》，吕佐兵主编，2022 年 10 月出版。

影视

《栖霞寺 1937》

电影《栖霞寺 1937》由南京三藏文化传媒有限公司和南京精汇科技文化有限公司于 2005 年 7 月 5 日推出的一部战争剧情电影，该片由郑方南执导，新华、宋军等主演。影片讲述了 1937 年底到 1938 年初南京沦陷前后，南京栖霞寺和尚寂然法师带领寺庙僧人自发创建难民护难所，不畏日军的压力与打击，保护两万多名难民的故事。

《栖霞寺 1937》被称作中国南京版《辛德勒的名单》，这场感人的倾寺救援在寺中“口口相传”，编剧曾于 1987 年出家入栖霞寺，听到了这段历史之后，他历经 10 年，进行了大量的历史考证工作，七易其作，终于在本剧编剧兼导演郑方南的协助下完成这个剧本。

片中美国人马丁拍摄下日军在南京大屠杀的罪行，在栖霞寺僧人的帮助下，胶片被成功送到上海租界，使得日军的暴行被揭露。马丁的原型，就是当时的国际红十字会南京委员会主席、美国牧师约翰·马吉。2005 年 8 月 13 日，影片在南京人民大会堂举行首映式。

《走遍中国——走进栖霞寺》

电视纪录片《走遍中国——走进栖霞寺》由央视制作，共分三集，第一集主要内容：1937 年，南京，30 万中国军民惨遭杀戮，然而，南京城东北 22 千米处，一座生命避难所却在日军屠刀下悄然开启，这是一座历经千年的古老寺院，几毁几建，民国初年终于全部重修完成，面对日军屠刀与炮火，寺中僧人为了保全千万难民的生命，直面日军！然而，粮食短缺、日军骚扰、伤病严重，并且中国将领也藏匿其中，手无寸铁的僧人们如何应对；面对屠杀，寺中难民能否顺利躲过死亡。电视片开启了这段历史的记述。

第二集主要内容：第二次世界大战期间，德国商人辛德勒曾拯救 1000 多名即将被屠杀的犹太人。同一时间，中国南京，两名外国人在南京大屠杀中救助的中国军民达两万人。这两名外国人分别是来自德国的京特和丹麦人辛德贝格。拍片时期，南京栖霞区健在的几十名老人还能清晰回忆起当年的情景。他们是谁？来自何方？70 多年前他们怎样维持难民区？如何在日军的一次次骚扰下保全生命、在日军的屠刀下营救难民？108 天后，大屠杀已经结束，伴随两名外国人发生的是一个奇迹——水泥厂难民营中的难民无一被杀。

第三集主要内容：11 月 25 日这一天，所有的游人都来到南京城的栖霞寺等待着奇异的佛光的出现，这里有着跌宕的历史，一桩千古奇事，一场科学调查，谜底能否揭开，这集电视片讲述了“神秘的佛光”。

“栖霞山”成为一批影视剧拍摄地

“第一金陵明秀山”的栖霞山，因拥有赏枫圣地和厚重的历史文化，不仅获得乾隆皇帝的厚爱，也获得一批影视剧导演的青睐，纷纷将栖霞山作为他们影视剧的拍摄地。1985 年 10 月 15 日，电视剧《秦淮梦》剧组一行到栖霞寺拍摄。由刘仕裕执导，香港电视广播有限公司出品的 40 集古装神话剧《封神榜》（1990 年播放）；由沈怡执导，中国台湾怡人传播有限公司、中国电视公司联合出品的民国爱情剧《青青河边草》（1992 年播放）；由李作楠执导，潘粤明、伊能静、胡可、侯勇等主演的动作悬疑电影片《帝国秘符》（2013 年播放）等。

摄影 随着摄影器材不断更新进步以及热爱摄影艺术的队伍不断壮大，记录栖霞山景观、历史建筑以及游客精神面貌的摄影作品越来越多。2020年6月，为进一步呈现栖霞山优美的山景、浓厚的历史、发展的脚步，由中国摄影家协会、《大众摄影》杂志社、江苏省摄影家协会主办，南京栖霞山文化休闲旅游度假区管委会承办，南京市栖霞区文学艺术界联合会、南京市栖霞区同舟书画摄影协会协办的“胜境栖霞山”全国摄影大赛拉开帷幕。此次摄影大赛，从摄影的角度发现、记录栖霞山地区的历史、文化、自然生态环境和民俗风情，充分展现栖霞山的文化与美丽，提高栖霞山的知名度和影响力，让更多人领略和分享栖霞山的文化魅力。

主办单位征集拍摄于栖霞山地区（含栖霞山风景区及周边地区）的摄影作品，以古刹禅韵文化、红枫生态文化、石刻遗存文化、茗茶休闲文化、民俗民风文化等内容为主要征集范围。共征集到全国数千幅摄影作品，经过评选，最后100幅作品成功入围。本书中已引用部分获奖照片。

诗歌

摄山栖霞寺碑铭

（南朝·梁）萧　绎

苔依翠屋，树隐丹楹。
涧浮山影，山传涧声。
风来露歇，日度霞轻。
三灾不毁，得一而贞。

萧绎（508—555），南朝梁元帝，萧衍第七子，文章、书法、绘画称三绝，代表作《采莲赋》，后人辑有《梁元帝集》。

同江仆射《游摄山栖霞寺》

（南朝·陈）陈叔宝

时宰磻溪心，非关狎竹林。鹫岳青松绕，鸡峰白日沈。
天迥浮云细，山空明月深。摧残枯树影，零落古藤阴。
霜村夜乌去，风露寒猿吟。自悲堪出俗，讵是欲抽簪。

陈叔宝（553—604），即陈后主，南朝陈皇帝。常作艳词，如《玉树后庭花》等。

入摄山栖霞寺并序

（南朝·陈）江　总

壬寅年十月十八日，入摄山栖霞寺，登岸极峭，颇畅怀抱。至德元年癸卯十月二十六日，又再游此寺，布法师施菩萨戒。甲辰年十月二十五日，奉送金像还山，限以时务，不得恣情淹留。乙巳年十一月十六日，更获拜礼，仍停山中宿，永夜留连，栖神悚听，但交臂不停，薪指俄谢。率制此篇，以记即目，俾后来赏者，知余山志。

净心抱冰雪，暮齿逼桑榆。太息波川迅，悲哉人世拘。
岁华皆采获，冬晚共严枯。濯流济八水，开襟入四衢。
兹山灵妙合，当与天地俱。石濑乍深浅，崖烟递有无。
缺碑横古隧，盘木卧荒途。行行备履历，步步轔威纡。
高僧迹共远，胜地心相符。樵隐各有得，丹青独不渝。
遗风伫芳桂，比德喻生刍。寄言长往客，悽然伤鄙夫。

江总（519—594），字总持，济阳考城（今河南省兰考县）人，文学家。仕梁、陈、隋三代。陈时，官至尚书令，世称“江令”，日与孔范等陪侍陈后主游宴后宫，制作艳诗，时号狎客。擅七言诗，原有集，已散佚，明人辑有《江令君集》。游栖霞寺诗尚有《游摄山栖霞寺并序》《静卧栖霞寺房望徐祭酒》《栖霞山房夜坐简徐祭酒周尚书》等。

宝公像赞

（唐）李　白

水中之月，了不可取。灵空其心，寥廓无主。
锦幪鸟爪，独行绝侣。刀齐尺量，扇迷陈语。
丹青圣容，何往何所。

李白（701—762），字太白，号青莲居士，自称祖籍陇西成纪。天宝初曾供奉翰林，有《太白集》。宝公，即宝志公，俗姓朱，栖霞山东麓东阳人。

栖霞寺东峰寻南齐明征君故居

（唐）刘长卿

山人今不见，山鸟自相从。长啸辞明主，终身卧此峰。

泉源通石径，涧户掩尘容。古墓依寒草，前朝寄老松。

片云生断壁，万壑遍疏钟。惆怅空归去，犹疑林下逢。

刘长卿（709—780），字文房，河间人。开元进士，历任监察御史等职。性刚直，曾两次遭贬谪，官终随州刺史。善于描写自然景物，风格简淡，长于五言诗，誉为“五言长城”。有《刘随州诗集》。

送陆鸿渐栖霞寺采茶

（唐）皇甫冉

采茶非采菉，远远上层崖。布叶春风暖，盈筐白日斜。

旧知山寺路，时宿野人家。借问王孙草，何时泛碗花。

皇甫冉（约 717—约 770），字茂政，润州丹阳（今丹阳市）人。天宝十五年（756）举进士，至大历初迁右补阙。有《皇甫冉诗集》。

题歙山（一作摄山）栖霞寺

（唐）顾　况

明征君旧宅，陈后主题诗。迹在人亡处，山空月满时。

宝瓶无破响，道树有低枝。已是伤离客，仍逢靳尚祠。

顾况（？—820），苏州海盐人（今属浙江省），至德进士，后隐居茅山。其诗重气骨，尤长于歌行，造语颇能出人意表。有《华阳集》。

游栖霞寺

（唐）皮日休

不见明居士，空山但寂寥。白莲吟次缺，青霭坐来销。

泉冷无三伏，松枯有六朝。何时石上月，相对论逍遥。

皮日休（约 838—约 883），字逸少，又字袭美，自号鹿门子。襄阳人，举进士，仕太常博士。曾参加黄巢起义军，任大齐的翰林学士，文学家。诗多酬唱咏物之作。有《皮子文薮》。

游栖霞寺

（南唐）李建勋

养花天气近平分，瘦马来敲白下门。晓色未开山意远，春容犹淡月华昏。

琅琊冷落存遗迹，篱合稀疏带旧村。此地几经人聚散，只今王谢独名存。

李建勋（约 873—952），字致尧，广陵（今江苏省扬州市）人。南唐司徒、司空，初仕吴为金陵副使。好为诗，有《李建勋诗集》一卷存世。

和栖霞寂照庵僧云渺

（宋）王安石

萧然一世外，所乐有谁同。宴坐能忘老，斋蔬不过中。

无心为佛事，有客问家风。笑问西来意，虽空亦不空。

王安石（1021—1086），抚州临川人，庆历进士，神宗时召为翰林学士兼侍讲，后任宰相，实行变法，两次罢相后，退居江宁，封荆国公。有《王荆公文集》。

摄　山

（宋）曾　极

在城东北四十五里，有齐文惠太子凿石为佛见存。《江乘地记》：“村有草，可以摄生，故名。”陈轩有《摄山十咏》。

一丈唐碑今露立，十寻梵塔已低摧。

层层石佛云间出，坐阅齐梁成劫灰。

曾极（生卒年不详），宋抚州临川人。字子建，号云巢。朱熹盛赞其诗书。有《金陵百咏》等。

栖霞寺二首（其二）

（明）李言恭

一壑路千盘，青霞客可飡。日斜山气紫，溪晚蓼花残。

雀语喧颓塔，藤阴覆讲坛。淹留钟磬寂，孤月万松寒。

李言恭（生卒年不详），字惟寅，号青莲居士，盱眙人。明开国功臣李文忠之后裔，万历三年（1575）袭爵临淮侯，守备南京。撰有《青莲阁集》《贝叶斋集》《栖霞寺》诗二首，录其一。

栖霞寺

（明）陈　沂

岑蔚结幽禅，山遥景自偏。铭题遗宋刻，宝像凿齐年。

曙色开重嶂，寒声咽细泉。扪箩殊未已，咫尺见诸天。

陈沂（1469—1538），字宗鲁，后改鲁南，号石亭。明正德十二年（1517）进士，授编修，嘉靖年间出任江西参议，历山东参政、山西行太仆寺卿。撰有《维祯录》《畜德录》《金陵古今图考》《金陵世纪》等。咏栖霞诗尚有《观音山江阁与顾英玉中秋看月》等。

千佛崖

（明）王世贞

仲璋感先志，诸王贪夙因。雕锼渐伎俩，刊削减璘珣。

千佛本非佛，一身犹幻身。云门括出后，黄面少精神。

王世贞（1526—1590），字元美，号凤洲、弇州山人，太仓人。嘉靖进士，官至南京刑部尚书。有《弇州山人四部稿》等。咏栖霞诗尚有《题摄山舍利塔》等。

六月访袁中夫摄山

（明）李　贽

怀人千佛岭，避暑碧霞颠。试问山中乐，何如品外泉。

阴阴藤挂树，隐隐日为年。坐觉凉风至，披襟更洒然。

李贽（1527—1602），原姓林，名载贽，后改姓名，号卓吾，字宏甫，别号温陵居士，泉州晋阳人。思想家、文学家，著有《焚书》《续焚书》等。

衡阳寺

（明）盛时泰

朗公飞锡处，四壁引藤萝。泉上苔将合，幢间字半磨。
寒烟连阜白，落叶近阶多。龙女听经后，山精几度过。
我来栖鹫岭，偶尔入山阿。摇路谁相问，凄凉独放歌。
鸟声依涧树，蛩响出庭莎。灯闪青莲影，香消碧艳罗。
高僧难再遇，何处礼祇陀。

盛时泰（1529—1578），字仲交、号云浦，晚号大城山樵。上元人。明嘉靖年间贡生，屡试不第。博学好文，才气横溢，落拓不羁。善画水墨山水竹石，工书。撰有《秣陵盛氏族谱》《金陵人物志》《金陵纪胜》《牛首山志》《栖霞小志》等。

登摄山绝顶

（明）叶向高

探奇直上最高峰，仄径悬崖信短筇。万壑松篁霾虎豹，半江风雨挟蛟龙。
苍茫不辨前朝寺，飘渺时闻下界钟。共识浮生无住著，蒲团相对坐从容。

叶向高（1559—1627），字进卿，号台山，福清人。万历十一年（1583）进士，官至礼部尚书、东阁大学士，遭魏忠贤排挤去官，卒谥文忠。著有《说类》。

摄山纪游

（明）袁宏道

黄叶旋空下，清泉作雨飞。苔毛青佛面，万色老天衣。
僧静厨蔬少，山寒野雀稀。自然消万虑，不是学忘机。

袁宏道（1568—1610），明湖北公安人，字中郎，号石公，万历进士。有《袁中郎全集》。

白乳泉试茶亭

（明）孙国敉

时游行伴茗，风尚夙斯存。苔篆泉间月，云余石畔根。
表章留后揽，赏啜坐忘言。不浅怀贤意，香边役梦魂。

孙国敉（1584—1651），六合人，曾任福建延平府学训导、中书舍人，编著有《鸡树馆集》《读书通》《藏书通》《临池通》《刀圭通》《定山志》《冶山志》《灵岩山志》《棠邑枝乘》《燕都游览志》四十卷。

白云庵访张瑶星道士

（清）孔尚任

著书充屋梁，欲读从何展。数语发精微，所得已不浅。
先生忧世肠，意不在经典。埋名深山巅，穷饿极淹蹇。
每夜哭风雷，鬼出神为显。说向有心人，涕泪胡能免？

游栖霞山

（清）爱新觉罗·弘历

第一金陵明秀山，所欣初遇足空前。画屏云罨紫峰阁，乳窦春淙白鹿泉。
梵业镌碑尚隋代，净因舍宅自齐贤。更谁凿壁名纱帽，只恐平原意未然。

登最高峰

（清）袁　枚

群峰齐俯首，争把一峰让。一峰果昂然，独立青天上。我来登此如登天，无物与我堪齐肩。白云蓬蓬生足下，红日皎皎当胸前。手敲山门锁，声落山下风。老僧迎我便扶我，怕我吹堕烟霄中。开窗指示扬州塔，入耳颇闻瓜步钟。摄山到此局一变，怪石奇峰都不见。不知人世藏何所，但觉江光摇匹练。仰首频愁真宰侵，长空断绝飞鸟音。游山莫到山绝顶，再上无路生归心。背山摇鞭风洒洒，手掷金轮放西海。

袁枚（1716—1798），字子才，号简斋、随园老人，浙江钱塘（今杭州市）人。乾隆进士，诗人。39岁游栖霞作诗十首，曾在燕子矶永济寺遣家童抄存名人墨迹。有《小仓山房集》《随园诗话》《子不语》等。

游栖霞山千佛崖

（清）蒋士铨

巍巍千佛崖，凿山象能仁。石亦具佛性，化作千万身。

一龛含一佛，阅历几微尘。虽无劫火烧，峦头渐崩奔。

可怜巧匠斧，难免空王嗔。隋时阿育塔，龙象标嶙峋。

何者具威力，佛亦当时人。我闻无佛处，亦可称其尊。

蒋士铨（1725—1785），字心馀、苕升，号藏园，江西铅山人。乾隆二十二年（1757）进士，官翰林院编修，戏曲作家、文学家，作有杂剧、传奇十六种。工诗，与袁枚、赵翼并称江右三大家。其戏曲、诗文等大部分作品均收入《忠雅堂全集》。

题梁吉甫（逢辰）摄山诗境图

（清）林则徐

布帆频挂秣陵秋，六代云山瞥眼收。

独有栖霞松外路，几回芒屐负清游。

林则徐（1785—1850），字元抚，一字少穆，福建侯官人。嘉庆进士，政治家。任内严厉禁烟，成效卓著，有文集《林则徐集》。

游摄山

（清）张　謇

銮辂曾经处，风云辇道通。人凌苍翠上，江落混茫中。

涧药分泉碧，岩花趁佛红。残碑余岣嵝，玉简感何穷。

张謇（1853—1926），江苏南通人，清光绪二十年（1894）状元，中国近代实业家、教育家。

栖霞茶

张毓金

中峰素产茶，入春芽自吐。凭崖石罅间，托根岁月古。

寥寥十数株，樵人伐斤斧。错杂蒙茸中，寻之难记取。

取之不盈握，甘香沁肺腑。

张毓金（1875—1940），邗江瓜洲人，曾任江南栖霞矿税统税所稽查，善诗文，工书法，编有《摄山续志》。

栖霞红叶

朱偰

萧森秋色斗清妍，绵绣重重万壑连。已染青山霜降后，更添黄叶立冬前。

似酡似醉佳人色，如火如荼夕照天。红剪一林巫峡杳，烟深千里楚江边。

朱偰（1907—1968），字伯商，浙江海盐人，经济学家、历史学家。录自2002年9月出版的《栖霞诗珍》。

栖霞山

茗山

六朝兴古刹，山寺号栖霞。秋到观枫叶，冬来赏雪花。

岩中泉水冷，岭上夕阳斜。正月初春日，枯枝蕴嫩芽。

茗山（1914—2001），江苏盐城人。俗姓钱，曾任栖霞寺方丈。录自2004年3月出版《茗山文集》。

词赋

点绛唇·重九饮栖霞

（宋）曾惇

九日传怀，要携佳客栖霞去。

满城风雨，记得潘郎句。

紫菊红萸，何意留侬住。

愁如许暮烟一缕，正在归时路。

曾惇，生卒不详，北宋末词人。

浣溪沙·栖霞

刘瑞龙

三十年前胜迹寻，栖霞毗卢喜重新，大江洪浪逐帆行。笑看稚孙试斤斗，芳草茸软任翻腾，后山石佛依松荫。

刘瑞龙（1910—1988）南通人，1926年入共青团，1927年转共产党，曾任农业部常务副部长。

白云山居赋

（明）张　怡

自怡老人选胜于伞山之阳，改筑乎白云之馆，将以祀先哲，举旷典，修白业，摅青眼。栋楹略具，茅茨未剪。喜容膝之可安，怅丹忱之未展。念一篑之几何，乃因循而莫办。于焉小憩，因陋就简。载咏载歌，以息以偃。虽藜藿之弗充，犹逍遥以自遣。忽悄焉其不怡，辍残编而兴叹。弟子侍坐，辟席而请曰："夫子何叹也？窃闻时有显晦，物有亏成。逵人知变，勿用永贞。故观天之道，一晦一明；察地之理，一陂一平。体神之撰，有虚有盈。立身之术，能浊能清。是以入群不乱，履尾不惊。观我生而进退，不违众以修名也。今夫子不夷不惠，亦老亦庄。探玄释，明阴阳，学易简，辨柔刚。综今古，识兴亡，恢乎肆应，何用不臧。而偃蹇好异，寂寞自喜，不顾家室，不育妻子。居于荒台，涣躬艮趾。木石之与居，鞅掌之为使。谅果哉其何难，长见绝于戚里。乃复搜剔岩穴，披薄烟岚。北山之北，南山之南。旷其安宅，构此精蓝。将欲与太虚而为邻，邀弥勒以同龛。然而神谋未叶，物力犹悭。清风肆好，胜赏难兼。惟前贤之落落，匪长袖之姑姑。况陶瓮之寂寂，异颠拂之眈眈。虽岭云之可怡，谁标意而息谈也。且夫俎豆先哲，何如逢倍时贤；栖迟空谷，何如混迹市廛；棕鞋桐帽，何如策肥乘坚；淡面钝耳，何如柔舌胁肩。既此凿而彼枘，宜毁方而为圆。羌因时而改图，亦太上之达权也。"于是，老人瞠目寥廓，流眄邱樊。悯其怐愗，未忍忘言。乃辟咡而诏之，曰："如吾子之所称，非予心之所好。似河伯之拘墟，未识昔人之高蹈也。在昔炎精失御阃垠分裂。矛戟相寻，交吞互啮。天失其纪，地丧其德。倮毅伧伫，元黄震叠。于时怀材抱艺之士，入户揣摩，出门合辙。乘时借便，纵横捭阖。自以为踸踔之英。倚魁之杰也。然而或以薰烧，或缘醴竭。或柔而萎，或刚而折。至今谈之者齿冷，思之者震魄也。维我征君，古之天民。道峰岳立，德海奋深。振衣弇榆之顶，濯足广长之滨。相土江乘之侧，卜筑栖霞之垠。拟之高山，嶙嶙峋峋。拟之冬日，氤氤氲氲。拟之松柏，困困轮轮。拟之兰芷，苾苾芬芬。矢韬光于不睹，乃蕴积而升闻。虽丹诏之屡下，羡白璧之不磷。抚长松以寄傲，去火宅其若焚。涉莲邦以蜕影，招古德与同群。彼攘攘而鼎鼎，等聚沫与飞尘。固宜闻风者若渴，亲炙者如熏也夫。今之仁祠梵宇，固昔之茅檐蓬霤也。今之蕉团禅窟，固昔之衡门圭窦也。今之藻栌绘椽、踵事而增华者，固昔之剪荆薙棘、开先以贻后者也。然而，春秋不列于祀典，姓字不习于僧刍，庙貌不修于遗址，苹藻不荐于山厨。酌衢尊而迷其源，履户阈而废其枢。虽先生夷然而不屑，然揆之事理，乌可诬也。予乃因其故居，构此栋宇。堂庑有制，轩棂中矩。香阜巍巍，星龛俣俣。棼橑秩秩，窗楣楚楚。可以奉薄伽，妥神主，延义龙，结道侣。于时言言，于时语语。息微躬，征往古，采先春軿云乳，翻素书，陈桂醑。此亦先生之所式灵，人情之所乐睹也。且子亦知是山之胜乎？在昔江南茅、蒋，伯仲庐、衡。伞山之峥嵘，于茅、蒋为同盟。穹窿轶乎天阙，峈峄连乎大城。既岩深而岫衍，亦岭侧而峰横。故谈者以俪青齐之灵岩、荆楚之玉泉、天台之国清。言其形胜，则有驯虎之径，天开之岩，落星之墩硌硌，迎贤之石巉巉。叠浪峆岈踞其趾，千佛突兀坐其颠，台以明月为号，峰则纱帽字焉。西坳之丹枫百干，东岭之长松万年。亦有隋皇舍利之塔，唐贤石碧之轩，无择题名之字，昭明饮马之泉。云根白鹿，品外珍珠。泫泫汩汩，味若醍醐。汇于长江之汜，抱以阳山之湖。龙山虎山，东峰西峰。钩留不绝，峪嶺难穷。中有凌虚之室，上达忉利之宫。乃若飞来之佛，自鸣之钟。碑分篆于岣嵝，幢纪岁于咸通。瑰词写于江令，宸翰勒于唐宗。其他零珠碎玉，禅路仙踪，屈指而数，更仆未终。然未有如白云之片席，冠兹山而独崇者也。盖其拔地千丈，近天尺五。位坎面离，辟寒销暑。怀谷含溪，藏烟宿雾。信晏坐之名区，实栖真之奥府也。前则深涧句廉，怪碚嶐，水石牴牾，搏激砯冲。当奔涛之西注，失虚谷之冲瀜。肆荡云而沃日，骋霆击而雷轰，后则危岭参差，沓嶂嵫嶷。径术蹇产，盘磴攱陊。目甫视而已瞬，足未涉而先疲。犹跿跔以彳亍，劣得达于前陲。左则环以平岗，锁以断壁。汲白乳之灵浆，探试茶之故迹。灿珠蘖与金蕾，滋露芽兮云液。间丹若与乌椑，杂陀酥兮崖蜜。蜀棁吴菘，以灌以植。右则檀栾深靓，郁郁苍苍。蛇枝鹊尾，涩勒筼筜。绿卿青士，旧箨新篁。带清阴而樠矗，逐爽籁以低昂。摇影落鹅溪之绢，侯封佩潇洒之章。步于广庭，古木鬅髻。松如虬而偃盖，枫有瘿而含灵。桧驳荦以千岁，楠崔错而七星。缀以煸𤐫青肤之苔，络以猗旎灵寿之藤。经齐梁之风雨，或异质而殊形。坐于闲斋，幽香自来。桂则小山之植，梅则处士所栽。木瓜入风人之味，海棠以妃子为媒。重台骈白之种，鼠姑鹿韭之胎。别有霜蕤露甲，照殿护阶。函萎毓秀，斗艳争开。当其春日初晴，惠风自轻。山花如笑，山鸟能鸣。戢倦飞之翼，博求友之声。振长条而拂羽，巧百啭以调笙。一唱一和，嘤嘤嘤嘤。不独惜春之与采药，唤起之与催耕。迨夫浓阴四幂，山昼初长。理我残帙，拂我匡床。回灵光以内照，体无风而自凉。何况袭以松桂之阴，递以薝蔔之香。引新桐于百尺，芾老树之千章。坐北窗而跂脚，恍欲觌乎羲皇。亦越白露既下，青女相邀。空旻如拭，野水生潮。草芰繁而蜕芜，木脱叶而垂条。清真之意可掬，修洁之致更超。回寒蟾之皎皎，光洞晰乎秋毫。照幽人之肝膈，伴佛火于中宵。时复冻云拂岫，翔气浮川。就晏温之旭日，爇榾柮之轻烟。手一编而自赏，忽冻合于双肩。乍飘零以散漫，屑白玉而为田。覆竹柏之绵幕，助泉石之靓蠲。笔欲写而忘阁，景居胜而屡迁。乃若羲轮初驾，啼乌乍飞。沆瀣犹湿，晨光熹微。山澄岚而呈髻，花裛露以生辉。恍混沌之初判，乐万物之忘机。急起迎乎朝气，被参也之鹑衣。爰焚香而读易，浑不觉其斯饥。及夫夕阳在山，六螭将息。苍紫万状，溟涬一色。幽谷孕其阴妍，平楚增其茂密。农抱瓮以来归，鸟投巢而敛翼。叹群动之营营，亦随时而暂释。聆林外之疏钟，节商歌而抱膝。其或连雰积雾，一望迷茫。淋淋沥沥，霢霢霂霂。竞奔崖而赴壑，解浴黛而浮苍。罥轻岚于石户，助清响于竹房。失樵牧之蹊径，咏孺子之沧浪。托瑶琴而自写，忆风雨兮连床。有若霴霴霙霙，山川出云。起于旷垠之野，结为妙鬘之文。既吹纶而擘絮，遂拂袖而沾巾。腾山椒而直上，垂疏叶与轻鳞。设钟陵而散彩，映江水而成雯。疑征君之来假，翩欲下兮氤氲。盖以伞山占江南之胜，白云拔一山之萃。是以变化备于四时，灵秀钟于万类。日月节凉燠之宜，烟霞含静穆之气。僧徒日用而不知，逋客佁儗而不至。惟疏放之闲人，恋丘壑而自置。彼文通言志之书，孝标山栖之志。似有其言，而无其实。或举一隅，而未得其备也。回思当日，山灵用晦，奇情未阐。荟蔚塞涂，阴阳为患。此地固狐狸所窟，虎狼之馆也。非我征君，空解渊微，天怀简淡，物我两忘，人天共赞，攘剔修平，除荆斩蔓，虎探鲠而渡河，蛇衔珠而远遁，化旧日之崄巇，开名山之生面，则吾与子，又安得登高台而纵目，陟层崖而摅眄也哉？然则斯祠之举，何可复缓也耶！”弟子闻之，讼言自悔。四顾旁皇，不知所对。屏气摄息，逡巡而退。

栖霞山赋

许　结

维兹灵岳，岹嵲阴阳，形如伞盖，义取摄养；柢艮出震，郡望显彰，占牛女之分野，乃齐梁之旧乡。六代物华，荷天衢以拓宇；一山明秀，恢地纮而张皇。钟阜邻比，见龙蟠之逶迤；石城遥屹，若虎踞之昂扬。俯视江流，回观群翠，三峰雄峙，万象开新，诚堪舆之佳丽，文明之青箱。

粤稽悬岩青翳，神明攸居，挟太虚兮为侣，携岭云兮可怡。忆昔禹王治水，九派分流，天书古雅，名士称奇。始皇临江，惊畏金陵王气；梁武崇释，捐情千佛夙期。隋文修心，敕建舍利宝塔；乾隆驻跸，欣题初遇情诗。慷慨之士，桓元子喟叹树犹如此，定蜀攻秦，官拜司马；忠烈之人，李香君皈依桃花涧边，参禅觉慧，义感聘之。登高崇以献歌，太白、东坡之游屐；临渊泉而作画，奇峰、悲鸿之论辞。片云断壁，万籁疏钟，刘长卿吟哦之地；布帆秣陵，秋山收眼，林则徐羁旅之思。懿夫明征君碑，唐皇御笔，玉阙昆仑，天竺鼎彝。

嗟乎！四大丛林，三论宗识。伽蓝圣教，培育法师之摇篮；故域名山，弘扬金陵之佛国。僧绍隐处，栖霞幽境彰名；仲璋秉

栖霞山赋碑　　（张　军　摄）

持，无量寿佛增色。鉴真东渡，宏愿寄发于梵天；宗仰矢志，古刹中兴于盛德。星云披缁此间，佛光彰显海域。崇教帝王，风流名士，弘法上人，栖心仙隐，百代传承，功勋是勒。然则历兵燹，渡劫难，精华久掩，宝藏是匿。欣乎拨云见日，法运重光，玉冠翠耸，彩虹镜明。观夫毗卢殿阁，巍然耸峙：殿前则牌楼山门，钟鼓经幢，途通古镇街衢，遥眺丽日飞甍。殿中则三宝三圣，接引飞天，瞻千年佛顶，遥思报恩旧寺；赞感应舍利，近聆玉堂磬声。殿后则飞来之石，纱帽之峰，明月之台，畅观之亭，游心乎今古，泉涧兮争鸣。玉佛殿前，缁素祇敬于层宇；枫林湖畔，士女闲逸于轩楹。

江乘故里，新城胜迹，众泉迸玉，吐珠玑于翠谷；群岚掩杳，垂蝃蝀于瑶天。东峰有龙起之势，太虚憩心，小营暂驻，忆饮马池边，品新茗庄前。西峰呈虎啸之威，叠浪岩高，纵想凌云之意；桃花湖阔，静思待月之禅。最是中峰奇崛，如凤翔于层巅。崭峣以挺其阜，穹巄而藏其秀，临天开而鸟瞰，似卧云以流连。或如孤峰迸笋，或如眉横螺青，或如云构星离，或如攒崿启莲。噫嘻美哉！四季之风光，因时序而迁变；一方之丽色，缘秋景而远传。万壑枫红，霜醉丹霞神韵；九乡水绕，欢迓南北群贤。

于是地志开辟，宏图再展。千载芬芳，山间气象峥嵘；六朝石刻，江左风流丕显。嘉执事之勤黾，献新文之丽典。赞曰：金陵锦秀，六代名蓝。怡红拾翠，春水秋岚。三峰并起，佛国东南。摄生养性，精气神涵。抽思作颂，贻世美谈。

许结，南京大学文学院教授，中国赋学会会长，中国韵文学会副会长。

因篇幅所限，历代诗歌词赋不可尽选，余者见表12。

本志诗词存目

表12

序号	年代	诗词题目	作者
1	南朝	“行翻车岘”	鲍照
2		“行京口至竹里”	鲍照
3		“从武帝琅琊城讲武应诏”	王融
4		“北戍琅琊城”	江孝嗣
5		“和江丞北戍琅琊城”	谢朓
6		“和令君游虎穴寺”	王冏
7		“奉和江令”	陆罩
8		“奉和江令”	孔焘

续表 12

序号	年代	诗词题目	作者
9		“奉和江令”	王台卿
10		“从驾虎穴寺”	鲍至
11		“古意酬到长史溉登琅琊城诗”	徐悱
12		“营涅槃忏并序”	江总
13		“游虎穴寺”	江总
14	南朝	“再游栖霞寺言志”	江总
15		“游栖霞寺并序”	江总
16		“静卧栖霞寺房望徐祭酒”	江总
17		“栖霞山房夜坐简徐祭酒周尚书”	江总
18		“仰同令君摄山栖霞寺山房夜坐”	徐孝克
19		“仰和江令君”	徐孝克
20		“游（一作题）栖霞寺”	张晕
21		“登栖霞寺塔”	蒋涣
22		“栖霞寺夜坐”	僧灵一
23		“题琅琊上方”	顾况
24		“栖霞山”	顾况
25		“与沈十九拾遗同游栖霞寺上方于亮上人院会宿（二首）”	权德舆
26		“栖霞寺云居室”	权德舆
27		“题栖霞寺”	姚合
28		“登栖霞寺峰怀望”	李绅
29		“栖霞寺庆法师山房”	李频
30	唐・五代	“栖霞寺赠月公”	周繇
31		“题栖霞寺僧房”	处默
32		“归摄山作”	僧护国
33		“重开衡阳寺古迹诗”	齐己　牟儒
34		“夏日栖霞寺书怀寄张逸人”	齐己
35		“游栖霞寺”	李建勋
36		“登栖霞寺”	常衮
37		“临石步港”	徐铉
38		“过徐铉宅”	裴迪
39		“题金陵栖霞寺赠月公”	周繇
40		“题栖霞寺”	綦毋潜

续表 12

序号	年代	诗词题目	作者
41	宋	“夏望”	夏竦
42		“游摄山栖霞寺”	叶清臣
43		“摄山访隐者”	张颉
44		“石步道中有石麒麟数十”	曾极
45		“石麒麟地名”	曾极
46		“游摄山栖霞寺”	赵伯晟
47		“天开岩”	王随
48	元	“题栖霞山房”	王随
49		“游栖霞寺”	薛昌朝
50	明	“摄山”	李诚
51		“寻衡阳寺”	刘素
52		“游衡阳寺”	李庄
53		“竹里山”	曹景
54		“望栖霞山”	乔宇
55		“摄山道中”	王韦
56		“游摄山”	顾璘
57		“题摄山舍利塔”	王世贞
58		“宿栖霞”	徐渭
59		“夜宿栖霞”	徐渭
60		“赴京留别栖霞云松上人”	李贽
61		“再集摄山方丈”	郭第
62		“赴栖霞”	袁宏道
63		“秋日入摄山寻云谷旧庵”	徐梦麟
64		“访文大德承摄山耕寓”	徐梦麟
65		“游栖霞寺”	徐梦麟
66		“栖霞寺”	焦竑
67		“同友人游摄山”	焦竑
68		“九日登栖霞绝顶同伯年作”	焦竑
69		“栖霞寺”	曹学佺
70		“栖霞胜概”	朱之蕃
71		“栖霞山”	朱之蕃
72		“栖霞寺”	吕克孝

续表 12

序号	年代	诗词题目	作者
73	明	“游栖霞三首”	董应举
74		“栖霞寺”	顾起元
75		“摄山”	顾起元
76		“摄山夜宿”	顾起元
77		“游摄山”	李流芳
78		“栖霞寺”	祝世禄
79		“摄山道中”	谭元春
80		“中秋栖霞作”	谭元春
81		“自天开岩、千佛岭历中峰下饮池边雨月相代作”	谭元春
82		“栖霞寺”	黄居中
83		“摄山顶”	黄居中
84		“从师游栖霞寺”	马元调
85		“登摄山最高峰”	孙国敉
86		“白乳泉试茶亭”	孙国敉
87		“栖霞六朝松”	倪嘉庆
88		“江村散步偶憩龙惠庵幽甚得诗”	陆渊原
89		“摄山”	娄坚
90		“摄山”	杜士全
91		“登摄山最高峰”	朱睿焆
92		“登摄山最高峰”	王式古
93		“衡阳村自咏”	陈璿
94		“摄山”	法通
95		“过衡阳寺”	王元贞
96		“访文德承摄山耕寓”	黄姬水
97		“登摄山绝顶”	范凤翼
98		“衡阳寺”	程国祥
99		“宿摄山绝顶”	王孟瑛
100		“偕张瑶星游栖霞寺”	朱胤昌
101		“栖霞寺”	冀文华
102		“游栖霞”	董应举
103		“古佛庵”	黄汝亨
104		“夏日游摄山同王惟士徐元叹胡元振”	钟惺

续表 12

序号	年代	诗词题目	作者
105		“栖霞”	陆宝
106	明	“寄李长蘅”	程嘉燧
107		“晚登摄山绝顶”	戴燠
108		“摄山”	杜湙
109		“霞髓”	杜濬
110		“伽蓝”	杜濬
111		“夕阳”	杜濬
112		“道中望栖霞”	杜濬
113		“白云庵”	杜濬
114		“紫峰阁”	杜濬
115		“遗谷”	杜濬
116		“摄山”	张怡
117		“中峰”	张怡
118		“东涧”	张怡
119		“千佛崖”	张怡
120		“明月台”	张怡
121		“纱帽峰·旧有默坐轩在其下”	张怡
122	清	“舍利塔”	张怡
123		“天开岩”	张怡
124		“白乳泉”	张怡
125		“白鹿泉”	张怡
126		“品外泉”	张怡
127		“珍珠泉”	张怡
128		“白云庵”	张怡
129		“佛殿”	张怡
130		“云乳山房”	张怡
131		“标隐堂”	张怡
132		“古镜庵”	张怡
133		“西轩”	张怡
134		“山茨”	张怡
135		“同趣”	张怡
136		“九歌（选一）”	张怡

续表 12

序号	年代	诗词题目	作者
137	清	“登摄山顶”	王铎
138		“白鹿泉”	释大成
139		“栖霞山居”	释大成
140		“同王阮亭祠部宿摄山再宿华山纪游六十韵”	方文
141		“摄山绝顶”	方文
142		“摄山”	顾炎武
143		“秋日游栖霞寺”	陈所闻
144		“游摄山”	施闰章
145		“初春望伞山怀瑶星楚云二师”	邓旭
146		“摄山田家”	邓旭
147		“游摄山忆之”	闻逸
148		“摄山秋夕作”	屈大均
149		“酬楚公和尚招游摄山”	丁炜
150		“己巳暮春楚云和尚招同家廉访兄游摄山栖霞寺信宿言归赋比长句”	丁炜
151		“登摄山”	魏宪
152		“秋日偕黄自先登摄山”	曹新星
153		“摄山呈楚公和尚”	吴世杰
154		“伞山访楚云和尚”	车万育
155		“寄栖霞楚云和尚”	蔡玺
156		“奉怀楚公”	蔡玺
157		“寄摄山张白云”	蔡玺
158		“雪后望摄山有怀楚云和尚”	蔡玺
159		“舟过青山头望栖霞绝顶”	蔡玺
160		“忆摄山”	蔡玺
161		“夏日有怀摄山寺”	蔡玺
162		“舟中望摄山”	蔡玺
163		“摄山晤楚云和尚”	赵吉士
164		“送楚云和尚还摄山”	许承家
165		“栖霞寺访楚云和尚”	龚翰
166		“幽居最高处有石如卧壁余名之曰自然碑作诗以告来者”	龚翰
167		“寄答楚云和尚”	龚翰

续表 12

序号	年代	诗词题目	作者
168	清	“忆栖霞宜谷松石”	龚翰
169		“壬子秋楚云和尚由中岳还栖霞”	王宏祚
170		“宿栖霞寺同眼闻上人”	汪楫
171		“寄摄山楚云和尚并呈张白云”	白梦鼎
172		“栖霞楚公和尚招予入山复以图记见示作此呈教”	白梦鼎
173		“梅檀阁候楚老人不至”	纪映钟
174		“次韵赠栖霞楚云和尚”	纪映钟
175		“买陂塘”	曹贞吉
176		“壬申人日奉怀栖霞楚云上人”	王泽宏
177		“秋杪同周篔王翚李符龚翔麟邵舍弟彝介从子建子游摄山是夕包铭曹彦枢适至际晓周览山曲信宿乃还翚为行看子各纪以诗予得四首”	朱彝尊
178		“宿栖霞寺留呈楚云和尚”	王愈扩
179		“送楚云和尚还栖霞”	王士祯
180		“栖霞天开岩观禹碑”	王士祯
181		“中峰涧”	王士祯
182		“雨夜宿德云庵”	王士祯
183		“江行回望摄山绝顶”	王士祯
184		“德云庵早起”	王士祯
185		“雨中将往华山同尔止坐五云阁”	王士祯
186		“由摄山至华山道中即事”	王士祯
187		“龙潭登舟栖霞僧相送”	王士祯
188		“题千佛崖”	王士祯
189		“借宿摄山别楚云和尚”	张玉书
190		“登摄山赠楚云和尚”	张玉书
191		“癸酉秋日送楚云和尚南归栖霞即和见曾原韵”	王宏
192		“游摄山栖霞寺二首”	宋荦
193		“摄山呈楚云和尚”	罗德御
194		“遥和文玉公摄山千佛岭坐月”	罗光忻
195		“徐仆射宅”	刘岩
196		“赠张瑶星先生”	胡第
197		“栖霞寺”	余宾硕
198		“宿摄山渡”	厉鹗

续表 12

序号	年代	诗词题目	作者
199	清	“游摄山栖霞寺留止三宿得诗三首”	厉鹗
200		“摄山杂咏”	厉鹗
201		“留别栖霞寺久林禅师”	厉鹗
202		“自栖霞至金陵道中有梁始兴王憺安成王秀吴平忠侯景墓石麒麟碑犹存蒋土庙在钟山之麓太平门外城下即后湖也得四绝句”	厉鹗
203		“晚秋怀摄山旧游”	厉鹗
204		“初冬偕诸同事游摄山和袁子才韵”	尹继善
205		“再和袁子才游摄山韵”	尹继善
206		“衡阳山”	王友亮
207		“摄山”	王友亮
208		“白常村在摄山下，即古临沂城遗址”	王友亮
209		“栖霞寺”	王友亮
210		“幽居寺摄山”	王友亮
211		“六朝碑”	王友亮
212		“将之栖霞道中同朱蕙塘暨马生近光作”	张松
213		“登紫峰阁望功德泉”	张松
214		“登最高峰顶”	张松
215		“伞山道中”	曹言路
216		“摄山十咏”	戴翰
217		“桃花涧”	王琯
218		“桃花涧”	王瑗
219		“栖霞寺”	王琯
220		“栖霞寺”	王瑗
221		“桃花涧听瀑布”	芮屿
222		“同玉亭游摄山”	芮屿
223		“游摄山归示春园思齐”	芮屿
224		“江行”	曹寅
225		“栖霞寺”	朱本楫
226		“奉和尹制军重游摄山”	朱琦
227		“太平门外清风乡花木村梁吴平忠侯萧景墓碑次严用晦韵”	甘棠
228		“摄山同乔云客作”	谈承基
229		“德云楼眺叠浪岩”	张兆骐

续表 12

序号	年代	诗词题目	作者
230		“再入摄山伤朱东屏”	先著
231		“守风石埠桥”	蒋师轼
232		“舟行百里外即见栖霞绝顶一树幢幢接天爱其所托之高而遇之不可必也诗以赠之”	蒋师轼
233		“栖霞寺”	刘达
234		“栖霞寺”	王辂
235		“栖霞”	朱遐年
236		“立春日同芮仙洲游摄山”	姚莹
237		“梦游摄山”	屈景贤
238		“耿旃林寿楚云师长句”	耿光作
239		“渡江望摄山”	戴之泰
240		“泊舟东庄步至摄山”	秦大士
241		“偕僧大存丽雅有游摄山”	秦大士
242		“摄山”	程家钰
243		“游摄山”	杨思立
244		“乘月行摄山道中至朝阳门作”	洪亮吉
245	清	“晚泊栖霞港望最高峰追悼寺僧慧超”	洪亮吉
246		“自栖霞港侵晓至燕子矶”	洪亮吉
247		“大风登摄山顶望江”	洪亮吉
248		“白鹿泉”	洪亮吉
249		“桃花涧”	洪亮吉
250		“紫峰阁石龛”	洪亮吉
251		“与孙大约作摄山诗久不见寄戏简一首”	洪亮吉
252		“幽居庵雨夜偕王三吉士沈大绍祖孙大星衍联句三十韵”	洪亮吉
253		“游摄山次江总游栖霞及虎穴寺韵”	孙星衍
254		“憩桃花涧”	孙星衍
255		“千佛岭至紫峰阁”	孙星衍
256		“白鹿泉值雨”	孙星衍
257		“六月三十日游栖霞，在珍珠泉壁见王梦楼太守诗，次韵和之，因寄汪春田太守为霖”	孙星衍
258		“题琴坞摄山纪游卷子”	邓湘皋
259		“游摄山二首”	邓湘皋
260		“中秋同自怡道者最高峰看月”	释兴源

续表 12

序号	年代	诗词题目	作者
261	清	“栖霞山居”	释兴源
262		“广陵泛舟还摄山休夏”	释兴源
263		“奉请楚公大师开法栖霞”	释大依
264		“摄山访楚云和尚不遇”	李中素
265		“留别摄山楚云和尚”	邹峰
266		“与栖霞楚公话别”	释超全
267		“上摄山最高峰”	瀚著
268		“望栖霞山”	李更生
269		“宿紫峰阁寻白鹿泉”	汪沅
270		“栖霞题壁”	李葂
271		“摄山偕五弟晚步至万松精舍”	王廷亨
272		“登摄山”	王人龙
273		“白鹿泉”	王人龙
274		“摄山怀古”	全祖望
275		“晓登千佛崖至万松庵坐云木相参阁分赋”	袁枚
276		“春雨桥”	袁枚
277		“白云庵”	袁枚
278		“同张芸墅入摄山投宿鹿泉庵作”	袁枚
279		“大殿外古银杏歌”	袁枚
280		“重宿栖霞感怀往事赋赠墨禅上人”	袁枚
281		“栖霞古松无故自萎者甚多”	袁枚
282		“天开岩观岣嵝碑”	袁枚
283		“偕袁简斋前辈游栖霞山”	蒋士铨
284		“由便民港舟至栖霞行宫即事有咏”	爱新觉罗・弘历
285		“紫峰阁”	爱新觉罗・弘历
286		“春雨山房”	爱新觉罗・弘历
287		“太古堂”	爱新觉罗・弘历
288		“驻跸栖霞行宫作”	爱新觉罗・弘历
289		“游摄山栖霞寺用尹继善沈德潜倡和韵”	爱新觉罗・弘历
290		“月”	爱新觉罗・弘历
291		“万松山房”	爱新觉罗・弘历
292		“幽居庵”	爱新觉罗・弘历

续表 12

序号	年代	诗词题目	作者
293	清	“登最高峰望江放歌”	爱新觉罗·弘历
294		“太虚亭”	爱新觉罗·弘历
295		“江宁回跸驻栖霞作”	爱新觉罗·弘历
296		“岭峰池”	爱新觉罗·弘历
297		“石梁精舍”	爱新觉罗·弘历
298		“万松山房”	爱新觉罗·弘历
299		“叠浪崖”	爱新觉罗·弘历
300		“德云庵”	爱新觉罗·弘历
301		“九株松”	爱新觉罗·弘历
302		“玉冠峰”	爱新觉罗·弘历
303		“栖霞佛赞”	爱新觉罗·弘历
304		“游栖霞山”	爱新觉罗·弘历
305		“紫峰阁”	爱新觉罗·弘历
306		“功德泉”	爱新觉罗·弘历
307		“栖霞行馆作”	爱新觉罗·弘历
308		“太古室”	爱新觉罗·弘历
309		“玲峰池”	爱新觉罗·弘历
310		“题张宏栖霞图”	爱新觉罗·弘历
311		“万松山房”	爱新觉罗·弘历
312		“题般若台”	爱新觉罗·弘历
313		“练影堂”	爱新觉罗·弘历
314		“德云庵口号”	爱新觉罗·弘历
315		“九株松”	爱新觉罗·弘历
316		“叠浪崖”	爱新觉罗·弘历
317		“见山楼”	爱新觉罗·弘历
318		“幽居庵”	爱新觉罗·弘历
319		“峭蒨室”	爱新觉罗·弘历
320		“登最高峰作”	爱新觉罗·弘历
321		“话山亭”	爱新觉罗·弘历
322		“石梁精舍”	爱新觉罗·弘历
323		“春雨山房”	爱新觉罗·弘历
324		“武夷一曲精庐”	爱新觉罗·弘历

续表 12

序号	年代	诗词题目	作者
325	清	“再题幽居庵”	爱新觉罗·弘历
326		“游摄山栖霞寺仍叠尹继善沈德潜倡和韵”	爱新觉罗·弘历
327		“游栖霞山叠旧作韵”	爱新觉罗·弘历
328		“武夷一曲精庐”	爱新觉罗·弘历
329		“太古堂对泉有作”	爱新觉罗·弘历
330		“春雨山房”	爱新觉罗·弘历
331		“用刘长卿栖霞寺东峰寻南齐明征君故居韵”	爱新觉罗·弘历
332		“夕佳楼”	爱新觉罗·弘历
333		“万松山房”	爱新觉罗·弘历
334		“戏题般若台口号”	爱新觉罗·弘历
335		“德云庵”	爱新觉罗·弘历
336		“题九株松”	爱新觉罗·弘历
337		“叠浪崖”	爱新觉罗·弘历
338		“题幽居庵”	爱新觉罗·弘历
339		“登最高峰”	爱新觉罗·弘历
340		“玲峰池”	爱新觉罗·弘历
341		“题张宏栖霞图叠旧韵”	爱新觉罗·弘历
342		“题文伯仁金陵十八景之一摄山”	爱新觉罗·弘历
343		“江宁旋跸再驻栖霞作”	爱新觉罗·弘历
344		“再咏沈德潜游摄山十二首诗韵仍令沈德潜钱陈群和之”	爱新觉罗·弘历
345		“彩虹明镜”	爱新觉罗·弘历
346		“幽居”	爱新觉罗·弘历
347		“般若台”	爱新觉罗·弘历
348		“桃花涧”	爱新觉罗·弘历
349		“紫峰阁”	爱新觉罗·弘历
350		“玉冠峰”	爱新觉罗·弘历
351		“千佛崖”	爱新觉罗·弘历
352		“九株松”	爱新觉罗·弘历
353		“叠浪崖”	爱新觉罗·弘历
354		“万松台”	爱新觉罗·弘历
355		“白鹿泉”	爱新觉罗·弘历
356		“最高峰”	爱新觉罗·弘历

续表 12

序号	年代	诗词题目	作者
357	清	“栖霞山”	爱新觉罗·弘历
358		“登最高峰作歌”	爱新觉罗·弘历
359		“白乳泉用皇甫冉陆鸿渐栖霞寺采茶诗韵”	爱新觉罗·弘历
360		“太古堂”	爱新觉罗·弘历
361		“德云庵”	爱新觉罗·弘历
362		“天开岩”	爱新觉罗·弘历
363		“叠浪崖”	爱新觉罗·弘历
364		“玲峰池”	爱新觉罗·弘历
365		“万松山房”	爱新觉罗·弘历
366		“幽居庵”	爱新觉罗·弘历
367		“珍珠泉”	爱新觉罗·弘历
368		“彩虹明镜”	爱新觉罗·弘历
369		“紫峰阁”	爱新觉罗·弘历
370		“武夷一曲精庐”	爱新觉罗·弘历
371		“春雨山房对雨作”	爱新觉罗·弘历
372		“行宫”	爱新觉罗·弘历
373		“又”	爱新觉罗·弘历
374		“题栖霞十景”	爱新觉罗·弘历
375		“白乳泉试茶亭用皇甫曾送陆鸿渐栖霞寺采茶诗韵”	爱新觉罗·弘历
376		“题太古堂用庚子诗韵”	爱新觉罗·弘历
377		“武夷一曲精庐用庚子韵”	爱新觉罗·弘历
378		“登栖霞最高峰眺望作歌”	爱新觉罗·弘历
379		“得趣楼”	爱新觉罗·弘历
380		“自栖霞至江宁驻跸之作”	爱新觉罗·弘历
381		“江宁旋跸栖霞之作”	爱新觉罗·弘历
382		“病榻有所思（选 ·）”	王文治
383		“暮春游栖霞寺有序”	王文治
384		“游摄山二首　古佛庵有明太祖御容”	姚鼐
385		“春游栖霞山有序”	汪志伊
386		“已酉仲春再游摄山”	汪志伊
387		“明征君”	汪志伊
388		“春从天上来·访汪白也于摄山”	林端

续表 12

序号	年代	诗词题目	作者
389	清	“游摄山栖霞寺（二首）”	周镐
390		“游栖霞寺”	徐淳
391		“摄山早发”	徐淳
392		“梁始兴王墓碑歌”	胡本渊
393		“摄山湖”	胡本渊
394		“登最高峰”	侯云锦
395		“访明征君宅”	侯云锦
396		“游栖霞寺”	侯云锦
397		“游摄山用高清邱游天池韵”	张永溥
398		“春雨桥”	哈份
399		“摄山”	秦耀曾
400		“摄山怀古”	吴介宝
401		“栖霞寺九老松下看月”	杨銮
402		“功德泉”	朱谷昌
403		“春雨桥”	朱谷昌
404		“万松山房”	朱谷昌
405		“游栖霞吊明征君”	史袖
406		“衡阳寺壁嵌小碣镌天启丙寅六月李长科、华吊唐梅诗”	吴继曾
407		“栖霞驿晓发”	刘宝楠
408		“春从天上来·自东台将归白下，闻汪白也读书摄山，维舟相访，慨然成词”	马功仪
409		“雨出栖霞口”	周家禄
410		“舟中望栖霞山寄江宁友人”	周家禄
411		“观音门阻风遂同菊庄陆行访曹澹泉于济生台小住三日得畅游摄山”	陈毅
412		“同菊庄澹泉暨时章上人登最高峰”	陈毅
413		“风便发摄山渡口”	陈毅
414		“栖霞怀古”	张葆亨
415		“金陵四十八景题咏·栖霞佛岭”	张葆亨
416		“栖霞寺”	张绍基
417		“摄山”	张绍基
418		“栖霞寺”	周在建
419		“摄山即事”	方岳

续表 12

序号	年代	诗词题目	作者
420	清	“龙泉风景”	王宗伯
421		“栖霞晚望”	释法启
422		“金陵胜迹图册题句・摄山”	章钰
423		“宿栖霞山寺”	刘源深
424		“送同参之栖霞”	释法魁
425		“摄山古墓”	释法魁
426		“登摄山”	陈蔚
427		“游栖霞寺”	法海
428		“般若台”	郁长裕
429		“晓入摄山”	吴锡麒
430		“摄山”	顾炎武
431		“信宿摄山别楚云和尚”	张玉书
432		“栖霞寺”	余宾硕
433		“瑞鹤仙影・游栖霞寺”	顾翰
434	1912 年后	“栖霞山题名二首”	胡汉民
435		“重游栖霞赋视即离”	陈毓华
436		“秋日偕叔章新彦倜君绍均叔登栖霞山傍夕复屈过饮赋呈二十韵”	陈毓华
437		“秋游栖霞”	释太虚
438		“奉和太虚大师秋游栖霞原韵”	释明常
439		“栖霞即事”	仝章甫
440		“秋游栖霞”	释太虚
441		“浣溪沙・栖霞”	刘瑞龙
442		“栖霞山”	吴植
443		“栖霞寺”	吴植
444		“舍利塔”	吴植
445		“千佛崖”	吴植
446		“明月台”	吴植
447		“白鹿泉”	吴植
448		“游栖霞山”	单人耘
449		“金陵新咏四十首之一栖霞丹枫”	单人耘
450		“秋游栖霞寺”	朱鸿翔

续表 12

序号	年代	诗词题目	作者
451	1912 年后	“与摄影家阎荣庭游栖霞山”	朱鸿翔
452		“忆江南·游栖霞山即景”	朱鸿翔
453		“过甘家巷怀华罗庚（二首）”	许青
454		“登南京栖霞山”	何茂余

匾联 栖霞山（寺）匾联众多，早在唐代就有唐高宗李治书“棲霞”，历代帝王将相、达官显贵和诗人墨客登临栖霞山，或喜爱题额或喜爱作对联，山志及各文献中多有记录。有的匾额楹联至今仍在传承使用中。据不完全统计，栖霞山寺匾额达百块，楹联达八十余副，2019 年开展栖霞山楹联征集活动，收到千余位作者近 6000 副参赛作品。因篇幅所限，寺庙亭台楼阁的匾额、楹联有些在本志其他篇中已有记述，这里选择部分“不存匾额”“山上楹联选录”“山下楹联选录（民国时期）”和“2019 栖霞山楹联征评选录”记述。

匾　额

不存匾额

静室独思　霞心庵匾，明神宗御书，清乾隆时期尚存。

磊砢阁　祝给谏题。祝给谏，明代著名书法家。

净土干城　万历三十四年（1606）建成，坐落于三圣殿前。撰者不详。

太虚亭　应方山题（明）。

圆通精舍　豫章罗参知题。明代建筑。

五云阁　康熙二十三年（1684）冬，于成龙振甲题。

三会殿　康熙二十三年冬，于成龙振甲题。

最胜幢　乾隆二十二年（1757）御题。

受翠楼　乾隆二十二年御题。

泉石自佳　乾隆二十二年御题。

太古堂　栖霞山行宫附属建筑，乾隆二十二年御题。

春雨山房　栖霞山行宫附属建筑，乾隆二十二年御题。

笠亭　栖霞山行宫附属建筑，乾隆二十二年御题。

石梁精舍　栖霞山行宫附属建筑，乾隆二十二年御题。

云片　乾隆二十七年（1762）御题。

幽居处　乾隆二十七年御题。

利济安澜　乾隆二十七年御题。

乾德舍　乾隆二十七年御题。

峰翠波光　乾隆二十七年御题。

练影堂　乾隆二十七年御题。

夕佳楼　乾隆三十年（1765）御题。

利济安澜　天后庵匾　乾隆四十五年（1780）御题。

最高峰　悬挂于栖霞山行宫内。乾隆四十五年御题。

第一金陵明秀山　弥勒殿外匾额。1922 年杨锡畴《栖霞山游记》：“又见齐耀珊题横匾于其上曰‘第一金陵明秀山’。”1947 年，吴申淇《栖霞山游记》：“寺前有石碑，上镌‘金陵第一明秀山’七个大字。”

慈云广被　1931 年 5 月，林翔题。

法雨均沾　1933 年 10 月，林翔题。

西方圣人　1934 年 10 月，林森题。1936 年，吕庆麟《旅次栖霞记》云：“大雄宝殿，悬匾一方，上书‘西方圣人’，乃国府主席林森所献。”

佛道崇虚　撰者不详。1937 年悬于毗卢宝殿。1937 年，祖雨人《到栖霞山去》收录，朱洁轩《栖霞山志》著录毗卢宝殿图片中有“佛道崇虚”匾额。

大佛顶　凤翔峰顶三茅宫之额，撰者不详。1948 年《栖霞指实》：“今拟重修，额曰‘大佛顶’。”

禹碑　撰者不详。徐世隆《栖霞游记》：“北折步之天开岩，岩侧小屋三楹，中贮碑六，额曰‘禹碑’。”

鹿野堂　岭南黎明表隶书。明表，字惟敬。

古佛庵　吉阳山人书，吉阳山人名何迁。

楹　联

山上楹联选录

关帝庵　千顷泓然常供佛，万山疲极为勤王。明王思任撰。（《谑庵文饭小

品》）无题

清泉绕砌琴三迭，翠条含风管六鸣。乾隆二十二年（1757）题。

武夷一曲精庐　萝壁峭中寻昔句，松轩胜处得今停。乾隆二十七年（1762）题。

奇松诡石天然净，涧草山花自在芳。乾隆二十七年题。

受翠楼　众花胜处松千尺，群鸟啼时鹤一声。乾隆二十七年题。

幽居处　静深　峭蒨　乾隆二十七年题。

涧筑松涛相问答，峰容波态总氤氲。乾隆二十七年题。

见山楼　松间觅云径，石罅睥壶天。乾隆二十七年题。

练影堂　溪声便是广长舍，山色常如清净身。乾隆二十七年题。

行宫　铺翠，停云。乾隆三十年（1765）题。

夕佳楼　无拟搜奇披谷霭，有时延赏爱岩风。乾隆三十年题。

峰含画意以悬轴，涧有琴声不藉桐。

树匝丹崖空外合，泉鸣碧涧静中闻。

萝径因幽遍得趣，云峰含润独超群。

谋目惟方润，因心得静陪。

乾隆四十五年（1780）题联。

畅观亭　林间风月增清价，眼底江山溪壮怀。褚民谊题。1934年。不存。

太虚亭　胜迹共登临熟闻秋揽栖霞春游牛首，虚亭涵景物好纵目东流水北道风烟。□□□题。不存。

绿萝庵：小洞穿斜竹，重岩夹细莎。不存。

山下楹联选录

南京中学栖霞乡村师范二道门

耕读一堂，得天下英才而教；

弦歌四野，树乡村文化之基。黄质夫撰。

南京中学栖霞乡村师范民众茶园

忙里偷闲，暂来此三间茅舍，同看书报；

苦中作乐，且泡它一碗清茶，共话桑麻。

名园好风光，前对大山，后沿溪水；
农友真快乐，左览书报，右挈茶杯。

前临山，后临水，名山秀水；
左有地，右有田，福地良田。

山下饮清泉，闲陶情志；
园中谈故事，抒展胸襟。

近水依山，此乃乐境；
披书阅报，便是通人。

室有诗书是文化境；
园无俗事乃模范村。

谈笑风生皆雅话；
弦歌云遏俱新声。
对面为名山胜地；
满眼是翠竹丹枫。

2019 栖霞山楹联征评选录

新中国成立 70 周年之际，栖霞山在景区内进行了“迎国庆，喜楹门”百副优秀楹联作品艺术展示，下为一等奖楹联。

栖霞山综合联　作者：汪滢（安徽　宣城）　若不是千年积淀，怎生这古刹清幽，山光明秀，更有鸣泉如漱玉；犹能邀四海宾朋，可等那秋枫红透，春色青浮，全无俗虑入栖霞。

题南京栖霞山　作者：柯向阳（湖北　大冶）　幽涧鸣泉，灵岩叠浪，谁吹玉笛苍茫外；春桃映日，秋叶流霞，客醉金陵锦绣中。

栖霞山　作者：闫长安（江苏　邳州）　占龙盘虎踞以开胜境，枫叶共霞栖，更恍如三论佛光，六朝王气；藉水秀山明而发清音，雨花同霁泽，尤恰似一江东去，万法西来。

栖霞山　作者：万宇忠（上海）　三论宗法旨精微，教崖映佛光、塔藏舍利、壁画飞天、古寺传功德，弘开慧眼大千界；六朝雨生机活泼，滋桃花深涧，枫叶层林、平湖照镜、香茶道物华，明秀金陵第一山。

南门牌楼牌坊　作者：何智勇（浙江　杭州）　云抱霞栖，本来图画；龙盘虎踞，如此江山。

老街金陵折扇馆　作者：刘新才（江西）　不意铺开千里水，有时叠起六朝山。

散文

游摄山记

（明）乔　宇

出都城，北经蒋山庙，东行出姚坊门三十里，入山后，有田畴平野，度石桥而东，复入山，古桧长松，连抱夹路。至栖霞寺，寺扁乃宋人书，志云仁宗赐金宝牌额，熙宁间取寄华藏寺，恐此额非也。外丛篁中一碑，乃贞观所刻，字法右军尚完，寺殿宇皆古制，殿后有石浮雕数丈，极精巧，所镌释像于上寸许者，眉发皆具，前有二石佛丈余露立，有吴道子笔法。左入山岭，岭之旁有泉萦回，其声漱石，泠泠可听。山千岩盘绕，随处皆凿释像，于中饰以金碧，顶上俱有火焰，岁久剥落深隐者，其饰犹存。身皆有孔，云当时有璎珞置其上，大者数丈，小者盈尺，望之如蜂房燕垒，皆有径可到，名千佛岭。志云齐明僧绍故宅舍为寺，释像皆齐文惠太子所凿，尽工师之妙，今佛头皆断而复续，岩中有沈传师徐铉张稚川王雱题名。由岭而北，登摄山。山多药草，可以摄生，故名。山之顶极众山之高，下视江水如带，左龙江，右龙潭，前瓜步、真州。金焦二山，如块石在江中。江南登临奇壮之胜，丛林之古，无逾于此，乃题名而归。

乔宇，字希大，山西乐平（今山西省晋中市）人。成化进士，官至吏部尚书，有《金陵七记》《重修安隐寺记》等。

摄山栖霞寺供绣佛记

（明）盛时泰

昔刘中山因画像作记，李彰明为粉图致赞，夫以翰墨之神，尚能入梦，抟塑之妙，且欲摛词如此，而况刺绣之工，出于闺媛之愿力者乎。是以金轮有织纹之称，龟蒙有锦带之颂，正欲美其制造，叹其精致云尔。摄山栖霞寺绣佛者，乃宋明州定海县陈氏，为父母而作，以资冥福者，观彼刀尺之微，知其虔诚之极，吐丝□上，宛成三圣之容，卷轴环中，的是一心之巧。流传既久，迁播无常，不知何时遗于江浦县之西林寺焉，栖尘梁上，久无拂拭之人，弭节途间，爰遇慈悲之士。于是金陵倪民悦，字公甫者，以四代尚书之胤，绾一县令尹之章，出宰楚圻，入觐燕阙，回辕之次，偶惊睹之，遂酬以俸赀，携归故里，缃袠脱落，重为装潢。用万历元年癸酉仲春，设鼓乐以导之，结幢旛以护之，躬同缁素，送入于摄山栖霞寺，时则禅师云谷法会，讲主素庵贞节，住持苍麓清柏，共候石门之内，而庵主僧永斌，逢迎于涧桥之傍，夫公甫以一日之游，往遇百年之胜迹，三图因片时之遇，来栖千佛之名岩，此其机缘会合，若有不偶者矣，既而次年甲戌，公甫以事走都，遇于少司马新安汪公之座，告予以既解蕲水之组，将寻摄岭之耕，奉我慈帏，永栖净域，子于归时，为我作记。他乡故友，握手生欢，寓邸新知，论心多感，予心许之，而未暇也。今年戊寅三月十又四日，公甫又邀予及湖州吴君允兆，为采茶之宴，复经此地，吴君有兄宰于濑水，因省视出游，作方外司马，登陟之余，公甫再伸前悬，吴君亦怂恿之，予乃以十八日之晨，起坐而谛观，见其金线虽微，玉毫如在，莲花双踊，缨结同行，手内杨枝，洒甘露于一滴，胸前宝叶，现瑞影于千层，诚世外之奇珍，乃山中之净供也。夫公甫以簪笏之英，谢纨绮之习，自大皇父文僖公，大父文毅公，父云南公，奕叶相承，虔心益固，善缘屡结，胜果常成，遂使母氏三人，同心一志，抚兹遗荫，致有今时，此虽不足以概公甫之孝思，独不可以见慈亲之贞懿乎。僧斌以前觉义善公之孙，为今沙门白足之选，贮而藏之，时出供奉，香灯昕夕，不懈稽首之忱，金石行眠，益切皈心之愿，予于曩时，已与公甫结笔砚之交矣，兹者年逾知命，身且鳏居，辞婚嫁于区中，结禅说于林下，女无灵照，深愧庞公，子非仲璋，敢希明老，聊以听讲之余，述为此记。庶他时得入贞珉，同垂观于后日也。

栖霞中峰听雨记

（清）杜　琰

雨在八九峰，峰顶不知雨。在中峰八九，峰何如也。雨之奇幻在俯仰，先观其云气，冉冉从西北来，左穿右射，及丁窗几房闼，坐古镜台，仰听峰顶及中峰声，已数千丈矣，不知上有雨无雨？雨声跳云合也，声缓云□也，声重云族也，声纵云行也，惟怒则山鸣谷应，摧岚□树，有悲歌激烈之声，然不能徒然，以雷电而威，以蛟龙而快，兹之雨，无雷电蛟龙，或为山林灌莽，坳垤块轧，曲咈嵚崄，郁塞阴曀之所致，其声噍且杀，或曰从钟山八九峰来，则闪灼，若雷电，若蛟龙，砰□震荡，不减钧天，听者在樵屋，渔舍羽人，释子之庐，为善不敢寐，不敢讹，谢翱生先西严听雨记，谓僧之听异乎人世，吾之听异乎僧，知吾与人世，与僧之所以异，则必有与吾不异，而深知此声者。杜子曰：谢涉乎，悲矣！莫若大旱，焦釜流金，裂石忽而雨集，农夫芸者，呼声动天地，乐欤！己未六月旱，因忆在中峰听雨，故作。

杜琰，字亮生，湖广黄冈（今湖北省黄冈市）人，明末清初诗人。

栖霞山揽胜记

（清）汪锡祺

栖霞问佛，为金陵名胜之一，己丑岁，家君奉宪檄采石于斯，余秋间赴省试，挈弟锡名往省，因得遍揽名胜，欲记之而未果也，朔风劲急，积雪满庭，遥想栖霞，诸天缥缈中，玉琢粉妆，盈盈而相对也，回念昔游，时殊事异，振笔书之，质之，山灵不知，得仿佛其万一否？

出太平门外，荷香风引，一片空明，询之土人，即谓元武湖也。觅秃尾驴与弟各跨其一，从菡萏世界中，渐登高阜，回顾金陵城，龙蟠虎踞，城郭参差，天府之国，洵不虚也。执鞭者，为余前导言，栖霞在东北，朝发可夕至，行数里，瓜栅豆架中，有鬻茶者，乃相与就饮焉。

钟山朝霁，青紫万状。忽峰巅一缕白云，从石罅中流出，蜿蜒空际，疑有飞天真人，跨凤骑鸾，空中来往，以其离城市穹远，游屐鲜到，不若雨花、清凉，青衫白袷，历乱如云也。俯仰久之，未能登峰造极，辄呼负负。

钟山一名蒋山，下有蒋侯庙，即蒋子文卜居处。祠宇适新落成，春秋赛会，麦饭尊羹，乡老咸集门外，山环水抱，胜地别开，有一揽不尽之势。系驴小坐，摘林间枣，实溪畔查梨，细咀嚼之，咏杜老北征丹砂点漆之句，何其神似。

孝陵陪葬，首重六王。中山、开平，尤卓卓也。攀鳞附翼，由草芥而侯王，大丈夫之遭逢不当，如是哉。至今翁仲无言，颓唐于荒草斜阳之外，昔也，烜赫；今也，寂寥。有情人，何以遣此。

群峰杂遝中，有一峰如高视阔步，作伟人观场者，执鞭者遥指曰：此即栖霞也。恭读□□□纯庙南巡栖霞纪胜诗云：宇宙以来便有此，秀拔江南鲜伦比。煌煌宸翰，为之情移。

行至山下，夕阳掩映于修竹茂林间，一径通幽隐，骤见□□敕建栖霞寺额，在山腰深处，急趋之，拜见家君及王锡之如璋、尤伯明惺、萧赞庭佐治、万禹门显汤诸老辈，时尚溽暑未退，授餐后沐浴更衣，夜间黑云挖雨，洒遍平川，宿老佛旁，知清凉世界，尚在人间也。

俗有“春牛首，秋栖霞”之谚。牛首余未至，不敢殚述，至栖霞，则如韩昌黎诗云：我来正逢秋雨节也！雨霁后，削竹为杖，彳亍以行，先寻所谓明征君碑者，碑高数丈，负以灵龟，朗诵碑文，与飞鸟音剌剌相答，酌珍珠泉，清沁心脾矣。

寺有无梁殿，系梁武帝舍身处，中供大佛一尊，所谓丈八金身，殆又过之，相传顶有明珠，无价宝也，光耀一室，“粤贼”蹂躏时，为“贼之黠者”取去，今以鱼目混焉。

无梁殿、中殿毁于兵燹，柱础仅存，山腰中有断井残垣，相传有女冠栖焉。故址苍凉，铺平落叶，询卞玉京栖真之所，模糊不可复识，古人可作化鹤归来，其感伤有十倍于我辈者矣。

山中有万佛岩，依山凿石为之，阅数百年而金容不坏，有跏趺者，有合掌者，有低眉者，间以水杉松柏，万木掩映，如幕如帷，又多产黄芝，策杖寻之，辄得数本，置盆钵，取供佛前，亦足当心香一瓣。

云藏半腹，恒不见山顶，余只身与云气相征逐。片时间，举头见日，已亭午矣。苍苍正色，堪洗我心，下看山麓，郁郁粉粉，如擘絮，如装锦，不异黄山云海。峰尖有古刹一，尚余破磬残灯；又有古木一，斩尽枝叶，盖千余年物也。知为人迹所罕到矣。

涧中有小石，清圆备五采章，亦若为娲皇之炼余者，雨后拾贮盘盂间，新鲜可爱，又有龙首石，游方僧多方采之，跌打损伤，敷之立愈，试之果验，比儿茶、血竭取效尤速，书之，以备药笼之采择。

七月中元，乡民故事多向幽冥教主祈福，寺僧具香花供养，顶礼空王，少长麇至，宣佛号者，以数百计，其住持僧以绿绸作袈裟而黄其裹。异言异服，有戾清修矣。

无梁殿中一僧，系四川人，昼夜诵佛，号喃喃，坐蒲团上，曾然其左手，继又然其右手，指与之语，辄元妙不可思议，凡进香各神龛前，皆僧与其事，佛门弟子如是者鲜矣。

余绝不佞佛，而每到名山，转恨有家，作飘飘出世想。犹忆戊子岁大病，神游太虚，始悟七尺昂藏，曾为金焦旧衲，及至栖霞，亦若曾经夙游者，是可异也。

汪锡祺，盱眙（今江苏省盱眙县）人，著有《栖霞山揽胜记》。录自清王锡祺《小方壶斋舆地丛钞》第四轶第二册。

栖霞山游记

黄炎培

栖霞山，故名摄山，其麓有栖霞寺。南齐隐士曰栖霞，修道于此，故名。今以寺名名山焉。自孤村下车步行，直抵山下。同行者叔进、易园、叔畬、子侁、伯章、志廉、天洲外，又有徐君子美，与余而九，江君之仆一，绕山行三四里至寺。

栖霞山属大茅山脉，作山字形。寺当其中条之麓。今存瓦屋五楹而已。寺东向，门嵌入壁际，作东南向。和尚殆亦信堪舆家言，取东南方生气欤。佛座旁张僧人规约，用民国年月，而其前尚供皇帝万岁牌。山北条之麓，有明征君碑亭。碑完好，索拓本不可得。明征君者，南齐明僧绍隐居此山。寺后有塔，石壁上下凿佛像数百，五六尊、七八尊为一龛，面目无相类者，高手也。最奇者，曰达摩洞。凿白石达摩像在绝壁间。求一见，大不易。和尚饷余辈以面。既饱，各折木为杖。鼓勇上。自达摩洞对面绝壁攀藤葛，猱行，方得一瞻礼，亟摄其影。叔进行最猛，忽不见伯章。稔其年者曰，听之，春秋五十矣，忍相强耶？有水一泓，曰“功德泉”。其上为桃花涧，为紫峰阁。清高宗南巡尝五至此。有句“画屏云罨紫峰阁，乳窦春淙白鹿泉”犹张寺壁间。再上得一岭，佛像益多，不可数。碑工李祯祥殷勤为导。且自和尚假得栖霞山志，指而示之：若为千佛岭，若为纱帽峰。纱帽峰者，块石突耸。平其顶，可立十人。其名与是山殊不称。奇其容，咸自绕以上。或坐或立，或斜倚合摄一影。见者将疑何处石工补此像。须眉如生，而面目无一相类，将叹其技为高绝矣。私心窃以伯章不来，后吾辈成佛为憾。再前行过清高宗行宫故址，仅于丰草间见石础二三。时山势益高，寺也，佛也，涧也，俯视不可见。偶举首，近山岭处危坐一佛，秃其顶。讶此佛何独尊。熟视之，则赫然童君伯章也。皆大笑。戏之曰：童先生犹有童心。既登绝顶，摄一影以志。时群山皆在脚下。长江若卧蚓，汽车过，若行磐之蚁。童君指且告，若为八卦洲，若为黄天荡，若为划子口。易园曰，是谓登高能赋，举物能名。下自中条之左，来时其右也。所过曰叠浪岩，曰珍珠泉。土人掘地取煤，断石为磨，利皆细甚。和尚雇人毁石为灰，售以取息。叩其佣值，日钱三百。有为人担泥筑堤者，叩其值岁三十千。

车站之左，有结茅卖茶者。即下山，促膝团坐以待车来。依表车当以五时来，乃日落昏黄不至。村人一一散归。有操湖南音者，诈为寻兄失路，就余辈乞钱。铁道警察复助之乞。目灼灼，视其意绝叵测。时黑夜荒村，食宿俱绝，同人不胜寒心。九时，车乃至。归。不及入城，皆宿小下关。

黄炎培（1878—1965），川沙（今上海市）人，字任之。清末举人，同盟会员，教育家。中华人民共和国成立后历任政务院副总理、全国人大常委会副委员长、政协副主席等职。著有《延安归来》等著作。

感悟栖霞山（节选）

冯亦同

“春牛首，秋栖霞”。南京人夸赞金陵美爱说这句老话，但若仔细推敲却难免“片面性”。姑且不论南郊的牛首山，仅就“栖霞”而言，大自然所赐予的天生丽质绝非一个“秋”字能够道尽，因为栖霞山不光秋景迷人，春、夏、冬三季也各有特色。林深、泉多、洞幽、石奇，竞彩纷呈在扬子江边的峰峦起伏中，谱写出一部气势恢宏又明媚多姿的山水交响诗画，让你在任何时节都能够优游其中，尽情享受这和谐、宁静、令人心旷神怡的“全年候景观”。

莺飞草长的江南三月，我们沿着栖霞寺北的上山路东行，但见杨柳依依的垂天碧绿中，万千桃花怒放出粉白与嫣红，像团团云霞簇拥着一条清亮的溪水从山野中淙淙流出，这便是有名的桃花涧，自唐宋以来即为游人踏青赏春的佳处，但它广为人知还是在清代剧作家孔尚任的著名悲剧《桃花扇》问世之后。剧中女主人公、明朝末年秦淮名妓李香君在国破家亡之际为了民族大义和爱情忠贞，以死抗争权奸的无耻威逼，血溅桃花扇，她最后出家和终老之所便是栖霞山中桃花涧边的保贞庵。这出感人至深的古典名剧，也是历史上的真实故事，凭借孔尚任的生花妙笔，又有秦淮河、栖霞山等金陵名胜作传奇的背景，更增添了无穷意趣。今天的桃花涧旁有一座粉墙黛瓦、飞檐倚栏、仿明清风格的“桃花扇亭”，就建在当年保贞庵的遗址上。亭子的造型为扇形，后墙的窗户也呈扇形，两边的小窗形似桃花瓣，灼灼映衬着溪边的桃红柳绿，好像在等候一代佳人的归来，也向游人传递着那“桃花扇底送南朝”的千古幽情。从桃花扇亭旁经过，可以看到“叠浪岩”的奇观，那是西峰崖壁上的石灰岩被山水侵蚀所生成的一卷卷有形无声、波翻浪涌的天然图画：“舒如匹练铺，急如万马骤”——对栖霞山情有独钟的乾隆皇帝，不仅将此景收入御封的“摄山十佳”，还多次为它题诗作联，引来不少文人雅士的唱和。面对现代人的我们，叠浪岩更像一座巨大的地质博物馆的展柜，将沧海桑田的“秘密档案”敞开在参观者眼前，触动你天真的幻想和探索自然的兴趣。同样在西峰之侧的造化杰作，还有“天开岩”景区。两崖相对，状如刀削，上看天悬一线，下走只容单身；山虽不高，其险峻之势丝毫不减。在这组峭壁凌空、峻岩丛生的“巨石阵”中，除了天工之力，更有人文之美，历朝历代的铭刻虽因年深月久风化严重，尚能辨识的仍有自唐宋以来的诗词题句20余处，其中“天开岩”“醒石”“迎贤石”“碧藓亭”等出自南唐徐锴、徐铉，北宋张稚圭诸名家之手。离天开岩不远，1998年复建的禹王碑亭，保存了由8块残碑修复的禹王碑和12块残碑复原的释文碑，系20世纪末在中峰山道施工时发现，原碑为400年前明代吏部左侍郎杨时乔所立。碑面上状如天书的蝌蚪文清晰可见，它所包含的上古时期珍贵的历史信息，曾令许多专家皓首穷经，相信搜奇觅古的爱好者走到这里也一定会有发现和收获的惊喜。

“桥下三春雨，年年落翠微”（袁枚咏春雨桥诗句）。横跨中峰山涧的春雨桥，是连结千佛崖和白鹿泉、太古堂等名胜古迹之间的锁钥，也是通向景致岗上“清凉世界”的路标。如果在炎炎夏日里从这座水声潺潺的石板桥走过，习习凉风便会扑面而来。峰回路转，一片平畴跃然眼前，参天古木投下的浓阴凉爽沐浴你的身心；而周遭残存的壁垒、散落在脚下的柱础和刻有精致花纹的砖石，则会告诉你此地就是当年“乾隆行宫”之所在。“难怪！皇帝老倌把这里当作‘避暑山庄’了，咱栖霞同承德也有一比呢”！经受过石城“火炉”烤炙的南京人也许会发出如是感慨的。的确，在这片洞壑林泉的天地里，不仅有品外泉、白鹿泉、白乳泉、珍珠泉等古今甘泉，更有明镜湖、月牙池、桃花湖和近年来新修的野葡萄沟人工渠等清澈水面，还有御花园、纱帽峰、待月亭、般若台、青锋剑等风景佳处供你徜徉闲游，让你如行山阴道上。流连忘返中，一座清幽、雅致的四角凉亭在镌有“白乳泉试茶亭”六个苍劲大字的摩崖石刻旁等候你多时了——“试茶亭”是为纪念茶圣陆羽“入山采茶，皇甫冉作诗送之”而立的，陆羽唐朝人，皇甫冉为天宝进士，李白杜甫的同时代诗人，其诗其事古籍中均有记载，摩崖石刻亦为唐时遗迹。你若在此亭上歇脚、乘凉并“试”一杯来自“纯天然”的泉水山茶，沁人心脾的滋味自会让你对“烟霞胜境”有更深的体验。

冯亦同（1941—2023），诗人，作家，曾任南京市作家协会顾问。录自2009年出版《第一金陵明秀山》。

民间故事

摄山神靳尚皈依佛门

古时候，栖霞山不叫栖霞山，而叫摄山。像众多大山一样，摄山也有自己的山神。在摄山的最高峰上有一座叫作“靳尚祠”的祠堂，里面供奉的就是摄山神——靳尚。

靳尚是春秋战国时期楚国的大夫，怎么成了摄山的山神呢。传说啊，当年楚大夫靳尚因为嫉恨屈原，就经常向楚怀王进馋言，最后害死了屈原。上天惩罚他的罪孽，就把他变成了一条巨蟒，并贬到摄山。当时的摄山还是荒蛮之地，经常有妖魔鬼怪出没。变成巨蟒的靳尚就纠集了这些妖魔鬼怪占山为王，盘踞在摄山当上了山神。

那时，梅墓的一个村民进山采石头，在山后就遇到过这条大蟒。这大蟒比平常的蟒蛇要大一圈，长约20丈，头上有高高的冠，瞪着双眼，盘伏在岩石下面，看见有人来了非但不躲，反而昂着头注视着来人，嘴里还发出“哰哰”的声音。那个村民突然看到这么大的一条蟒蛇，吓得魂飞魄散，昏死过去。过了半天光景才清醒过来。有人说那大蟒就是摄山神。

在南齐之前，曾经有道士在山上建馆修道，靳尚嫌他们法术不精、心意不诚，就派妖怪出邪招，结果那些道士不是生重病，就是莫名其妙地死掉。有僧人在山上结庐修行，也备受妖怪骚扰，不得安宁，最后都纷纷离山而去。

直到南齐初年，法度大师来到摄山的栖霞精舍修行讲法，山上的妖魔鬼怪才渐渐消停下来。一天，栖霞精舍外面忽然传来人马鼓号的喧闹声。不一会儿，一个人手持一块名牌前来通报说靳尚拜见。随后，靳尚带着随从来到。法度大师见他们外貌举止都挺文雅，随从也都很守规矩。那人上前拜见说：“弟子掌握此山已经700多年了，现在法师您道德所归，我愿将此山献给法师，并愿意受五戒，皈依佛门。”法度大师听后说：“人与神的道不同，无法相容，也不必互相屈就。况且以杀生的形式进行祭祀，也是佛家五戒中最为禁忌的。”靳尚说：“如果师父愿意收我为门徒，我马上不再杀生。”说完辞别而去。第二天一大早，靳尚派人送来钱、香烛和刀子以示诚意，表示钱与香烛是用来奉佛的，上缴刀子表明永远戒杀。到了正月十五，法度大师设立法会，摄山神靳尚和他的一帮随从都受了法戒，成为佛门弟子。

靳尚托梦给掌管祠堂的祝巫说：“靳尚我现在已经受戒于法度大师了，今后再来祭祀我时，不许用宰杀烹煮的供品了。”从此以后，庙中供奉的就只有蔬菜、果脯等素食了。

杨轶搜集整理

石匠舍身成佛像

南京东郊有座栖霞山，山上有座千佛崖。据老年人说，千佛崖的一千尊佛像，是六朝时期一位老石匠凿出来的。最后一尊一手拿着凿子、一手拿着锤子的佛像，就是老石匠自己。

那时，南京是京城，皇帝最信佛。有一次，皇帝来到栖霞寺敬香，看见栖霞山的山势蛮好，就在菩萨面前许愿，要在栖霞山凿一千尊佛像。

皇帝放个屁，太监唱台戏。皇帝一说要凿石佛，那就是圣旨，谁还敢不听？

可把那帮太监给忙坏了，急忙到处去找手艺高强的石匠。凑巧，在栖霞山脚下就有个石匠，手艺无比高强，被巡访太监看中，带到京城去叩见皇上。

皇帝是天下臣民之主，规矩大得很。召见时，要三跪九叩，皇帝讲话时，只能跪在地上听，连头也不能抬的，皇帝讲多长时间，就得跪多长时间，等皇帝把话讲完，老石匠已跪得两腿发麻站不直了，心里嘀咕道："你皇帝叫我给你办事情，还让我跪上这老半天，总有一天，我也要你给我跪着尝尝滋味！"石匠这么想，可嘴上不敢吐出半个字。他知道，凿石佛的事可不能马虎，弄不好是要杀头的。

从此以后，石匠就整日整夜不停地干。石匠的手艺也确实是名不虚传，凿出来的尊尊石佛都不一样，那大的、小的、胖的、瘦的、老的、少的、男的、女的、俊的、丑的、坐的、站的，各有各的姿势，各有各的神态。就这样，凿呀凿的，已凿出九百九十九尊，还差一尊时，太监赶来告诉他期限到了，明天皇帝要亲自来朝拜石佛，一千尊石佛一定要在天亮前凿好。

石匠拍着胸脯说："放心就是了，保管误不了事！"果然在当夜把最后一尊石佛凿成了。石匠实在太累了，把铁锤、凿子放在一边，就睡觉去了。

哪晓得第二天早上起来一看，那凿好的最后一尊石佛不见了，这可急坏了石匠。有心去找，到哪里去找呢？要是重凿，时间来不及了。石匠想来想去，实在没有办法。

皇帝到了，那皇帝心蛮虔诚，每见到一尊石佛就跪下叩一个头。当皇帝就要走向最后一尊石佛时，石匠急了，急忙一手拿着锤，一手拿着凿子，跳进最后一个石窟，一动不动地站在那里，石匠竟然成了石佛，接受皇帝的朝拜。后来人们传说石匠立地成佛，是神仙点化的结果。

赵贤英口述，徐业海整理

乾隆佩剑成青峰剑石

沿着栖霞山白鹿泉旁的小路上山，时间不长，就可以见到左侧路旁侧立着一块灰色的石灰岩山石，上面有一道斜长的青黑色燧石，宛如一把宝剑插在上面。民国时期，文人宁墨公特地写了一首《题剑石》的诗抒怀："一石神奇不计年，剑痕深处起荒烟。冶城曾得吴王铸，百炼千锤亦自然。"这剑石是哪儿来的呢，栖霞地区流传着一则"乾隆梦成青锋剑"的故事。

当年，清朝乾隆皇帝驾临栖霞山，闲赏山景，感觉劳累，便随意地坐到了一块岩石上休息。他对众人说道：“卿等以为，这栖霞山怎样啊？”

“万岁，这里太好了，您每次下江南都必到此处，足见这里有吸引您的地方。”大臣们急忙应声附和。

“是啊，自古以来这里就是文人骚客的流连之处，我也不例外啊。这里山高林深，水秀石奇，真乃修身养性的绝佳之地。”乾隆皇帝随手解下身上的佩剑，一会儿指指这里，一会儿再指指那里，高兴之时，竟在山地上，舞起剑来。

约摸过了半个时辰，他累了，喝了口水，坐在一块岩石上，随手把自己的佩剑也放在岩石上。

突然间，乌云密布，电闪雷鸣。

“不好，万岁，快走，要下大雨了。”

“是啊，难道说我在这里练剑，惊动了上天不成？怪哉，怪哉！”

这时，风更紧了，一场大雨倾盆而下。于是，乾隆皇帝立马上轿，离开刚刚驻足的地方，赶往行宫休息。

但是，他的那把佩剑，却遗忘在那块岩石之上。

风雨停了以后，有人再去取剑时，却发现乾隆皇帝的佩剑早已不翼而飞，而岩石上却留下与佩剑相像的石剑。乾隆皇帝听后十分高兴，认为这是吉祥之兆，便把那块石头命名为“青锋剑石”。

张军搜集整理

李香君斩断情根入佛门

栖霞山有处桃花涧，怪石林立，涧水冲其上，浪花喷薄，若鸣雷卷雪。涧下有座桃花扇亭，人们走到桃花扇亭，总不由得想起孔尚任笔下的《桃花扇》。据传孔尚任当年创作《桃花扇》就是根据侯方域的《李姬传》的内容演绎而成，李姬就是李香君。栖霞地区一直流传有李香君栖霞山皈依佛门的传说。

明末清初，秦淮名妓李香君堪称一代佳人，与风流公子侯方域相知相爱，成为一段佳话。清军南下，南京失陷，侯方域因其父“久树东林之帜”，本人也与东林党人友谊深厚，为防权奸迫害，只得暂离金陵。掌控南明朝廷的奸相阮大铖为扩张自己的势力，逼迫李香君嫁给权臣田仰做妾，李香君拼命抵抗，誓死不从。为表心志，以头撞地，血流四溅，溅到夫君侯方域送给她的定情扇上。当时在场的画家杨友龙便以此血点画成桃花图案，这便是崇祯十七年发生的“血溅桃花扇事件”。

当李香君得知夫君侯方域已归降清后，毅然决定斩断情根，遁入空门，来到栖霞山保贞庵出家，早晚三朝拜，佛前一炷香，相随的还有秦淮姐妹卞玉京。

某日，诵经完毕，李香君依稀觉得佛祖在问她：“你还留恋这世上的事物吗？你还在意那个不忠不孝不仁不义的人吗？”“不，我已不再有任何的挂念和想法，我只觉得已国破家亡。”李香君轻声细语，心底默默回答着。

天理昭然，难道连佛祖都知晓降清的侯方域，是个“不忠不孝不仁不义”之人？李香君默默自言自语：“在这里，在这青山秀水之间，我才能感觉到一丝的清净与安详。你看这山，四季变化，春夏秋冬，犹如人的一生，反复无常。你再看这水顺流而下，似我的心情一样，一泻千里，毫无倦意，再无留恋，流到哪里就算哪里吧，能安家就安家，不能安家，我也随水而去，顺其自然吧。”

随着时光一天天的流逝，李香君从一个青楼女子，彻底地变成了一个佛门弟子。

一天，侯方域来到栖霞山，找到正在拜佛的李香君。侯方域见香君诵完经，便轻声吟道：“南国佳人配，休教袖里藏；随郎团扇影，摇动一身香。”他想用当年的求爱情诗来劝回李香君，可香君不为所动，旁如无人。

侯方域劝道：“香君啊，何必作践自己，当年你还与我相誓，要白头到老，今儿怎么到栖霞山来与青灯古佛相伴？自古道：识时务者为俊杰，还是随我回南京城，享受荣华富贵去吧！”

香君愤然斥责：“国破家亡，我青楼女子也以生命坚守信仰，你堂堂的士大夫，丢掉气节，改换门庭，竟不知道羞耻吗？”说着，李香君当着侯方域的面，一把撕毁了他们的那把定情之物——溅血的桃花扇。

撕碎的扇片，在风中飘散，李香君分明感到，这把血溅的桃花扇，已变成了一缕清香，淡淡的、轻轻的，随风而逝，渐渐地消失在空气中。她那份失落的心情和悲伤的情怀，也在那低头叩拜、双手合十之间，被岁月磨蚀，点点耗尽。

侯方域劝不回李香君，只好灰溜溜地离开了栖霞山。

保贞庵也实在容不下这位大义凛然、毫不畏惧的坚强女子。李香君终究还是没能摆脱自己心中枷锁。面对孤独的保贞庵和一日三餐的粗茶淡饭，李香君每每想起往事，总是“才下眉头，却上心头”，那一把撕碎的桃花扇总是从心底慢慢地浮现，心中总有一份舍不掉的挂念。

“你还是忘不了他，还是无法释怀？”

“是的，桃花虽败，但花容依旧。”

“你终究是一名凡夫俗子，还是一位侠骨冰心之女子？”

李香君轻绾发髻，遥望着远处，眼含泪水，似落非落，无奈而伤感。

这一天，李香君依旧来到了桃花涧戏水玩山，她看中了一块适合的地方，便盘膝而坐，依山就水，依树靠花，与自然融为一体，一切显得那么和谐自然。然而纵是清风徐来，仍是思绪万千，满眼青山绿水，却也情思绵绵。恨依旧，情还在。

不久之后，李香君便抑郁而终了。据说李香君死后就葬于涧畔丛林之中。人走了，保贞庵也消失了，但《桃花扇》依在，栖霞人也忘不了香君的故事。都说香君一弱小青楼女，虽花柳之质，却有着男儿的铮铮铁骨、侠义气节。大家都相信，香君的香魂依旧萦绕在栖霞山。

为了纪念李香君，栖霞人在原保贞庵遗址上建了座桃花扇亭，补植了桃树，修了李香君墓。桃园东起般若台，西临叠浪岩，北至御花园，南至桃花扇亭。桃花品种有紫叶桃、碧桃、五宝、寿桃、蟠桃等 20 多种，花的颜色有白、绿、粉红、朱砂红等，每当清明前后，万株桃花绽放，灿若云霞，仿佛在述说着桃花扇的故事。

张军搜集整理

官窑村的由来

传说朱洪武定都金陵后就着手建造城墙，他下令全国建窑场烧青砖，尤其要在金陵城四十里开外的地方建造官窑。

这处官窑可大呢！它共有七十二座窑洞，洞跟洞紧挨着。这处官窑不仅出砖量大，而且烧出来的青砖质量特别好，深得皇上的心意。朱洪武把这处官窑看作城砖的主要来源。于是，这处官窑烧砖的任务越来越重，名气越来越大。可是，窑工们成天蹲在窑洞里，累得精疲力尽，忙得连喘气的工夫也没有。日子久了，实在受不了，就想出一个省事的办法，往砖土坯的肚子里塞上稻草，做成空心砖。可是空心砖不耐用，一掉到地上就碎。砖窑的监工只好把空心砖送给朱洪武看。朱洪武把砖砸开，发现砖肚子里尽是烧焦的稻草灰，大发雷霆，说窑工犯了欺君之罪，并传旨："把官窑里的窑工全部处死！"

窑工们听说皇帝要杀他们，就连夜逃跑了。从此以后，这处大官窑就再也没有人烧砖了，天长日久，窑也倒塌了，只留下一点痕迹，这地方也留下一个地名——官窑村。

丁宝顺口述，袁兴富采录

佛首和观音像托梦日本人

民国 10 年（1921）的一天，日本东京化学家益田玉成游览栖霞寺，他很虔诚地信奉佛教。游览栖霞寺后，他还请了一尊观音菩萨像，带回国内供养。

三年以后，日本东京发生大地震，江户化为灰烬，一片狼藉。益田家的四邻都不幸罹难，唯独益田家平安无事。这天夜里，益田玉成梦见观音菩萨对他说，快快将观音像送还给栖霞山。于是，益田玉成便派专人护送观音像从东京渡船，先到下关，然后再由好友铃木增太郎和一帮善男信女，香花载道，护送到栖霞山。只见慈云辉映着名山，万众瞻礼，一时传颂，可谓佳话。

民国 17 年（1928），日本人柏木蜀江游览栖霞山，请了三尊佛首归国，供奉于东京市外桥町家中，屡屡感到灵异。一天，佛首托梦给柏木蜀江，要求他将佛首送还栖霞山。柏木蜀江既惊恐万分又很舍不得，便于第二年十月，将佛首邮寄回栖霞山，并请寺僧将佛首供奉原处，后由闽侯人林翔委托寂然法师及余文华居士完成佛龛的制作，于民国 20 年（1931）将三尊佛首供养在栖霞寺内。

民国 19 年（1930），闽侯人林翔到栖霞山礼佛，听说观音菩萨托梦的事，不胜感叹，决心将观音身相制龛供养，委托寂然法师和余文华居士经营筹划，后于民国 20 年（1931）完成并立于栖霞寺内，供人们永久瞻仰。

这两则故事并非虚构，在栖霞寺原律学院大门两侧的墙壁里，镶嵌着两块石碑，上面详细记载了民国时期观音像与佛首还山的传奇过程。

讲述人：管秋惠　整理：管　乐

书法绘画

书法 栖霞山是一座文化宝库，就书法而言，唐朝著名书法家高正臣书写的《明征君碑》震古烁今，自不必说，南唐徐铉、徐锴两兄弟千佛崖上的篆书题刻，亦展千年风采，明代祝允明、叶向高，清代的乾隆皇帝、袁枚、姚鼐，当代的书法大家赵朴初、茗山、欧阳中石、袁晓园、尉天池、孙晓云、言恭达等，都曾在栖霞山留有墨宝。他们的书法在继承前人的基础上，各有创新和建树。就绘画而言，清初画家龚贤所绘的《摄山图卷》笔法古朴、风格独特。21 世纪初发现的栖霞山飞天壁画则填补了飞天壁画“飞”到江南的空白。

栖霞山历史上书法代表作当推唐《明征君碑》，碑额上的篆书由书法家王知敬书写，碑阴“栖霞”二字传为唐高宗李治御笔，碑文由高正臣书丹。高正臣的书法造诣深厚，其基本笔意取自王羲之，又汲取著名书法家褚遂良的笔法，融汇贯通，自成一家，受到唐高宗李治、睿宗李旦和玄宗李隆基的青睐，唐代书学理论家张怀瓘说他的字“筋骨兼备”，宋代陈思称其“善正、行、草书”，清代叶昌炽谓之“风骨凝重，精光闪含”。碑文以行书写就，通篇气韵充沛、古雅凝重，结体则圆润秀逸、刚健婀娜，既保持了魏晋时的风韵，又含有初唐时的端严，堪

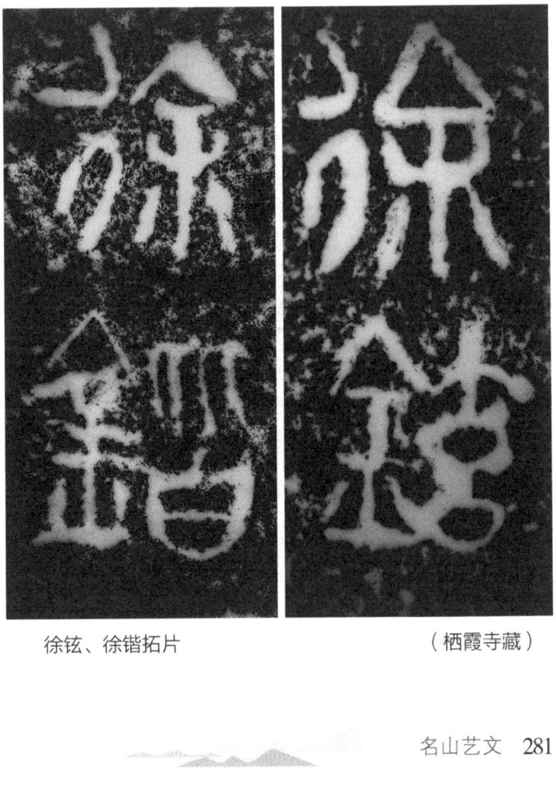

徐铉、徐锴拓片　　（栖霞寺藏）

称碑中逸品，书坛佳构，弥足珍贵。中华人民共和国成立后，曾拓碑制帖印刷出版。南唐时，著名书法家徐铉、徐锴兄弟曾有篆书题刻于千佛崖中峰石壁上。从宋代至清代，千佛崖留下了大量题刻，宋人游九言“千佛岩”“栖霞山”六个长宽各约50厘米的正楷大字尤为抢眼。曾任中国佛教协会会长、中国佛学院栖霞山分院院长的赵朴初居士，书于藏经楼的楹联“创业溯南朝，想当年花雨六时，郎公讲席弘三论；分身还故国，喜此日海天一色，鉴师行踪重千秋”。其书法俊朗神秀，气韵平和，是书法艺术与宗教文化的完美结合。曾任中国佛教协会副会长、栖霞寺方丈茗山法师，书于彩虹亭的楹联“满天星斗落明镜，十地圣贤来摄山”其书法以魏碑见长，结构谨严，刚劲内敛，融佛言偈语与传统书艺于一体。曾任中国书法家协会顾问的欧阳中石，书于藏经楼的楹联“遍翻三藏不过明心展卷时先要此间干净，历览群峰由兹起步登楼者须求向上功夫”。其书法格调清新高雅，沉着端庄，古朴而又华美，毗卢大殿门前楹联即出自其手笔。

栖霞山图　　（“台北故宫博物院”藏）

绘画　栖霞山山景优美，景色宜人，春、夏、秋、冬四季景观各不相同，令人流连忘返，吸引了无数文人墨客前来栖霞山创作。明代的文征明、董其昌、文伯仁、吴彬，清代的董诰、钱维城、龚贤、石涛，现代的黄宾虹、魏紫熙等大家都不约而同地绘就了一幅幅栖霞山的山水作品。或颂扬栖霞山景色、或赞叹秋栖霞之美，不断展开栖霞山的美丽画卷。

张宏曾作《栖霞图》，乾隆第三次南巡时作有《题张宏〈栖霞图〉》，在第四次南巡时，又作有《题张宏〈栖霞图〉叠旧韵》，两次为同一幅画题诗，可见乾隆对张宏《栖霞图》之器重。张宏（1577—？），字君度，号鹤涧，明代画家，江苏吴县（今江苏省苏州市）人。

龚贤为清初画家，昆山人，晚年寓居南京。重视写生，善画山水，师法董源、吴镇、沈周，多绘南京风光,《摄山图卷》为其代表作之一。作品用墨层层染渍，多次皴擦渲染，墨色厚而润，注意黑白、虚实对比，强调明暗层次，富有深远和光照感，笔法苍劲古拙，专主用中锋，求古、健、老、活，体现了深刻、苍秀、沉郁的独特风格，充分体现了作品的艺术特色。《摄山图卷》现藏北京故宫博物院。

董诰，浙江杭州人，官至宰相，善书法绘画，为清乾隆时期宫廷画家。1780年，乾隆皇帝第五次南巡，拿出了随身携带的《金陵十景图册》，这件描绘南京“栖霞山”一带旖旎风光的佳构，深受乾隆珍藏。2019年11月，在华艺国际拍卖会上,《金陵十景图册》以近9000万港币成交，再次刷新2011年由北京保利保持的董诰5290万元的纪录。

宗仰上人是学问大家，也是绘画大师，1901年，感于庚子国耻，特绘《庚子纪念图》并题诗一首，曰“戊戌惊秋迄己庚，三年政变太纷更。难倾铁泪详图画，只记频京城下盟”，该图和诗的发表，传诵一时，得海内志士四十多首题咏。今藏栖霞寺的宗仰《丙辰纪念图》，寓意深刻，思想性强，也曾引来一批名家的题咏。

徐悲鸿，原名徐寿康，江苏宜兴县（今江苏省宜兴市）屺亭镇人，中国现代画家、美术教育家。曾留学法国学西画，归国后长期从事美术教育工作，先后任教于国立中央大学艺术系、北平大学艺术学院和北平艺专。1930年4月，中央大学艺术系教授徐悲鸿先生及其夫人赴栖霞乡村师范参观并游栖霞山。1931年晚秋时分，徐悲鸿再赴栖霞山，并绘《晚秋栖霞图》轴。《晚秋栖霞图》轴，纸本，设色，纵87.3厘米，横47.2厘米，自题“辛未晚秋游栖霞归写此。悲鸿。”钤

晚秋栖霞图　（北京故宫博物院藏）

“悲鸿之印”白文方印。“辛未”为1931年，徐悲鸿时年36岁。

此图为徐悲鸿游栖霞山后所绘立意新颖，取景奇特的山水画。栖霞山曾是徐悲鸿流连忘返的写生之地。全图右半部绘嶙峋陡峭的山崖，左半部是虬枝纵横的苍松秋树。徐悲鸿以生动的笔墨为栖霞山绚丽的风景增添了不朽的艺术魅力。本幅左上吴倩题：“千里断鸿供远目，廿年芳草挂愁肠。阅悲鸿廿年前遗作，书石林词志怀。甲午夏吴倩题。”甲午年为1954年，时值徐悲鸿逝世一周年。

中华人民共和国建立后，以栖霞山及山麓周边工厂为绘画对象的画家更多，有黄宾虹、陆俨少、钱松岩、亚明、宋文治、魏紫熙等，长年居住在栖霞山下的画家肖方、王国华创作了一大批以栖霞山为主题的中国画，佛门居士、无锡著名书画家江云龙还出版了《栖霞山百景写真集》。

民俗技艺

金陵折扇制作技艺　金陵折扇是南京著名的传统手工制品之一。明清是金陵折扇制作的鼎盛时期，到南京参加科举的士子都要选购一些高档的折扇，待科举结束时作为礼品带回。明清之际，栖霞山下的石埠桥就有制作折扇的传统。《怀袖雅物》一书中记述清末民初，栖霞山人杨永生、杨春来等移居苏州，将金陵折扇工艺交流于苏州的故事。南京著名史志学家陈作霖的《金陵物产风土志》就有这样的记载：“若北乡石埠桥人亦善柔治竹木，或檀香，或桃丝，皆扇骨之质也，水磨模雕，各擅其技，表素洁之纸折叠之，谓之苏面，其行远不亚于杭之油扇焉。”南京的制扇工匠原集中在城里，由于制扇业季节性强，为维持生计，工匠逐

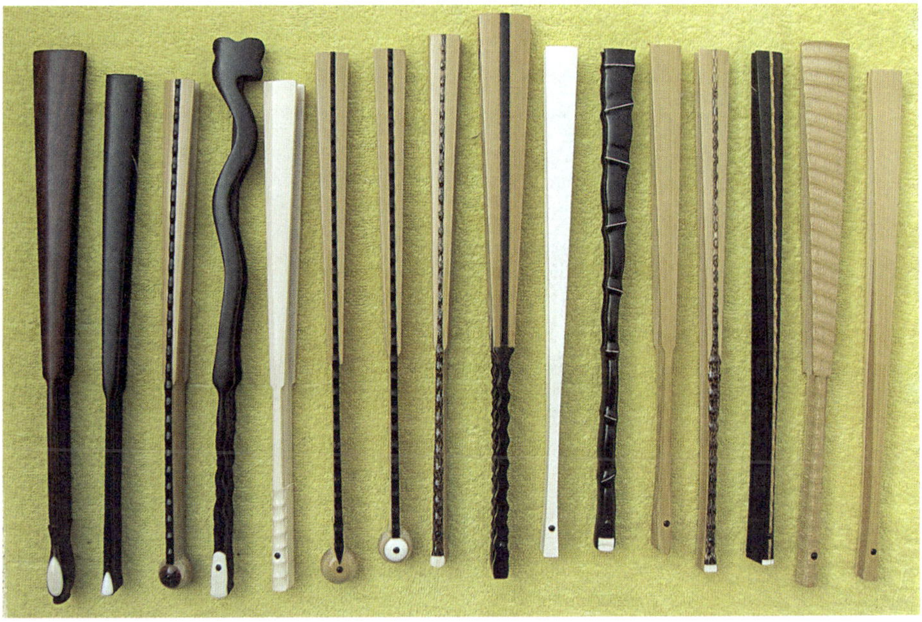

金陵折扇　　（管秋惠　供图）

渐移到乡村，多集中在栖霞山石埠桥一带，农时种田，闲时制扇，如今栖霞地区仍流传有“吃了重阳酒，做扇不离手”的歌谣。

中华人民共和国建立初期，石埠桥一带，仍有许多有名的祖传制扇艺人。如从苏州返回栖霞山的杨春来，四板桥的王荣兴、摄山镇的戴春焕等。后成立制扇生产合作社，并在长春巷制作折扇。吕大江、吕大云、吴邦杰、吴邦芝主要做扇骨，黄德礼主要打磨扇骨，严恒才主要任务是雕花。随着制扇业务不断发展，制扇生产合作社搬到了四板桥的一座寺庙内。1957 年，十月人民公社成立制扇厂，1975 年更名为南京金陵折扇厂，成为金陵折扇的唯一产地。2009 年，金陵折扇制作技艺被公布为江苏省级非物质文化遗产。

金陵折扇有 50 多道制作工序，现今金陵折扇代表性品种有乌木折扇、紫檀连环折扇、红木嵌樱木折扇、佛陀竹折扇（亦名罗汉竹折扇）、斑竹折扇、湘妃竹折扇、水磨骨玉折扇等。江苏省工艺美术大师、江苏省非物质文化遗产传承人王克礼制作的一组金陵折扇曾获得江苏省民间艺术最高奖——莲花奖。栖霞山下的南京金陵折扇工艺研究所是金陵折扇项目的保护传承单位。

剪纸　明代初年，剪纸在栖霞已十分流行。每逢春节，家家户户除了贴春联，还在门头上贴门笺、窗花，以增加节日气氛，门笺由刀刻而成，而窗花即是

舍利塔　　　　　　　　　　（葛传民创作）

剪纸。1980年始，金陵石化炼油厂职工葛传民受剪纸文化熏陶，痴迷剪纸艺术。1987年，其作品获南京电视台"巧手杯"现场手工制作比赛三等奖。1997年，葛传民在金陵石化炼油厂举办个人剪纸展，其后，其作品多次在《扬子晚报》等报刊上发表。2018年，栖霞街道以社区教育中心为依托，办起"丹枫乐学剪纸工艺坊"，传承剪纸艺术。工艺坊成员是栖霞街道社区居民，由葛传民等担任教员。工艺坊在继承传统工艺的基础上，积极创新。在技法上，采用纯剪刀单手操剪；在图案设计上，将南朝辟邪、栖霞飞天等本土文化元素融入进去；在材质上，采用南京金箔等。2018年5月，工艺坊被认定为省级社区教育名师工作室；2019年6月，被认定为南京市首批"金陵学堂·名师工作室"；同年，工艺坊编写的《剪纸技艺》被确定为南京市老年开放大学特色课程。2020年，丹枫乐学剪纸工艺坊收集成员优秀剪纸作品60多幅，加以出版。是年，参加剪纸培训、学习的社区居民、中小学生达千人。2023年，葛传民自编《剪纸技艺》系列教材5套，经验总结《传承非遗文化"剪"出精彩生活》入选全国老年教育教学成果展播，剪纸作品《复兴伟业》获江苏省首届"非遗"剪纸大赛二等奖。

灯舞

骨牌灯舞　骨牌灯用木头做成，方块形，一米多高，下面有把子，供玩耍者操持，外面用白纸糊裱，白纸上面画有各种人物，或在白纸上贴剪纸画，骨牌里面空心，可点蜡烛。骨牌灯的数量由灯上的绘画内容而定。表演时，骨牌灯可分可合，拼起来可是个典故。民国时期，栖霞镇曾办过108人共舞的骨牌灯会。该灯称“水浒骨牌”灯，因灯上绘有《水浒传》中梁山108条好汉的彩画。表演者穿古戏衣，表演场面很大，犹如一条大龙。衡阳寺每年春节都玩骨牌灯。除此之外，还有牌九骨牌灯，由32盏灯组成。按照牌九中各牌的名称，分别制成灯具，高1米左右，分为上、下两层，每层均可插一只蜡烛。民国时期，蔡苍、四板桥一带人善于玩骨牌灯。中华人民共和国成立后，骨牌灯舞失传。

龙灯舞　民国时期，石埠桥龙舞很盛行。龙的种类有柴龙、滚龙。龙的外表有布糊裱的，也有纸糊裱的，龙还分雌、雄。石埠桥的杨家场、董家前和向兴庄的柴龙，均为白纸糊裱的雌性；而石埠桥的和尚圩则为滚龙，皆由布糊裱。舞龙有讲究。正常情况下，雌、雄两龙是不会相遇的，因为雌、雄两龙相遇会互不相让，进而发生冲突。只有在雌龙表演结束离开后，雄龙才会登场。中华人民共和国成立后，石埠桥龙舞失传。

栖霞制鼓技艺　晨钟暮鼓，是佛寺报时的方法，也有使人觉醒觉悟的意思。栖霞寺一直有大鼓在使用，毗卢宝殿里的直径1.5米大堂鼓和寺外鼓楼里的鼓腰直径2.5米，鼓面直径2.1米，厚1.8米，重约400公斤的大鼓都是栖霞山南麓的栖霞制鼓厂制作。栖霞制鼓厂建于1974年，厂址在栖霞山南的原衡阳村，是江苏地区用鼓的主要产地之一，常年给南京各大商场提供鼓源，还远销苏南、苏北、安徽、上海、福建、广州等地，有较高的声誉。

栖霞制鼓工艺复杂，计有106道工序，在鼓胚制作方面有较复杂的木工工艺，下料、开片、拼装、抛光等，而鼓皮的处理就更为复杂，有泡皮、绷皮、签皮、阴干等过程，最后还有漆工技艺，制鼓过程是一种多种手工艺的结合。

栖霞制鼓种类众多，红鼓类有堂鼓、高战鼓、低战鼓、书鼓、点鼓、花盆鼓（又称缸鼓）、腰鼓、玩具鼓，按鼓皮的分类有牛皮鼓、羊皮鼓、聚酯皮鼓，按鼓胚分有木制鼓、铝制鼓。

因仙林大学城开发建设需要，栖霞制鼓厂搬迁至栖霞山东南不远处，厂名更改为栖霞鼓乐厂。

栖霞柴龙及制作技艺　栖霞柴龙有着悠久的历史，历史上主要分布在栖霞山四麓一带，近年栖霞山南麓的龙王山社区附近一直有传承。为了保护这一传统技艺，栖霞柴龙制作技艺被申报为区级非物质文化遗产。

栖霞柴龙的造型很有特色，龙头很大，夸张得很，与溧水的洛山大龙很相似，我国首位民俗学博士、东南大学博士生导师陶思炎看了龙王山的龙灯，夸赞它是中国的抽象派艺术。

扎龙时首先要在龙身上挂红，即在已编好的竹篾龙头及竹篾龙尾上各挂一条红布，然后再进行下面的工序。龙头的造型是祖上传下来的，约2.5米长，龙头由地方上的篾匠按照旧龙头编扎，一代代相传，材料是用当地产的淡竹，编好后外面糊上白光纸，整个龙头固定在一块长板（俗称灯板）上，用铁丝捆扎，灯板上还均衡插有两根铁铆钉，供插蜡烛晚上点用的。龙头上有凤盘，凤盘是扁圆形的，用竹篾编成，立在龙头背脊处，凤盘的上部还安一溜脊翅，脊翅也是用竹篾扎成的，龙嘴里有凤球，上腭上也有个凤球，凤球亦是用竹篾编成，凤球和凤盘上用红黄绿纸贴饰，色纸间贴白纸，白纸上装饰剪纸图案，龙上下嘴唇粘贴白纸剪成的胡须。上腭上即凤球两侧插凤花（色纸装饰在竹枝上）。龙眼用一对大半个鸡蛋壳装上去，用墨涂黑，周围用红纸剪成红圈圈贴饰，龙眼上方装饰一个黄纸板，上面贴一个大“王”字，龙角也是用竹篾编成，糊上纸后刷上黑色，“龙划水”装在龙头后面，上面贴红双喜字。龙尾与龙头均呈倒“S”形，龙尾约2米

栖霞柴龙　　（栖霞区文化馆　供图）

长，龙尾的尖尖上也要插一把风花，用红、黄、绿色纸包在竹丝上，剪成须须状。龙身有七节，每节竹篓子有一米长，竹篓子捆扎在一块木板上，木板两头各凿一个圆孔，两节之间用一根树棍作为插销相连，同时就是举龙人用的龙灯手柄（俗称着灯架），篓子外面用白光纸裱糊，篓子中间留一圆孔，供舞灯人点蜡烛用，圆孔外还有个圆门，门上贴个剪纸红双“喜”字，可以把门关起来，因为要防止风把蜡烛吹灭，里面有铁钉可以插蜡烛，龙身上的“脊翅”是剪成一道道小口子的红纸条粘在龙身上的。龙头的白光纸上有贴花工艺，这道工艺都由当地女人做，过去的女人们都会剪纸，一双双巧手将红纸剪出各种花样，她们根据花样的形状，来表达心中的祝愿，花样品种多，有鱼图案，有“卍”字图案，有柿子、钉子、枣子、蝙蝠、喜鹊、梅花等图案，寓意鲤鱼跳龙门、万事如意、事事如意、必定如意、早生贵子、福禄双全、喜鹊登梅等吉祥内容。龙做好后还要在龙头后面贴一副对联，上书“风调雨顺，国泰民安”。

每次出龙前要举行祭祀仪式，设一香案，案上供水果，点上香后，玩龙人按长幼辈分对龙进行跪拜，跪拜结束，龙可以上路了，这时要燃放鞭炮，在热烈的气氛中很庄重地将龙举出屋。

三茅会 农历三月初一为栖霞山三茅会，又称栖霞庙会。东北郊乡民纷纷赴栖霞朝山，善男信女，摩肩接踵，栖霞街上买卖农具及交换农产品者麇集，乡民进香后，以树枝放舍利塔最下层，据说可免除腰痛。

1929 年 4 月 10 日，为农历三月初一。栖霞附近乡村向有迎神赛会之举，各会均到栖霞山，名曰朝山，是日约有 7000 人之众，所赛之会，名曰三茅会，因栖霞山顶有三茅宫也，首则旗锣伞扇，继以各种音乐，更有装扮各种神鬼及罪人者，末则一乡人，荷一神龛殿其后，红男绿女，焚香膜拜，而各种农具物品之买卖者，亦乘此时机集，会于栖霞街市，犹一农产展览会也。

民国时期的三茅会，带有一定迷信色彩，起源于明万历年间。1936 年刘庆科《重九在栖霞》：“峰顶有三茅宫，旧俗每届废历三月初一，例有三茅会，附近乡民，到此烧香，现因警备关系，峰顶不准游览，同人亦只叹‘可望而不可及’。”1948 年《南京》：“是日为三茅会。京市南北郊乡民，纷赴栖霞山进香，进香后以树枝置舍利塔下，谓可以不腰痛。”中华人民共和国成立后，三茅会演变成物资交流大会。2014 年，三月初一庙会尚存。2015 年停办。

龙王庙会中的玩龙灯求雨 栖霞山南麓的龙王庙庙会，俗称玩龙灯。栖霞山四麓乡村都有此习俗，最早可追溯到明代龙王山上龙王庙的民间求雨活动。龙王山最初不叫龙王山，叫张山，张山之前的名称叫什么谁也说不清楚，明正统八年（1443），天气大旱，草禾枯槁，秋收无望，山下有一位叫张忠的人，认为山上峰巅有个洞，必定是龙的居所，便率领老百姓上山，对着山顶的洞进行礼拜，一会儿，山头飘起云气，甘雨飘落。乡民得到了雨的恩泽，便想到了报答龙，张忠想，如果没有庙则龙无所依靠，于是，于正统九年（1444）在山顶建了座龙王庙。而这座山的名称则以张忠的姓氏为名，被称为张山，后来随着时间的推移，老百姓习惯将此山称为龙王山了。

栖霞的龙王庙是个非常热闹的场所，周围年年社社要玩龙灯，上山拜龙王菩萨，一个社有许多条龙灯，栖霞山下周围有十八个社，都去龙王庙祭拜。于是在龙王庙前，一个经过公议的章程出台了：正月十五进香，随到随上，有争先恐后借端生事的罚戏一台、罚酒十席；正月十五的戏要在年前腊月二十日订好，派定出钱的社，欠一罚一，钱不及时到位的罚银五钱；二月演戏，十八社派作三年轮流转；打架者罚钱十千入庙公用，损坏亭帜旗锣照价赔偿；在庙酗酒骂人罚钱三千入庙公用，在庙设赌局罚钱三千。这一章程是龙王山周围十八社在嘉庆十年十二月一个晴朗美好的日子里共同订立的。

龙王山周围玩龙灯是安排在元宵期间进行的，几家人玩一条灯，玩龙头的轮流做东，龙身分户保管，逢到玩龙头的，家中像办喜事一样热闹，亲家六眷来挂红，送被面，一起欢聚在东家吃喝，庆贺玩龙头，正月十三上灯，龙灯在社里转转，正月十五是高潮，各社的灯全部上龙王山，拜龙王菩萨，看演戏，灯从山上回来后，到家家门口绕一绕，各家挂灯放鞭炮迎龙灯，晚上，家家门前挂上自家制作的灯，再加上一盏盏龙灯在村社里流动，使元宵节的节日气氛达到高潮，直到落灯后，玩龙灯的才结束，各家把龙身架到房梁上，等到来年再玩。

过去龙王山周围玩龙灯的不到龙潭，说龙潭、龙潭，龙入潭不得出来，因而不能到龙潭玩龙灯。玩龙灯的还有个规矩，玩龙头的灯头不许对东湖（栖霞山东南方向的一个湖），说东湖是“火地”，对着东湖会失火。

最早的柴龙道具是从泥塑的龙开始的，从《栖霞区志》上可以看到早期玩龙和龙的造型情况，“其时派身强力壮小伙，用红绸带将龙王菩萨背下山，放在神台上，次日在神场上泥塑两条大龙，第三天拜神求雨，每天 10 名男童跪在龙王菩萨、龙雕塑前，高喊‘一求天，二求地，三求龙王下大雨’，‘天黄黄，地黄黄，下场大雨送龙王’，轮番叫喊，然后组织百名男人，头戴柳条编的遮阳帽，手握柳棒浩浩荡荡奔赴宝华山取龙（俗名‘小天龙’，实为蝾螈），次日又组织此队伍奔赴长江取水。在取‘龙’取水的重要地段和村口设立香案，烧香磕头，供应茶水、蜜饯等，为求雨的人提供饮食。各香案招待的均是男性，女性不准参与，沿途女人亦需回避，把‘龙’和水取回后供放在神龛下的桌子上，不停地磕头拜求龙王赐雨，直到下雨为止。雨后给龙王挂红、贴金，将龙送回龙王庙。主办村到各村募捐，大摆宴席，搭台唱戏，以示祝贺”。

多少年来，每逢元宵佳节，龙王山的夜幕下，一条条流动的龙灯穿梭在乡间，再加上各家各户门前挂的彩灯，使乡村成了一片灯的海洋，四乡八邻像赶集似的到此观赏龙灯，前些年连龙王山周围的江宁县、句容县的村民都赶来观赏龙灯，元宵节成了这里一年中最热闹的日子。

栖霞山下的玩龙灯曾在 20 世纪 90 年代和 2014 年拍成电视专题片分别参加中国南京—意大利佛罗伦萨市的文化交流及中法建交 50 周年文化交流。

秋栖霞　　（栖霞山管理处　供图）

保护利用

中华人民共和国成立以来，栖霞山管理处在生态保护、文物保护维修、景点建设、旅游项目拓展、文化旅游活动组织等方面取得巨大成就。

2008年6月，栖霞山风景名胜区通过国家AAAA级旅游景区验收。2011年12月，被国家林业局定名为“南京栖霞山国家森林公园”。

自2001年至2023年，每年举办一届秋栖霞红枫艺术节，弘扬栖霞山红叶文化、绿色文化、宗教文化、石刻文化、民俗文化、茶文化等，使栖霞山文化特色更为鲜明。

2014年1月，南京栖霞山文化休闲旅游度假区管理委员会成立，掀开了栖霞山保护利用新的一页。

至2023年，栖霞古镇南片区顺利开街。陆羽茶庄、涵田栖云山房、红枫路二期、茶圣路，红枫片区部分保障房建设等项目已陆续竣工并投入使用。南京欢乐谷、南京玛雅海滩水公园和森海世界等旅游度假项目已经建成并开门迎客。

生态保护

矿山环境保护 1977年，栖霞山铅锌矿（简称铅锌矿）停止地表开采，全面转入地下开采。为消除选矿废水对地表和水源的污染，铅锌矿与高校及科研单位合作，开发出选矿废水处理与循环利用技术。这种技术的作用是，选矿废水优先直接回用，其余废水适度净化处理后再回用，同时通过选矿药剂的选择，以及生产过程的工艺控制，实现选矿废水100%循环利用。这样做不仅避免了环境污染，而且每年节约用水200万吨。为防止地下开采造成地表塌陷，保证地下岩层和地表稳定，铅锌矿采用“上向水平分层充填采矿办法”，按照“采、掘、充”协调的原则，用井下矸石、选矿尾矿对井下采矿空区进行充填。井下矸石、选矿尾矿充填的比例达100%。这种办法既解决矸石和选矿尾矿占用土地和环境污染问题，同时又节省废石出井的运力，可谓一举两得。2015年，铅锌矿被列为第二批国家级绿色矿山试点单位，其绿色矿山经验被推广运用到全国多座矿山。

植被栽培 中华人民共和国成立以来，特别是改革开放以来，栖霞山风景区从生态修复、绿化美化需要出发，不断加大植被栽培力度。2004—2006年，栽植枫香、红枫、鸡爪槭、榉树等红叶品种10万余株。2007年，实施林相改造和生态修复，重点消灭黄土裸露，厘清植被群落和层次。栽植乔灌木7000余株，铺植地被1.3万平方米，林相改造7.5万平方米。2013年，栽植、移植鸡爪槭、海棠、石栎等树2600余株。2015年，在红叶谷、小营盘、太虚亭、夕佳亭等核心景区和区域，栽植鸡爪槭2600余株、枫香150余株、春花植物160余株；在御花园、始皇临江处、太虚亭等处，栽植藤蔓植物3500株。2015年，委托南京林业大学进行景区生物多样性普查，制定森林抚育实施方案。2016—2017年，栽植乔木2.7万余株，2018—2019年，在枫林湖、中大路、饮马池、虎山、始皇临江处、南门等景点和栈道两侧栽植红枫、鸡爪槭、乌桕等色叶树8000余株，播撒花籽草籽280千克，补栽灌木2000棵，补植草坪8100平方米。2019—2023年，在虎山、龙山、主游览道路两侧、九龙坡、太虚亭及凤翔峰等处，栽植大小乔木2.6万余株、花灌木3.4万余株，植被栽培4.6万平方米。

森林防火 栖霞山管理处2010年以来，建设防火道约8千米，每年均在山上建设消防水池，截至2020年，山上共有消防水池38处，总面积1.73万平方米，

栖霞山生态

蓄水量 2.71 万立方米，包括明镜湖、月牙池、桃花湖等蓄水量，基本满足园内主要游览地点消防用水。完善防火设备。景区消防器材配有水泵 8 台、脉冲枪 6 把、泡沫高压枪 6 把、风水灭火机 6 台、水灭火机 4 台、灭火弹 100 箱、消防车 2 辆、水灭火移动车 1 辆。运用科技手段，助力防火。景区内安装太阳能森林防火语音提示系统 17 处，在陆羽茶庄等 8 个点位安装高空远程视频监控设备，利用远红外夜光感应及烟感功能，对重点区域实施 24 小时实时监控，监控范围可达 15 平方千米。一旦发生火情，可通过预警平台第一时间以蜂鸣告警、短信、手机 App 等方式提示工作人员进行处置，形成“发现、扫描、定位、抓拍、分析、研判、上报、反馈、处理”的闭环管理全流程。

病虫害防治 中华人民共和国成立以来，栖霞山管理处重视林木的病虫害防治，林木面积不断扩大，长势旺盛。2010 年以来，通过综合治理，病虫害发生率逐年下降，生态系统平衡稳定，经验总结性论文《浅谈栖霞山景区病虫害的危害和防治》等在园林期刊上发表。

物理防治 实施检疫制度，对新引种植株进行落地质检，发现弱势和病虫害

（李全中　摄）

植株予以退回。增强树势，对长势衰弱的树木予以剪枝、修枝；增施肥料，并用多菌灵，根除驻，地虫净等药物进行复壮。及时清除倒伏树、死树、枯树，保持林地卫生；对过密的枝条加以修剪，保持空气流通，为树木提供良好的生长空间。

清除疫木，对病情严重的植株连根拔除，集中焚烧；对有特殊要求的疫木，如感染松材线虫的松树严格按技术规范要求，清拖至指定场所处理。饵木诱杀，在成虫羽化前或早春季节，设置饵木，引诱成虫潜入，一般3月、4月和6月各置1批，每800米设置饵木一至两根，在新的子坑道大量出现而幼虫尚未化蛹时，将饵木刮皮，处理饵木，歼灭幼虫。使用诱捕器诱捕，主要有药剂诱捕器和灯光诱捕器两种，药剂诱捕器主要针对蛀秆类害虫，灯光诱捕器主要针对食叶类害虫。2015年以来，栖霞山景区每年都添置一批诱捕器，至2020年，共设置药剂型诱捕器30余处、灯光型诱捕器10余处，其中灯光型诱捕器捕捉鳞翅目、双翅目类害虫效果明显。

化学防治　分定点防治与局部防治两种。定点防治是在发现树干上有虫孔并有新的木屑排出时，用医用注射器往虫孔内注射药物毒死蜱（1∶500 配比液），其后用泥土或保鲜膜封死虫孔，将害虫熏死于树干内。同时，在树坑基部直径 1.5 米范围内，撒入药物辛硫磷和 70% 甲基托布津可湿性粉剂，翻挖土壤深 0.2 米，浇透水，杀死根部周围害虫及病菌。局部防治是只对虫害树及其周围喷洒农药，以免游客中毒和伤害益虫益鸟。喷药时间为 9 点以前和 17 点半以后，刮风下雨时停喷。农药为国光和秀剑组合或程功与广正组合，两组药物轮流使用，防止虫害产生抗药性。

生物防治　主要是指昆虫防治，即投放害虫天敌以防治虫害。害虫天敌能自主搜索、消灭害虫，且能自我繁衍，因此生物防治有环境零污染、效果可持续等优点，是病虫害防治的最佳选择。2015 年以来，栖霞山管理处持续投放肿腿蜂、花绒寄甲、蒲螨等害虫天敌管剂 3 万余管，取得良好效果。投放当年，病虫害防治效果达 40%—60%，至 2023 年，防治效果达 60%—80%，对天牛等蛀干害虫起到持续控制作用。

景区建设

管理机构　1953 年，栖霞山由南京市园林局管理。1956 年，南京市栖霞山管理处成立。1960 年，行政管理划归南京市建设局；1966 年，栖霞山划归南京市栖霞区成教科管理；1978 年，划归南京市城建局管理；1982 年，复归南京市园林局管理。2008 年，南京市栖霞山管理处更名为南京市栖霞山风景名胜区管理处（简称栖霞山管理处）。2010 年 4 月，南京市园林局与南京旅游局整合为南京市旅游园林局，栖霞山管理处划归南京市旅游园林局（后又更名为南京市旅游委员会）管理。2013 年，南京市编制办明确栖霞山管理处为正处级差额拨款事业单位。2014 年，栖霞山管理处划归栖霞区政府管理，行业上接受南京市旅游委员会指导。其主要职责是保护栖霞山环境，对旅游秩序、植树造林、森林防火、病害防治、树木林地和动植物资源保护等进行管理。

基础设施建设　改革开放以来，栖霞山风景区的基础设施建设项目不断增多，速度不断加快，陆续修建了碧云亭、话山亭、德云亭等建筑。2003 年起，兴建星级公厕。首座星级公厕位于栖霞寺旁，占地 80 平方米，外观以传统古典建筑为参照，内部设施齐全，功能完善。2004—2006年，修建景观路和二级网络游步通道3000多米，使景区内道路成环成网；对桃花湖、红叶谷、枫林湖步道采用环保木质材料，建成木栈桥。配备多套自助语音导游器，以满足不同游客的个体需求。沿道路设置交通指示牌，在景点设置标识牌，安装仿木坐凳。修复山体生态功能，在桃花湖、红叶谷、乾隆御花园等景点蓄水造景。在交叉路口建设广场3100平方米，建成主入口生态停车场、钟鼓楼广场和红叶谷停车场。2007年5月，启动国家AAAA级旅游景区创建工作，以“基础设施配套完备、园景园容清新宜人、游园秩序井然祥和、文明服务优质有效、管理体制科学合理”为标准，对景区的规划建设、园林绿化、服务设施、经营秩序等进行综合整治。2007年，已建成桃花湖、揽红池、铺翠池、枫林湖等池湖。建成游客服务中心，该中心功能齐全，有信息触摸屏，可提供查询、咨询服务；有游客接待，可提供导游讲解、茶水供应、雨伞租借、应急救护等服务；配备童车、轮椅、拐杖等工具，满足特殊旅客的需要；建立电子商务平台，实行网上购票，网上联系住宿、餐饮，网上支付等。设置景区全景图、导览图、景点介绍牌、内外交通标识、警示牌、爱护环境提示牌、公共信息图形符号牌等各类标牌200余块。为方便外国游客，同时使用中、英、日三种文字。2013年，购置游览观光车并投入运营。2015年，建设挡土墙180立方米，建成消防水池2座，建设、改造主干道240米、1100平方米；建设防火道400米、1600平方米；铺装舍利塔至凌虚室游步道600米；铺装主景区冰片石650平方米。2016年，对景区主入口进行升级改造，采用出入口分设的方式疏导游客。建设寂然法师

栖霞山景区内栈道　　（徐　远　摄）

广场至试茶亭漫游步道700米、陆羽茶庄至天鹅凼漫游步道350米、红叶谷（夕佳亭、碧薜亭）漫游步道400米，改造枫林湖至太虚亭漫游步道350米、御花园至枫林湖漫游步道380米、桃花湖漫游步道80米。建设南山消防水池1座、管理库房1处，小营盘消防景观水池1座、通道30米，小桃园消防景观水池1座、通道100米。砌筑栖霞广厅南北停车场围墙330米、围栏360米，铺装栖霞广厅南北停车场碎石1.78万平方米。修建铺翠池亲水塑木栈道67米、后勤保障仓库1座。新建定照庵景点碑廊1座、狮子岭四角亭1座、集云亭1座，新建莲花广场亭、廊、偏殿等1100平方米。设置座椅坐凳50个，安装凸镜12个、花箱47个，在旅游旺季增设临时厕所16座。2017年，维修、出新主干道7.39千米，新建人行步道、栈道11千米，铺设各类管线10千米，安装路灯168盏。铺设各类园路3000平方米，置石1500吨。新建景观兼消防水池5座。新建、改造AAA级旅游厕所各2座。于西门核心景区亮化安装各类灯具12000余盏。新建枫林湖水榭1座、印心湖水榭1座、观光车停靠站15处。2018年，新建AAA级、AA级旅游厕所各1座。修建101线选矿厂东游步道，面积750平方米；修建101线选矿厂东防护栏，面积520平方米；修建101线选矿厂东消防水池，水面积160平方米，蓄水量240立方米。于南门客服中心亮化安装各类灯具800余盏。2019年，新建佛学院东游步道204平方米、万松山房游步道207平方米、中大路西侧游步道225平方米。2020年，改造石灯笼游步道，铺设花岗岩游步道82平方米。修建定照庵消防水池，水面积300平方米，蓄水量350立方米。修复行宫北侧石墙200米。修建天开岩及始皇临江至太虚亭游步道，面积1350平方米；修建天九龙坡至试茶亭游步道，面积400平方米。于始皇临江处亮化安装各类灯具760余盏。

至2023年底，栖霞山景区铺设游步道长11千米，购置、投放游览观光车87辆，设置星级厕所8座、分类垃圾箱310个。建成池湖（消防蓄水池）28个，面积1.65万平方米。

景点建设　1978年以来，栖霞山景点建设不断推陈出新。对旧有的景点在保留其历史风貌的基础上，美化出新，提升其观感；同时，建设新的景点，以扩充栖霞山的景观内涵，提升栖霞山的美誉度。2004—2006年，景区扩容8万平方米。2004年9月，新建桃花湖景区竣工开放。该景区以桃花扇亭为核心，包括卧云亭、天开岩、叠浪岩、乾隆御花园遗址等景点，再现桃花涧青山绿水之秀丽景观。

2006年，对乾隆御花园、红叶谷、始皇临江处等一批景点进行修复提升。2007年，已建成高奇峰墓道、桃花湖、古珍珠泉亭、卧云亭、枫林湖等多处景点。2011年，建成碑廊景点。碑廊位于小营盘遗址旁，为半馆景点的组成部分。碑廊长近100米，宽约3米，碑廊建筑白墙灰瓦，檐牙高啄，古朴典雅又秀丽灵动。同年，建成虎山凌云栈道。栈道依山势而建，起于栖霞寺，止于虎山碧云亭，长530米，有台阶1046级，中间建亭一座、观景台两处。修建了凡问道景点。该景点位于天开岩下东南方，主要由一面寺墙、两座人物雕像、一方水池和一口水井组成。人物雕像再现了凡向云谷禅师问道、静坐三天三夜的情景。2013年，对原霜红苑景观进行改造，增设假山石40吨，地面铺装200平方米。2016年，新建定照庵景点碑廊1座、四角亭1座。2017年，新建亭、榭5座，仿古桥2座。2020—2023年，新建连接天开岩、始皇临江处和太虚亭3处景点的游客步道面积866平方米。

文旅融合

2014年1月，南京栖霞山文化休闲旅游度假区管理委员会成立，以栖霞山文化为特色，以资源整合为路径，以重大项目为载体，高标准规划、高质量建设，打造出历史与现代交相辉映、文化与产业融合发展的旅游度假区。

民生保障

红枫片区保障房建设 项目东至规划工农路，西至规划栖霞山东路，南至疏港大道，北至规划红旗路，属于拆迁安置的民生工程。总用地面积约59.13公顷，总建筑面积130.47万平方米，主要建设内容为住宅、幼儿园、小学、社区中心及相关配套设施。2019年6月开工建设。2023年部分保障房竣工交付。

石埠桥片区保障房建设 项目位于栖霞街道石埠桥村，属于拆迁安置的民生工程，实施内容为住宅及配套设施建设。规划用地总面积约30.71公顷，总建筑面积约41万平方米，可安置居民2600余人。项目于2017年8月开工，2019年6月竣工。

红枫路一期道路拓宽 项目为方便红枫路附近市民出行及游客出入片区而实施。道路自312国道至栖霞广厅西侧道路，全长1.4千米。由原先的宽度12米、双向2车道拓宽为宽度50米、双向6车道，补植红叶石楠、香樟等景观植物。

红枫片区保障房　　（栖霞山管委会　供图）

红枫路一期　　（栖霞山管委会　供图）

2015年12月动工，2018年7月竣工。

红枫路二期道路　为完善城市规划路网，服务居民出行，缓解区域日常交通压力而实施。道路南起栖霞大道，北至五福家园，东至栖霞古镇，全长1370米，道路宽度为40米，为城市主干路。于2017年7月1日动工，2022年12月完工并通车。

石埠桥保障房周边道路及桥梁建设　项目宗旨为改善石埠桥保障房市政配套，完善区域路网，进一步完善保障房基础设施建设的合理性，以及居民生活的便利性和舒适性。实施内容为便民河路、石埠桥北路、五福路、九乡河路等多条道路建设，以及石埠桥北路跨九乡河、便民河路跨九乡河2座桥梁建设。2018年10月开工建设，2022年12月竣工。

九乡河二期治理　为发挥区域防洪、排涝整体效益，适应地方经济社会发展而实施。内容为对九乡河上游段（自庙山撇洪沟至羊山坝）和下游段（312国道至河口闸）总长5.05千米的河道进行治理，包括拓浚河道4.46千米，加固堤长8.55千米，拆除跨河闸坝及泵站各1座，拆改建泵站4座、穿堤排水涵7座、水位井1座，新建支河跌水3座等。2018年8月开工，2022年4月竣工。

天佑路下穿京沪铁路及沪宁城际铁路工程　项目工程位于栖霞区东部栖霞街道，起于312国道交叉口，下穿京沪铁路、沪宁城际铁路，终于疏港大道交叉口，道路全长128.5米，道路宽度60米，为双向6车道。2020年10月动工，2022年7月15日通车。打开了栖霞山片区南向大门，实现与仙林湖片区牵手。

天佑路下穿京沪铁路及沪宁城际铁路工程　　（栖霞山管委会　供图）

文旅项目

栖霞古镇建设　项目南至栖霞大道，北至栖石路，东至栖霞寺山门，西至九乡河，总建筑面积约 6 万平方米。规划打造成一个兼具旅游和配套功能的历史街区，包括非物质文化遗产、特色文创、故事馆、休闲度假等主导产业。为宁镇民居风格，主要仿古建筑有徐十郎茶肆、徐铉故居、普云塔、月老庙、戏台、粮仓等。2018 年 8 月开工建设，2023 年 10 月古镇南片区开街。

栖霞山游客服务中心建设　项目位于栖霞山山门广场，是游客进入栖霞山风景名胜区的主入口，主要功能是合理组织进出栖霞山风景名胜区的人流和车流，同时提供导游、咨询和购物等配套服务。占地 3.2 公顷，新建建筑面积 4200 平方米。主要建筑为售票大厅、纪念品销售处、导游服务处等。2015 年 8 月开工，2016 年 11 月竣工。

景区道路维修出新　为改善景区交通条件，满足游客游览观光需求，提升栖霞山整体形象，实施该项目。维修出新主干道约 7.39 千米，新建人行栈道约 7 千米，安装路灯约 168 盏，铺设各类管线约 10 千米。2017 年 5 月开工，2018 年 3 月竣工。

景区南门综合环境整治及配套设施修缮　为进一步完善栖霞山景区功能配套，提升景区形象，实施该项目。对景区南入口环境进行综合整治。南门牌楼总面积约 2000 平方米，其中票务中心面积约 127.84 平方米，检票大厅面积约 743.08 平方米。新建停车场面积约 2500 平方米，社停车位 100 个。2017 年 8 月

2023 年 10 月 18 日栖霞古镇南片区开街仪式　（栖霞山管委会　供图）

开工，2018 年 8 月竣工。

陆羽茶庄片区综合环境整治及配套设施修缮　项目位于栖霞山风景区南部龙山之巅，是景区弘扬传统茶文化的重要载体，对增强景区文化氛围，提升景区景观环境有重要作用。项目占地约 8500 平方米，实施内容包括龙吟阁改造、茶文化广场建设、茶文化展示馆建设、附属用房改造等。2018 年 7 月开工，2020 年 5 月竣工。

虎山片区环境综合整治及服务设施修缮　项目为在原设施基础上完善景观体系，进行道路维修出新，游步道、栈道等步行系统提档升级，从而提升游园品质。2019 年 7 月开工建设，2021 年 12 月竣工。

“半馆”及“百草园”环境综合整治及配套用房修缮　项目位于景区龙山西麓，在原有基础上采用中国古典园林的造园手法，将“半馆”及“百草园”进行改造扩建及景观提升，系统、全面地展示栖霞山中草药文化、中草药的生长种植、研磨熬制工艺，并通过中草药科普、中医诊疗等方式，打造一座中草药文化展示园。2019 年 6 月开工建设，2021 年 4 月竣工。

半　馆　　（徐　远　摄）

佛学院和主题宾馆建设　项目位于栖霞山风景区内，东临栖霞山，南至山龙线，西临栖霞老街，北接栖霞山山门。建设用地约5公顷。主要建筑为佛学院1号、2号楼及主题宾馆3号至12号楼。2015年9年开工建设，佛学院2017年9月竣工，主题宾馆2019年12月竣工。

凤翔峰顶配套用房（天街）改造及环境提升　项目位于凤翔峰，改造原配套用房1号、2号、3号楼3栋建筑，总面积1906平方米，实施内容包括原有建筑加固改造、外立面出新、室内装修以及环境提升、消防安防等配套设施完善等。2018年8月开工，2021年10月竣工。

涵田栖云山房建设　项目位于栖霞山南麓、栖霞古镇旁，占地2.5万平方米，由亚东集团旗下的文旅品牌涵田旅游产业投资集团运营管理。于2016年开工建设，2020年底开业。栖云山房为集佛家思想的传播、交流、研讨及禅修功能于一体的处所。有各式客房80余间，可容纳160余人同时入住。客房装修简朴，格调高雅，配有禅衣、禅茶等，溢满唐风禅韵。置身山房，林木葱郁，鸟语花香，暮鼓晨钟、梵音唱诵隐约传来，给人以禅修、健康养生等不一样的体验。“栖云全日制餐厅”拥有餐位120个，可提供自助式用餐。中餐零点区提供精美套餐和咖啡、茶水等各式饮品，并提供会客休息等服务。二期项目还建有豪华度假客房、

抄经室、养生 SPA、温泉、精品民宿等度假、禅修、亲子设施。

南京欢乐谷建设　项目位于栖霞经济技术开发区欢乐谷北路，建筑面积 15 万平方米，于 2020 年开园。欢乐谷是全国旅游项目品牌，南京欢乐谷是其中之一。内含欢乐时光、遗落要塞、甜品王国、黑铁城、奇想海洋、魔眼森林六大园区。作为升级版欢乐谷，南京欢乐谷拥有亚洲首台末排反向座椅宽翼过山车“掠食者”等 40 台套世界顶尖游乐设备。通过顶级设备游乐、梦幻 IP 联动、智慧的游园体验，为现代都市人提供愉悦身心的多元化旅游休闲方式。

南京玛雅海滩水公园建设　项目为南京欢乐谷的“姊妹园”，建筑面积 1.1 万平方米，于 2020 年开园。为江苏省水上游乐设备最全、最多、最先进的水公园。园内有 1 万多平方米的水上演艺造浪池“加勒比海滩”、水上竞技过山车、极速双龙水上过山车、超级大水环滑道等 20 多台套国际一流水上游乐设备。水公园在主题演艺、主题商品、游乐设备、氛围营造等方面融入玛雅文化元素，为夏日嬉水最佳去处。

森海世界建设　项目位于欢乐谷北路 8 号，建筑面积 1 万平方米，于 2020 年开园。园内分光影互动区、大海水缸展区、触摸互动区、幻彩区、奇幻水母区、萌宠区等区域，并设有近 1000 平方米的多媒体体感交互空间“光海纪”，从而具备生态展示、休闲娱乐、多媒体互动、科普教育等多种功能，为不同年龄段游客提供都市娱乐体验。

南京欢乐谷　（南京欢乐谷　供图）

大事记

自秦始皇三十七年（前 210）至 2023 年，2200 余年间，栖霞山历历在目，可圈可点的大事词条，十分丰富。囿于篇幅，进行了精选取舍，旨在突出栖霞山自然景观与人文景观的精髓和历史脉络，让曾以石取胜的栖霞山，展现全方位全视角的精彩篇章。

秦

秦始皇三十七年（前 210）

秦始皇东巡会稽，过丹阳（今江宁境）至钱塘还，从江乘（今栖霞山附近）渡江，遂置江乘县。

六朝

宋泰始年间（465—471）

明僧绍尝游江乘（今南京市栖霞区境内）摄山。

齐建元元年（479）

明僧绍归住摄山。

齐建元三年（481）

法度禅师在摄山讲授无量寿经。

齐永明元年（483）

山东名士明僧绍结庐“栖霞精舍”，后舍宅为寺。

齐永明二年（484）

明僧绍卒。明僧绍之子、临沂侨县县令明仲璋与法度禅师，在摄山西峰凿无量寿佛。此后，齐梁王室、贵族竞相捐资凿石造像。

齐永明六年（488）

齐文惠太子和豫章竟陵诸王及王姬等始凿千佛岩。

齐永明七年（489）

法度以栖霞精舍为基础，创立栖霞寺。

齐隆昌元年至建武四年（494—497）

僧朗到江南，在摄山大弘三论，为“摄山三论”之第一代祖师。

齐隆昌元年至中兴二年（494—502）

齐梁之际，僧朗在栖霞山南衡阳山创建宝城寺，后更名衡阳寺。

梁中大通二年（530）

凌长族等凿佛窟于栖霞山，并留有摩崖题刻。

梁承圣元年至三年（552—554）

梁元帝撰《摄山栖霞寺碑铭》。

梁太平元年（556）

陈霸先与北齐军大战于栖霞山，徐嗣徽兄弟及萧轨、东方老、裴英、李希光、王僧智等被擒。此为栖霞山有大战之始。

陈祯明二年（588）

立《摄山栖霞寺碑文并铭》碑。

隋

仁寿元年（601）

隋文帝杨坚诏令释明灿送舍利子至蒋州（今南京市）栖霞寺，敕建舍利塔。

唐

武德年间（618—626）

唐高祖李渊下诏栖霞寺更名为功德寺，增建殿宇 49 所。

上元三年（676）

唐高宗李治应明僧绍五代孙明崇俨奏请，为明僧绍立“明征君碑”。

上元年间（674—676）

唐高宗李治敕改功德寺为隐君栖霞寺。

天宝十年（751）

鉴真大师第五次东渡日本失败，漂泊至海南岛（今海南省），归途经江宁（今南京市），在栖霞寺住三日，随后过江至扬州（今扬州市）。

乾元元年（758）

茶圣陆羽到昇州（今南京市），寄居栖霞寺，钻研茶事。

会昌五年（845）

唐武宗李炎下诏禁佛，栖霞寺及舍利塔被废。

大中五年（851）

重建栖霞寺，更名妙因寺。

南唐

南唐升元元年至北宋开宝八年（937—975）

高越和林仁肇奉诏主持修葺舍利塔。

保大三年（945）

重修栖霞寺大殿。

宋

太平兴国五年（980）

宋太宗赵光义更名普云寺。

大中祥符元年（1008）

宋真宗赵恒更名栖霞禅寺。

元祐八年（1093）

皇太后听政，更名严因崇报禅院。

元符元年（1098）

宋哲宗赵煦更名景德栖霞寺。

建炎四年（1130）

金兵占领建康（今南京市），栖霞寺毁于战火。

元

泰定二年（1325）

立昌禅师塔于寺门外。

明

洪武二十五年（1392）

明太祖朱元璋赐额栖霞寺沿用至今。

隆庆三年（1569）

袁黄赴栖霞山与云谷禅师见面。

万历六年（1578）

盛时泰纂《栖霞小志》成稿。

万历二十八年（1600）

栖霞寺修建山门、天王殿、大雄殿、祖师殿、伽蓝殿、藏经殿、韦驮殿、接引殿、三圣殿、地藏殿、碧霞殿等，历时七年而成。

清

顺治五年（1648）

觉浪禅师主持修葺栖霞寺。

康熙二十九年（1690）

秋，孔尚任游栖霞山，专程拜访张瑶星。

康熙三十二年（1693）

寺僧楚云、慈忠、匡慧等人编纂《摄山志》成，凡八卷。

乾隆十六年（1751）

三月，清高宗乾隆第一次南巡至栖霞山狩猎。栖霞行宫开始建造。

乾隆二十二年（1757）

三月，清高宗乾隆第二次南巡时，往返均驻跸栖霞行宫，遍游栖霞山，盛赞其为“第一金陵明秀山”。

乾隆二十七年（1762）

三月，清高宗乾隆第三次南巡，驻跸栖霞行宫。

乾隆三十年（1765）

三月，清高宗乾隆第四次南巡，驻跸栖霞行宫。

乾隆四十年（1775）

董诰绘《金陵十景图册》，十景分别为栖霞山、玲峰池、紫峰阁、万松山房、天开岩、幽居庵、叠浪崖、珍珠泉、彩虹明镜、德云庵。

乾隆四十五年（1780）

三月，清高宗乾隆第五次南巡，驻跸栖霞行宫。

乾隆四十九年（1784）

三月，清高宗乾隆第六次南巡，驻跸栖霞行宫。

是年，陈毅编纂《摄山志》。

乾隆五十五年（1790）

汪志伊刊刻陈毅《摄山志》。

嘉庆二十四年（1819）

甘福重刊盛时泰《栖霞小志》。

咸丰三年（1853）

七月初二日，栖霞寺毁于兵燹。

咸丰五年（1855）

十一月，清军江南大营总兵张国梁率清军在栖霞山与太平军激战。

同治元年（1862）

十二月二十六日，江南提督李世忠率军攻破石埠桥太平军营垒。

同治七年（1868）

莫友芝游栖霞山，在舍利塔上留下“同治七年独山郘叟莫友芝访碑于於此山”题刻。

光绪二十二年（1896）

四月初七日，陈作霖游历栖霞山。

江阴（今无锡江阴市）缪荃孙刊刻《栖霞小志》。

光绪三十四年（1908）

三月，沪（上海）宁（南京）铁路通车，在栖霞山北麓设孤树村站。

是年，上元县（今南京市）在栖霞山和摄山渡（原栖霞区摄山镇）设立税务局，负责征收栖霞山石税。

宣统二年（1910）

《金陵胜观》出版，收录“栖霞寺”和“栖霞寺（其二）”照片二幅，为栖霞寺早期影像。

中华民国

1918 年

寺僧法意募造三茅宫六楹，在最高峰，前三楹供三茅真君，后三楹供碧霞元君，并募造幽冥钟置三茅宫。

1919 年

3 月，寺僧法意获捐资，重建弥勒殿，9 月，竣工。

冬，法意辞栖霞寺住持，宗仰任住持；孙中山捐银币壹万元，助修栖霞寺。

是年，日本常盘大定和砂堀游历栖霞山。

1920 年

夏天，上海福音学校学生前来参观舍利塔，破坏了释迦牟尼八相成道图。

1921 年

7 月，住持宗仰圆寂。

秋，若舜法师任栖霞寺住持。

1923 年

6 月，江苏省立第四师范农村分校创办于栖霞山麓。

10 月 9 日，陶知行游栖霞山。

10月10日，陶知行撰写《致栖霞山乡人张大哥》信一封。

1924年

春，孙云铸及北大学生赴栖霞山实习，采集珊瑚类化石。

栖霞寺住持若舜用水门汀（现在的水泥）修补千佛岩。

1925年

4月23日，栖霞寺住持若舜特派僧徒1000名赴沪，欢迎班禅。

1926年

5月，江宁县（今南京市）发出布告，禁止流民聚众錾取栖霞山石，以免妨害名胜。

1927年

8月25日，孙传芳率部渡江南下，栖霞山沦为战区。

9月4日，南京中学校长郃爽秋聘黄质夫为南京中学栖霞乡村师范科主任。

9月，南京中学栖霞乡村师范科开学。

是年，通达法师募化重修栖霞寺下院衡阳寺。

1928年

3月21日，“栖霞新村”在南京中学栖霞乡村师范科成立。

6月17日，国民革命军总司令蒋介石携夫人宋美龄及马福祥夫妇、邵力子等，游栖霞山。

夏，向达游栖霞山，作《摄山佛教石刻补记》。

10月24日，江宁县江乘、便民两乡举行驱逐寂然大会。黄质夫应江乘乡联村办事处函请，派姚教练率领童子军40余人，前往会场，维持秩序。栖霞乡师与栖霞寺发生土地之争，经江宁县政府详细调查，栖霞寺僧寂然被拘捕收押。寂然托请金山监院霜亭到南京中学栖霞乡村师范，请求勿以追究，并自愿撤销讼案。

是年，江苏省农矿厅指令江宁县县长组设栖霞寺公安团，驻扎栖霞寺内，保护森林；江宁县实行村制，改栖霞为石乘村，隶属于江乘乡。

1929年

春，栖霞寺舍利塔被人为损伤，教育部曾派人设法保护。此后，接引佛被加金像木罩。

11月2日，《申报》报道“徐悲鸿等为保存栖霞山石塔事，至蒋教部长函”。

成员有谢寿康、宗白华、汤锡予、楼光来、徐志摩、张歆海、韩湘眉、徐悲鸿等。

栖霞山附近发现石器及几何花纹陶器（卫聚贤:《吴越史地研究会成立记》)。

南京中学栖霞乡村师范科及栖霞街居民，从栖霞街东巷口义务修路到栖霞山火车站；石乘村改为栖霞镇。

1931 年

春，林翔游历栖霞山，得知栖霞寺佛像曾被日本人运到海外，应约作《重新栖霞山佛像记》和《重新栖霞山观世音菩萨像记》。

10 月，何东爵士捐资，叶恭绰主持修缮舍利塔竣工。

1932 年

国立中央研究院地质研究所绘制完成《栖霞山地质图》，刘祖彝、喻德渊、李四光、朱森等专家参与绘制；寺僧寂然绘制完成《摄山栖霞寺全山平面图》。

1933 年

11 月 2 日，欧洲僧尼 13 人赴栖霞寺向若舜法师受具足戒。

1934 年

1 月 27 日，中华乡村教育社成立大会在江苏省立栖霞乡村师范学校内召开。

5 月，陈邦贤纂修《栖霞新志》出版。

10 月，何遂在栖霞山购入山地百亩，在半山以红砖盖屋，命名“民间艺典馆”，又名“乐耕庐”。

11 月 25 日，栖霞山畅观亭落成。

秋，梁思成、林徽因考察栖霞寺舍利塔。

1935 年

7 月，唐山启新洋灰公司在栖霞山东麓建设厂基，并铺设铁轨 3.4 千米，与沪宁线栖霞山车站相连接。

8 月，太虚亭落成。镌《重建摄山太虚亭记》记其事。

是年，李捷、朱森、李四光合著《宁镇山脉地质志》一书，对栖霞山的地质构造做了较为详细的描述。

1936 年

春，栖霞寺住持卓成于栖霞寺内开办栖霞律学院。

11 月 30 日，栖霞寺僧绝食一日，绝食所节及劝捐之款，交当地劝捐委员会，转汇绥远省，慰劳前方抗日将士。

12 月 2 日，国民政府拨国币伍仟元，交戴传贤、张继，主持修塔立碑事宜，褒扬为革命宣力之中央上人（释宗仰）。

12 月 27 日，国民政府在栖霞山公葬高奇峰。

1937 年

5 月 10 日，汉民学院在栖霞山基地举行开学典礼。

12 月，栖霞寺僧寂然、大本、志开、明常等，在寺内设佛教难民营，收容老弱妇孺，获救者 23000 余人，时任国民革命军第二旅中校参谋主任廖耀湘暂避其中。德国人卡尔·京特（Karl Giinther）和丹麦人伯恩哈尔·阿尔普·辛德贝格（B.A.Sindberg）在江南水泥厂内设难民营，收容难民 20000 余人。

1941 年

3 月 3 日，摄山栖霞寺住持明常致汪伪全国经济委员会，呈请制止日本商人筱田贡三擅自开采栖霞铁矿事宜。

1944 年

赫达·莫里循赴栖霞山游览，拍摄栖霞山照片多幅。

1947 年

栖霞寺明常法师赴香港荃湾石围角承接下院鹿野苑。

1948 年

10 月 2 日，地质学家谢家荣、南延宗、王植等在栖霞山发现铅矿，写有报告（刊载《矿测通讯》114 期）。

是年，私立宗仰中学创办。

中华人民共和国

1949 年

重工业部钢铁工业管理局华东钢铁公司马鞍山铁厂接管栖霞山锰矿，委托农民挖矿。

1950 年

下半年，华东矿产测勘处派马祖望、严济南等组成钻探队，在平山头一带施工 27 个钻孔，编有《栖霞地质调查及钻探工作报告》一份。

1953 年

年初，栖霞山由江宁县划归南京市管辖。

9 月底，栖霞山由南京市园林管理局管理。

1954 年

6 月 22—23 日，南京市第九区一届一次人民代表大会在栖霞镇召开。

1956 年

2 月，南京采石第二分厂在栖霞成立。招募矿工 602 人，沿虎爪山—平山头—三茅宫西侧长 1000 米矿带，开辟 9 个露天塘口，露天开采氧化锰矿石。

明征君碑被公布为江苏省文物保护单位；南京市政府辟栖霞山为寺庙园林，成立栖霞山管理处。

1958 年

是年，栖霞寺参加第一次全国文物普查。

是年，栖霞山整修竣工，对外开放。

是年，栖霞山采矿规模扩大，夜晚山上矿石运输线的灯光像一条长龙，群众编顺口溜："栖霞山上红旗飘，扬子江旁锣鼓敲。千军万马齐上阵，炉火映照半山腰。"

1962 年

10 月，朱洁轩编纂《栖霞山志》出版。

1963 年

7 月 27 日，栖霞山管理处与栖霞寺签订协议，栖霞山产权归栖霞山管理处。

10 月，日本奈良唐招提寺八十一代森木孝顺长老亲自塑像一尊，由日本文化界、佛教界联合赠送栖霞寺。

1966 年

12 月，"红卫兵"到栖霞寺破"四旧"，千佛崖佛像遭到严重破坏。同年部队入驻栖霞寺。

1969 年

12 月 1 日，栖霞山公园划归至栖霞区管理。

是年，解放军 6450 部队进驻栖霞寺。

1975 年

8 月 25 日，经中共江苏省委批准，南京电视调频发射台设在栖霞山三茅宫。

1978 年

江苏人民广播电台在栖霞山建成调频台。

1979 年

3 月 28 日（农历三月初一），栖霞庙会恢复，更名为物资交流大会。

是年，栖霞寺修复工程开工建设。

1980 年

10 月，栖霞寺修复工程竣工。

是年，栖霞寺移交南京市佛教协会管理。

1982 年

11 月 15 日，国家宗教事务局、中国佛教协会举办的僧伽培训班在栖霞寺举行开学典礼，首届向全国招收学僧 185 名。

1984 年

4 月 4 日，江苏省佛教协会会址迁入栖霞寺。

11 月，中国佛学院栖霞山分院举行首届开学典礼。

是年，“栖霞丹枫”被列为新“金陵四十景”之一。

1985 年

9 月 24 日，栖霞寺举行多宝阁落成典礼。

1986 年

4 月 13 日，栖霞寺下院中国香港鹿野苑在栖霞寺举行水陆法会，并向栖霞寺捐款建玉佛楼。

5 月 21 日，南京市政府决定，将面积约 7 万平方米的景区（公园大门至千佛崖畅观亭两侧，以山沟为界），划交栖霞寺管理。

1987 年

6 月，栖霞寺方丈茗山离开栖霞寺，回镇江焦山定慧寺。

是年，南京栖霞山电视调频发射台建成。发射台位于三茅宫，发射塔高 68.13 米。

1988 年

1 月 13 日，舍利塔被中华人民共和国国务院公布为全国重点文物保护单位，南京市人民政府立碑。

9月14—18日，中国台湾莲航法师送大本长老部分骨灰到栖霞寺安塔。

1989年

3月27日，栖霞寺举行真慈法师任栖霞寺住持进院升座典礼。

4月19日，中国台湾星云法师一行参访栖霞寺。主持玉佛楼开光仪式，并祭扫志开上人灵塔。

1991年

9月23日，中国佛学院栖霞山分院重新开办，举行开学典礼。

1992年

4月25日，明镜湖治理与景点复建工程竣工验收。立“彩虹明镜”碑，栖霞禅寺牌楼落成。

1993年

11月15日，国家文物局舍利塔维修工程竣工。

1997年

《拉贝日记》首次在中国公开出版，其中记述了栖霞山难民收容所的情况。

1999年

12月，栖霞寺钟楼竣工，12月31日举行首届千禧年撞钟仪式。

2000年

10月11日，龙山北面发现一处开凿于唐代的弥勒佛石窟。

10月29日，千佛崖石窟中发现飞天造型壁画，被命名为“栖霞飞天”。

2001年

3月，栖霞山风景区开辟千亩桃园，种植桃树1万余株。

6月15日，明征君碑、千佛崖石窟被国务院公布为全国重点文物保护单位，南京市人民政府立碑。

9月16日，千佛崖修缮工程竣工。

10月20日，首届“秋栖霞红枫艺术节”在栖霞山开幕，此后每年一届。

2002年

10月22日，栖霞寺被公布为江苏省文物保护单位，南京市人民政府立碑。

2003 年

2 月，舍利塔南侧地层考古中，出土《摄山栖霞寺碑文并铭》残件，由南京市博物馆收藏。

10 月 17 日，高奇峰先生墓园重光典礼在栖霞山举行。

2004 年

是年，明僧绍后裔明林昌赴栖霞寺，并示明僧绍族谱。

2006 年

3 月 22 日上午，栖霞寺举行隆相法师任方丈升座庆典。

6 月 29 日，栖霞寺组织人员对舍利塔进行高度测量，其实际高度为 18.73 米。

2007 年

8 月 31 日，南京林业大学硕士研究生王会宁和教授汤庚国在栖霞山发现从未在江苏发现的新植物物种 6 个。

是年，由栖霞寺等单位联合出版的《频伽精舍校刊大藏经》首发式在栖霞寺举行。

是年，中国佛学院栖霞山分院扩建竣工。

2008 年

5 月 25 日，中国工程院院士钱七虎考察栖霞山铅锌矿地下防护工程。

是年，栖霞山风景名胜区被评为国家 AAAA 级景区。

2009 年

10 月 12 日，首届中国南京栖霞山文化节在仙林新市区开幕。

10 月 22 日，栖霞山半馆建成。

2010 年

6月 12 日，栖霞寺举行瘗藏千年的佛顶真骨舍利盛世重光大典，中央电视台、香港凤凰卫视向全世界直播。

是年，栖霞山发现明代定照庵遗址。

2011 年

4 月 12 日，栖霞寺供奉佛顶骨舍利、感应舍利诸圣舍利的崇光塔落成。

10 月，在凤翔峰东侧石佛庵发现佛窟。

2012年

3月28日，栖霞山现存的乾隆行宫遗址、栖霞山高僧塔林、高奇峰墓园、定照庵碑刻等，被公布为南京市文物保护单位，南京市政府立碑。

11月14日，栖霞山发现“圆通精舍”遗址。

2013年

5月20日，南京市规划局与栖霞区政府联合发文，共同编制完成《南京市栖霞山风景区总体规划暨栖霞山文化产业集聚区总体规划》。

8月20日，栖霞山天开岩摩崖石刻、乾隆金陵返跸驻栖霞碑、受降井、黄质夫墓等，被公布为栖霞区文物保护单位，栖霞区政府立碑。

8月，《明征君碑》《新立江总碑》《栖霞寺修造记》碑和《重修栖霞寺记》碑建亭保护工程竣工。

12月12日，栖霞山风景名胜区管理处整体划归栖霞区管理。

12月25日，南京市政府批复《南京市栖霞山风景区总体规划》。

2014年

1月14日，南京栖霞山文化休闲旅游度假区管理委员会成立。

春，栖霞山首次发现中华虎凤蝶踪迹。

是年，在中峰涧的石桥边，发现“白鹿泉”残碑。

2015年

3月19日，省宗教局和省档案局在栖霞寺毗卢宝殿前广场隆重举行“五星级档案室”揭牌仪式。

2016年

3月26日，《栖霞山赋》揭碑仪式在栖霞山举行。

8月7日，南京三论宗研究会正式在栖霞寺成立。

2017年

10月26日，南京大屠杀见证者约翰·马吉之孙到栖霞寺访拍。

2019年

11月16日　栖霞山管委会与湖南金鹰纪实传媒有限公司合作举办“中国·南京栖霞山红枫文化艺术之夜”活动。

2020 年

8 月 5 日，栖霞山风景名胜区被评为 2019 中国文旅融合示范区。

2021 年

4 月 28 日，栖霞山风景区森林步道入选第一批江苏森林步道名录。

11 月 18 日，南京方志大讲堂栖霞专场在栖霞山陆羽茶庄举办。全国政协委员、南京大学历史学院教授贺云翱，讲述“栖霞山的文化故事”。

2022 年

3 月 21 日，江苏省人民政府设立“江苏省南京栖霞山旅游度假区”，度假区北至长江，南至 312 国道、栖霞山国家级生态红线边界，东至规划林江东路—官窑山北路林江南路，西至红枫街—广厅路—九乡河路一线，规划面积约 8.11 平方千米。

2023 年

2 月，“栖霞山赏枫习俗”（秋栖霞）入选第五批南京市非物质文化遗产代表性名录。

6 月 12 日，栖霞山石窟研究院暨南京大学文化与自然遗产研究所石窟艺术研究基地揭牌仪式在栖霞山旅游度假区举行。

7 月 23 日，栖霞寺重修《南京栖霞山志》首发及赠书仪式在栖霞寺举行。

10 月 18 日，南京第二十三届“四季栖霞”红枫节开幕暨栖霞古镇开街仪式在栖霞山举行。

附录

《栖霞山新志》的附录内容主要包括：碑文拓片、文献辑录和参考文献。就《栖霞山新志》而言，这些都是难以取舍的。特别是碑文拓片和文献辑录，它们曾是栖霞山的精华所在，是栖霞山文化的重要组成部分。辑录于此，希望有助于对栖霞山历史文化的探索和研究，从而丰富栖霞山历史文化的内涵。

碑文拓本

摄山栖霞寺碑文并铭拓本

明《天一阁碑目》:“梁，金陵摄山栖霞寺碑铭，江总持撰，车霈书，大同二年，宋沙门怀则重书，康定元年重镌。”程颂万《楚望阁诗集》卷十《题王幼霞御史秋窗忆远图三首》诗注:“况夔笙舍人，于金陵栖霞寺获江总残碑二段，拓寄侍御唐人诗所谓：若到栖霞寺，先看江总碑是也。六朝碑拓，南胜于北，而南碑尤不易购，兹之摩刻当在北宋间，幼霞装册为图倩同人张之。”现北京故宫博物院藏明拓宋重刻本《摄山栖霞寺碑文并铭》。碑首仍有“江总持撰韦霈书”等字，为沙门怀则重书，沙门有朋篆额。碑文为行书，似学《怀仁集王圣教序》碑之字，全本15册，每册10行，行十一二字不等，其后刻记为“此碑经唐会昌毁废后已曾重立。今其石断缺，文字讹隐，前充寺主僧契先自拾市赀购不依书写之，康定元年丑月十七日镌立本寺。维那僧肃澄上座，僧智达寺主，僧元耸谨记，袁文雅刻字”。此本为陆和九收藏，后归吴乃琛。

明征君碑拓本

明征君碑拓本，存世较多。清康熙二十年（1681），朱彝尊同郑簠、王翚、周贺、曹彦枢、朱彝玠等各拓明征君碑而归。国家图书馆藏清嘉道拓，316厘米 ×118厘米，顾千里、瞿镛藏拓额题“明征君碑”，钤“顾氏所收石墨”印。《民国文集丛刊》第一编59录章钰《四当斋文集》:“唐明征君碑跋：学书以唐贤为正宗，欧虞诸名刻旧拓难得，近今所流播者，神气筋肉皆尽仅见骨架而已，高正臣书，得右军法，玄宗甚爱之，见张怀瓘书，断今世存者三石，杜君绰碑，残泐已甚；燕太妃碑，新出土中，尚少精拓；惟明僧绍碑在江宁栖霞山，真行融为一体，直接山阴气脉，较杜、燕两刻，尤为韵胜，全碑锋颖如新，极便临写，何义门家书，嗤为重刻，不知何据而云，然铭中两缺文，实为珂雪二字，珂雪珠云四字作对，已见文中，燕太妃碑亦有之，一再复用，古人亦有示弱时耶！上元数字，传为赭寇所残，此册具存，墨尤沈古，是百年前拓本，临池有年，撮所知记之。”日本学者常盘大定、关野贞编撰的《中国文化史迹》收录拓本。

禹王碑拓本

明代赵崡《石墨镌华》载：“近世杨时乔又刻于栖霞山天开岩，余所收二本其一……其一则杨时乔刻也。”民国时期，日本常盘大定等人拓有完整禹王碑碑群拓片，并收录在《中国文化史迹》中。现南京江宁区一收藏家保存有民国时期的栖霞山禹王碑和两张“释禹碑文”碑拓本。南京大学藏有“禹王碑”拓片。

其他拓本

中国国家数字图书馆藏有宋宝元二年（1039）顾延嗣题名拓片、宋皇祐元年（1049）“魏中庸道常男思文崔程君正同至皇祐己丑九月十八日题”题名拓片、宋治平二年（1065）“治平二年四月黄君祥刘昱同游白云庵谨题”题名拓片、宋治平四年（1067）“治平丁未来张稚圭稚游”题名拓片、宋熙宁七年（1074）“韩宗厚段与京同道征长老来游熙宁甲寅九月中旬”题名拓片，宋政和五年（1115）“鄱阳姜族安中同慧老登千佛崖观沈传师徐铉留题赏之政和乙未孟冬十八日”题名拓片、“徐君瑞李山父□山印老同游政和乙未冬十三日”题名拓片、“天开岩”题名拓片，宋政和八年（1118）“余彦远同慧老游千佛崖是日久雨初晴天气清和徘徊久之政和戊戌季夏廿有七日”题名拓片、宋重和二年（1119）“庞持正重和己亥正月十二日游栖霞同慧禅师登千佛崖”题名拓片、“宋宣和五年（1123）“迎贤石——癸卯仲冬伯奇独来”题名拓片、宋淳熙七年（1180）赵伯晟撰并书《宿摄山诗》拓片；明万历二十四年（1596）法通题诗拓片、明崇祯七年（1634）江宁张函《游摄山诗》摩崖题刻拓片；清乾隆十九年（1754）“新安马曰琯曰璐闵华陆钟辉钱唐陈章长洲楼锜同游摄山寓紫峰阁时乾隆甲戌八月望后五日”题名拓片，清嘉庆、清道光时《明征君碑》拓片，钤“顾氏所收石默”印，“温陵苏□专访居士然公五月六日”拓片。

缪荃孙等编纂的《江苏金石志》记载：“白乳泉三大字在江宁栖霞山，拓本高七尺五寸，广四尺四寸，分书三字，一行，字径一尺九寸许。试茶亭三大字在江宁栖霞山，拓本高七尺五寸，广四尺四寸，分书三字，一行，字径二尺二寸许。”由此可见，“白乳泉试茶亭”不仅作过拓片处理，而且还进行了测量。

向达《摄山佛教石刻补纪》：“余之知此，盖老拓碑工李祯祥所告也。李君自缪筱珊先生修江南志时，即为各处拓碑。”

民国初年，栖霞山碑拓较为盛行。《摄山续志》在“杂记”中设“禹王碑拓”一节。至今在民国《国学图书馆年刊》等文献中，尚能见到所拓“徐铉”“徐锴”“叠浪岩”“丁延规作石”“匠人徐知谦”“作石人王文载”等拓片。陈邦贤《栖霞新志》将“碑贴”归属第九章之中：“栖霞山的碑贴，共有百余种，有李祯祥者，专拓碑为业，向他购卖的人很多。”1928 年 4 月，任鼐游历栖霞山，撰《栖霞山石刻题名小纪》：“‘石壁轩’三字。此拓为石工李某所赠，下有大唐及吕子立字样。”1928 年秋，赵君豪《首都之游（栖霞山附）》载：“出寺后，余购得禹王碑帖一。”1930 年，日本古建筑学者关野贞调查栖霞寺舍利塔，并做释迦八相成道浮雕拓片。1989年5月出版的《北京图书馆藏中国历代石刻拓本汇编》收录“韩宗厚等题名”拓本，拓片高 41 厘米，宽 22 厘米；“黄君祥等题名”拓本，拓片高 55 厘米，宽 42 厘米。2008 年，栖霞寺将栖霞山现存的和能访到的摩崖题刻及碑刻一一拓片。2020 年 12 月，南京市栖霞区地方志办公室编辑完成《南京栖霞地区历代碑刻集成——贞石》一书。该书将栖霞山拓片收集成帙，共有题刻拓片 102 方、碑刻拓片 29 通，另有舍利塔承盘莲花瓣拓片、舍利塔座龙浮雕拓片、舍利塔底座拓片和舍利塔八相成道图拓片等。

文献辑录

栖霞山寺住持致本会理事长及秘书长函

章嘉大师、雪嵩法师慈鉴：谨启者，夙以褒彰德，国有常典，辅翼邦家，史多遗烈。先法曾祖宗公上人，秉生知之厚质，抱平等之慧。昔在晚清，殚精革命追随总理，营救党人，殆数十年如一日。示寂之后，蒙中央党部及党国元老诸公植碑立塔，一再褒扬。既以树方外之楷模，亦以崇民族之气节。衲等缅怀往迹，期宏教益于来兹，瞻仰名山，希广宗风于百代。爰本国家兴学明旨，拟筹设宗仰中学于栖霞，勉竭愚忱，藉垂永念。兹者，校舍校具，略已筹备有绪。惟是教育大业，非衲等区区心力所克有济。窃维好施乐助，君子有成人之美。劝善敷仁，先哲怀育才之乐。侧稔我公圣教擎柱。一代宗师，用敢恭请俞允，赐名发起，俾助善缘而广化泽，庶他年树人树木，永怀水源之思。立功立言，常念轫初之德。

倘荷玉成，感戴无极！专此沥陈，并叩

崇安！

栖霞山住持志开谨启

注：本会为民国时期中国佛教协会。

《海潮者》1948年第29卷第1期

江苏省长公署批第六百十八号

（呈为寺产无故没收依法诉愿乞调卷裁决发还寺产）

原具呈人摄山栖霞寺僧宗仰

呈悉。此案前据续呈，复经饬据江宁县知事查复，以此次学田，前由该僧迭次赴劝学所议定，总领承佃，按年认缴田租，此时又复呈请发还，反复无常，殊属狡猾。所有原议总领承佃一节，自应取消，以杜觊觎。至该田既已拨作学产，历经列入豫算，呈报有案。尤未便准予发还，致其他觊觎学产者，相率效尤，动摇教育根本等情。业经指令在案，仰即知照，此批！

中华民国十年二月十九日

《江苏省公报》1921年第2568期

查禁栖霞山采石工人滥伐森林

奉省政府第七八九八号训令，以准实业部林字第三六五号咨开，案据中央模范林区管理局呈称：据区境栖霞山栖霞寺呈报，以高邮、邵伯，堵塞运堤缺口，需用石块，由包商李鸿宾，蒙请江苏省政府建设厅布告，在栖霞山开采。沿山搭蓬，直至山门北首老虎爪一带，炮轰药炸，对于数千年之石刻，毁灭无存。而于数十年之森林，更行滥伐，请予援助等情。据此，查职局提倡造林，务使地尽其利，历年维护，唯恐未周。乃该商滥伐林木，残毁森林，拟恳钧部转咨江苏省政府，令饬该商迁地开采，藉存古迹，而保森林等情。据此，查栖霞山为首都附近名胜，所有该山森林，自应妥为保护。兹据前情，自应咨请查明，令饬该商迅即迁地开采，以保古迹而维林业，并希见复等由。查，此案前据该寺主持径呈到府，当经令据建设厅呈覆称，奉查此案。前据该寺主持具呈到厅，当由江北运河善后委员会工程处，派张景先前往调查。旋复称，李鸿宾在山石工有三百六十三人，都来自北方。本地石工，不胜其苦，早已退出。唯心不甘。又查该山本地工人，对于山地，本无执照。唯出石后，片石每方缴捐三角。李鸿宾以为代厅采石，未纳此项税捐，因此不得本地人之同情。现在该山采石者，尚有七人，完全营业性质，均向石征收处纳捐。该山石场，据本地老人云，已经过百数十年之开采，估其体积约计不过开去数十亩之立方。山上柏树，有自生者，有人栽者，占山面积十分之二。李鸿宾所开之石岩，不过小部分，相近树木；而旁人采石，亦有靠近树木者。又所调老虎爪古迹风景之区，离寺约半里许，仅见二三块大石，与普通大石无丝毫区别，亦无古人字迹等语。究竟该商有无滥伐森林情事，除先行咨复外，合亟令仰该厅，饬县查明，申禁具复，云云。本厅当以事关查禁采石，商人滥伐森林，除呈复外，即令饬江宁县政府查明，申禁俱复矣。

《江苏农矿》1931 年第 25 期

摄山栖霞寺开宗三大师补传

栖霞寺创自南齐释法度。而三论新宗，则开自度弟子僧朗。朗传僧诠，遂臻鼎盛。释慧皎《高僧传》载法度僧朗，事嫌阙略。道宣《续高僧传》，又不为僧诠立传，仅附见其弟子慧布传中。志乘家如陈毅辈，遂末由知其本柢矣。余栖迟僧舍，瞬将二载。缅怀先德，因掇拾故籍，略仿彭尺木四大师传例，补传其略。庶载笔者有所考焉。

释法度，黄龙人。少出家，游学北土。备综众经，而专以苦节成务。宋末游于□都，初止于周颙山茨精舍。与巴西法绍齐名时人称□，北山二圣。（注一）高士齐郡明僧绍，抗迹人外，隐居琅琊（按此乃当时侨置郡）之摄山。挹度清□，待以师友之敬。（注二）及亡，舍所居山为栖霞精舍，请度居之。（注三）先有道士，欲以寺地为馆，住者辄死，及后为寺，犹多恐动。自度居之，群妖皆息。（注四）度常愿生安养，故偏讲《无量寿经》，积有遍数。齐永元二年，（公历五〇〇）卒于山中。（注五）春秋六十有四。（约本慧皎《高僧传》卷八）

注一：按《高僧传》卷八法度传内，附法绍传。称绍巴西人，汝南周颙去成都，招共同下，止于山茨精舍。度与绍并为齐竟陵王子良、始安王遥光，恭以师礼，资给四事。绍业行清苦，□□于度，而学解优之。故时人号曰北山二圣。据《南史》三十四周颙于钟山西立隐舍，休沐则归之，即所谓山茨精舍也。《高僧传》所云北山，即钟山也。在当时都城之北，故称北山。孔稚珪《北山移文》，即其确证。据此，则法度实曾止于山茨，而法绍不必住于摄山。后人列法绍于《摄山志》内，当□错误。

注二：据《南齐书》五十四,《南史》五十明僧绍传，均载僧绍闻沙门释僧远夙德，往候定林寺。既而还摄山，建栖霞寺云云。是僧绍之候僧远，本兴建栖霞寺□二事。而唐高宗明征君碑文，谓有法师僧辩，承风景慕，翻然戾正。因即邻岩构宇，别起梵居。栖霞之寺，由此创名。辩师仙化后，沙门法度，即此旧基，更兴新制。与慧皎、江总诸人所述，全异。疑高宗碑文，因僧远而讹为僧辩。又因《南史》还山建寺，而误连为一。

注三：按江总碑文栖霞寺创于齐永明七年正月三日，据高宗明征君碑文，则僧绍卒于永明二年。是栖霞创寺时，僧绍已前卒矣。以事实考之，应是僧绍存日，欲舍宅而未果。后其子仲璋始与法度构成之，不特造龛像为然也。《高僧传》谓及亡，舍所居山为栖霞精舍一语，甚□。《江南通志》谓永明七年僧绍舍宅为寺，有误。王旭（昶，编者注）《金石萃编》五十九，已辨析之。

注四：传文本有山神靳尚受戒事,（江总碑文更记大同元年，神又见形云云）以出神话，兹略云。

注五：按江总碑文，谓法度以建武四年卒,（公历四九七年）则早死三年。寻《高僧传》详其年岁，疑以《高僧传》为确。

僧朗本辽东人,（注一）法度弟子也。（注二）为性广学，思力该善。凡厥经律，皆能讲说。《华严》《三论》，最所命家。自度之亡，□踵先师，复□山寺。（节《高僧传》卷九）（注三）朗昔从北土，远习罗什师义。南入南土，初住钟山草堂寺，值隐士周颙。颙因就受学。（本吉藏《大乘玄论》，及《二谛章》）及栖止摄山,（注四）将涉三纪，不游皇都。（注五）梁武屡降正书，均未应命。乃于天监十一年，遣中寺释僧怀，灵根寺释慧令、（本江总栖霞寺碑文）僧正智（本《大乘玄论》，及《维摩经广疏》）、僧铨（本《法华玄寂义释签》）等十人，诣山谘受三论大义。九人但得语言，不精究其意。惟僧铨习学成就。（本《二谛义》，及《玄义释签》）梁武初学成实，因此遂启小从大。（本《大乘玄论》，及《维摩广疏》）其《注解大品经序》，谓值大宝而不取，遇深经而不求，亦何异穷子反走于宅中，独姆掩目于道上，可见一斑矣。后世之言三论者，皆出于朗。（注六）

朗天监后年始卒。（注七）

注一：僧朗辽东人，法度黄龙人，江南人士谓燕为黄龙（汤锡予先生《汉魏两晋南北朝佛教史》语），亦犹称僧朗为高丽朗大师也。（吉藏《大乘玄论》语）二人故乡相近，犹同乡也。

注二：僧朗与法度之学，似不相类。或以乡谊之故，而有师资之敬欤。然据龙树《十住毗婆沙论》，则三论家亦重往生安养，故吉藏《大乘玄论》卷五，亦论及净土。或法度重行持而不重讲说欤。

注三：按江总碑文云，慧振法师，志业该练，心力精确。度上人将就迁神，深相付嘱，法师聿修厥绪，劝助众功。基业田园，多所创置云云。与《高僧传》异。疑僧朗与慧振，同受付嘱。而资需之责，偈在慧振。

注四：安澄《中论疏记》引《均正玄义》，言朗原隐山阴会稽，后请至摄山。据此，则朗南来，非栖止一处矣。

注五：按栖霞寺创始于齐永明七年，下距天监十一年，凡二十四年。考僧朗至齐，据《法华玄义释签》，在建武时，后于栖霞立寺六七年。则三十年不至京师，统前后为言也。

注六：梁武注解《大品经》名僧二十人中，有灵根寺慧令。又注作于天监十一年，正慧令摄山受学之时。其中当有得之僧朗者无疑。

注七：慧皎《高僧传》所叙人物事迹，止于天监十八年。传中称僧朗为今上所器重，则是时僧朗固无恙也。江总碑文，谓南兰陵萧视素，幽栖抗志，独法绝群。遁世兹山，多历年所。临终遗言，葬法师墓侧。考《梁书》五十二，萧视素卒于天监八年。则系预作此言耳。又视素遗荣止足，与僧绍齐誉，而陈毅《摄山志》人物门竟遗之，何耶。

僧诠不知何许人。（注一）受学僧朗，时称独步。居摄山止观寺，（注二）故一称止观诠。或称摄山大师，（注三）或山中师者是也。诠讲三论，学徒数百。有学士四人入室，时人语曰，兴皇伏虎朗，栖霞得意布，长干领悟辨，禅众文章勇。（本《法华玄义释签》）（注四）初诠受业朗公，玄旨所明，惟存中观。自茅心会析理，何能契此清言。而顿□□林，禅昧相得。及□四公赴□，三业资承。爰初誓不涉言，及久乃为敷衍。故诠公命曰，此法精妙，识者能行。无使出房，辄有开示。故经云，计找见者，莫说此经。深乐法者，不□多说。良由药病有以，不可徒行。朗等奉旨，敢言厝。（本道宣《续高僧传》卷七法朗传）诠每有解难，听者似解，而领悟犹迷。及依言领通，而构难疏略。致使谈论之际，每有客问，必待弟子慧布为答。（本《续高僧传》卷七慧布传）在山唯讲《三论》，及摩诃般若，不开《涅槃》《法华》。诸学士请讲《涅槃经》，诠曰，诸人今解般若，那复令侬讲。复□请，乃为道本有今无偈，而遂不讲文。本吉藏《涅槃经》游意（注五）晚年声誉远闻，人比之大乘海岳。卒于梁末。（注六）弟盛化京邑，三论一宗，大宏于江左矣。

注一：按僧诠里贯无考，以其自称“侬”而推，或即广陵人，与其高弟慧布为同乡。亦犹法度之于僧朗也。

注二：按僧朗亦曾居止观寺行道，僧诠亦称栖霞寺师，均见《中论疏记》引《均正玄义》。详摄山寺宇最早者，为栖霞寺，次即止观寺与伏虎寺也。止观寺遗址，年代湮久，不易觅得。访之寺中，一僧云，山南麓大洼东是。乃先后与友人钟君定欣，钱君立庭，亲往踪迹。自凤翔峰南明代定照庵遗址陂陀而下，达山麓，有小丘蹲于前。其间广平数亩。侧有大池作深青色。度其地势，虽片石无存，而基址宛然。其为止观遗址无疑。（此地今俗名下宝塔，据栖霞寺寂然上人民国二十一年所绘摄山图，有莲花庵遗址。检志无考。以理推之，此地或后代建庵，亦有可能）其地四山回合，土脉深厚，人迹所难到。今虽一望濯濯，然古代□森郁荫翳，据明人廖希元所作《定照庵记》，犹可得其仿佛。诠公幽林禅昧，栖此正相宜矣。因徘徊神往□久之。特附记于此。

注三：按汤锡予先生《佛教史》七四五，据安澄疏以摄山大师为僧朗。然据吉藏《涅槃经》□□所称摄山大师，亦即大品经玄意止观师也。又即二谛章所称山中师也。《净名玄论》卷六云，昔听讲之日，闻兴皇和上，述摄岭大师之言。此均摄山大师为僧诠之证。

注四：《续高僧传》卷七慧布传，称诠公四友为四句朗、领语辩、文章勇、得意布，与此大同。即法朗、智辩、慧勇、慧布四人。智辩，《续高僧传》不载。余均载同卷中。

注五：吉藏《大品经》玄意，亦谓止观师六年在山中不讲余经，惟讲大品云云。

注六：据《续高僧传》诠化往后，四公始放言。寻法朗以永定二年（公历五五八）十一月奉敕入京，住兴皇开讲。慧勇亦于天嘉五年（公历五六四）开筵。则诠公之卒，应在梁末。

附记：按慧皎作《高僧传》于梁代（慧皎以避侯景乱至江州，死于梁元帝承圣三年）（公历五五四），于时摄山之学未显，故《高僧传》卷八仅有法度传，僧朗附著数语于度传后，僧诠无传。（《高僧传》卷七有僧诠传，此乃宋代余杭方显寺僧诠，非止观寺僧诠也，惟其弟子亦为法朗，可谓巧合）固不足怪。独江总栖霞寺碑文亦不载，殊属漏略。惟《广宏明集》卷三十，载江总入摄山栖霞寺诗注云，寺犹有朗、诠二师，居士明僧绍治中萧视素图像，则总似非不知诠公，或以其栖止观寺而略之欤。称诠公遁世遗荣，不尚讲说，致江总亦无得而称也耶。惟道宣《续高僧传》不为诠公详立专传，令人不无遗憾耳。

邓子琴 三十七年五月五日 写于栖霞寺挹萃楼

民国三十七年六月十四日《中央日报》第七版

邓子琴（1902—1984），字永龄，云南昭通人。抗日战争胜利后，随国立社会教育学院迁南京栖霞山任教，其间，搜集整理栖霞山碑刻，集成《栖霞碑文录》。

参考文献

1.〔唐〕许嵩:《建康实录》，刻本，宋绍兴十八年（1148），荆湖北路安抚使司。

2.〔宋〕马光祖、(宋）周应合:《景定建康志》，刻本，清嘉庆六年（1801），金陵孙忠湣祠。

3.〔宋〕张敦颐:《六朝事迹编类》，刻本，清光绪十三年（1887），宝章阁。

4.〔元〕张铉:《金陵新志》，抄本，(1912—1949），中国国家数字图书馆。

5.〔明〕盛时泰:《栖霞小志》，光绪丙申（1896）冬，缪荃孙刊。

6.〔明〕葛寅亮:《金陵梵刹志》，金山江天寺影印本，1936 年。

7.〔明〕程三省:《万历上元县志》,《南京文献》，南京通志馆，1947 年。

8.〔清〕孔尚任:《湖海集》，刻本，清康熙间（1662—1722），介安堂，山西大学图书馆。

9.〔清〕马曰璐:《摄山游草》，乾隆二十一年（1756）刊，南京图书馆。

10.〔清〕陈毅:《摄山志》，苏州府署雕板，乾隆庚戌年（1790）。

11.〔清〕严观:《江宁金石记》，上海图书馆，嘉庆九年（1804）。

12.〔清〕王昶:《金石萃编》，刻本，嘉庆十年（1805），同治钱宝传等补修。

13.〔清〕吕燕昭:《新修江宁府志》，嘉庆辛未年（1811）冬镌，中国国家数字图书馆。

14.〔清〕莫祥芝、甘绍盘:《同治上江两县志》，同治十三年（1874）刊，中国国家数字图书馆。

15.〔清〕金鳌:《金陵待征录》，茂记萃古山房书庄，光绪二年（1876）。

16.〔清〕蒋启勋、赵佑宸:《续纂江宁府志》，刻本，光绪七年（1881）刊，中国国家数字图书馆。

17.〔清〕蓝应袭:《乾隆上元县志》，江苏广陵古籍刻印社，1989 年，中国国家数字图书馆。

18. 张毓金:《摄山续志》，1919 年。

19. 徐寿卿:《金陵杂志》，南京共和书局，1927 年。

20. 陈乃勋、杜福堃:《新京备乘》，北京清秘阁南京分店，1932 年。

21. 柳诒徵、叶楚伧、王焕镳:《首都志》，正中书局，1935 年。

22. 扬州市政协文史组、扬州师院历史科《鉴真研究论文集》，1980 年 3 月。

23. 朱洁轩:《栖霞山志》,《中国佛寺史志汇刊》第 2 辑第 14 册，明文书局，1980 年。

24. 南京地方志编纂委员会南京园林志编纂委员会:《南京园林志》，方志出版社，1997 年。

25. 江苏省地方志编纂委员会:《江苏省志・宗教志》，江苏古籍出版社，2001 年。

26. 南京市栖霞区地方志编纂委员会:《栖霞区志》，方志出版社，2002 年。

27. 南京市博物馆编《南京考古资料汇编》，凤凰出版社，2013 年。

28. 栖霞寺:《南京栖霞山志》，线装书局，2023 年。

杂志

1.《茶话》《大陆画刊》《电信界》《广州学报》《广播周报》《国立中央大学农学院旬刊》《国学丛编》《国民周报》《骨鲠》《好朋友》《话友》《金声》《金陵大学文学院季刊》《金陵画报》《金陵校刊》《南中乡师》《新栖霞》《京沪沪杭甬铁路》《旅行杂志》《励志旬报》《南京市政府公报》《栖霞新村》《青年月刊》《史学杂志》《铁路月刊津浦线》《文艺战线》《小说世界》《学生》《学校生活》《学生文艺丛刊》《江苏地方志》《西南交通大学学报》《南京史志》《民国档案》《石窟寺研究》

报纸

1.《申报》《广州学报》《中央日报周刊》《中央日报》《华侨日报》

跋

栖霞山一称摄山，它是“十朝都会”南京北郊的一座滨江自然小山，却是中国的一座文化大山和文化名山。近日，南京市栖霞区地方志办公室的同志们花费了三年时间撰写而成的《栖霞山新志》为我们全面认识这座江南名山提供了条件。

栖霞山位于南京市栖霞区境内，山体总占地面积 10.19 平方千米，山有三峰，主峰称三茅峰、凤翔峰，海拔 284.7 米，东峰称龙山，西峰称虎山，命名颇有传统风水学意蕴。栖霞山的文化经过数千年发展，归纳而言，发育过道教文化、佛教文化、艺术文化、建筑文化、旅游文化、帝王文化、茶文化、名人文化、文学文化等，尤其是它的佛教文化具有全国性地位，甚至在东亚地区也具一定影响力，为此，清代乾隆帝诗称其为“第一金陵明秀山”。历史上，栖霞山以红枫出名，民间有“春牛首，秋栖霞”之誉，其实真正的栖霞山一年四季都是风物秀美，气象万千。在南京学术界还有所谓“一座栖霞山，半部金陵史”之说，我们虽然不可据以为真，但是也表明栖霞山文化的确深厚而重要。《栖霞山新志》正是以文化主题分类的方式，分别就栖霞山的名山环境、名山三宝、名山胜景、栖霞寺、文物古迹、名山人物、名山艺文、保护利用等做了资料的系统收集整理和研究撰述。

栖霞山是我十分熟悉的名山。20 世纪 90 年代末，我正好主持过栖霞区境内的多个田野考古项目及“栖霞山石窟”考古，在栖霞山上下做过大量调查。后来又因为南京大学仙林校区地处栖霞区境内，对栖霞山文化就更加关心，并陆续对栖霞区及栖霞山的历史文化开展过诸多研究，了解越深就越发热爱这座人文名山。栖霞山面江而立，具有山水相连、扼江守险的形势，山下不远处就是有名的岳飞抗金的重要战场“黄天荡”所在。栖霞山还是“改变”和“见证”长江走向的巍峨山体，你看，万里长江总体上是从西向东流淌，但是当它进入安徽省后却改为从西南向东北的走向，直到它到达栖霞山附近时，才重新走上从西向东奔流的雄姿。因此，如果我们站在栖霞山上观看长江时，就能真切感受到长江依偎着栖霞山而两两协同变换走向的天地造化与磅礴力量。

“栖霞山文化”开始的年份不明，从所在区域说，大概在7000年前，生活在附近龙潭古镇一带丁沙地遗址上的先民应该就知道了栖霞山的存在。到了秦朝，在山的附近设置“江乘县”治，并且为“江乘渡”所在。史载秦代“废分封而设郡县”，在秦始皇第五次南巡时，置“江乘县”，此为栖霞区最早的县级行政建制，治所便在摄山附近的西湖村一带。《史记・秦始皇本纪》说，秦始皇三十七年（前210），秦始皇上会稽，“还过吴，从江乘渡，并海上，北至琅邪”。表明栖霞一带还是古代长江的重要渡口。其时，江乘县境辽阔，大体西至现南京清凉山一带，沿江而东至今句容市下蜀镇左右，再转向南面达江宁县淳化镇前后。今栖霞区地域皆在古江乘县境内。不过，笔者多年来在栖霞山做考古调查时于山上还未曾发现六朝以前的文化遗存，而山下周边则有考古学家们发现的湖熟文化遗址、汉代墓葬群、六朝帝王陵遗存等。

栖霞山原名“摄山”“伞山”，传说因山间盛产甘草、野参、当归等养生滋补中药而有“摄生”之效故而得名。现代植物学调查也证明，山上有药用植物420余种。栖霞山最早的文化是本土神仙道教文化。根据南朝文献所言，在刘宋末年到萧齐初年建立栖霞寺及佛教文化兴起之前，栖霞山中已有神仙道教活动，为此，可以推测，大概在东汉三国时期，山中可能出现了道教文化，这是迄今所知栖霞山中最古老的文化。梁释慧皎《高僧传》卷八《齐琅琊摄山释法度》记载：刘宋王朝的隐士明僧绍在去世前决定“舍所居为栖霞精舍，请释法度居之。先有道士欲以寺地为馆，住者辄死”。后法度“俄见一人持名纸，通（法）度曰靳尚，形甚雅，羽卫亦严，致敬已，乃言‘弟子王此山七百余年，神道有法，物不得干，前诸栖托，或非真正，故死病继之，亦其命也。法师道德所归，谨舍以奉给，并愿受五戒，永结来缘’”；后“摄山庙巫梦神告曰：‘吾已受戒于度法师，祠祀勿得杀戮。’由是庙用荐止菜脯而已”。这段史料反映的是六朝时期本土道教文化与佛教文化的冲突与斗争故事，不过，我们可以推测，在明僧绍、释法度等来摄山开创佛教文化之前，这里已有“摄山庙”，庙中有“庙巫”主持神仙道教活动。再从“仙道”靳尚所言“王此山七百余年”，可以认为在南朝之前，摄山早已有神巫人士在此活动，“七百多年”或者有虚，那样岂不把神巫人士在此活动的年份推前到春秋战国时代？！根据南朝陈代文学家江总在碑文中所记，东晋时代，这里还是著名方士扈谦的住地，也就是说直到东晋，栖霞山仍然是道教文化的一方重地。

自从刘宋末年明僧绍隐居摄山后，摄山的主流文化便为佛教文化所代替。南朝梁代《高僧传》中记载的故事其实正是反映出当时佛教与道教对栖霞山文化主导权的争夺，最终还是佛教文化取得胜利，使栖霞山文化进入一个新的历史文化阶段。大约从南朝宋（420—479）末齐（479—502）初开始，栖霞山文化中的传统主体文化即佛教文化开始出现，此后佛教文化一直是栖霞山的核心文化之一。按照陈祯明二年（588）《江总碑》记载，栖霞寺建于萧齐永明七年（489），这应该就是栖霞山佛教文化真正的开启年代，迄今已有1500多年。

佛教文化是一个包含多种内容的文化体系，包括哲学、思想、建筑、艺术、医药、养生、饮食、伦理、语言、文学、生态等，因此，从南朝开始，栖霞山文化中就有了哲学文化、艺术文化等，如佛学思想、造像雕塑艺术、建筑艺术、书法艺术、绘画艺术、石刻艺术等。今天，保存于此的国家重点文物保护单位“栖霞山石窟”“南唐舍利塔”“唐明征君碑”这栖霞山“三宝”等，都是因为佛教文化而产生的当代国之瑰宝。

“佛学”和“艺术”让栖霞山文化增添了更多的魅力。历代佛教人士以及文人墨客对山林的开发逐渐催生了栖霞山的另一种文化——游历文化，或称旅游文化、休闲文化。在保存迄今的栖霞山摩崖石刻中有许多这方面的证据，如从唐代开始，栖霞山一方面仍然是佛教名山，号称天下“四大丛林”（唐代金陵栖霞寺与德清灵岩寺、当阳玉泉寺、天台国清寺并称），但其旅游文化也渐次产生，其中有一个重要人物及其文化活动影响很大，这就是唐正议大夫、吏部侍郎、赐紫金鱼袋沈传师和他妻子乐安于大和七年（833）七月三日为皇帝及七代先祖在栖霞寺修“水陆无遮法会”的斋疏与留下的摩崖题刻，他的作品被镌刻在栖霞山桃花涧上方的一处叫“天开崖”的崖壁上，由此开启了除栖霞寺建筑区、千佛崖石窟区之外的又一处“石刻”景区，这一景区成为唐、宋时代及其以后到栖霞山游历者几乎必到的地方。就是说，从大唐著名书法家沈传师开始，逐渐促成了栖霞山以摩崖石刻而知名的“天开崖景区”，推动了栖霞山来访文人参访石刻、参与创作、以文会友的碑刻文化之发展及别具一格的旅游文化之形成。由栖霞山古代石刻文化而引发的文脉流淌也是南京钟山、牛首山、老山等名山文化中不可见到的中华特色文化。

同样也是在唐代，由于“茶圣”陆羽（字鸿渐）到栖霞山及栖霞寺区域寻泉试茶，开启了栖霞山的“茶文化”。“茶文化”也是中国经典文化之一。陆羽虽为今湖北天门人，但他的主要成就却是在长江下游地区尤其是在今天江苏的宜兴和浙江湖州、德清一带形成。大约在唐代宗大历年间（766—779），陆羽在长江下游一带开展“茶文化”的创建活动，他曾到栖霞山品茗试泉，当时避居阳羡（今宜兴市）的诗人皇甫冉有《送陆鸿渐栖霞寺采茶》诗存世。栖霞山上与陆羽有关的茶文化遗迹有“试茶亭”遗址及“白乳泉”等摩崖石刻。到宋代，前朝南唐大臣、著名学者徐锴的后人在栖霞山前开设茶馆。明代顾起元《客座赘语・徐十郎茶肆》记载：“徐常侍铉无子，其弟锴有后，居金陵摄山前开茶肆，号‘徐十郎茶肆’，有铉、锴敕甚多。”栖霞山石窟处也有徐铉、徐锴题刻的保存，可见，南唐二徐确与栖霞山有深刻关联。笔者推测徐铉后代在摄山前开茶肆处应该就在今栖霞山南麓的古镇街区。

栖霞山地区是古代南京“石雕艺术文化”异常发达之地，至少从南朝开始，山上山下即为石雕艺匠挥洒才情的地方。栖霞山“千佛崖”南朝石窟、“千佛岭”和“纱帽峰”唐代石窟，栖霞寺的唐碑、南唐石造舍利塔和佛像，“天开崖”及山中其他地方的宋、元、明、清、民国等历代摩崖，以及环山布列闻名遐迩的南朝帝王陵神道石雕，无不彰显出栖霞山石刻艺术的博大精深，传承有绪。

栖霞山的古代“帝王文化”始自南朝。南朝齐、梁时代有齐文惠太子萧长懋、豫章文献王萧嶷、竟陵文宣王萧子良、始安王萧遥光、梁临川王萧宏等多位王侯参与栖霞山石窟的营造。陈代有后主陈叔宝前来问佛。隋代时，隋文帝杨坚于仁寿元年（601）下诏在全国30个州造舍利塔，其中有“金陵栖霞山舍利塔”，估计隋代所建可能是木塔，到南唐时，由大臣高越、林仁肇主持，改建为八角五层的密檐式石塔，高越并为之撰写《舍利塔记》一卷，该塔保存至今，十分珍贵。唐代时唐高宗李治为栖霞寺撰写《明征君碑》，如今还耸立于栖霞寺山门前的广场上。清代时，乾隆帝多次到栖霞山，在栖霞山营建“栖霞行宫”，驻跸多日，写有百余篇诗文，把栖霞山的“帝王文化”推到顶峰。

栖霞山是一座名人荟萃的胜地，由此形成“名人文化”。这些名人包括名道、名僧、名宦、名帝、名匠、著名学者、诗人、艺术家等，他们在栖霞山留下大量创造性成就。相关创造有的成为历史遗迹，有的成为博物馆收藏，有的成为当代国宝，有的成为千古诗文。可以说，栖霞山文化的创造者主要是历代名人和工匠，是他们使一座原本普通的滨江小山成为天下名山，正可谓“山不在高，有仙则灵”，这些历代名人和艺匠便是栖霞山之“仙”，栖霞山文化之“灵”，值得我们永远追忆和感恩，他们创造的优秀文化成为当代中华文化、长江文化、南京古都文化中不可分割的重要部分，也成为永远值得我们保护、传承与弘扬的民族遗产，我想，南京市栖霞区地方志编纂委员会办公室的同志编写这部《栖霞山新志》，也就是为了实现这一目标，为此，我对本书的所有作者和编者以及为调查和研究栖霞山历史文化先后做出过贡献的先哲表达深深的敬意！

南京大学历史学院教授、博导
南京大学文化与自然遗产研究所所长
贺云翱

编纂始末

历史的眷顾、岁月的洗礼、江河的滋养，成就了栖霞山这座历史名山、文化圣山、天成美山、新质宝山。栖霞山的一砖一瓦、一草一木，历经岁月沧桑，至今发扬光大，为中华民族伟大复兴事业所用，我辈更应精心保护，让子孙万代也能“永宝用之”。

盛唐以降，迄今栖霞山已拥有各种志本十余部，但多为社会贤达个人私修，唯今《栖霞山新志》是首部由栖霞区政府官修的山志，其立足历史积淀，增强文化自觉，坚定文化自信，传承和弘扬中华优秀传统文化。“劝君莫奏前朝曲，听唱新翻杨柳枝”，新志超越旧志，这是本志编者的使命抱负和应有的自信。

《栖霞山新志》从采录、撰写到成书，历时10余年，堪称十年磨一剑，成功入选中国名山志，栖霞山幸甚，栖霞人民幸甚！

南京师范大学社会发展学院兼职研究员张智峰长期工作和生活在栖霞山附近，出于对栖霞山的钟情和热爱，渐生编写山志的情愫。耗时多年，在连云港李彬和南京周君的帮助下，广收博取，务求以尽。至2017年，积攒30余万字文稿，为日后编纂本志奠定坚实基础。

2018年，南京市栖霞区地方志编纂委员会办公室详阅文稿后，认为其史料丰富、内容翔实，具有存史价值。2020年，启动山志编修工作，定名《栖霞山新志》。六易其稿，于2023年11月17日通过终审。

省、市志办重视《栖霞山新志》编纂工作，先后列入2022年度江苏省重点史志作品编纂出版培育项目、2023 年度江苏省重点史志作品编纂出版资助项目。省、市志办领导陈华、郑国军拟定篇目大纲、修改文稿，并全程跟踪指导。卢海鸣、何晓明、郁松参与终审，并提出意见和建议。吕佐兵、胡国富、管秋惠参与编纂工作。

该志特邀南京大学历史学院教授、博士生导师贺云翱为《栖霞山新志》作跋，全面展现栖霞山文化底蕴。南京师范大学地理科学学院教授张小林、张茂恒参与撰稿。南京师范大学社会发展学院教授王志高指导志稿编纂。值此出版之际，谨向所有为本志编纂付出心血和努力的人士表达诚挚的谢意！

编者

2024 年 10 月